POCHES ODILE JACOB

# LA COMPAGNIE DES PHILOSOPHES

DU MÊME AUTEUR
aux éditions Odile Jacob

*Des idées qui viennent* (en collaboration avec Dan Sperber), 1999.

*101 expériences de philosophie quotidienne*, 2001 (prix France-Télévision).

*La Compagnie des contemporains*, 2002.

ROGER-POL DROIT

# LA COMPAGNIE DES PHILOSOPHES

Odile Jacob
poches

15, RUE SOUFFLOT, 75005 PARIS
www.odilejacob.fr

ISBN : 2-7381-1111-4
ISSN : 1621-0654

*À la mémoire de mon père*

*Il y a des problèmes généraux*
*qui intéressent tout le monde.*
*Ceux-là, un philosophe doit être en état*
*de les traiter dans la langue de tout le monde.*

Henri BERGSON,
*Comment doivent écrire les philosophes ?*

INTRODUCTION

# LA COMPAGNIE DES PHILOSOPHES

*Ne vous y trompez pas :*
*les mauvaises compagnies corrompent les bonnes mœurs.*
SAINT PAUL, *Première Épître aux Corinthiens*

Les gens d'aventures, il est bon de les fréquenter. Ce livre souhaite faire partager un tel constat à propos des philosophes. Ceux-ci passent le plus souvent pour de prudentes personnes. Illusion ! Ils sont amateurs de risques, chercheurs d'attitudes inédites. Les philosophes sont des expérimentateurs d'existence. Contrairement à ce qu'on a fini par croire, ce ne sont pas des vivants tranquilles. Ni des machines à idées. Pas non plus des distraits, ni des cultivateurs de flou. Ce qu'ils aiment ? S'avancer là où personne n'est encore allé raisonner. Frayer à travers l'esprit de nouvelles traces. Passer par des voies intellectuelles qu'on ne soupçonnait pas avant qu'ils ne parviennent à les emprunter. Se convaincre que chacun peut en faire autant.

Même quand ils semblent placides, quand ils sont installés, adultes, voire vieillissants, la rencontre d'un nouveau risque les fait aussitôt courir comme des jeunes gens. Aussi sérieux qu'ils aient l'air, aussi précautionneux et rassis qu'ils paraissent, les philosophes sont toujours — en pensée — plus ou moins joueurs, parieurs, bretteurs, dragueurs, têtes brûlées, hors-la-loi, risque-tout, paillards, vantards... Ce n'est pas commode à expliquer en trois mots, ni même à entrevoir d'emblée.

Reprenons. Ce sont « des gens », d'abord et avant tout. C'est pourquoi il est possible de vivre en leur compagnie.

Ce n'est pas vraiment le cas avec des idées. Une réelle familiarité, une sorte de proximité corporelle ne peuvent exister avec des concepts, des systèmes, ou simplement des livres. Il est certes possible d'avoir ses habitudes, ses chemins, ses places favorites dans un univers théorique, à peu près comme dans une ville ou dans une campagne. Mais ce n'est pas encore de cette fréquentation qu'il s'agit. Celle-là n'est qu'une accoutumance, une manière de se repérer. Reprendre un raisonnement, rattraper le fil d'un récit, savoir se situer dans un système abstrait, y fabriquer ses propres raccourcis, prendre plaisir à y retrouver une perspective, tout cela vient de retrouvailles répétées avec les choses et les notions. La proximité des philosophes est autrement humaine. Même quand ils ont disparu depuis des millénaires, des siècles ou des décennies, ils ont laissé de la vie dans les théories. Une voix continue à faire entendre son timbre au cœur des systèmes. Les textes philosophiques sont toujours habités par une manière singulière de se placer dans l'existence. Même derrière la plus aride abstraction, il est possible de discerner une posture, une façon de se poser, de se mouvoir, de respirer immobile ou de s'agiter.

Voilà ce qu'on va tenter d'esquisser. Au crayon, en vitesse, histoire de ne pas perdre le mouvement. En espérant faire partager quelques vraies joies, et nombre de rencontres au hasard poursuivies. Les philosophes en effet, il faut le dire à nouveau, sont gens d'« aventures ». Ils attendent parfois longtemps avant de parler, guettant silencieusement l'instant où l'évidence s'explique, où la banalité devient intéressante. Souvent, ils se taisent pour qu'on commence à les écouter. D'autres fois, dans un flot de paroles, ils laissent glisser une comparaison, un exemple, un terme inattendu qui perturbent tout l'ensemble. Les aventures, en leur compagnie, commencent toujours par des mots et des parcours d'idées. Mais en chemin les aléas sont multiples. Le parcours change à mesure qu'on marche. On se retourne, le paysage n'est plus le même. Quelques phrases simples renferment des embarras insoupçonnables. Là même où nul problème n'était signalé apparaissent des impasses. Mais — pour compenser ? — des montagnes de difficultés s'évanouissent en trois mots, de terribles interrogations sont dissoutes en un clin d'œil.

Ou presque. Car les philosophes ne sont évidemment ni des artistes ni des mages. Des aventuriers *de la raison*, non des poètes ou des chamanes. Définir, délimiter, clarifier, démontrer, argumenter, douter, soupçonner, établir, réfuter... voilà leurs tâches de toujours. Pas d'accessoires, aucun dispositif expérimental. Rien que du langage, et l'exigence sans fin de dialoguer avec soi-même comme avec les autres. Ils ont en commun l'obstination à ne reconnaître d'autre souveraineté que celle de la logique, d'autre autorité que celle de la raison, d'autres lois que celles de l'entendement. Sous mille formes, dans des contextes divers, à des époques dissemblables, dans des cultures fort éloignées les unes des autres. Toujours, des aventures de parole raisonnante les rassemblent... et aussitôt les opposent !

## *La fonction du passeur*

Ces gens d'aventures, chercheurs de vérités, amants de la raison, l'auteur de ce livre les fréquente depuis bientôt trente ans — par choix, par passion, par métier. Il n'a cessé de les lire, de sa jeunesse à l'âge adulte, de chercher à les comprendre, de tenter de faire partager ces rencontres auxquelles il doit le meilleur de son existence. Des notes se sont accumulées, au fil des années d'enseignement, dans les lycées, puis au Collège international de philosophie, entre les conférences et les voyages, accompagnant les travaux de recherche conduits ensuite dans le cadre du CNRS, alimentant surtout de nombreux articles rédigés pour le journal *Le Monde* depuis 1972. Cette exploration a commencé bien longtemps avant que la philosophie soit objet de mode. On disait, dans les années 1970, que la philosophie était morte, que seules les sciences humaines allaient survivre. Il semble que ce soient aujourd'hui ces mêmes disciplines qui se portent le plus mal. De telles fluctuations sont sans grande importance. Avant comme après les engouements passagers, et quelle que soit l'audience, la tâche du passeur est toujours de faire entrevoir une aventure de pensée, d'inciter à vivre dans la compagnie des philosophes.

Pour cela, il faut effectivement les fréquenter — ne pas se satisfaire de les croiser, ne pas s'arrêter à la barrière des commentaires autorisés. Ne pas se contenter de lire les œuvres comme des objets de savoir. Espérer plutôt une connivence spéciale pour entrevoir, chez ces humains disparus de longue date, quelque chose d'encore vivant. Il convient de les approcher comme pour chercher à voir s'ils avaient la peau sèche ou le cheveu dru. Il faut faire comme si l'important était d'imaginer ce que furent leurs ongles, ou leurs poils, ou l'alignement de leurs dents, ou la lenteur de leurs yeux. Simples images, évidemment : l'anatomie comparée des métaphysiciens ou des moralistes n'est pas l'objet de ce volume.

Quelle est précisément sa nature ? La liste de ce qu'il n'est pas serait longue. Ce n'est pas un manuel. Pas non plus une introduction, ni une histoire de la philosophie, ni une encyclopédie. Ce livre est né d'une série de choix. Il reflète des prédilections personnelles, des rencontres inévitables et quelques coups de foudre. Avec les avantages, mais aussi les limites, d'un point de vue subjectif. Tous les philosophes n'y figurent pas. Ceux qui sont rassemblés ont en commun d'avoir paru dignes d'être aimés, ou admirés, ou entrevus. Certains sont des génies glorieux, d'autres des oubliés intéressants. Il ne fut jamais question de les ranger selon une perspective unique. À chacun de repérer à son gré, dans cette compagnie plutôt baroque, des séries éventuelles. S'y trouvent également des coupes histologiques, de brefs dessins animés, des bouquets de fleurs, des mémoires de lectures, de petits éclats d'histoire mondiale, des leçons de sagesse, des souvenirs intimes, des choses comme ça.

Des fonctions définissent ce livre sans doute mieux que des contenus. Il est fait, d'abord, pour remercier les philosophes. Par gratitude, pour les joies prodiguées, les surprises, les vertiges parfois. Pour la manière qu'ils ont de déconcerter, de défaire les évidences. Il est fait pour les remercier, surtout, de ces moments où ils résistent à la compréhension, où ils ne se donnent pas d'emblée, où ils exigent d'être attendus. Fréquemment les philosophes demeurent opaques avant de paraître un jour s'éclairer tout à fait.

Ce livre est destiné également à instruire, ne craignons pas les vieux mots. Des informations sont à transmettre. Il est nécessaire de fournir des éclaircissements, d'indiquer des lectures. Les indications que l'on trouvera au fil des pages se veulent accessibles à tous. Pour mettre de l'ordre dans toutes ces notes accumulées au fil des ans, les partis pris ont été aussi simples que possible. La matière fournie par les multiples articles publiés dans *Le Monde* a été regroupée, ébarbée, fondue, lissée, polie — réécrite ou réélaborée — jusqu'à obtenir un ouvrage possédant sa cohérence propre.

## *Contre la tristesse*

Les esquisses qu'on va lire sont classées, *grosso modo*, selon l'ordre chronologique, de l'Antiquité au XX^e^ siècle. Mais leur répartition n'est pas uniforme, et l'époque contemporaine l'emporte. Une première partie va des premiers philosophes à ceux du siècle des Lumières. Dans la diversité extrême des systèmes et époques, sans doute le trait commun est-il, chez ces philosophes, la conviction généralement partagée, sauf évidemment par les sceptiques, qu'il est possible d'accéder à la vérité, possible de construire sur ce roc des édifices inébranlables, possible d'atteindre par les moyens de la raison à des connaissances éternelles, semblables à celles que détiennent des esprits surhumains.

Avec Kant et ses successeurs, avec la mise en lumière de la finitude de notre esprit, avec la découverte que l'usage de notre raison a une validité limitée au domaine de l'expérience, s'ouvre un temps de vertiges qui se prolonge tout au long du XIXe siècle. Une série de morts sont constatées ou annoncées : celle du roi, celle de Dieu, celle de la vérité, celle du sujet. Cette période d'effondrements et d'incertitudes prépare une redéfinition de la place des philosophes et de la philosophie.

C'est évidemment le même mouvement qui se poursuit au XXe siècle, entre les totalitarismes, les guerres mondiales et les massacres de masse. Dans ce paysage à la fois surabondant et désolé, il semble que les philosophes n'ont cessé de chercher à quoi faire retour ou de quoi repartir. Ils se sont demandé, par des voies fort diverses, comment et sur quelles bases continuer la philosophie, comment marquer sa pérennité ou au contraire comment penser après avoir constaté son anéantissement.

Voilà qui est sans doute déjà trop. Car cet ordre grossièrement chronologique, ces trois parties, cette thématique possible ne doivent pas suggérer une vue particulière et arrêtée concernant l'histoire de la philosophie. Quelques conceptions relatives à cette histoire sont à l'œuvre, peu ou prou, dans cet ouvrage. L'auteur en aperçoit une partie, d'autres agissent probablement à son insu. Rien de cela n'a d'importance, du point de vue de la fonction d'incitation que ce volume souhaite remplir. Que la philosophie, dans son déroulement, soit une marche vers l'absolu ou une suite de hasards et d'ignorances, un perpétuel recommencement ou un progrès ponctué de seuils et de ruptures, on osera dire que c'est sans importance. À tout le moins au regard de l'usage pratique que l'on souhaite aux usagers de ce livre. Au lieu de construire de grandes considérations sur l'évolution de la pensée, on aimerait inviter le lecteur à s'asseoir et à s'employer à cesser d'être triste.

La tristesse est en effet une « qualité toujours nuisible, toujours folle... toujours couarde et basse ». Ce sont ici des termes de Montaigne. Mais l'idée se retrouve dans d'autres contextes chez Spinoza, chez Nietzsche, chez Deleuze. La question n'est pas de se forcer à être gai ni de se réjouir artificieusement. Mais de comprendre comment le chagrin est une moindre vie, un rétrécissement. Une des questions clés de la philosophie est alors de demander non seulement ce que nous pouvons savoir, mais aussi ce que nous pouvons faire de ces savoirs dans notre existence, dans quelle mesure ils sont capables de la guider, de l'étendre, de la soutenir dans son évolution.

Ce qu'il est souhaité que le lecteur éprouve ? Le partage d'un moment, l'envie d'aller plus loin, le plaisir de dire « tiens, ça, je ne savais pas », ou bien « ah ! je n'y avais jamais pensé ! », ou encore « quelle idée ! », et aussi l'impression que commencent ici des pistes — que chacun sera libre de suivre ou d'abandonner, sachant que ce ne sont pas les seules, qu'elles ne sont pas toutes là, mais qu'au moins c'est un carrefour où tout n'est pas trivial —, et encore le sentiment que la philosophie n'est pas nécessairement difficile, pas réservée à quelques-uns, pas accessible uniquement tout au bout de couloirs obscurs de très anciennes bibliothèques où il faudrait avoir tout lu pour commencer à poser une question.

C'est l'inverse. L'expérience de la pensée passe au contraire par un rapport direct aux textes, sans les gloses, sans les commentateurs intarissables. Ou bien les grands textes doivent demeurer inaccessibles, à peine entrevus, en fin de vie, par les meilleurs experts, ou bien la philosophie peut exister, telle quelle, pour chacun, pour qui s'en donnera la peine. Dans une sorte de fête et de particulier plaisir. Fréquentez donc, lecteur, parmi les philosophes, ceux que vous aimez, ceux qui vous rassurent, qui vous parlent et vous convainquent, du seul fait qu'ils existent, que le monde n'est pas si mauvais qu'on dit. N'hésitez pas : approchez ceux qui vous irritent le plus, qui vous mettent en colère, dont l'existence même vous paraît presque impossible, dont vous soupçonnez qu'il est difficile de saisir pourquoi ils se trouvent si différents de tout ce que vous pouvez être et sentir. Ceux-là sont sans doute plus importants encore.

## *Gentillesse des morts et compagnie*

On croisera ici ou là quelques auteurs vivants, mais seulement au titre de leurs travaux d'historiens. La compagnie des philosophes, qui se clôt ici avec Michel Foucault et avec Gilles Deleuze, ne rassemble que des disparus. Pourquoi seulement des morts ? Deux raisons, fort différentes. En premier lieu, les contemporains rencontrés au fil des ans, qu'ils soient philosophes *stricto sensu* ou que leur réflexion touche à la philosophie, se retrouveront, sous une forme différente, dans un autre ouvrage. Un prochain volume doit en effet rassembler des analyses conduites « de vive voix », au cours des entretiens accordés à l'auteur, par Henri Atlan, Alain Badiou, Jean Beaufret, Pierre Bourdieu, Cornelius Castoriadis, François Dagognet, Jacques Derrida, Jean-Toussaint Desanti, Michaël Dummett, Georges Dumézil, Umberto Eco, René Girard, Gilles-Gaston Granger, Jürgen Habermas, Michel Henry, Luce Irigaray, Roman Jakobson, Emmanuel Levinas, Claude Lévi-Strauss, Paul Ricœur, Michel Serres, George Steiner, René Thom, Jean-Pierre Vernant. Entre autres.

D'autre part, le fait d'être mort constitue presque un avantage sous le rapport de la vie à la vérité. Il existe, de ce point de vue, une gentillesse des morts. Ils ne réservent plus de surprises inconcevables. La série de leurs propos est close, quand bien même tous leurs écrits ne sont pas connus ou pas encore accessibles. Rire d'eux ne les fâche pas, leur adresser des lettres n'est jamais urgent. Ils sont toujours disponibles, bienveillants et silencieux. Bref, d'assez bonne compagnie.

Une compagnie, rappelons que c'est une collectivité, un groupe, une communauté. Les philosophes, sur ce point, sont des loups : solitaires, amateurs de course sans allié, mais aussi toujours plusieurs, amassés en meute, attentifs à leurs pairs, tantôt rivaux et tantôt frères.

La compagnie évoque enfin la troupe des gens de

théâtre, comédiens et bateleurs. Pour que les philosophes jouent leur rôle, il est arrivé qu'il faille quelque peu les grimer. On n'a pas hésité à charbonner le sourcil, à souligner les rides ou encore à poudrer le cheveu ou la joue. Une fois sur scène, sous les lumières de la rampe, avec l'éloignement des fauteuils, dans le feu de l'action, ces artifices ne se voient presque plus. Mieux : ils aident.

PREMIÈRE PARTIE

# Ceux qui croyaient au vrai, ceux qui n'y croyaient pas

# I

# FAÇON DE PARLER, MANIÈRE DE VIVRE

Notre époque retrouve, après une longue éclipse, l'idée qu'une vie philosophique n'est pas seulement une affaire de théorie, mais aussi de modification de soi. Important, mais pas sans risque.

*La philosophie enseigne à faire, non à dire.*
SÉNÈQUE

On pourrait croire qu'elle a de la chance, la philosophie. Jamais le monde ne fut si difficile à penser, à la fois terrible et déconcertant. Si la vieille dame parvient à bien user de son héritage, si elle n'esquive pas les défis inouïs de ce temps — puissance des techniques, crise du sens, entre autres —, il se peut qu'elle renaisse tout autre. On la disait finie, exténuée, agonisante ou déjà enterrée... la voilà qui promet ! Ce qu'on attend d'elle, après l'effondrement des idéologies totalisantes, semble aussi divers et vital que ce qu'on exige de la démocratie, sa sœur jumelle, quand tombent les dictatures. On lui en demande, à la philosophie ! Créer des concepts. Étayer des sagesses. Élaborer des méthodes. Extraire des significations. Entretenir des doutes. Forger des argumentations. Lui sont réclamés, ensemble, invention et rigueur, hauteur de vue, souci du détail, fidélité à son passé et goût pour l'aventure. Malgré vingt-cinq siècles d'entraînement, c'est beaucoup ! On convoque la philosophie comme un dernier recours, une ultime ressource, dans un temps déglingué où s'aiguisent les fanatismes, où s'étend l'abrutissement.

Si la philosophie voulait être à la hauteur de la situation, quelles règles devrait-elle s'imposer ? « Rien ne doit encourager à la restauration de la vieille maison, académique et rhétorique ; ni à la complaisance envers les manies jargonnantes ; ni à l'illusion de détenir les clés du savoir et de rejouer le rôle de ministre de la reine des sciences », a pu écrire Dominique Janicaud. L'académisme doit laisser place à un travail patient, attentif à n'exclure aucun courant de pensée, aucune question, aucun thème sous le mauvais prétexte qu'ils seraient illégitimes. Règle minimale : en finir avec les anathèmes entre clans, les crispations de paroisses, la cuisine régionale des problèmes. Ne pas tomber, à l'inverse, dans le piège de l'éclectisme mou ni verser dans l'illusion d'un accord unanime des philosophes. Œuvrer simplement, avec les moyens du bord, à une réflexion moins morcelée, moins entravée par des cloisons souvent factices — moins pauvre, si possible —, voilà vers quoi chacun doit tendre.

On ne rêvera pas d'abattre d'un coup les barrières mais plutôt de les fissurer, d'élargir des brèches précaires et d'inciter à leur multiplication. Il faut avoir la philosophie patiente, savoir laisser agir la contagion des idées, attendre que tombent les anciennes défiances. Elles sont encore vivaces : dans un monde devenu « efficace », à quoi bon perdre des heures en compagnie de vieux textes ? Pourquoi inquiéter les jeunes esprits avec des problèmes généralement sans issue ? À quoi peut répondre l'amour exigeant, apparemment désuet, qui anime toujours certains professeurs, quelques élèves, envers ces exercices de réflexion ? Leur usage pratique, en raison de leur généralité, est évidemment nul — du moins si l'on s'en tient aux possibilités d'application immédiates et concrètes. À partir de ce constat, des amateurs d'utilité visible ont déjà conclu à la nécessité d'en finir avec cette survivance des vieux âges. Au moment où l'Europe est enfin un grand marché, la planète un seul champ de concurrence économique, il serait temps de rentabiliser les formations. La philosophie, exotisme improductif, paraît mûre pour disparaître. On laissera quelques érudits mettre les questions d'autrefois sous vitrine hermétique. Des visites guidées seront organisées, à titre de loisir. Le temps sera employé, enfin, sérieusement.

Et si tout l'inverse était vrai ? Plus s'intensifie l'ajustement étroit des formations aux techniques multiples des métiers, plus le « métier de vivre », son inquiétante gratuité et ses impasses infinies sont à prendre en compte. Quand s'accroissent les spécialisations et les impératifs professionnels, il convient plus que jamais d'ouvrir des espaces où s'exerce, sans but préétabli, la liberté de l'esprit. Loin d'être un luxe encombrant et dérisoire, l'apprentissage individuel de la réflexion critique est la condition non seulement de la tolérance et du respect des autres, mais encore de la résistance à toutes les formes de fanatisme ou d'oppression. Bref, cette école de la raison que constitue la pratique de la philosophie, même modeste et peu savante, contribue à former les citoyens et à rendre plus vive la démocratie.

La place et le style de cet enseignement au sein des politiques éducatives de chaque État ne sont donc jamais insignifiants. Sans le transformer en lieu vital où se jouerait le sort de l'humanité, on aurait tort de sous-estimer son rôle. Qu'il s'agisse de la construction de l'Europe — si l'on veut que ce nom, à côté de la politique agricole, ait réellement un lien avec une culture commune —, qu'il s'agisse des relations entre les civilisations et les conceptions du monde qui se partagent le globe, la diffusion des philosophies, la fréquentation de leurs tournures d'esprit, leur présence dans les études les plus diverses et dans la formation permanente des adultes sont aujourd'hui des enjeux majeurs, dont l'importance n'est pas encore toujours suffisamment perçue.

Les philosophes de métier, dans leur ensemble, sont en partie responsables de cette indifférence. La situation est pour le moins paradoxale. On constate en effet que rarement le besoin de philosophie fut si vif. Tandis que vacillent repères et significations, des praticiens issus de disciplines très diverses — biologistes ou physiciens, historiens ou économistes — interrogent la longue tradition des philosophes, cherchent dans leurs œuvres des outils conceptuels. Rarement pourtant les philosophes ont semblé si timorés. Ils donnent souvent l'impression d'être transis, crispés, drapés dans quelques lambeaux d'un glorieux passé les autorisant à mépriser l'époque. Aristote, Leibniz, Hegel et tant d'autres, avaient à cœur de penser les savoirs de leur temps, de méditer les bouleversements politiques du monde où ils vivaient. Ils travaillaient la connaissance par toutes ses faces. Et nous, nous aurions pour seule tâche de leur consacrer des éditions critiques, des mémoires et des thèses ? Rien d'autre ?

Dans son ensemble, à quelques exceptions près, la philosophie paraît aujourd'hui plus préoccupée de commenter son passé que de se coltiner au présent. La plupart des penseurs contemporains ignorent les sciences qui font ce siècle, leurs apports conceptuels comme leurs enjeux théoriques. Si une pensée n'est pas occidentale, la majorité fait silence... Toutefois, il faut se méfier aussi, car ces questions sont à double fond, de ne pas trop vite expédier les philosophes dans des chantiers de travail utile. S'il est indispensable qu'ils s'immergent dans les réalités des recherches scientifiques ou des relations internationales, il doit toujours subsister, pour que se constitue la réflexion philosophique, une distance nécessaire, un écart envers les décisions urgentes, une forme de « vacance ».

C'est un beau vocable, la « vacance ». Au pluriel, il perd beaucoup. On a cessé d'y entendre une absence, une disponibilité, un manque d'occupation, un espace blanc — sans titulaire ni obligation. Vacance et vacuité ont partie liée, comme une parenthèse, sans contenu déterminé ni fonction prévisible, au cœur des activités. Dans ce vide fragile, il ne s'agit nullement de vaquer à... une tâche définie, de s'employer à tenir un rôle, ou de concrétiser un projet. Vaquer, tout court, implique de demeurer en suspens, à distance, sans emploi. S'installer dans cet intervalle précaire, tenter d'y demeurer, en explorer systématiquement l'étrangeté, voilà sûrement l'un des traits les plus constants de l'attitude philosophique. Qu'il faille à la pensée des méthodes, des règles, des objets et des buts, voire des combats ou des joutes, on en conviendra. Mais sans doute lui faut-il d'abord, comme condition plus fondamentale, un grand loisir. Aucune réflexion ne se constitue sans prendre ses distances à l'égard des tâches immédiates, des sollicitations de l'heure comme des convictions les mieux assurées. Les philosophes, en ce sens, sont toujours vacants. Cela les occupe beaucoup. En un sens, cela même les fait vivre. Notre époque commence seulement à redécouvrir, encore étonnée de cette simple évidence retrouvée, que la philosophie peut être manière de vivre autant que construction de discours.

## *Changer sa vie*

Il n'y a pas si longtemps, si vous parliez de sagesse, de maîtrise des passions, de travail spirituel sur soi-même... à un professeur, un chercheur ou un étudiant lié, de près ou de loin, à ce que nous appelons, universitairement, « philosophie », il haussait les épaules. La sagesse était un idéal périmé. Elle faisait l'objet de recherches historiques, quelques érudits s'y consacraient. La philosophie, la vraie, avait d'autres tâches : montage et démontage de systèmes conceptuels. Celui qui s'y consacrait tramait ou dénouait des discours spécifiques. Pour le reste, il vivait comme tout le monde. Son travail consistait à commenter des textes, à faire des analyses des cours et des livres, pas à transformer son comportement ni celui des autres.

Ce temps passe. On a commencé à réentendre le sens de la démarche des philosophes de l'Antiquité qui, pendant un bon millénaire, ont pensé, agi, parlé, écrit avec en tête une tout autre image de la philosophie. Du siècle de Périclès aux premiers Pères de l'Église, le terme ne désignait pas des joutes intellectuelles et des spéculations abstraites. Devenir philosophe, c'était pratiquer un changement profond, concerté, volontaire, dans sa manière d'être au monde. C'était une conversion patiente et continue, engageant tout l'individu, une manière de vivre, impliquant un long et constant exercice sur soi. C'était un travail, affectif autant qu'intellectuel, pour se dépouiller de l'angoisse, des passions, de l'illusoire et de l'insensé. La tâche du philosophe était de changer sa vie. Il donnait accessoirement des cours ou écrivait des textes, pour s'y soutenir lui-même ou y aider ses disciples.

Pierre Hadot, titulaire de la chaire d'histoire de la pensée hellénistique et romaine au Collège de France, a bouleversé l'image que nous nous faisions de la pensée depuis Platon jusqu'à saint Augustin et au-delà. Il a rappelé combien la philosophie, pour les hommes de l'Antiquité, est manière de vivre plutôt que matière à discours, action quotidienne plutôt que pure connaissance. C'est net chez les stoïciens et les épicuriens. « La philosophie enseigne à faire, non à dire », écrit Sénèque. « Vide est le discours du philosophe s'il ne contribue pas à guérir la maladie de l'âme », dit une sentence épicurienne. Cela ne signifie nullement que toute spéculation soit écartée et tout savoir vain. Au contraire. Mais les théories les plus élaborées sont au service de la vie philosophique. Elles constituent des moyens pour cheminer vers la sagesse, jamais des fins en soi. La physique elle-même doit contribuer à modifier l'âme. En connaissant la nature, le philosophe devient conscient d'être une partie infime d'un cosmos infini et s'applique ainsi à mieux vivre en harmonie avec lui. Les divergences multiples entre les écoles ne peuvent masquer que toutes prennent source et sens dans une commune conception de la philosophie : un acte permanent engageant chaque instant de la vie, une thérapeutique incessante visant à l'autonomie de la liberté intérieure, à la sérénité de conscience cosmique du sage qui perçoit l'ordre du monde.

Les moyens d'accéder à cette sagesse-horizon sont des exercices spirituels, méditation intense et continue de quelques principes, prise de conscience de la finitude de la vie, examen répété de soi, établissement de la conscience dans le seul présent. À ce compte, il se pourrait qu'aucun homme, jamais, ne fût devenu sage !... Le « philo-sophe » — celui qui désire la sagesse justement parce qu'il sait en être dépourvu — poursuit sans doute un idéal inaccessible. Il n'empêche qu'il s'y exerce, heure par heure et mot par mot. Oublier cette constante recherche d'un progrès spirituel, c'est s'interdire, aux yeux de Pierre Hadot, de comprendre la totalité de la philosophie antique. La totalité ? Voilà qui étonne. Et pourtant ! Socrate inaugure un style de vie plutôt qu'une doctrine. Le dialogue socratique est avant tout un exercice spirituel : il conduit l'interlocuteur à une attitude mentale nouvelle. Ses circuits et détours sont destinés à faire progresser le lecteur, non à lui transmettre un savoir. Platon lui-même, que nous sommes tellement enclins à lire comme un penseur systématique, conçoit la philosophie comme une conversion de tout l'être et les mathématiques comme un moyen de nous détacher du sensible. Aristote n'est pas non plus un pur théoricien : plus qu'un corpus de connaissances, la philosophie est à ses yeux le résultat d'une transformation intérieure.

Cette conception de la philosophie a persisté longtemps. « Il faut que la théorie devienne en nous nature et vie », écrit le néoplatonicien Porphyre au IIIe siècle après J.-C. Un important courant de la pensée chrétienne hérite des exercices spirituels des écoles hellénistiques et romaines, par l'intermédiaire, notamment, de Justin et de Clément d'Alexandrie. Toute la tradition qui se nourrit d'Origène identifie christianisme et vraie philosophie. Finalement, les Pères de l'Église reprennent la conception grecque en la christianisant : les moines, du point de vue de l'exigence de vie, sont pour eux des philosophes, et les grandes figures de la sagesse païenne des chrétiens qui s'ignorent. Justin Martyr, premier chrétien à s'être présenté comme philosophe, écrit : « Tous les hommes qui vivaient conformément au Logos, c'est-à-dire de façon conforme à la raison, étaient au fond chrétiens, même s'ils passaient pour athées, comme par exemple, parmi les Grecs, Socrate, Héraclite et d'autres de ce genre. »

Ces affirmations n'empêchèrent pas les Pères de l'Église de douter de la capacité des philosophes païens à être réellement vertueux. À leurs yeux, les Grecs ont entrevu un idéal de vie proche, par certains traits, de celui du christianisme, mais ils n'ont jamais pu le mettre effectivement en pratique. Réduits à leurs propres forces, ils étaient incapables, sans la Révélation, d'accéder au vrai Bien. Seule la vie chrétienne possédait ce pouvoir. Les recherches de Juliusz Domanski ont montré combien un tel jugement a contribué à restreindre considérablement la portée de l'exercice philosophique. Il ne pouvait plus être question de parvenir à se gouverner par le moyen de la seule raison. L'entraînement spirituel ne prenait sens que dans l'horizon du salut chrétien. La vie philosophique se trouvait par là même privée de l'idéal du gouvernement de soi qui l'avait animée depuis des siècles. Elle finit par se réduire aux commentaires savants des textes d'Aristote, pour des raisons que l'on connaît : primauté de la théologie, subordination du travail conceptuel à la dogmatique religieuse, mais aussi parce que son ressort interne était comme privé de toute possibilité d'action. Si l'idéal du sage disparaît au profit du saint, si l'idée même d'une vertu sans Dieu perd sens, la philosophie comme pratique de vie évidemment s'efface.

Cet effacement ne fut jamais complet ni définitif. Des retours, des réminiscences, des survivances sont attestés. Ainsi la fin du Moyen Âge, avec l'essor de l'humanisme, vit-elle renaître l'idée d'une philosophie qui n'est pas seulement « connaissance des choses divines et humaines », mais aussi « application à bien vivre selon la loi de la raison », selon la formule de Jacques de Gostynin, commentateur polonais d'Aristote à la fin du XVe siècle. Pétrarque à son tour refusa d'appeler philosophes « les professeurs assis dans une chaire », et juge « plus important de vouloir le bien que de connaître la vérité ». Mais la rupture malgré tout ne fut jamais tout à fait réparée, le partage entre spiritualité et rationalité rarement remis en cause. Par exemple, quand, à la Renaissance, Ignace de Loyola rédigea ses *Exercices spirituels*, il fut tributaire de la longue tradition d'exercices héritée de l'Antiquité, mais il ne se dit plus philosophe. Le changement intervenu au long du Moyen Âge maintenait encore à ses yeux la philosophie dans son rôle de « servante de la théologie », qui se bornait à fournir le matériel logique et conceptuel dont celle-ci avait besoin.

Devenue discours théorique et rien d'autre, la philosophie paraît l'être restée même quand Descartes, Spinoza et les auteurs de l'Âge classique rompent avec la scolastique : ils opposent seulement, croit-on, un nouveau discours théorique à l'ancien. Peut-être n'est-ce pas si simple. On peut se demander ce qui a subsisté, de l'ancienne philosophie vécue, dans la philosophie abstraite. Elle n'a pas disparu sans laisser de traces. Descartes lui-même soutient que la vraie philosophie doit modifier l'existence, et Spinoza, à la fin de l'*Éthique*, retrouve le chemin ardu de la sagesse. Même si, depuis Kant, les philosophes sont avant tout des « artistes de la raison », il est possible de discerner chez Schopenhauer, chez Nietzsche, chez Bergson, chez Wittgenstein, entre autres, l'invitation renouvelée à une transformation radicale de notre manière de vivre. Il se pourrait qu'aujourd'hui la quête de sagesse vienne une nouvelle fois rattraper, prolonger et perturber le désir de logique.

Pourquoi aujourd'hui ? Le sida s'étend, le chômage gagne, le fanatisme progresse, l'espoir régresse, la complexité s'accroît. Bref, on aurait plus que jamais besoin de clarté, de distance et de raison. La religion déclinant, les sectes menaçant, la philosophie revient. Comme la solitude s'amplifie et que la parole manque, le forum du coin de rue est bienvenu. Soit. N'est-ce pas encore trop général ? Suggérons une autre possibilité. Quand Socrate intervient dans la vie intellectuelle athénienne, comme un trouble-fête devenu nécessaire, un marché des idées existe. Les savoirs se vendent, les sophistes se font payer. On croit pouvoir acheter de la morale en ville. Un vieux diable surgit donc, ne sachant rien, mais demandant si n'existeraient pas, sous les noms de « justice », de « bien », de « vrai »... certaines choses invendables, voire, à tous les sens qu'on voudra, « impayables ». Et si, après la chute du communisme, par temps de mondialisation des marchés, de « cédéromisation » des encyclopédies, d'« internetisation » des connaissances, cette interrogation-là revenait ? Peut-être se tourne-t-on aujourd'hui vers la philosophie pour chercher un autre horizon que celui déjà balisé par les places boursières et les autoroutes de l'information. C'est juste une hypothèse.

## *« Laisse là les livres »*

Elle ne doit pas masquer un risque. Commençant à redécouvrir la philosophie comme manière de vivre, on peut tordre le bâton dans l'autre sens, délaisser le travail des concepts, oublier l'effort théorique et la rigueur intellectuelle. Pour rendre la philosophie plus parlante, plus pratique, on risque de la mutiler ou de l'abâtardir. Pour la transformer en existence et l'immerger dans le quotidien, il s'agit de ne pas la trahir ! Il convient au contraire de tenir ensemble les analyses abstraites et les exercices sur soi. Ou encore les notes en bibliothèque et les expériences aventureuses. Leur articulation n'est pas évidente. C'est même un très ancien dilemme, un conflit interne à la philosophie qui se retrouve ici. « Laisse là les livres. Ne te laisse plus distraire, cela ne t'est plus permis », écrivait déjà l'empereur Marc Aurèle. Cette phrase est énigmatique. Un philosophe devrait-il abandonner les livres ? De quoi leur lecture peut-elle le détourner ? Qu'a-t-il à faire de mieux, de plus urgent, de plus vital, que d'aller d'œuvre en œuvre, en méditant et en annotant ?

Qu'on n'aille pas dire que c'était il y a plus de mille huit cents ans, et qu'un empereur romain, même philosophe, quand il est sur les bords du Danube, au milieu des légions, engagé dans une interminable campagne militaire, a mieux à faire qu'à flâner dans sa bibliothèque. Ce ne sont ni le commandement des armées ni le souci de colmater les brèches de l'Empire qui l'éloignent des livres et lui interdisent d'y butiner. La vie philosophique elle-même lui impose de délaisser ses lectures.

Chef d'État ou simple citoyen, pauvre ou riche, celui qui a décidé de mener une vie de philosophe — telle que l'entendaient les stoïciens d'alors — s'emploie continûment à régler l'ordre de ses pensées, de ses désirs et de ses décisions selon les quelques principes simples de l'école à laquelle il a choisi d'appartenir. Qu'il soit stoïcien, épicurien, cynique, son but n'est donc pas de devenir un auteur, encore moins de se distinguer par une œuvre originale ou une théorie singulière. Il cherche obstinément à se conduire d'après ce que notre raison peut savoir de la nature, humaine comme divine, de nos devoirs et de nos besoins, de nos capacités et de nos limites, de nos certitudes et de nos illusions.

Pourquoi, dès lors, Marc Aurèle écrit-il ? Pour quel motif le texte de ses *Pensées*, destiné à lui seul et non pas à la publication, est-il parcouru de formules si frappantes et si bien frappées ? « Hier un peu de glaire, demain, momie ou cendres », ou encore : « Et tout ce dont on fait tant de cas dans la vie, vide ou pourriture, mesquinerie : de petits chiens qui s'entremordent, gamins qui se querellent, qui rient et se mettent à pleurer. » Serait-ce que l'empereur, rangeant ses livres, sentant la mort approcher, s'adonne au bonheur solitaire d'écrire ? Nullement. Marc Aurèle n'écrit ni par plaisir ni par goût de la littérature. Son travail d'écriture est un exercice spirituel réglé, qui vise un objectif rigoureusement délimité : se redire les principes de la vie philosophique selon les stoïciens. Les trois convictions principales qui organisent cette conversion permanente sont celle d'appartenir à un Tout cosmique dont chaque élément est solidaire des autres, celle d'être libre, invulnérable et serein, quand on a compris que seule compte la pureté de la conscience morale, celle enfin de reconnaître à toute personne humaine une valeur absolue. Ces convictions, il s'agit de les graver de nouveau en soi à chaque moment, de les reformuler incessamment avec netteté, pour combattre la dispersion des jours, la fluctuation des sentiments, le jeu trop humain des lassitudes et des insuffisances.

## *La douceur totalitaire*

L'idée d'une vie philosophique n'est pas à l'abri d'un autre risque. Elle peut partir à la dérive, se transformer en carcan de prescriptions étranges, en règles tatillonnes et sectaires. Les pythagoriciens se pliaient par exemple à quelques normes difficiles : éviter le fou rire, se laver d'abord le pied gauche, chausser en premier le pied droit, ne pas se ronger les ongles près d'un sacrifice, planter de la mauve mais ne jamais en consommer. Ces prescriptions avaient évidemment un sens symbolique, connu des seuls initiés, aujourd'hui le plus souvent perdu. Les candidats étaient soumis à une série de rites sélectifs — à commencer par cinq ans de silence ! — avant d'être admis au sein de la confrérie. Venir vivre à Crotone vers 500 avant J.-C., dans la secte fondée par Pythagore, ne signifiait donc pas seulement exercer sa pensée aux analyses géométriques ou à la symbolique des nombres. C'était aussi s'inclure dans une communauté où les biens appartenaient à tous, où l'on écoutait le maître, vêtu de blanc, parler derrière un rideau (on pouvait le contempler cinq ans plus tard). Lointains ancêtres des moines guerriers, les pythagoriciens exerçaient leur endurance, apprenaient à dormir peu, à manger frugalement. Du miel, des plantes, quelques céréales composaient leur ordinaire. Mais pas de fèves. Certains choisirent même de mourir plutôt que de transgresser cet interdit, rapporte Jamblique vers 300 après J.-C. Le même auteur, dans son extraordinaire *Vie de Pythagore*, explique de quelle manière le philosophe persuadait même les animaux d'obéir à cette loi. En témoigne l'émouvante conversion d'un bœuf raisonnable : « Voyant un jour un bœuf, à Tarente, dans une vaste pâture, qui mangeait des fèves vertes, [Pythagore] alla trouver le bouvier et lui conseilla de dire au bœuf de s'abstenir de fèves. Le bouvier se moqua de lui, disant qu'il ne savait pas parler la langue des bœufs, et que, si lui il la savait, il lui avait donné un conseil inutile, parce que c'est le bœuf lui-même qu'il aurait dû avertir. Pythagore s'approcha et passa plusieurs heures à chuchoter à l'oreille du taureau, et non seulement il le tint à cet instant volontairement à l'écart des fèves, mais même dans la suite on dit que ce bœuf ne goûta plus jamais de fèves du tout ; qu'il vécut très longtemps, à Tarente, dans le temple d'Héra, où il vieillit ; qu'il était appelé par tout le monde le "bœuf sacré de Pythagore" et qu'il était nourri de nourritures propres aux humains, qu'apportaient ceux qui venaient le voir. »

L'énigme des fèves a fait l'objet de plusieurs explications. On a songé à leur rôle dans le tirage au sort des charges publiques, dans les cités démocratiques. Il faudrait se tenir à l'écart des fèves parce qu'à cause d'elles des gens incompétents se trouvent chargés de responsabilités politiques. Le secret, dans la secte, fut bien gardé. En témoigne cette rude anecdote : après que des pythagoriciens, plutôt que de traverser un champ de fèves, eurent été massacrés par les troupes qui les poursuivaient, le tyran Denys de Syracuse s'adresse à la dernière survivante. Son mari vient d'être tué, elle est enceinte, elle a été torturée. Dira-t-elle pourquoi les fèves ne doivent pas être touchées ? Pour toute réponse, cette brave femme se coupe la langue avec les dents, et la jette au visage de Denys. Ah, les gens qui ont des secrets ! Le plus vraisemblable, aujourd'hui, est que Pythagore ait su que l'ingestion de fèves pouvait être mortelle pour certains sujets, en raison d'une maladie que nous savons être génétique, et qui est répandue autour du Bassin méditerranéen. Vraisemblable, mais peut-être, en un sens, trop rationnel.

Or il s'agit, dans le pythagorisme, d'autre chose que de la raison. Derrière le merveilleux et le légendaire, ajoutés sur le tard, se discernent quelques traits qui peuvent attendrir ou inquiéter aujourd'hui encore. Nos philosophes ou nos savants ne parlent guère à l'oreille des bœufs ou des taureaux. Même les gourous les plus échevelés ne prêchent pas aux ruminants. Le récit donne malgré tout l'impression de décrire des faits d'une étonnante proximité. Huit siècles environ — de 500 avant J.-C. à 300 après J.-C. — séparent l'existence effective de Pythagore, dont nous savons peu de chose, et le texte de Jamblique, un des derniers chefs de file du néoplatonisme. L'imaginaire a beau tenir une large place dans cette reconstruction, on ne se défait pas du sentiment que le modèle correspond à une réalité qui nous est encore familière. Pourquoi ? D'où vient l'idée que des pythagoriciens sont, peut-être, encore parmi nous ?

Ne pas considérer un trait isolément. Le souci diététique, la conviction que chaque aliment possède son influence spécifique, la préférence végétarienne ne forment qu'une partie du tableau. Il convient d'ajouter l'ésotérisme, l'enseignement uniquement oral (le secret ! le secret !), l'usage constant de symboles, les signes de reconnaissance réservés aux adeptes. Et aussi les convictions inentamables : il existe un ordre du monde, indissociablement naturel et moral ; il faut respecter la hiérarchie, divine et chiffrée, des lieux comme des êtres. Il faut souligner encore la clôture du groupe, son élitisme forcené, sa douceur proclamée et sa discipline inflexible. Et finalement, en arrière-plan, à peine mentionnée, la terreur, pour que les secrets soient tenus et les mystères gardés — « châtiment et ordre ». La politique serait par essence autoritaire : « Il ne faut jamais laisser l'homme faire ce qu'il veut, mais il faut toujours qu'interviennent une autorité et une règle qui assurent la loi et le bon ordre, auxquelles se soumettra chacun des citoyens, car, lorsqu'il est abandonné à lui-même et qu'on ne s'occupe pas de lui, l'être vivant tombe bien vite dans le mal et le vice. » À cette loi divine, cosmique et numérique, rien n'échappe. La règle doit s'appliquer à tous. Homme ou animal, aucun ne fait exception. La vie pythagoricienne ignore apparemment les nuances, et même quelques oppositions majeures. Par exemple, celles du privé et du public, du civil et du religieux, du naturel et du culturel. On ne peut dire qu'il s'agit de catégories simplement modernes : la démocratie athénienne reposait, au moins pour une part, sur des clivages de ce type.

Ces divers traits donnent un air de famille à ceux qui, dans des cultures et à des époques fort dissemblables, ont cru à un ordre secret du monde, au rôle central d'une confrérie d'initiés soumis à une discipline physique et morale rigoureuse, ont prêché l'amitié et ont régné par le fer et le feu. On trouve, chez les géomètres végétariens de l'antique Grande Grèce, la même pente autoritaire que chez certains de nos illuminés. Ils veulent le bien de tous, et la fraternité, et l'harmonie. Ils ne feraient pas de mal à une mouche. Mais, au nom d'un équilibre supposé de la nature, dont ils détiennent les clés, les voilà prêts à faire plier toutes les volontés. Rien ne saurait les empêcher de combattre et d'écraser les ambitions humaines jugées contraires à la loi naturelle et divine qui leur fut révélée. Par respect de la vie « en général », au nom de la grande parenté des espèces, ils finiront peut-être par sacrifier des vies humaines pour préserver des végétaux ou défendre des insectes. Mieux vaut se méfier du pacifisme à visage cosmique. Mieux vaut n'être pas trop vite captivé par la pitié englobant sans discernement fougères et moustiques. Sans doute les membres de telles sectes sont-ils, considérés isolément, de gentils humains. Mais leur conviction inébranlable d'avoir pour maître « un guide doux pour des gens doux et justes » et d'œuvrer à bon droit pour le bien de tous laisse nécessairement fort peu d'espace aux autres, à leurs erreurs et à leurs libertés. Il n'y a de place, dans leur pensée, ni pour le hasard ni pour l'indifférence et la neutralité. Parce que tout est doté, à leurs yeux, d'un sens, ils ont déjà éliminé l'incertain, l'absurde, l'aléatoire, le chaotique, le contingent... Cela ne se voit pas d'emblée. Mais le passage demeure possible, rapidement, de la douceur totalitaire à la terreur réelle.

Au lieu de craindre cette emprise des philosophes sur l'existence, on peut aussi la tourner en dérision, comme le fit Lucien, dans la seconde moitié du IIe siècle de notre ère, en composant l'irrésistible dialogue satirique intitulé *Philosophes à vendre*. Il imagine que les meilleurs, les plus illustres, les grandissimes penseurs sont vendus comme esclaves. « Qu'une bonne fortune fasse venir les acheteurs au marché ! Nous allons vendre à la criée des philosophes de toute espèce avec des systèmes de toutes les couleurs. » Avoir un philosophe chez soi est sans doute moins pratique qu'un cuisinier, une femme de chambre ou un masseur, mais ce n'est pas inutile. Se voir enseigner, à domicile, pour soi seul, le sens de l'existence, les lois de la vertu, l'ordre du monde, les règles de la Cité idéale et tant de vérités belles et bonnes, voilà un luxe incomparable. Où trouver cette denrée rare ? Pas question de se laisser fournir un penseur d'occasion ou un vieux répétiteur ! Zeus y pourvoit. Son fidèle Hermès appâte les clients. Les acquéreurs se méfient : ces raisonneurs sont souvent des songecreux ou des charlatans. Mieux vaut y regarder à deux fois, d'autant que certains atteignent des prix exorbitants. Socrate ou Platon, par exemple, valent autant qu'une bonne vingtaine d'esclaves de qualité. Aristote, lui, ne dépasse guère le prix de trois ou quatre belles jeunes filles. Pyrrhon, qui doute de tout, et d'abord de la servitude, vaut moins qu'un manœuvre sans qualification. Héraclite et Démocrite figurent parmi les invendus. La vie philosophique n'est pas dépourvue de surprises.

# II

# DES GRECS TOUJOURS RECOMMENCÉS

Ils n'ont pas fini de nous attendre. À chaque tournant de l'histoire intellectuelle européenne, leur héritage est remodelé par l'esprit de l'époque.

*Le pays de notre désir.*
NIETZSCHE

Au lieu de voir les Grecs comme des inventeurs, peut-être faudrait-il les considérer comme des inventions. Chaque époque construit les siens. Les Grecs imaginés par les Romains de l'Empire ne sont pas ceux des médiévaux, qui diffèrent des Grecs des humanistes de la Renaissance. Ceux de Montesquieu ne sont pas ceux de Rousseau. Hegel imagine la patrie première de la pensée autrement que Heidegger la réponse initiale à l'appel de l'être. Entre autres. Il ne faudrait donc pas se dire simplement que ces ancêtres toujours jeunes ont défini les règles du jeu, délimité le terrain, fabriqué les pièces de ce qui s'est appelé, à partir d'eux, « philosophie ». Eux-mêmes appartiennent à une sorte d'exercice essentiel que l'histoire de la pensée en Occident n'a cessé de pratiquer. Jouer aux Grecs, si l'on ose dire, c'est construire son récit des origines, présenter ses références fondatrices, indiquer ceux qui doivent être scrutés et commentés, que ce soit pour les rejoindre, les imiter, les reprendre, ou pour éviter les pièges qu'ils n'auraient su déjouer. L'étude des représentations de la Grèce antique en Europe, domaine à peine défriché naguère, est aujourd'hui en pleine expansion.

Sans entrer dans le détail des travaux savants, il faut

évoquer combien le caractère de ces grandes pensées des commencements est devenu pour nous mobile, indistinct, presque fluide. Aux Grecs ne correspond plus depuis longtemps un ensemble de textes assurés et de doctrines sans ombre. Ils sont plutôt devenus des nuages, des ensembles flous, des zones de probabilités où l'on s'oriente autour de quelques points de bifurcation. Paradoxe trivial : plus on en sait, moins on est sûr. À mesure que s'est affinée la critique des sources, que s'est développée la philologie comparative, que s'est élaborée la réflexion sur la pertinence des catégories traditionnellement appliquées aux auteurs de l'Antiquité, les images des Grecs ont en quelque sorte fondu. Leur insaisissable étrangeté a cessé d'être une figure de style.

## *Moellons célestes*

Voyez les présocratiques. Ces premiers penseurs passent pour avoir tout inventé : la physique et les démonstrations de géométrie, l'exigence du vrai et la rhétorique, les règles de la raison, les pièges de l'apparence. D'est en ouest, des villes de la côte ionienne à celles de l'Italie du Sud et de la Sicile, ils ont donné au berceau de l'Occident les limites de la Grèce. Ils créèrent, il est vrai, des choses inouïes : la réflexion sur les principes et la volonté d'ordonner de manière intelligible l'infinie diversité du monde ; la recherche d'une explication rationnelle des causes, dépourvue de tout recours direct à la mythologie ; les jeux de langage et les paradoxes logiques. En un siècle et demi à peine, ils ont jeté les fondements de l'attitude scientifique, fixé les lignes de force et les clivages majeurs de la philosophie, et parcouru, peut-être, plus de chemins possibles que nous n'en pouvons concevoir, bien longtemps après eux. Toutefois, il ne faut pas, trop simplement, faire des présocratiques les ancêtres des encyclopédistes, ou les aïeux de tout rationalisme. Ces penseurs qui s'appelaient Thalès, Anaximandre, Pythagore,

Xénophane, Épicharme... n'entrent pas aisément dans nos classifications. L'étiquette « présocratiques » sous laquelle l'étude moderne les a groupés est une commodité à la fois trompeuse et révélatrice. Ce sont pour nous des penseurs « d'avant Socrate », de même que les Grecs dans leur ensemble sont devenus, sous l'ère chrétienne, « d'avant » Jésus-Christ. Antérieurs à nos points de repère, ils sont pour une large part extérieurs aux clivages qui nous sont devenus familiers. Nous devons constater qu'ils sont poètes autant que savants, sages autant que scientifiques, mages autant que professeurs... Nos catégories ne leur conviennent pas. Nous ne parvenons à les y soumettre que de biais, par force ou au prix de malentendus. Quand leur parole fut proférée, de tels cadres n'existaient pas encore. C'est pourquoi leur voix nous déroute, lumineuse et obscure, habitée d'un curieux éclat.

Leurs textes mêmes ne sont que des fragments, « des moellons célestes disjoints », dit Jean-Paul Dumont. Nous n'avons plus d'aucun d'eux d'ouvrages entiers, *a fortiori* pas d'œuvres complètes. Cette situation est troublante. Imaginons que nous connaissions, de Descartes ou de Spinoza, quelques anecdotes seulement, les résumés que d'autres ont donnés de leurs philosophies — parfois pour les combattre —, un petit nombre de paragraphes épars et incertains, cités ici ou là. Pourrions-nous avoir une idée claire de leur système de pensée ? Nombre d'anciens Grecs ne sont plus qu'un nom, lui-même douteux. Leur doctrine se réduit à un point séparé du corps qui lui donnait sens, à quelques membres de phrases épars et sans contexte. Leurs travaux évoquent ces statues dont on ne retrouve qu'un doigt, ces têtes dont les injures du temps ont épargné seulement un front ou un lobe d'oreille. Ces pièces détachées, une fois rassemblées, nettoyées, classées, forment encore un ensemble considérable, plus d'un millier de pages. On doit au philologue allemand Hermann Diels (1848-1922) d'avoir systématiquement collecté ces vestiges dispersés dans les écrits de plus de trois cents « citateurs », eux-mêmes échelonnés sur plus d'un millénaire. Il a répertorié, école par école, auteur par auteur, tous les matériaux disponibles. Édités pour la première fois en 1903, remaniés au fil de multiples éditions successives — les dernières ont été revues par W. Kranz —, *Die Fragmente der Vorsokratiker (Les Fragments des présocratiques)* a révélé une Atlantide philosophique. Des ruines, certes, mais où résonnent des voix qui ont la densité des météores et la force, encore, du feu dont elles proviennent.

Laissez les archéologues à leurs loupes. Ne vous préoccupez pas de ce que furent ou ne furent pas ces auteurs inclassables. Lisez. Perdez-vous autour des temples désorganisés, sous l'écho assourdissant des géants — Parménide, Héraclite, Empédocle —, le rire de Démocrite et l'être sans identité des sophistes. Délaissez les spéculations musicales et astronomiques du pythagoricien Philolaos de Crotone ou les leçons de sagesse de Nausiphane, qui fut le maître d'Épicure. Rêvez des cent quatre-vingt-trois mondes dont Pétron affirme l'existence, ou de l'hypothèse de l'« Anti-Terre ». Écoutez Parménide, celui que Platon appelait le « père de la philosophie », tout en jugeant le parricide aussi nécessaire qu'impossible. Les cent soixante vers qui nous restent de son *Poème* sont en un sens à l'origine de toute la tradition occidentale, par leur affirmation d'une pensée de l'immuable, elle-même identique à l'être. N'oubliez pas Anaximandre, « un homme qui donne des frissons », disait Giorgio Colli. Père fondateur du pessimisme métaphysique et moral, Anaximandre aurait considéré la mort comme l'expiation de l'injustice constituée par le seul fait de vivre. D'autres en brossent un portrait moins sombre : la mort serait l'exact prix à payer pour le fait de vivre — selon la juste nécessité de l'être et du temps, auxquels il n'est pas d'échappatoire — et rien d'autre, rien de noir. Attardez-vous aussi sur les figures d'Héraclite et de Démocrite, que l'imaginaire a choisi d'opposer, dans d'innombrables tableaux très éloignés de leurs existences réelles, comme un visage en larmes et une face moqueuse.

## *Celui qui pleure, celui qui rit*

L'Obscur. Tel fut déjà pour les Grecs le surnom d'Héraclite, qui vécut à Éphèse et devait avoir quarante ans vers 500 avant J.-C. Son obscurité est liée à la forme lapidaire de son expression et se trouve accrue par le fait qu'il ne subsiste que pierres éparses de son édifice. Elles sont peu nombreuses : cent trente environ. Leur taille varie d'un mot à quelques lignes. Les érudits, depuis un siècle, les trient et les retournent, s'interrogeant sur leur authenticité. En effet, son ouvrage étant perdu, nous ne connaissons Héraclite qu'à travers les auteurs qui l'ont cité, parfois à des siècles de distance. L'entrelacs des embûches pouvait paraître inextricable. Les experts ont multiplié les éditions critiques — Bywater (Oxford, 1877), Diels (Berlin, 1903, 1912, 1922), Diels-Kranz (Berlin, 1934), Marcovich (Florence, 1978), etc. — sans parvenir à un texte bien établi, faute souvent d'une intelligence philosophique de l'ensemble. Les philosophes de leur côté ont scruté les aphorismes en les modelant à leur idée. L'Héraclite de Hegel n'est pas celui de Nietzsche, la lecture de Heidegger est encore autre. Depuis la dernière guerre, rien qu'en France, les travaux de Kostas Axelos, de Clémence Ramnoux, d'Abel Jeannière, de Jean Bollack et de Heinz Wismann, quel que fût leur intérêt propre, laissaient penser, par leur dissonance même, que l'obscurité demeurait.

Helléniste scrupuleux, Marcel Conche a comparé toutes les éditions antérieures, consulté les manuscrits dans les cas douteux, s'est reporté au contexte dans lequel chaque fragment était cité, d'Aristote à Clément d'Alexandrie, de Diogène Laërce à Jamblique, de Plutarque à Eusèbe. Chaque fragment, scruté à la loupe, est remis à sa place. Chaque pierre, rangée selon un nouvel ordre, offre la face qui s'ajuste aux autres, et les énigmes, une à une, laissent place à l'éclat de la vérité. « La sagesse héraclitéenne est un soleil qui ne laisse aucune ombre », affirme ce savant en guise de provocation tranquille... Sa lecture suit deux lignes de force. La première est l'unité des contraires et leur inséparabilité. Sans la nuit, le jour ne serait pas, de même que la justice n'est pas concevable sans l'injustice. Telle est, pour Héraclite, la loi du monde. Les hommes persistent à la méconnaître, car leur pensée est unilatérale. Même s'ils accumulent des savoirs multiples, ils demeurent ignorants tant qu'ils continuent à rêver, à croire possible d'avoir le beau sans le laid, l'égalité sans l'inégalité, la paix sans la guerre, la vie sans la mort, ou encore le bonheur sans le malheur. La sagesse du philosophe consiste d'abord à s'éveiller à cette compréhension de la totalité. « Tout est un », dit-il. Lucide face au tragique, il est serein dans la pleine acceptation de la vie.

La pensée d'Héraclite est aussi une philosophie du devenir. Le second axe majeur est l'impermanence de toute chose : « Tout cède et rien ne tient bon », « tout s'écoule ». Le monde et le sujet lui-même ne sont que mouvance ininterrompue et mouvement incessant. Cette affirmation ne tombe-t-elle pas aussitôt sous le coup de la célèbre critique formulée par Platon à la fin du *Cratyle* : comment y aurait-il une connaissance stable de ce qui est instable ? Si tout passe, un savoir est-il encore possible ? Le piège n'en est pas un. En effet, si tout change, la *loi* du changement, elle, ne change pas. Tout devient, sauf le devenir. Ou encore : c'est éternellement que rien n'est éternel.

Sinon, rien de vrai ne pourrait être dit. Or pour Héraclite le *logos*, c'est-à-dire le discours vrai, existe : c'est celui du philosophe, de l'homme qui s'est défait de toute subjectivité pour accéder à l'universel. Ce dernier pilier est inséparable des deux autres. Les contraires sont un, *sauf* le vrai et le faux, sans quoi la philosophie n'a pas d'existence possible. Si le langage est disqualifié pour décrire les *choses* qui sont, puisqu'elles ne cessent d'être instables alors que les mots sont fixes, il peut énoncer de façon valide la *loi* de leur instabilité permanente.

Démocrite, lui non plus, n'est pas une petite gloire. Mais on l'oublie. Durant des siècles sa renommée fut considérable. Sénèque le regarde comme « le plus subtil de tous les Anciens ». Littré, en 1839, voit encore en lui « le plus savant des Grecs avant Aristote ». En fait, son influence directe ou indirecte n'a jamais cessé. Toutes les pensées qui récusent la Providence, et conçoivent le monde comme une mécanique sans commencement ni buts, appartiennent à sa descendance. Marx consacra son premier travail à ce père de l'atomisme, le jeune Nietzsche chercha à réinventer son visage.

Pourquoi a-t-on délaissé ce colosse au XXe siècle ? Comment expliquer qu'on persiste à le ranger parmi les « *pré*-socratiques », ces penseurs « d'avant », antérieurs à la rupture inaugurale de la philosophie, alors qu'il fut contemporain de Socrate et mourut sans doute après lui ? Comment comprendre qu'il soit si peu lu, rarement cité, à peine étudié ? Il revient à Jean Salem d'avoir creusé ces questions. La défaveur de Démocrite est d'autant plus curieuse que ce ne sont pas les textes qui manquent ! Si la plupart de ses œuvres sont évidemment perdues, on en possède une bonne quantité de fragments. En volume, trois fois plus que d'Héraclite, six fois plus que de Parménide. Or les travaux sur Démocrite sont rarissimes... Cette négligence, elle non plus, ne saurait être le fait du hasard.

Crime principal de ce changeur d'univers : avec les atomes, il ne se débarrasse pas seulement de la Providence et de tout ce qui pourrait y ressembler, il évacue du monde le sens et la finalité. Le cosmos ne répond à aucune intention. Les choses sont sans raison ultime, ni cause première, ni origine. L'existence des humains ne relève pas, elle non plus, d'un plan intelligent. « Ils sont sortis de terre, comme de petits vers, sans nul auteur et sans nulle raison », voilà comment le très chrétien Lactance, dans ses *Institutions divines*, résume quelques siècles plus tard l'« erreur » de Démocrite.

Si cette pensée n'attire guère, c'est qu'elle s'emploie, allègrement, à nous décevoir. Qu'aimons-nous croire ? Que le monde est sensé, que son existence répond à quelque plan, que notre vie possède un but. Pour s'employer à établir le contraire, ne faut-il pas être un fâcheux esprit ? Cette philosophie de la nécessité n'est-elle pas l'indice d'une manie importune ? Pis : d'une réelle folie ? Soutenir, comme Démocrite, que « l'univers n'est l'œuvre d'aucun démiurge », n'est-ce pas, tout bonnement, déraisonner ? Puisqu'il n'y a décidément pas de hasard, on ne s'étonnera guère que la postérité ait attribué à cet esprit fort, outre l'invention de la clé de voûte, toutes sortes de pouvoirs incroyables, comme celui de savoir ramollir l'ivoire.

On s'est même demandé s'il n'était pas identique à Bolos le démocritéen, occultiste extravagant à qui l'on doit cette découverte : les chenilles du chou ne supportent pas la foulée d'une femme nue au temps de ses règles. On ne sera donc pas surpris que la légende de Démocrite, constituée, semble-t-il, quatre ou cinq cents ans après sa mort, tisse joliment folie, sagesse et rire. En voici la trame. Les habitants d'Abdère sont en émoi. Leur philosophe a perdu le sens commun : il se rit de tout. Deuils et gémissements le font pouffer, il se gausse des douleurs et des peines, s'esclaffe à tout propos, s'ébaudit sans arrêt. Pas de doute, il est fou. Il faut tout tenter pour le sauver, car il n'y va pas seulement de sa santé, mais de la cohésion même de la cité, de l'équilibre de tous, de la paix collective. Hippocrate en personne est mandé. Il vient, examine, écoute et conclut : « Ce n'est pas folie, c'est excessive vigueur de l'âme qui se manifeste en cet homme. » Démocrite souffre d'un excès de science : il est victime de l'ignorance des autres, de leurs préjugés, de leur inconsistance. On le juge fou seulement parce qu'il rit de la folie des hommes, qui passent à côté de leur bonheur en pourchassant des chimères. Tel est le sens explicite : la folie apparente du philosophe se révèle sagesse, le bon sens de l'opinion publique paraît finalement délirant. Mais cela ne dit pas encore pourquoi Démocrite est si gai. La légende qui réinventa leurs visages lui attribue le rire, tandis que Héraclite se reconnaît à ses pleurs. Leur couple contrasté a fourni matière à toutes sortes de tableaux, notamment à la Renaissance et à l'Âge classique. Ainsi, de la commune déraison dont sont victimes les humains chaque jour, l'un s'amuse, l'autre se lamente. Serait-ce une simple question de tempérament ? Non.

Il se pourrait que dissoudre la signification du monde et de l'existence humaine engendre une angoisse que seul le rire parvienne à surmonter. Il se pourrait aussi qu'on apprenne quelque chose en classant les penseurs selon qu'ils rient ou non. Il ne s'agirait évidemment pas de chercher à savoir quel individu mais quelle pensée « rit ». Diogène et les cyniques, les sceptiques, Nietzsche, Foucault, Deleuze, par exemple. Sont graves en revanche Platon, Aristote, Hegel, Heidegger et... presque tous. Rire, que serait-ce pour une pensée ? Jouer, défaire les repères habituels, perdre à mesure ceux qu'elle tente de se constituer, découvrir que la vérité manque, décider que ce n'est pas terrifiant, continuer ainsi, s'amuser à inventer, persister à se désabuser, s'égayer de l'insondable profondeur de la bêtise, cesser de mépriser, courir courir courir, se laisser surprendre par ce qui advient, endurer sans grogner de ne rien connaître, ouvrir des parenthèses dans le temps, considérer les savoirs comme des curiosités exotiques, s'appliquer avec un infini sérieux à de petits riens, faire la guerre à l'ennui, la peur, l'hésitation, laisser de côté la mort et savoir qu'elle est là. Bref, des choses assez difficiles.

La plus ardue : se défaire des dieux, et de tout ce qui ressemble à une crainte, une supplique ou une espérance. Est-ce possible ? Est-ce souhaitable ? La philosophie, depuis Démocrite et les siens, n'a cessé de tourner autour de ces questions et de leurs variantes multiples, de manière directe ou indirecte. Peut-être, en un sens, n'a-t-elle pas arrêté de vouloir comprendre et de vouloir recommencer le rapport qu'entretenaient les Grecs à leurs dieux. Mais comment retrouver cette distance souveraine entre les regards des mortels et ceux des corps lumineux ? Dans les relations des humains avec ces silhouettes mythiques qui nous paraissent déconcertantes, c'est la définition même du sujet et de la conscience qui est en jeu.

## *Des hommes sans intérieur*

Sur l'Olympe, il fait beau constamment. Ni pluie ni neige : ciel serein, tous les jours. Des jours existent en effet, bien qu'il n'y ait pas de saisons. Immortels, les dieux grecs ne sont pas hors du temps ni de la Terre. Le soir, ils vont au lit et dorment. On peut montrer où ils sont nés : Apollon à Délos, Aphrodite en mer Égée. Ils mangent, boivent, se fatiguent et suent. Ils se jalousent, se tirent dans les pattes, concoctent mille embrouilles où se combinent mensonge, déloyauté, intelligence de la ruse. On pourrait croire que la mort seule leur manque pour être des hommes. Ce n'est pas si simple. Dans la sempiternelle répétition des aurores, les faits et gestes des habitants de l'Olympe sont truffés d'énigmes. Les dieux des Grecs sont embarrassants. Ils ne meurent jamais, mais ils se blessent, souffrent et doivent se soigner. Bienheureux par essence, ils se mettent en colère ou s'apitoient, espèrent ou craignent, toujours se troublent. De Xénophane à Porphyre, en passant par Platon, Aristote ou Épicure, les philosophes ont eu affaire à cette étrangeté des dieux. Leur principale interrogation porte sur l'activité divine. Si les dieux sont parfaits, diront en substance Épicure et ses disciples, pourquoi ont-ils besoin d'agir ? Ils jouissent continûment de leur béatitude, sans avoir nécessité de quoi que ce soit — surtout pas d'un monde, et encore moins de sacrifices de la part des hommes, dont ils n'ont nul souci ! Zeus et les siens, tels que les peint Homère, seraient donc des fictions d'une aberrante absurdité, engendrées par une superstition imbécile. Erreurs nocives, elles nourrissent des craintes sans objet et de vains espoirs, qui sont autant de troubles inutiles.

Mais si les dieux ne faisaient vraiment rien, répliqua par exemple Cicéron, comment pourrions-nous nous les représenter ? Comment se justifierait leur existence, et la nôtre ? Et surtout, s'ils ne nous accordent jamais attention, récompense, ni châtiment, sur quoi fonder la justice et la moralité ? Sous le décor d'opéra bouffe germent dans l'Olympe des questions épineuses : l'insertion du divin dans le temps, sa figurabilité, ou les difficultés suscitées par toute mise en récit de l'activité divine. Comme l'ont rappelé Marcel Détienne et Giulia Sissa, ce n'est pas un hasard si on retrouve les traces de ces problèmes dans les querelles théologiques de l'Antiquité tardive au sujet de la Genèse, entre Origène et Celse, par exemple, ou dans les débats de la Renaissance entre catholiques et protestants, au sujet des images de Dieu, ou même, plus près de nous, dans les dernières disputes du XIXe siècle, entre tenants de la génération spontanée et partisans de la biologie pastorienne.

On peut envisager le rapport des mortels aux dieux sous une perspective inverse : le corps des Olympiens n'est pas, comme on le dit, conçu à l'image du corps humain. Certes, il fait partie du monde. Mais ces dieux ne sont pas tombés sur la Terre. Au contraire. C'est par contraste avec le modèle fourni par leur éclat resplendissant, leur vitalité permanente et leur énergie inaltérable que la constitution des hommes se révèle précaire, fragile, déficiente. C'est donc en se mirant dans cette figure de l'autre qu'un mortel prend conscience de soi. Voilà ce qu'ont établi les analyses conduites par Jean-Pierre Vernant : par l'autre et face à lui, sous son regard, un Grec forge son identité. Cet autre peut avoir les traits d'un dieu, porter le masque de la mort, s'offrir dans le visage de l'être aimé, ou encore être constitué par l'espace politique de la Cité. Ces formes diverses constituent autant de vis-à-vis ou de miroirs révélateurs, dans lesquels on tente de discerner le reflet de soi. Les Grecs des époques archaïque et classique ont donc de leur moi une expérience « autrement organisée que la nôtre ». Ce moi n'est pas une intériorité close, repliée sur soi, impénétrable à autrui, un univers intérieur connaissable immédiatement et du dedans par le seul fait qu'il se pense lui-même. Ce n'est pas une conscience, au sens moderne et cartésien de cette notion. Devant toujours se refléter en l'autre pour se connaître, les Grecs antiques n'ont pas d'intériorité. Ce ne sont pas des « personnes », dans l'acception philosophique du terme.

Étrange religion, décidément, pour nous, que celle des anciens Grecs. Ni révélation ni livres sacrés. Pas même de dogme contraignant auquel l'adhésion exigerait un acte de foi. Pas non plus de souci de l'immortalité ou du salut de l'âme individuelle, dans ce culte civique, dépourvu de clergé, où chaque citoyen est aussi officiant. Les dieux multiples, dont la hiérarchie complexe s'ordonne en un ensemble cohérent, ne sont pas des personnes : ils symbolisent des puissances. Ce que chacun connaît à leur propos, il l'a appris des fables qui ont bercé son enfance, il l'entend confirmer par les poèmes encyclopédiques où se trempe la mémoire collective. Il y a deux manières de rater l'approche d'un tel univers : soit en lui attribuant peu ou prou nos cadres spirituels forgés par le monothéisme et les religions du Livre, soit en le réduisant à la seule mythologie, sans voir que les représentations, les rituels et l'organisation sociale sont ici indissociables. Ces hommes dont on célèbre la rigueur n'ont pas vécu dans un chaos religieux. Leur panthéon n'est pas cet agrégat disparate, leur mythologie, cet ensemble fait de pièces et de morceaux qu'une perspective positiviste étroite décrivait naguère.

Seule une anthropologie religieuse, comparatiste, attentive à l'enracinement sociologique des faits, à l'univers psychologique et aux catégories mentales de l'homme religieux antique, permet de saisir en quoi la religion de la Grèce antique est bien un lieu de commencements. « Orpheline », cette religion est la seule à ne pas s'intégrer dans le modèle des trois fonctions — souveraineté, force guerrière, fécondité — que le comparatisme de Georges Dumézil avait reconnu dans les religions des peuples indoeuropéens. Pour saisir, par exemple, le sens qu'avaient pour les Grecs les sacrifices, il faut les replacer dans l'ensemble de leur système religieux, lui-même réinséré dans leur système social. Le sacrifice n'est pas seulement une fête solennelle où les dieux sont présents. C'est aussi une boucherie, une cuisine ritualisée dont il faut étudier les détails concrets pour apercevoir comment une puissance théologique s'inscrit concrètement dans le détail des procédures alimentaires. Chez les Grecs, le sacrifice établit et confirme les places respectives du sacrifiant, de la victime et du dieu. Dans l'Inde védique, il tend au contraire à les identifier. L'homme grec ne se donne pas à l'au-delà, il se situe par rapport à lui, à bonne distance. C'est l'apparition des cités qui a entraîné, en Grèce, le remaniement complet de l'armature religieuse héritée du fonds indo-européen. Le sacrifice, en un sens général, brouille les frontières habituelles du profane et du sacré, du religieux et du social. Mais, chez les Hellènes, ce repas de fête, où la fumée des os est offerte aux dieux et la chair cuite partagée entre les hommes, assigne aussi à l'ordre humain sa place limitée : à égale distance des bêtes, qui s'entre-dévorent toutes crues, et des dieux immortels qu'un fumet contente.

Pour que se développent des spéculations théologiques, il reste les marges du culte civique. Sous diverses formes émerge en effet sur ses pourtours un mysticisme qui devient parfois facteur de désordres. Les mystères d'Éleusis sont presque intégrés. Les bacchanales du culte de Dionysos introduisent de nouvelles tensions. L'orphisme, avec ses cosmogonies écrites, son idéal ascétique et ses pratiques végétariennes, se révèle plus extérieur encore. Or c'est de là que vont naître certaines préoccupations philosophiques majeures, tels le souci du divin, le désir d'immortalité d'une âme individuelle. Les analyses de Jean-Pierre Vernant, reprises ici cursivement, conduisent leur auteur à conclure : « Pour l'oracle de Delphes, "Connais-toi toi-même" signifiait : sache que tu n'es pas dieu et ne commets pas la faute de prétendre le devenir. Pour le Socrate de Platon, qui reprend la formule à son compte, elle veut dire : "Connais le dieu qui, en toi, est toi-même. Efforce-toi de te rendre, autant qu'il est possible, semblable au dieu." »

## *L'invention du politique*

« J'appartiens à cette classe odieuse d'hommes appelés démocrates... » Quand Wordsworth fait cet aveu, en 1794, il n'ironise pas, il provoque. Jusqu'à la fin du XVIIIe siècle, même sous la plume des philosophes, le terme de « démocrate » demeure péjoratif. Quand les discours politiques de la Révolution française se cherchent des modèles, ils se tournent vers les vertus latines (« Le monde est vide depuis les Romains », proclame Saint-Just) ou vers les rigueurs de Lacédémone (« Sparte, dit Robespierre, brille comme un éclair dans des ténèbres immenses »), rarement vers Athènes et son régime démocratique. Comme l'a établi Pierre Vidal-Naquet, c'est le libéralisme bourgeois du XIXe siècle, le radicalisme anglais en particulier, qui fera de la démocratie athénienne du Ve siècle le centre de toute l'histoire grecque.

Sans doute est-ce là une manière fort singulière de recommencer les Grecs. En effet, comme l'a vu Moses Finley, du régime athénien classique aux nôtres, tout paraît différer. En principe, le peuple gouverne ici et là. Mais il ne représente pas, à Athènes, la totalité de la population : les esclaves, numériquement majoritaires, sont exclus de toute vie publique. Autre dissemblance marquante : être citoyen, au temps de Périclès, ce n'est pas simplement élire, à intervalles réguliers, des dirigeants jugés compétents dans la technique particulière de la direction des affaires publiques. C'est exercer continûment un pouvoir collectif de décision et de contrôle *qui ne se délègue pas*, sauf pour une tâche précise, d'une durée très limitée. Cette démocratie directe est évidemment liée aux conditions particulières de la Cité grecque : le nombre restreint des citoyens, la faible extension du territoire facilitent l'extraordinaire politisation de la vie quotidienne, dont textes et institutions portent témoignage. Le règne de la parole, du vote immédiat et continu, des débats en « face à face » — suivis par tous et où il est loisible à chacun d'intervenir —, ne peut exister à l'identique dans les grands États-nations contemporains.

À partir de cette constatation banale, Finley demande : « Que devons-nous découvrir d'équivalent ? » Quelle invention politique pourrait mettre un terme à cette apathie des citoyens modernes, dont certains représentants de la science politique anglo-saxonne (Seymour Martin Lipsel, W. H. Morris Jones) affirment le caractère « positif » ? L'historien n'a pas de réponse toute prête. Mais, pour maintenir l'exigence de sa question, il fait un sort à une objection tenace : « Comment le peuple déciderait-il de tout, alors que le monde à présent est bien plus complexe qu'il y a vingt-cinq siècles dans un petit territoire de l'Attique ? » À l'évidence, répond Finley, les problèmes purement techniques se sont multipliés, et leur difficulté s'est accrue. Mais il ne faut pas tout confondre. Les potiers, les marins, les petits boutiquiers de l'*Ecclésia* — l'assemblée athénienne — n'étaient guère plus compétents en finance ou en stratégie que la plupart de nos contemporains. Ils décidaient pourtant d'envahir la Sicile, tout comme ils votaient le budget d'une cité prospère. Entre l'exposé des données par les experts et la décision politique, les Grecs savaient qu'existe une différence à ne pas effacer.

C'est là, d'ailleurs, que se sont concentrées les critiques formulées à l'encontre de la démocratie. Anacharsis, dans la *Vie de Solon* de Plutarque, s'étonne de voir que « chez les Grecs, si les habiles parlaient, c'étaient les ignorants qui décidaient ». L'incompétence, l'irresponsabilité, l'aveuglement du peuple sont fréquemment dénoncés. Dans *Les Cavaliers* d'Aristophane, par exemple, on voit le Conseil oublier tout débat quand il apprend que le prix des anchois a baissé... Ces travers ne doivent pas faire oublier l'essentiel : les Grecs ont inventé la politique. Qu'est-ce que cela signifie ? Il y eut ailleurs, et de longue date, des pouvoirs et des gouvernements, des royautés, des empires, des chefferies, des lignées traditionnelles, voire des ports francs ou des cités plus ou moins autonomes. Mais il appartient spécifiquement aux Grecs d'avoir forgé l'idée que décider de son propre sort était, pour une communauté humaine, une haute tâche.

Leur découverte fut de saisir que le pouvoir ne descendait pas du ciel vers les hommes, mais montait de la terre pour aller au-delà. Ils ne virent jamais dans la politique une basse besogne, une tâche nécessaire et vaguement méprisable, comme souvent notre époque a tendance à le faire. Les risques quotidiens de la démocratie leur sautaient aux yeux. Les tares des dirigeants politiques ne leur étaient pas étrangères. « Tous scélérats ! », dit-on dans *Les Grenouilles* d'Aristophane. Tout en voyant nettement les travers des institutions et les défauts des hommes, jamais les Grecs ne tombèrent totalement dans le rejet de la politique, l'indifférence affichée ou le découragement terne. C'est au nom de la beauté de la politique, de la noblesse essentielle de sa tâche, qu'ils pouvaient vilipender la bassesse des comportements ou la noirceur des intentions.

Voir un groupe choisir lui-même son destin, se donner des lois, établir les règles de son organisation, fabriquer les moyens de s'y soumettre, instaurer les instances de contrôle, inventer en chaque occasion la décision qui l'engage et où il va se reconnaître, malgré les hésitations, les conflits, les transactions nécessaires... voilà ce que les Grecs, semble-t-il, trouvaient beau. La démocratie n'a pas seulement été élaborée, pratiquée et critiquée par les Athéniens. Elle a diversement hanté l'histoire européenne, comme une menace, une terre promise ou un paradis perdu. Gardons-nous de l'oublier en nous laissant engluer par ce que nous croyons être les contraintes objectives, les obligations et les prudences de toutes sortes. Nous n'avons pas assez souvent à l'esprit que la plus belle des créations politiques grecques est ce qu'on pourrait appeler le « principe du n'importe qui ». On le doit aux Athéniens. Quand il s'agit de prendre la parole sur une question politique, l'avis du « premier venu » fait nécessairement l'affaire. Car le sens de ce qui convient à tous est également présent en chacun. Restreinte chez les Grecs aux seuls citoyens — on le sait —, cette égalité dans la capacité de jugement politique sera reconnue à tous, dans un autre contexte, par la Révolution française. En un temps où l'on se convainc aisément que les experts sont seuls en mesure de décider, cette vieille évidence — le premier venu peut parler — est à retrouver d'urgence. À présent, il arrive qu'on craigne absurdement que l'avis du premier venu ne soit un avis « étranger », antinational, illégitime. Raison de plus pour rappeler cette simple égalité de jugement qui a fait, des Grecs à nous, la beauté de la politique.

Serait-ce seulement notre invention, une fois encore une histoire que nous nous racontons à propos des Grecs ? Voilà qui n'est pas sûr. La parole des démocrates athéniens, dès lors qu'on l'écoute de près, a de quoi étonner. Ce n'est pas celle des chercheurs de vérités inoxydables. Ces hommes sont dans la Caverne, le savent, et ne sont pas convaincus qu'il existe un dehors. Ils pensent à hauteur d'ombre, dans l'obscur et le mouvant, non sous l'éclat de l'éternel. Ce sont des penseurs de l'immanence : parleurs du relatif, thérapeutes empiristes, historiens sans leçon, tragédiens des certitudes déjà en ruine. S'ils sont démocrates, c'est parce qu'ils vivent dans le relatif, l'effondrement du vrai, la recherche tâtonnante du moins pire des mondes. On n'a pas tort de recommencer.

## III

## SILENCES ET COMMENTAIRES

L'enseignement de Socrate s'est perdu dans le silence.
Ce qu'ont vraiment dit Platon et Aristote est à peine plus accessible.
Conséquence : d'infinies explications.

*Les faits de l'espace logique sont le monde.*
WITTGENSTEIN

Se souvient-on du *Journal du séducteur* ? Kierkegaard le présente comme un manuscrit trouvé dans les papiers de Johannes, longtemps après qu'il a disparu. Le texte n'a pas été dissimulé n'importe où. Dans un tiroir de son bureau, Johannes l'avait laissé à l'intérieur d'un *in-quarto* qui avait pour titre *Commentarius perpetuus*, n° 4. Intrigué par cette appellation, le narrateur commence à lire, finit par prendre copie de l'histoire de Cordélia, qui forme à elle seule le célèbre journal. Du commentaire continu il n'est plus question. C'est pourtant en lui que s'insère le récit. La philosophie, dans sa dette envers Platon et Aristote, est dans une situation comparable : même les analyses paraissant fort éloignées de ces premiers maîtres sont prises dans le réseau sans fin des commentaires qu'ils suscitent. Savoir qui des deux l'emporte, en influence, en puissance, en postérité multiple, est une question impossible à trancher. On peut soutenir avec Whitehead que toute la philosophie occidentale n'est qu'une suite de notes de bas de page aux textes de Platon. On répliquera non sans raison qu'Aristote fut pendant des siècles et des siècles le « maître de ceux qui savent ». L'important, en fin de compte, n'est pas de conclure à telle ou telle prédominance. Il semble plus intéressant de noter que l'accumulation ininterrompue d'exégèses, de reprises, de prolongements et de recommencements engendrée par ces pensées interminables est liée de manière indéfectible à une parole perdue, irrattrapable, évanouie à jamais. Platon se méfiait de l'écrit, on lui suppose un enseignement oral dont les traces manquent. De l'enseignement d'Aristote nous n'avons que les notes préparatoires, pas les textes achevés.

Pour chacun, il semble que la voix se soit dérobée. La prolifération des gloses peut se poursuivre indéfiniment : jamais elle ne rejoindra ce qui s'est dit et fut englouti dans le silence. Dans le décalage initial entre la parole vivante et la fixité des traces écrites, des bibliothèques viennent s'installer sans combler quoi que ce soit. Encore Platon et Aristote sont-ils, malgré tout, gens d'écriture, hommes de rouleaux transcrits et de notes cursives, amateurs de phrases, sculpteurs de style. Mais Socrate ? Comment oublier que, derrière eux, en amont, comme une ombre, ce maître de parole est demeuré sans livre ? Pas un auteur, pas même un architecte d'idées, rien qu'une interpellation, une vie exigeant la pensée. Avant d'être un homme, Socrate est un problème. Il n'a pas de doctrine, au sein d'une époque où elles foisonnent. Nous ne savons d'ailleurs même pas ce qu'il a dit. Les échos de sa parole nous parviennent toujours transposés, transformés par l'amour, la haine ou la bêtise des témoins. Xénophon nous livre un Socrate amateur de si faibles lieux communs qu'on saisit mal comment un homme tellement plat aurait pu changer le cours de la pensée, bouleverser à jamais la vie d'un génie nommé Platon. Aristophane, dans *Les Nuées*, montre Socrate avide, roublard, intempestif, turbulent et crapuleux. Aristoxène, dans une *Vie de Socrate*, en remet : il considère le philosophe comme un « maître en canailleries [...], un débauché inculte prêtant à usure ». Reste Platon, qui demeure évidemment la source majeure. Mais il cache Socrate autant qu'il le révèle, que ce soit par amour, par pudeur, ou par l'effet de sa propre puissance. Comment aborder cet Athénien rugueux et singulier qui déborde tous les textes ? Peut-être faut-il cesser de croire que « Socrate naquit vieux, sans enfance ». Entre le jeune tailleur de pierres travaillant à l'atelier de son père et le sage qui boit la ciguë, il y a le travail sur soi de toute une vie, la lente traversée d'une crise intérieure dont la biographie doit tenter de retrouver le fil.

Socrate appartient à la cité d'Athènes par toutes ses fibres. Il était soldat au siège de Potidée, puis pendant la guerre du Péloponnèse. Sous l'expansion de la démocratie, il a pu discerner au fil des ans la gangrène de la démagogie et la servitude de l'assistance. Préfère-t-il un autre régime ? Ce serait une erreur de le croire trop vite. La mission de Socrate consiste plutôt à rappeler la Cité à son idéal, à faire accéder les Athéniens à l'autonomie. Il faut pour cela que chacun se tourne vers la « source intérieure de toute clarté », et découvre une politique de la conscience à la place d'une conscience politique. Jacques Mazel a montré combien Socrate agit par le retrait, le suspens, la distance. Dissident avant tout. Et presque mystique : son enseignement rationnel est suspendu à « quelque chose de divin » qui dépasse la rationalité. Il est aussi marqué peu ou prou par le lien unissant le philosophe aux sophistes. Ces orfèvres du discours exploitaient les pouvoirs de la rhétorique dans une cité tout entière gouvernée par le verbe. Socrate connaît leurs tours et leurs trucs. Il en use. Mais il dégonfle aussi leur suffisance et piège leur emphase. Car son objectif n'est pas le pouvoir mais l'éthique. Celle-ci ne se formule pourtant jamais en un corps de doctrine qui fournirait l'armature d'une morale. Socrate demeure comme une case vide ou un joker. C'est toujours par lui que le jeu peut être relancé.

## *La haine de Platon*

Platon est aussi une énigme. A-t-il, sur ce point, pris modèle sur son maître ? En tout cas, jamais il n'expose directement une doctrine dont on pourrait être sûr qu'elle est bien la sienne. Des personnages divers, de dialogue en dialogue, incarnent des positions théoriques. Mais Platon ne s'installe pas, définitivement, à l'une des places. Leibniz ou Hegel l'ont d'ailleurs déploré : il n'y a pas, à proprement parler, de système de Platon. Comment expliquer que ce maître de génie ne transmette pas ouvertement de théorie qui lui soit propre ? Serait-ce, tout bonnement, qu'il a choisi de n'en pas avoir ? On tire alors Platon du côté de Socrate, du non-savoir et du scepticisme. Serait-ce qu'il refuse de livrer à tous, en clair, une doctrine exigeante ? On doit cette fois supposer, comme le fait Plotin dans l'Antiquité, que ses textes s'expriment par énigmes, ou bien, comme le croit Schleiermacher au XIXe siècle, qu'ils mêlent formulations ésotériques et écriture publique. À moins encore, comme le soutient depuis une trentaine d'années l'école de Tübingen, animée par H. J. Kramer et K. Gaiser, que le philosophe n'ait réservé à son seul enseignement oral l'exposé ésotérique de sa doctrine des principes. Il s'agit alors pour les érudits de tenter la reconstitution d'un « enseignement oral » de Platon, à partir de quelques indices épars. Il est vrai que sa méfiance envers l'écriture est explicite. « La plus grande sauvegarde, c'est de ne pas écrire, mais d'apprendre par cœur, car il est impossible d'empêcher ce qui est écrit de tomber dans le domaine public », souligne-t-il dès la *Lettre II*. Il revient longuement sur ce thème dans la *Lettre VII* et dans *Phèdre* : l'écrit fige le dialogue vivant. Parce qu'il ne répond pas, il ne peut travailler l'âme au même titre que l'échange incessant entre maître et disciple.

On peut encore imaginer que Platon fut incapable d'avoir un système. Parce que son temps ne s'y prêtait pas, dira Hegel. Parce qu'il était plus poète que mathématicien, diront d'autres. Si c'était le cas, comment expliquerait-on que cette pensée ait eu, au fil des siècles, de si nombreux adversaires ? Il paraît impossible de s'opposer à quelqu'un qui n'a ni conception avouée ni dogme repérable. Sauf si on lui attribue des thèses que l'on entend attaquer. Platon n'a pas peaufiné le platonisme ? Eh bien, on s'y emploie pour lui ! En le combattant, on le fabrique ! Son système absent laisse proliférer les inventions, à moins qu'il ne les suscite en secret. Mais comment s'y prennent ses adversaires pour faire plus de bruit avec les silences d'un philosophe qu'avec ses propos explicites ? Que nous apprennent, de ses ennemis successifs comme de Platon lui-même, ces constructions ? La philosophie elle-même, l'idée qu'on s'en fait, l'amour ou la haine qu'elle suscite sont en jeu dans la longue histoire des oppositions à Platon, que Monique Dixsaut a pris pour fil directeur d'utiles ouvrages collectifs.

Ce que lui ont reproché les philosophes, Aristote en tête, c'est somme toute de croire que tout est discutable, qu'il n'y a pas de limite à la dialectique, que l'on peut indéfiniment parler sur la parole, sans ancrage dans l'expérience ou l'évidence sensible. Quand Guillaume d'Ockham, à la fin du Moyen Âge, qualifie Platon de « phantasticus », c'est-à-dire d'extravagant, la même critique se poursuit et se renouvelle : la spéculation platonicienne se déploierait dans un monde imaginaire où la pensée ne compte que sur ses propres forces et ne prend appui sur rien d'autre qu'elle-même. Kant reprendra la même critique, en attribuant à Platon ce qu'il appelle l'« illusion de la colombe », qui fait croire à l'entendement pur qu'il peut continuer à avancer dans le vide.

Qui, depuis Kant, cherche encore à combattre Platon ? On veut plutôt le dépasser ou le surmonter, comme Nietzsche, désireux de renverser l'ordre des priorités de Platon, ou comme Bergson, voulant inverser le rapport instauré par le philosophe entre intelligence géométrique et vie créatrice. Le paradoxe de cette œuvre « extravagante », c'est qu'on ne lui échappe qu'en la jouant contre elle-même, en prenant parti pour tel aspect contre tel autre, en s'alliant avec l'une de ses faces pour défaire les opposées, bref, en s'arrimant à ce qu'on s'efforce de larguer. On n'en a donc jamais fini ni avec Platon ni avec les passions qu'il engendre. Il y a quelque chose d'étrange dans l'intensité de l'attirance ou de l'aversion que peut susciter, aujourd'hui encore, cet aristocrate athénien qui n'aimait pas les tyrans mais guère plus les démocrates. On l'accuse volontiers d'orgueil. On le soupçonne de méchanceté. Avec une constance et une violence tout à fait remarquables. « Plus je lis *La République*, plus je la déteste », écrit R. H. S. Crossman en 1937, tandis que Karl Popper, en 1945, voit dans « la haine qui habite Platon » l'un des dangers menaçant encore les démocraties de notre époque. Comme si l'utopiste qui fréquenta le tyran Denys de Syracuse devait nécessairement flirter avec tout totalitarisme. Rien n'est moins certain !

## *Aristote sans fin*

« Le maître de ceux qui savent »... C'est ainsi que Dante désignait Aristote. La formule, isolée de son contexte, peut s'entendre en plusieurs sens. Le premier pourrait être péjoratif. Il dénoncerait les démarches, routinières et dogmatiques, d'un « maître d'école » aux classifications stéréotypées. Croyant détenir un savoir, alors qu'ils ne possèdent qu'une recette, ses disciples seraient arrogants et cuistres. C'est souvent ainsi qu'on a perçu la scolastique médiévale, issue, entre autres, d'Aristote, *via* ses commentateurs musulmans et saint Thomas d'Aquin. La physique mathématique (Galilée, Descartes), la théologie chrétienne (Érasme, Luther), aux temps modernes, se constituent, disent-elles, en s'affranchissant d'Aristote. Ou bien d'un avatar de l'aristotélisme ? Aujourd'hui, on est loin de considérer l'œuvre comme un système clos ou une autorité stérilisante. C'est d'une autre manière que le philosophe apparaît « maître de ceux qui savent ». Maître, parce qu'il fut le premier à se plier à une clarification des conditions logiques de la connaissance, à se contraindre à une mise en lumière des exigences formelles du raisonnement, à se soumettre avec humilité aux lois du langage et de la raison. Explorateur multiple, prudent, ouvert, cet esprit universel est tout l'inverse d'un dogmatique. Ce qu'il enseigne, à qui veut comprendre le monde, c'est d'abord une exigence de méthode. En ce sens, son œuvre constitue la matrice de la pensée occidentale. Chacun de nous fait de l'Aristote comme Monsieur Jourdain fait de la prose. Il en est ainsi quand nous distinguons, par exemple, quantité et qualité, matière et forme, puissance et acte... ou quand nous disqualifions un propos parce qu'il nous semble contenir une contradiction interne. Fondamentalement, les connaissances scientifiques dépendent toujours, bon gré mal gré, du cadre intellectuel délimité par la structure de la pensée d'Aristote. Vrai et faux, vérifiable et invérifiable, rationnel et irrationnel sont encore, *grosso modo*, définis au moyen des outils qu'il a forgés et mis à l'épreuve. On ne s'étonnera pas de voir des mathématiciens scruter aujourd'hui Aristote, à la recherche de sa fécondité. Ainsi René Thom — dont les travaux ont ouvert de nouveaux horizons en permettant une approche mathématique qualitative des formes naturelles — consacre-t-il la majeure partie de sa réflexion à des questions proprement aristotéliciennes.

Les écrits d'Aristote ne portent pas seulement sur les questions de méthode et sur l'analyse des critères de validité des raisonnements. Ils embrassent, sous la forme d'une encyclopédie raisonnée, la presque totalité des savoirs de son temps, du théorétique au pratique, de la théologie à l'éthique, en passant par les sciences physiques et la zoologie. Son souci de tout tenir, de rassembler tous les savoirs, de conduire expériences et observations pour comprendre les climats, la reproduction, la digestion, son impulsion fondatrice pour la botanique et la biologie expliquent en grande partie la constitution d'une masse de commentaires spécifiques. Une autre raison de leur existence, on l'a dit, est que nous possédons d'Aristote principalement des notes de cours, brutes ou remaniées par ses disciples, plutôt que des écrits rédigés pour être totalement explicites. Enfin, la première édition savante de ce corpus, celle d'Andronicus de Rhodes (dans la seconde moitié du Ier siècle après J.-C., c'est-à-dire près de trois siècles après la mort du philosophe), a groupé les œuvres selon les domaines traités, non selon l'ordre de leur élaboration. Pour saisir comment ont pu évoluer les idées d'Aristote, selon quel ordre les lire, d'autres commentaires encore ont été nécessaires. L'histoire de la philosophie se confond pour une large part avec cette série de transformations de l'ensemble nommé Aristote. Série absolument unique : en elle se succèdent et s'entrecroisent commentateurs grecs « aristotéliciens », comme Alexandre d'Aphrodise, ou néoplatoniciens (depuis Porphyre jusqu'à Simplicius), arabes (Avicenne, Averroès), juifs (Maïmonide), chrétiens (de saint Augustin jusqu'à la scolastique tardive). Aristote traverse Antiquité et christianisme, fait se croiser les trois monothéismes, souligne que le monde arabe fut l'intermédiaire majeur entre l'héritage grec et la première Renaissance en Europe.

Tout cela n'appartient-il pas à un passé si lointain que, mis à part les historiens, nul n'aurait encore à y prêter sérieusement attention ? Pouvons-nous encore « penser avec Aristote » ? Telle est la question posée par Mohammed Allal Sinaceur au cours d'un travail conduit sous sa direction à l'UNESCO. En apparence, les arguments ne manquent pas pour ranger le précepteur d'Alexandre au musée et laisser les sciences modernes poursuivre efficacement leurs programmes de travail. Le rejet d'Aristote par Descartes, qui affirme trouver des vérités sans les lui emprunter, n'est-il pas toujours actuel ? Mieux : n'avons-nous pas à résoudre une foule de questions plus urgentes, plus précises, plus scientifiques que celles du vieux maître ? Il ne faudrait pas croire trop vite notre modernité tout à fait quitte de l'antique. Le monde est toujours ancien, si l'on gratte. Penser avec Aristote ne signifie pas penser comme lui, mais aussi contre lui. Le propre de l'aventure d'Aristote n'est pas seulement de susciter périodiquement une restauration partielle de ses lignes d'analyse, comme ce fut le cas dans le néothomisme d'Étienne Gilson ou de Jacques Maritain, ou comme la philosophie morale américaine d'aujourd'hui en fournit des exemples, avec notamment Alasdair Mac Intyre ou Martha Craven Nussbaum. D'une manière plus radicale, l'ouverture de nouveaux chemins pour la pensée doit passer, selon certains contemporains, par une longue et difficile confrontation avec Aristote lui-même, laissant de côté la gangue des commentaires accumulés.

L'illustration la plus frappante de cette possibilité est la genèse tourmentée de la pensée de Heidegger à travers ses *Interprétations phénoménologiques d'Aristote*. Ce texte, qu'on croyait perdu, rédigé à l'automne 1922 à la demande de Paul Natorp comme rapport en vue de la nomination du philosophe à un poste de professeur à Marbourg, préfigure la démarche qui se déploiera en 1927 dans *Être et Temps*. Heidegger expose la nécessité de réentendre Aristote en brisant le carcan des interprétations élaborées par la théologie chrétienne. Son Aristote délivré, arraché à une tradition qui le sclérose et l'obscurcit, est censé rendre un son plus authentiquement grec, à la fois proche et distant. Mais il ne s'agit nullement pour Heidegger de s'en tenir à un retour. La « destruction » de ce qui fait écran à l'écoute de la parole d'Aristote est, au contraire, la condition première d'une confrontation critique avec l'essence même de la métaphysique, dont Aristote constitue à la fois l'accomplissement grec et le fil directeur jusqu'à Kant et Hegel. Dans le sillage des préoccupations de Heidegger, plusieurs pistes nouvelles ont été ouvertes dans les recherches sur Aristote.

L'idée même de monde est ambiguë, tel est l'apport des travaux de Rémi Brague. Le monde, pour les Grecs, et singulièrement pour Aristote, c'est la nature, l'univers physique, et l'ensemble des existences — choses, vivants, hommes, divin — qui y sont présentes. Savoir ce qu'est l'univers revient dès lors à en faire, par soi-même, l'inventaire. Or ce monde, considéré du point de vue de son contenu, possède une autre dimension, qui demeure masquée : celle du monde comme ouverture et présence, ce monde où « nous sommes ». L'énigme constituée par le fait que « nous y sommes » n'est pas aperçue par le regard d'Aristote, ou seulement par intermittence, et comme de biais. Fascinée par le contenu inépuisable du monde, la pensée grecque et tout l'Occident à sa suite oublient notre « être-dans-le-monde », son évidence et son étrangeté. Pour toute la Grèce, pas de connaissance sans présence : pouvoir dire « je sais », c'est être là et voir, en personne. Mais qu'est-ce qu'être « soi-même » ? Quelle est cette présence au monde que je n'ai pas choisie, dont je ne suis pas la source, et dont je ne dispose pas à mon gré ? Ces questions demeurent impensées. Aristote scrute tout ce qui est à l'intérieur du monde, mais pas le monde comme phénomène. « Les Grecs pensent la totalité de ce qui est présent, note Rémi Brague, mais laissent de côté la totalité de la présence comme telle. » Or, pour ceux qui ont entendu la leçon de Heidegger, « la présence ne fait pas partie des choses qu'elle rend présentes ». En pensant le monde, Aristote tourne, si l'on peut dire, autour de cette question de la présence, sans être en mesure de l'aborder de front. Ainsi serait-elle aussi bien ce qui nous sépare d'Aristote que ce qui sépare la philosophie grecque d'elle-même.

D'autre part, une investigation minutieuse conduite par Jean-François Courtine a suivi l'interprétation des traités connus sous le titre de *Métaphysique*. On le sait : jamais le maître grec ne rédigea d'ouvrage portant ce nom. Le terme même ne se rencontre pas dans cet ensemble de textes d'enseignement et de recherche ouverte où il s'interroge sur l'être en tant qu'être, l'essence, Dieu, les premiers principes. Le titre attribué après la mort du philosophe à cette œuvre multiface cache mal un embarras qui ne cessera d'engendrer de nouvelles gloses. *Ta méta phusika*, en grec, peut en effet vouloir dire : ce qui vient « après » la physique (dans l'ordre d'une série d'études) ou bien ce qui se situe « au-delà », et qui est d'un ordre tout autre que celui de la matière. Les commentateurs grecs, d'Alexandre d'Aphrodise à Simplicius, soulignent pour la plupart que les deux sens ne s'excluent pas. Ils s'interrogent toutefois sur l'objet qu'il convient d'attribuer en propre au savoir ainsi visé. Aristote parle, en effet, plus volontiers d'une science recherchée que détenue. Et il lui donne une pluralité de noms : « sagesse » *(sophia)*, « connaissance de la vérité », « philosophie première », « connaissance des premières causes », « contemplation de l'essence ». Ou encore connaissance divine, au double sens d'un savoir dont le divin est l'objet ou le détenteur.

Quand l'œuvre d'Aristote fait retour dans l'Occident médiéval, par l'intermédiaire des philosophes arabes, la discussion sur le sujet spécifique de la réflexion métaphysique se prolonge et se renouvelle. S'agit-il de Dieu, ou s'agit-il des causes ? Voilà ce qu'Avicenne se demande. Il va de soi que plusieurs registres de questions, et même une multitude d'interrogations déterminées, appartiennent au domaine de « la » métaphysique. Mais c'est autre chose qu'il s'agit d'élucider, dans la perspective d'Avicenne, et plus tard dans celle de saint Thomas d'Aquin : ce qui unifie ce savoir et rend ainsi légitime et fondée l'appartenance à une même discipline d'objets nécessairement diversifiés. La question revient, si l'on veut, à définir et à éclairer ce qui soutient ou supporte fondamentalement cette « science », conçue comme la plus haute, et lui permet de se constituer. Commence alors un labyrinthe métaphysico-théologique qui traverse cinq siècles au moins, depuis saint Thomas jusqu'aux écoles luthériennes allemandes du XVII^e^ siècle et à leur postérité chez Wolff et Baumgarten (que lira Kant), en passant par Duns Scot et Francisco Suarez.

Ainsi la perspective aristotélicienne se modifie-t-elle radicalement lorsque se constitue, chez saint Thomas d'Aquin, la théologie comme « science divine », dans laquelle les articles de foi s'identifient aux principes du savoir. La question de l'« être en tant qu'être » ne peut plus se trouver, dans cette configuration nouvelle, première ni fondatrice. Elle est nécessairement intégrée à la réflexion sur l'être divin, dont participent, aux yeux de saint Thomas, toute existence comme tout savoir. Pourtant, dès lors qu'une théologie se constitue de manière autonome en se distinguant du savoir philosophique, celui-ci, par contrecoup, peut virtuellement revendiquer en retour son autonomie, et la métaphysique devenir une ontologie.

Ce dernier mouvement, dont toute la pensée moderne porte la marque, s'accomplit dans l'œuvre de Francisco Suarez (1548-1615). Auteur abondant, aujourd'hui délaissé, ce jésuite espagnol, surnommé *Doctor Eximius* (le Maître exceptionnel), est le principal représentant de la philosophie néoscolastique de la Contre-Réforme. « Véritable compendium de la scolastique », comme l'écrira Schopenhauer encore en 1813, la somme constituée par les *Disputationes metaphysicæ* de Suarez, publiée à Salamanque en 1597, est un intermédiaire capital entre les traditions médiévales et les temps modernes. Ce lieu de passage est aussi un lieu de transformation. Loin d'être un compilateur plus ou moins éclectique, Suarez façonne et redessine l'ensemble des doctrines qu'il transmet. Il renverse la subordination de la philosophie à la théologie sur laquelle la pensée médiévale reposait. Avec lui, la métaphysique n'a plus sa racine dans le divin. Elle devient autonome, en trouvant désormais le principe de sa démarche dans l'être en tant qu'être, ce qui ne va pas sans entraîner une refonte du statut de la théologie. En rendant possible l'invention de l'ontologie, en sapant tout recours à l'analogie de l'être, cette œuvre marque un tournant. « Suarez est le penseur qui a exercé la plus grande influence sur la philosophie moderne », disait Heidegger.

## *Créations continues*

Si l'on voulait écrire une histoire de la philosophie conçue sous l'angle du commentaire perpétuel, il conviendrait de réserver une place à part aux néoplatoniciens. Plotin, par exemple, est un philosophe surabondant. Son œuvre n'est pas démesurément longue, mais la métaphysique y atteint une sorte de profusion sans égale. En recréant Platon, sous prétexte de le commenter, Plotin invente un alliage unique de puissance rationnelle et de ferveur inspirée. À la froideur cristalline du ciel des idées il substitue un principe débordant de vie. Au cheminement presque purement intellectuel du maître il ajoute l'aventure amoureuse de l'âme vers le bien. Ce raisonneur méticuleux, qui affronte les discussions les plus serrées et les difficultés les plus techniques, est aussi un mystique qui se laisse ravir par l'expérience de l'extase. À ses yeux, la philosophie prépare à cette union-fusion de l'âme avec la présence, intense et soudaine, du bien absolu. Elle en garde mémoire. Elle ne peut en tenir lieu. Car elle ne se borne pas à construire un discours, mais à faire vivre une expérience. C'est pourquoi le texte de Plotin est à la fois si difficile et si limpide, inséparablement : il mesure combien ce qui est absolument simple nous paraît hors de portée. C'est pourquoi, aussi, il n'a cessé de retenir l'attention et d'appeler au commentaire. Depuis la mort du sage, en 270 après J.-C., son œuvre a régulièrement nourri la pensée et la spiritualité occidentales. De saint Augustin à Bergson, des philosophes arabes à Goethe, Fichte et Schelling, en passant par la Renaissance, avec Marsile Ficin et les platoniciens de Cambridge, ses lecteurs dessinent une trame aussi diverse que puissante. Il est vrai que notre siècle, le moins platonicien qui soit, tend à l'oublier. En dépit des travaux de Jean Guitton, Jules Moreau, Maurice de Gandillac, Jean Trouillard, Pierre Hadot, on lit bien peu Plotin.

Le public n'a pas découvert encore l'« Antiquité tardive », comme on dit, où s'est jouée pour l'Occident une partie très longue, très complexe, et absolument décisive : la rencontre des traditions juive et chrétienne et de la rationalité philosophique grecque. Dans nos lectures, des siècles capitaux restent en blanc. Comme si, entre Épictète et saint Thomas, il ne s'était pas passé grand-chose. Comme si l'extraordinaire travail de lutte, d'emprunt, d'interprétation qui a mobilisé des générations d'intellectuels demeurait entre parenthèses. Pour explorer cette tache aveugle de l'œil européen, Jean Pépin est parmi les plus sûrs des guides. Ses travaux sur l'allégorie ont éclairé la rencontre des mondes intellectuels juif et grec. Par allégorie il faut entendre ce dispositif très général par lequel un récit, apparemment fabuleux ou mythique, recèle un autre sens, qu'il dissimule et dévoile tout ensemble. Deux séries de questions s'y rattachent : comprendre quelle nécessité conduit un auteur à s'exprimer allégoriquement (séduire, stimuler la recherche, filtrer les auditeurs, etc.) et savoir comment interpréter l'allégorie, par quelles voies déchiffrer son sens symbolique pour restituer son contenu philosophique ou religieux.

Suivre la tradition de l'allégorie de Philon d'Alexandrie

à Dante, c'est constater qu'elle s'inscrit entre les deux racines de l'Occident. Pour les juifs hellénisés (Philon, Aristobule) comme pour les chrétiens nourris de culture grecque (Origène, Augustin), l'interprétation allégorique et ses richesses sont imposées par la pauvreté littérale des Écritures. Pour les défenseurs de la seule tradition grecque, comme Celse ou Porphyre, il convient de montrer qu'Homère lui-même est plus philosophe que Moïse. Notre histoire pourrait suivre les commentaires de Platon jusqu'à ce philosophe « de Damas », Damascius, qui fut, si l'on veut, le dernier des Grecs. En 529 après J.-C., il dirige l'école d'Athènes, quand un décret de Justinien interdit l'enseignement aux hérétiques, aux juifs et aux païens. Cet héritier de la longue lignée des penseurs néoplatoniciens s'exile alors en Perse, chez le roi Chosroès, avec quelques compagnons, dont Simplicius. Après 532, on sait mal ce qu'il est devenu, mais il nous reste l'essentiel de sa réflexion. Elle est difficile, et fut parfois jugée inintelligible. Damascius porte la pensée aux limites du pensable et du dicible. Il bute, avec une constance obstinée, sur les difficultés fondamentales du platonisme. Pour en donner idée sans entrer dans le dédale des développements, disons qu'il s'avise du fait que notre plus haute pensée est l'idée du Tout, une idée qui par définition n'exclut rien, et donc englobe, indéfiniment, n'importe quel élément. Cette exigence est apparemment très claire. Toute la démarche du philosophe consiste à débusquer les difficultés insurmontables qu'elle recèle. Car nous ne pouvons pas séparer le principe et la cause de ce Tout du Tout lui-même, sinon il y aurait quelque chose hors de lui, ce qui est impossible. Mais nous ne pouvons pas non plus inclure le principe dans la totalité elle-même, puisqu'en ce cas il n'en serait plus la cause. Par conséquent, la question de l'ordre (la naissance des mondes) et celle de la totalité se révèlent incompatibles. « L'âme, dit Damascius, se déchire en pensant... » Dans cet ultime effort pour confronter le discours à un dehors absolument indicible, à un silence radical, on pourrait voir comme une image inversée du silence par lequel tout a commencé. Sans oublier toutefois que le mouvement multiple des réflexions philosophiques de l'Antiquité s'étend sur une immense période, et que peu d'éléments nous ont été conservés.

## *Les restes du naufrage*

On perd de vue, fréquemment, que nous appelons Antiquité plus d'un millénaire. Douze siècles séparent les aurores présocratiques des derniers néoplatoniciens. Des mondes mentaux et sociaux très divers s'y sont affrontés, des écoles de pensée s'y sont succédé ou combinées et la plupart des textes nous manquent. De nombreux philosophes antiques sont à jamais silencieux — sans épitaphe, sans même la sépulture minimale d'un nom mentionné quelque part. Pour beaucoup d'autres, il reste les bribes éparses d'une voix perdue. Recenser toutes les données dont nous disposons à propos de ces philosophes, telle est la tâche que s'est donnée Richard Goulet, avec l'aide d'une centaine de spécialistes internationaux. Il a entrepris de répertorier ce qu'on sait — de tous côtés, sous toutes les formes — sur les philosophes d'expression grecque et latine. On croyait avoir repéré, au mieux, sept cents silhouettes de philosophes. Richard Goulet et les collaborateurs du *Dictionnaire des philosophes antiques* en ont compté plus de quatre mille !

Imagine-t-on quatre mille philosophes, au long de mille deux cents ans ? Se rend-on compte du naufrage immense dont a été victime la littérature philosophique de l'Antiquité ? Décomposé, le papyrus. Fondue, la cire. Brisées, les tablettes. Les bibliothèques ? Brûlées ou évanouies. Nous ne possédons qu'une infime partie des milliers de traités, notes de cours et autres vestiges d'une vie intellectuelle et spirituelle foisonnante. D'un philosophe il ne nous reste bien souvent qu'un nom, quelques anecdotes, un propos rapporté, des dates approximatives. Dans certains cas, nous possédons encore une liste de titres, parfois squelettique, des ouvrages qu'on lui attribue. Au mieux, quelques citations, un fragment, un résumé succinct de doctrine nous sont parvenus. Au regard de ce qui fut, cette poussière, à l'évidence, est infiniment peu.

D'un autre côté, ces restes ont engendré une multitude impressionnante de publications. Deux siècles de philologie savante ont produit des centaines de périodiques. Et leur prolifération va croissant. Aux sources habituelles de l'érudition, comme les grands manuscrits, défrichés de longue date, sont venues s'ajouter de nouvelles données, glanées par exemple dans les découvertes de la papyrologie, ou dans les inscriptions que déchiffrent les archéologues. Des renseignements sur les philosophes grecs et latins émanent aussi des travaux récents qui explorent des ensembles d'œuvres arméniennes, géorgiennes, hébraïques, syriaques ou arabes jusqu'ici mal connues. Bref, les éléments du puzzle antique sont aujourd'hui démultipliés et transformés. La recherche risque d'être écrasée sous son propre poids, paralysée de ses richesses. Faire le point sur un auteur ou sur un thème relève de l'exploit, quand les données le concernant sont disséminées dans des publications disparates, auxquelles bien souvent on ne peut accéder que dans des bibliothèques différentes. Un index complet des sources et des références disponibles fait encore défaut.

Même si les cartes n'ont jamais le charme du paysage ni le cadastre la saveur du village, rien n'interdit d'avoir de ce dictionnaire savant un usage rêveur. On croise par exemple Axiothéa de Phlionte, dont Thémistius rapporte qu'elle quitta l'Arcadie pour Athènes après avoir lu *La République* de Platon, afin d'aller écouter le philosophe à l'Académie, en dissimulant qu'elle était femme. On découvre que plusieurs disciples d'Épicure, malgré l'indifférence de leur maître en matière de politique, se sont mêlés aux affaires publiques, comme Apollophanès de Pergame, auquel sa cité érigea une statue, pour l'avoir sauvée, précise une inscription, de nombreux dangers. Si le seul nom d'Apelle vous attire, vous en aurez quatre (sans compter Apelle de Chios, ami et disciple d'Arcésilas), et le choix entre un néosceptique, un épicurien, un disciple de

Chrysippe ou un gnostique alexandrin qui enseigna à Rome sous l'empereur Commode.

On ressent comme un vertige face au relevé méticuleux de ce vaste cimetière. Périple autour de pierres tombales écornées ou disjointes, lecture des inscriptions, certaines à demi effacées. Des ombres passent, des foules d'ombres pensantes, de siècle en siècle. Un vent tiède emporte à jamais leurs paroles. On saisit seulement qu'elles furent animées du désir fou de comprendre, habitées du rêve de se surmonter soi-même, à force de vivre. Cela suffit à faire rêver, entre les silences et les commentaires.

# IV

# NE PAS OUBLIER L'INDE

En dehors des Grecs, point de philosophie ? Beaucoup le croient encore. Reste à comprendre d'où vient ce mythe, et par quels chemins en sortir.

*Il est sans importance pour chercher la vérité*
*de savoir d'où provient une idée.*

BOUDDHA, *Majjhima Nikaya*

Un développement continu de commentaires caractérise la philosophie indienne. Le *bhasya,* qui explicite le sens des sentences fondatrices d'une école et compile des interprétations successives, atteint vite une taille considérable. Son rôle est en partie identique à celui que les disciples de Platon ou d'Épicure assignaient à leur travail d'exégèse. Il s'agit toujours de restituer un sens premier ou de clarifier un passage d'abord obscur. En sanskrit comme en grec, l'invention conceptuelle se développe régulièrement sous couvert de simples explications. Explicitement, il ne s'agit que de commenter, de mieux comprendre, de retrouver sous les formules elliptiques l'exact enchaînement des idées premières. En fait, de nouvelles problématiques se construisent, des ruptures s'opèrent. La continuité proclamée se change subrepticement en réorganisation complète.

Ce phénomène commun est particulièrement net en Inde. Jamais en effet une perspective inédite, le bouddhisme mis à part, ne se présente comme une nouveauté ou une création autonome. Toute innovation théorique nie au contraire son originalité, insiste sur son accord fondamental avec toutes les positions antérieures. Nos philosophes ont tendance à aiguiser les arêtes. Ils soulignent les antagonismes, déclarent volontiers la guerre, affichent sans vergogne de prétendues conquêtes. Ceux de l'Inde valorisent l'ancienneté, la conformité aux textes supposés originaires. Ils soutiennent généralement qu'ils n'ont rien inventé, protestent de leur absence d'originalité. Cela ne les empêche nullement de développer une puissance spéculative d'une ampleur extraordinaire. Les multiples facettes de la philosophie indienne réservent d'infinies surprises à ceux qui prennent la peine de s'y intéresser. Mais on continue de ne pas le reconnaître pleinement.

Il s'agit d'ailleurs, plus généralement, d'un oubli de l'Orient. Prenez les manuels occidentaux de philosophie. Dans la plupart des cas, l'Inde n'existe pas, la Chine est absente, la Perse est ignorée, le Japon demeure inconnu, les noms arabes ont dû paraître imprononçables, les noms juifs également... La philosophie est supposée — ou affirmée — grecque par sa naissance, européenne par son développement, occidentale par essence. Sankara ou Abhinavagupta ne sont ni mentionnés ni commentés, pas plus que Lao-tseu, Mencius ou Confucius, guère moins que Sohravardî, Al-Ghazâlî ou Ibn Gabirol. Des philosophes de première importance sont écartés d'emblée du domaine de ce qu'il convient de connaître, des œuvres qu'on peut lire, des références requises ou admises par la réflexion philosophique « normale ». Cette exclusion peut opérer silencieusement : seuls les philosophes grecs et leurs descendants sont alors mentionnés. Il n'est même pas dit « seuls les Grecs... ». La nature occidentale de la philosophie se donne pour un fait, une donnée objective de la culture qui, dans la presque totalité des livres d'initiation, ne fait pas l'objet d'un constat explicite ni d'une justification quelconque.

Quand on affirme haut et clair que les Grecs, et eux seuls, ont inventé la philosophie, le mot et la chose, expliquer une telle exception est difficile : les « Orientaux » seraient des poètes, des sages, des mystiques, des savants sans vraie science, au mieux des penseurs, mais pas des philosophes au sens plein du terme. Après avoir rangé tous ces auteurs dans le même sac, sans examiner leurs spécificités, après les avoir supposés semblables ou apparentés en dépit des différences d'époque, de langue ou de culture qui les séparent, on décrète que ceux qui appartiennent à l'« Orient » sont délaissés par la raison. Le motif de leur handicap n'est pas clair. Pourquoi n'ont-ils pas pu, ou pas su, philosopher ? Ceci demeure malaisé à comprendre. Les Grecs ont bénéficié d'un « miracle ». La question de l'éventuelle dignité philosophique des « autres » est rapidement évacuée par un argument d'autorité : Hegel, Husserl, Heidegger n'ont cessé de répéter que la philosophie se trouve chez les Grecs et nulle part ailleurs.

Dès que l'on examine certains traités de logique sanskrits, ou la conception de l'absolu selon le *Vedânta*, ou bien les analyses chinoises classiques du pouvoir, ou encore l'ontologie de la lumière chez les platoniciens de Perse, et d'autres textes fort divers, ces affirmations péremptoires du privilège grec deviennent étranges. On se demande comment elles se sont forgées. Car elles ne proviennent pas de la Grèce antique. De Platon et d'Aristote aux érudits d'Alexandrie, l'idée que les barbares ont été, eux aussi, philosophes — en Égypte et en Inde notamment — est fort répandue. Jusqu'au XVIII^e^ siècle, par exemple dans la grande *Histoire de la philosophie* de Jacob Brucker (1742), l'expression *philosophia barbarorum* figure sans paraître choquante ou contradictoire. Contrairement à ce qu'on croit encore fréquemment, l'idée de la philosophie comme privilège exclusif des Grecs n'est même pas une idée hégélienne ! Dans les dernières années de sa vie en effet, le philosophe qui a le plus contribué sans doute à installer la Grèce dans le rôle de terre natale de la philosophie reconnaît que les systèmes de pensée de l'Inde méritent le nom de philosophies. Après avoir lu les premiers travaux savants qui permettent de se faire une idée à peu près exacte des écoles de pensée indiennes, ceux de Henri Thomas Colebrooke, le maître de Berlin, entre 1827 et 1831, modifie la teneur de ses leçons et signale, dans ses notes personnelles, qu'il s'agit bien là de « systèmes » dignes de ce nom.

Un mythe moderne s'est constitué autour de la philosophie comme rien que grecque. La formation de ce mythe n'a pas encore été suffisamment éclaircie. Les romantiques allemands, les frères Schlegel en particulier, se sont enflammés pour la langue et les tournures de pensée de l'Inde. Mais ils ne sont pas les seuls, et de loin ! L'histoire intellectuelle du XIXe siècle, de part et d'autre du Rhin, est jalonnée d'innombrables traces laissées par cette conviction qui fut, durant des décennies, à peu près unanimement partagée : l'Inde est une terre philosophique, et ses écoles théoriques sont dignes de la même attention que celles des Grecs. Présente en Allemagne, de Novalis à Nietzsche et de Schopenhauer aux wagnériens, cette conviction est également bien attestée en France, de Pierre Leroux à Charles Renouvier, de Victor Cousin à Quinet, Renan ou Taine. Comment a-t-elle disparu ? Pourquoi a-t-elle laissé place au refus, au silence, voire à l'anathème ?

Il faut souligner le rôle décisif et méconnu joué par la découverte du bouddhisme, et l'effroi qui s'en est suivi, pour la constitution de ce mythe moderne d'une exclusivité de la Grèce dans l'invention de la philosophie. L'enthousiasme de la première génération romantique pour l'Inde, entre 1790 et 1820, est suscité par le brahmanisme et lui seul. La doctrine du Bouddha demeure alors tout à fait inconnue. C'est seulement après 1820 que l'on croit commencer à discerner les caractéristiques propres du bouddhisme. Cette doctrine étant dépourvue de toute idée de Dieu, on la décrète athée. Comme elle ne fournit presque aucune description positive de la délivrance, on en conclut qu'elle se donne pour but un pur et simple anéantissement. Au lieu d'une ressource originaire et féconde, on y voit un « culte du néant ». L'Asie, d'abord maternelle et archaïque, se révèle, dans l'imaginaire européen, nihiliste et menaçante. L'histoire méconnue de cette épouvante peut permettre d'expliquer, au moins en partie, de quelle manière l'Orient a quitté la scène de l'enseignement philosophique où il commençait à faire une entrée remarquée.

Une enquête détaillée permet en effet de comprendre comment s'est fabriquée cette représentation du bouddhisme — qui paraît aujourd'hui étrange, tant notre image est différente —, mais aussi à quoi elle a servi. L'Europe des années 1840 à 1880 a projeté sur ce spectre fabriqué de toutes pièces les inquiétudes liées à son propre rapport au néant. De la métaphysique à l'éthique, du religieux au politique, de la montée des mouvements ouvriers à la naissance des discours racistes, du projet chrétien de conversion du monde aux constats désabusés du pessimisme, il est possible de retrouver, dans les propos tenus au XIXe siècle sur le bouddhisme, l'écho direct ou assourdi des préoccupations d'un siècle qui n'en finit pas de se débattre avec la Révolution française et la révolution industrielle. L'option « tout Grec », qui va dominer l'imaginaire philosophique à partir des premières années du XXe siècle seulement, relève donc d'abord d'une mise en perspective historique.

Celle-ci ne peut modifier la situation à elle seule. Cependant, il existe évidemment un effet de renforcement mutuel entre les différents facteurs : l'exclusion des « Orientaux » du champ de la philosophie justifie leur absence des bibliothèques et des collections de vulgarisation philosophiques, et cette absence facilite à son tour leur mise à l'écart. Il semble toutefois que le paysage ne soit plus le même qu'il y a une dizaine d'années : certains ouvrages d'initiation commencent à donner une place à l'Inde, à la Chine, au monde arabe. Certaines publications savantes considèrent d'un autre œil l'apport de ces traditions intellectuelles à une philosophie ouverte. Des chercheurs d'une nouvelle génération s'emploient à regarder la pensée européenne du dehors. Ils partent camper au loin, dans des œuvres chinoises, sanskrites, arabes, hébraïques, pour mieux voir l'Occident. Ce n'est pas une école. Leurs actions ne sont pas concertées. Leur présence malgré tout signale un changement, et annonce peut-être de vraies mutations. L'idée chemine que des textes venant d'Asie peuvent être réellement philosophiques. On commence à entrevoir la multiplicité des écoles et des questions, à percevoir les singularités philosophiques de l'Inde. En voici quelques exemples.

## *Déposer les questions*

Des *Veda* aux traités des logiciens bouddhistes, l'ensemble gigantesque du domaine sanskrit ne constitue pas un bloc uniforme et homogène qui serait la « pensée indienne ». Selon leur genre, les œuvres se révèlent plus ou moins conformes aux critères qui sont, pour nous, constitutifs du registre philosophique : démonstration argumentée, autonomie critique envers les révélations religieuses. En fait, la place des philosophes, en Inde comme ailleurs, demeure instable et frontalière. Ce ne sont « ni des ermites ni des hommes d'action », plutôt des marginaux, qui, cependant, demeurent dans la cité, à la différence des ascètes se retirant dans les forêts. Dans *L'Inde pense-t-elle ?*, Guy Bugault a souligné que leur parole chemine sur une crête correspondant à la ligne de partage entre deux attitudes qui peuvent à la limite s'accommoder l'une et l'autre du silence : la complète acceptation du monde, le total renoncement.

L'attention à ces lieux d'opposition et de complémentarité est capitale. Elle est indispensable dans l'approche du bouddhisme. En un sens, celui-ci présente une intime parenté avec la philosophie. D'un autre côté, il en diffère tout à fait. En effet, cette « doctrine-médecine » tend à faire cesser la souffrance au moyen d'un entraînement de type psychosomatique, combinant — sans jamais les dissocier — moralité pratique, recueillement méditatif et discernement intellectuel. Ces trois éléments sont en interaction constante : le bouddhisme n'est pas un moralisme, ni un yoga « sauvage », ni un intellectualisme. Aucun des trois termes ne pouvant être séparé des deux autres, les analyses que nous appelons théoriques ne sont pas conduites pour elles-mêmes ni isolables sans dénaturation. S'il arrive aux bouddhistes d'être philosophes — certains le sont superbement ! —, c'est pour se débarrasser des questions philosophiques, non pour s'y complaire. Il s'agit pour eux de dissoudre les interrogations, de défaire leur possibilité d'émergence.

La fameuse « vacuité » bouddhique ne signifie rien d'autre. Il ne s'agit pas d'une doctrine professant que seul existe le néant, ce qui serait absurde, ni d'une interrogation incessante sur le vide, ce qui est insensé. « La vacuité, écrit Nâgârjuna, fondateur de l'École dite du Milieu (vers le IIe ou le IIIe siècle), c'est le fait d'échapper à tous les points de vue ; ceux qui font de la vacuité un point de vue sont incurables. » Il s'agit donc de « faire » le vide en évacuant méthodiquement, point par point, les thèses qui s'opposent. Mais sans les remplacer par aucune ! Les tenants de l'École du Milieu se refusent à soutenir quoi que ce soit. Il leur suffit de montrer que rien n'est tenable. La dialectique de Nâgârjuna est là pour dénouer les questions, jamais pour répondre. Les problèmes métaphysiques sont à « déposer » plutôt qu'à poser, si l'on peut dire, comme on dépose un papier peint, et comme on dépose un fardeau. Il convient de les défaire et ainsi de s'en défaire. Songer ici à Wittgenstein n'est pas hors de propos. « Quand on a compris qu'un problème est mal posé, on ne pense plus ni au problème ni aux réponses », note Guy Bugault. Qui donc s'inquiéterait de la santé du fils d'une femme stérile, ou de la dureté des poils de tortue ? Encore faut-il montrer que le fait de soutenir l'existence (ou l'inexistence !) du temps, de l'espace, de l'acte, de l'agent... constitue une ineptie du même type. L'œuvre de Nâgârjuna et les commentaires de ses disciples s'attachent à cet exercice difficile. Leur intention n'est pas de connaître mais d'éteindre. Le but, selon les propres termes du grand logicien et mystique, est « l'apaisement de tout geste de prise, l'apaisement béni de la prolifération des mots et des choses ».

Cette démarche serait-elle unique ? N'existe-t-il pas des perspectives communes entre des pensées aussi diverses apparemment que celles de Platon, de Plotin, de Maître

Eckhart pour l'Occident et de Nâgârjuna, de Sankara, de Lao-tseu pour l'Orient ? Ne peut-on discerner les traits philosophiques de l'expérience spirituelle qui constitue le fondement commun de la « perspective métaphysique » traversant l'histoire et les cultures ? Ces questions ont guidé les travaux de Georges Vallin dans leur itinéraire exigeant et discret. Son Orient n'est pas un lieu de fuite ou d'esquive — pas plus que celui de Henry Corbin, dont il fut proche. C'est au contraire un lieu d'englobement et d'intégration. Dans les commentaires de Sankara sur les *Vedânta-Sûtra*, le philosophe découvre l'approche intellectuelle la plus rigoureuse de l'Absolu en tant que réalité. Par définition, une telle réalité ne peut être limitée par rien. Toute forme de dualité, d'opposition ou de dichotomie s'y résorbe. Le divin n'y est plus séparé de la chair, l'esprit de la matière, Dieu créateur de sa création. Cette « affirmation intégrative » réinsère dans l'Absolu la Nature, mais aussi le négatif, le fini, le relatif, voire le mal et la destruction — car rien ne saurait subsister dehors, ou séparément.

Contrairement à des contresens courants, cette perspective ne doit pas être confondue avec un panthéisme ou un naturalisme moniste. « Le caractère fondamental des modèles théoriques que nous offrent les diverses formulations du Non-Dualisme oriental, souligne Georges Vallin, consiste dans l'affirmation simultanée et paradoxale de la Transcendance radicale de l'Absolu et de son immanence intégrale au monde ou à la manifestation. » C'est pourquoi les pratiques méthodiques du yoga n'ont rien à voir avec une « extase » : il ne s'agit pas de sortir de soi-même. Il s'agit plutôt de saisir qu'on n'y est jamais vraiment entré ! L'ego n'est qu'une clôture illusoire... Cette lumière permet de repenser de façon critique le Dieu « unidimensionnel » du monothéisme, qui interdit notamment l'intégration du féminin dans l'être même de l'Absolu. La première mort de Dieu serait à dater de « l'avènement du Dieu personnel, éthique et créateur du judéo-christianisme ». L'histoire de la philosophie serait elle aussi à réécrire : son déclin commencerait avec la révolte d'Aristote contre Platon et la réduction de la métaphysique à l'ontologie. Toute l'aventure de la pensée occidentale pourrait se lire comme une fascination insurmontable pour l'ego. Du Dieu personnel au néant sartrien, en passant par la question de la substance ou celle de la mort de l'homme, la tragédie propre à l'Occident serait la longue exploration du fait que « l'enfer, c'est l'ego ». Sans souscrire à toutes ses formulations, il convient de rappeler que Georges Vallin fut, parmi les philosophes, l'un des très rares, en France, à prendre mesure de « la véritable révolution copernicienne que constitue la découverte de ces zones métaphysiques au-delà des limites que l'Occident traditionnel ou classique assignait à son ontologie et à sa théologie ». Il a tenté de nous délivrer de notre inattention, de nous débarrasser de notre provincialisme et de notre impérialisme. Évidemment, les deux font système.

## *L'autre rive*

Pour percevoir la finesse des détails et la richesse des significations indiennes, il faut pouvoir confronter les abstractions et les réalités quotidiennes, être en mesure de relier les usages savants des notions clés et, sous les mêmes mots, les significations concrètes toujours vivantes au sein de la mentalité indienne d'aujourd'hui. Ce n'est évidemment pas donné à tout le monde. C'est le cas de Lakshmi Kapani. « Que sait-on concernant ses *samskâra* ? » disait sa mère quand il était question d'un éventuel prétendant pour l'une de ses filles. Cette question usuelle possède plusieurs sens. Le premier est psychologique : quels sont les penchants, les tendances, le caractère de ce garçon ? Rien là qui ne soit comme partout ailleurs. Le second sens, en revanche, s'enracine dans la culture de l'Inde : les *samskâra* seront cette fois le statut socio-religieux, l'éducation, les habitudes transmises par les traditions du groupe auquel appartient le jeune homme et sa place dans l'ordre communautaire. Formé de la racine *kri* (faire) et du préverbe *sam* (ensemble, complètement), *samskri* signifie

« confectionner, construire, élaborer, parfaire, purifier... », entre autres. D'où, en sans-*krit* (c'est-à-dire dans la langue « parfaite », du point de vue de l'Inde), de très nombreuses significations du mot *samskâra,* allant du vocabulaire religieux aux théories de la connaissance. Une enquête embrassant une multitude de textes, du brahmanisme ancien jusqu'au bouddhisme et aux six *darsana* (les six « points de vue » philosophiques du brahmanisme), fait saisir combien le cœur des élaborations indiennes apparemment les plus opposées est constitué par le sens de la globalité, de l'interdépendance, des relations réciproques, des continuités. Ceci n'empêche pas un renversement dans le sens du terme considéré. Sous la plume de Sankara, *samskrita* signifie encore, comme dans les textes antérieurs du brahmanisme, « parfait », « purifié », « perfectionné » par les rites. Ce qui a été rassemblé, relié, mis en ordre est jugé qualitativement supérieur. Au contraire, l'adjectif privatif *asamskrita* désigne ce qui est imparfait, non purifié, etc. Or les connotations de ces termes sont exactement inverses chez les bouddhistes. Le premier terme désigne dans leur vocabulaire ce qui est forgé, causé ou conditionné, et donc marqué d'une imperfection radicale. Le *nirvâna* est à leurs yeux *asamskrita,* c'est-à-dire parfait, parce que non produit et non conditionné. Il y a bien une fracture capitale entre la recherche bouddhiste de la délivrance et les autres formes de pensée renonçantes qui se sont constituées dans la culture indienne, quel que soit le terreau commun dont toutes sont issues.

D'ailleurs, tous ne cherchent pas l'autre rive. L'Inde est loin de se limiter aux doctrines du renoncement, si nombreuses soient-elles. La recherche d'une transfiguration spirituelle y a pris une ampleur et une tonalité sans équivalent ailleurs. Mais on ne saurait oublier le versant mondain et les trois voies du développement humain : plaisir et esthétique *(kâma),* richesse et pouvoir *(artha),* loi sociale et religieuse *(dharma).* Leur ensemble confirme que l'intelligence indienne privilégie l'idée d'assemblage des parties dans un tout, l'interdépendance des éléments. L'Inde relie au lieu de séparer. Unification du divers : tel est, on vient de le dire, le noyau de sens de la notion de *samskâra*, sous ses acceptions variées. Lorsqu'on est attaché au monde, tout ce qui relie et assemble est perçu de manière rassurante et positive. Quand il s'agit d'échapper sans retour à cette vie, ces mêmes assemblages sont autant d'obstacles. Ce que l'humain assemble et qui le tient lié — à lui-même, aux autres, aux choses —, la délivrance doit le dénouer pour s'accomplir. En Inde coexistent effectivement l'accomplissement actif de la vie et la tentation d'y échapper sans retour. D'un côté les liens, les attachements, les facteurs de cohésion et de capture, de l'autre la déliaison, le détachement, la délivrance, le *nirvâna*.

Commençons par nous débarrasser d'une erreur courante. Le *nirvâna* n'est pas un plaisir extrême mais temporaire, une jouissance incomparable et délimitée, comme peut le faire croire un usage répandu. Il est par définition sans fin. Délivrance sans retour, il ne s'insère pas dans la succession des instants. Cette « extinction » est une sortie définitive du temps, de la souffrance, de l'égarement et de l'ignorance qui sont supposés être notre lot toute la vie. Toutefois, si l'on en reste à ces premières indications, rien ne distingue cet « état » du salut et de la vie éternelle dans la conception chrétienne. La béatitude des élus contemplant éternellement la majesté divine répond *grosso modo* aux mêmes caractéristiques. Où se situe la rupture ? Est-elle dans le fait que le *nirvâna* échappe à toute possibilité de représentation, puisqu'il est supposé être totalement autre que tout ce que nous connaissons ? Emprunter à notre univers un élément quelconque pour décrire cet ailleurs absolu, c'est faire fausse route. Là encore, mystiques et logiciens de tradition chrétienne ont formulé des remarques analogues. Ils se situent cependant dans la perspective d'un salut personnel, de la vie sans fin d'une âme individuelle. La délivrance visée par les doctrines indiennes s'inscrit dans un cadre très différent.

Leur but ultime est en effet d'échapper à jamais à la répétition indéfinie des renaissances. Être délivré, ce n'est pas vivre éternellement ! C'est être assuré, au contraire, de ne plus renaître. L'homme « nirvané » échappe effectivement à la mort, mais dans l'exacte mesure où il échappe pour toujours à ce que nous appelons « la vie ». Il ne peut y parvenir qu'en défaisant l'existence illusoire de son unité individuelle. Ayant dissipé le mirage de l'existence personnelle, le délivré peut disparaître des vivants. Jamais il ne retombera dans la souffrance, toujours recommencée, de l'existence. Ce cadre général de pensée est d'abord déconcertant. Sont absents des repères familiers — le Dieu créateur, la personne, l'âme, le « je ». Ce ne sont pas les seules difficultés. La longue histoire des spéculations indiennes s'est en grande partie construite dans le prolongement des difficultés proprement philosophiques que peut soulever le *nirvâna.* En réfléchissant à ce qui le rend possible comme à ce qui y fait obstacle, des siècles de vie intellectuelle ont aiguisé analyses et polémiques. Les discussions concernent, entre autres, le statut de la matière, les relations de la pensée et du réel, la dialectique de l'être et du non-être. On s'est demandé, par exemple, ce que devient le délivré. Celui qui ne renaîtra plus est-il purement et simplement anéanti ? Subsiste-t-il encore, sous une forme impersonnelle et tout à fait autre que ce que nous pouvons penser : ni être ni néant ? Faut-il poser ce genre de question ? Ou bien faire silence, laisser de côté une interrogation à la fois sans objet et mal formulée ?

On s'est interrogé également sur ce qui fait fonctionner encore le corps des « délivrés vivants », puisque « l'extinction » ne coïncide pas nécessairement avec l'arrêt des fonctions vitales. Par hypothèse, les délivrés sont passés au-delà de toutes les oppositions organisant l'existence et la pensée humaines. Désir et dégoût, joie et peine, bon et mauvais leur sont devenus aussi étrangers que le froid et le chaud. Comment se fait-il qu'ils aient encore une activité organique ? D'autres interrogations s'organisèrent de manière plus subtile. Les bouddhistes se sont avisés par exemple que, si toute chose produite et conditionnée est, par là même, impermanente, le *nirvâna*, qui par définition ne saurait être transitoire, ne peut être produit. Ainsi tous les efforts déployés pour y accéder ne sauraient-ils être les causes d'une délivrance qui serait leur conséquence. Ce n'est pas le moindre des paradoxes : toute la vie s'organise autour de l'accès ultime à la délivrance, mais aucun des efforts déployés pour l'obtenir ne peut la produire. Rien ne peut provoquer le *nirvâna,* sous peine de contradiction ! Les logiciens de la « Voie du milieu », les *Madhyamika,* sont plus corrosifs encore. Opposer le *nirvâna* au cycle des naissances et des morts, comme une rive à une autre, font-ils remarquer, c'est demeurer prisonnier d'une pensée dualiste, perpétuer une opposition radicale et fondatrice, alors qu'il s'agit de les éteindre toutes ! Conclusion : le *nirvâna* ne diffère pas de ce monde. Découverte de l'autre rive : il n'y a que celle-ci. Celle où nous débarquons est la même d'où nous sommes partis. Ce qui ne revient pas à dire qu'elle est strictement identique. « C'est moins le spectacle que le regard du spectateur qui change, y compris celui qu'il porte sur lui-même », écrit Guy Bugault dans le *Cahier de l'Herne* sur le *nirvâna* publié sous la direction de François Chenet.

## *L'éternité de l'instant*

Cette mutation du regard et du monde se vit plus qu'elle ne se décrit. Le bouddhisme est d'abord expérimentation. « Essayez donc, voyez si ça marche », voilà son attitude de départ. La doctrine n'a rien à voir avec une religion révélée, se fondant sur un texte habité par une autorité divine. La prédication du Bouddha ne cherche pas à substituer à d'anciennes erreurs théologiques une vérité du même ordre, simplement mieux attestée ou plus authentique. Son intention, en apparence, est plus modeste : aider les humains à cheminer sur un sentier découvert par un homme. Aucune transcendance n'est, si l'on ose dire, dans le coup. Tout se joue dans un horizon qu'aucun Être suprême ne hante. Voilà qui paraît simple, et plus à notre portée peut-être que les énigmes de Dieu. L'ambition bouddhique n'en demeure pas moins en un sens démesurée, puisqu'elle consiste à mettre fin définitivement à la souffrance.

Qui donc eut cette idée ? Et pourquoi ? Et où ? Dans quelle culture ? À quelle époque ? En d'autres termes : quel être humain réel peut-on discerner encore derrière la figure légendaire et magnifiée de celui qu'on nomme le « Bienheureux » ? Porté par ces questions, André Bareau a cherché obstinément à dégager les rares certitudes relatives à l'existence historique de cette figure que l'histoire a couverte de tant de traits mythiques. Maîtrisant le sanskrit, le pâli, le chinois et plusieurs autres langues, ce professeur au Collège de France disparut prématurément en 1993. Ce fut l'un des très rares érudits possédant une vue exacte de l'océan de textes engendré par les moines bouddhistes. Il s'est efforcé d'y retrouver les traces d'une voix. Une voix seulement humaine, sans prodiges cosmiques ni effets spéciaux, celle « d'un personnage étrangement vivant, présent, humain, comme si les narrateurs l'avaient connu directement et rapportaient fidèlement ce qu'ils avaient vu ». La voix d'un guerrier pauvre né dans un petit village du nord de l'Inde, à quelques kilomètres de l'actuelle frontière du Népal. Pas un prince richissime, mais un jeune homme qui dut être élevé à la dure, en des lieux rudes. Pas une tête lisse aux yeux clos par la torpeur, mais un ascète mince et vif au profil sans doute émacié. Son affirmation clé : « Tout est douleur » (« *sarvam duhkham* », dit le sanskrit). Elle justifie, presque à elle seule, l'ensemble de la doctrine et des méthodes. Son sens, malgré tout, peut prêter à confusion. Si l'on entend que la vie est une vallée de larmes et la souffrance sa tonalité permanente, on confondra le bouddhisme avec une pensée noire, pessimiste, exagérément portée à ne voir que le mauvais côté de l'existence.

Erreur, évidemment. La pensée du Bouddha n'est pas un dolorisme. « Tout est douleur » signifie : « Rien ne dure ». Les instants de l'existence ne sont pas tous pénibles. Toute vie, même la plus malheureuse, a ses joies, ses temps d'apaisement. Ce qui permet d'affirmer la présence universelle de la douleur, c'est seulement l'idée du caractère fugitif et limité de ces temps heureux. Même les plus fortes jouissances, les plus doux bonheurs, les moments les plus sereins sont considérés comme « douleur » dans la mesure où ils doivent nécessairement prendre fin un jour ou l'autre. Les corps, dans leur force et leur fragilité, sont donc trompeurs. On les rêve immortels, ils se décatissent jour après jour. On les croit beaux, ce ne sont que des sacs à ordures. Pour déjouer le piège, nombre de textes bouddhistes insistent sur les viscères, les excrétions, les écoulements... « Ce bipède impur et qui sent mauvais est entouré de soins, lui qui est tout rempli de charognes de toutes sortes et qui laisse couler ses humeurs ici et là. À cause d'un tel corps, qui penserait se magnifier ou mépriser autrui ? Qui donc d'autre qu'un aveugle ? »

Classique mépris du corps ? Peut-être n'est-ce pas si simple. Le rêve d'un corps parfait inaltérable, lumineux, cosmique, tout-puissant habite aussi le bouddhisme, peut-être plus intensément que d'autres traditions. Dans ce dégoût affiché, il y a une protestation contre la décrépitude. En ce sens, on le souligne trop rarement, le bouddhisme a pour point de départ une forme singulière de révolte contre la condition humaine. L'intolérable, pour lui, c'est l'éphémère. Douleur fondamentale : l'éternité demeure inaccessible. Cette impossibilité où nous sommes de vivre une durée infinie, il semble que le bouddhisme ne puisse l'endurer. Que toute vie s'achève, voilà l'inhumain. C'est à cela qu'il s'agirait d'échapper par la délivrance. Plutôt le détachement que l'acceptation de cette vie insupportable où tout est temporaire, donc pénible. Bref, l'infini ou rien. Tel serait, en simplifiant, le motif initial de cette voie de sagesse.

On pourrait voir là un refus de ce trait essentiel à notre condition : la finitude. La légende, comme souvent, dit la vérité : en s'indignant de rencontrer un malade, un vieillard, puis un mort, celui qui deviendra le Bouddha s'insurge contre le temps. Et contre la destruction du corps par le temps. « Tout est douleur » : pas de corps qui ne vieillisse ni ne meure. Vouloir échapper à ce sort... est-ce humain ou inhumain ? Indécidable. La question est de savoir si être « humain » est possible sans avoir profondément accepté de se plier au temps et aux rides sans gémissement ni esquive. Mais il n'est guère possible de savoir si une telle acceptation peut être effective. C'est pourquoi les bouddhistes inventèrent ou reprirent de multiples façons de ruser avec le temps, d'en repousser les bornes ou d'en contourner le cours. La théorie de la maturation des actes en est un bon exemple. Chacun connaît le principe : les actes portent des fruits, ils éclosent automatiquement, et leurs auteurs en subissent, à long terme, les conséquences. Ce long terme dépasse le cadre d'une vie. Le juste frappé par le malheur subit les conséquences de ses mauvaises actions précédentes. Il en va de même, de manière symétrique et inverse, pour le criminel jouissant d'un bonheur insolent : il a bien agi antérieurement à son existence présente. Ainsi se trouvent résolues plusieurs difficultés soulevées par la question du mal, mais au prix d'un effacement des frontières temporelles de l'existence délimitées par la naissance et la mort.

La fin de la douleur, logiquement, ne peut être que la fin du temps. C'est ce que confirment les textes : « Ni allée ni venue, ni durée, ni décès ni renaissance [...] : c'est la fin de la douleur. » D'où une série d'interrogations limites qui font les délices des logiciens : comment, dans le temps, œuvrer à sortir du temps ? Comment décrire ce dont nous ne pouvons avoir de représentation ? Comment désirer cesser de désirer ? Ces questions n'ont rien, en elles-mêmes, de spécifiquement bouddhique. On les rencontre aussi bien, *mutatis mutandis*, chez les Pères de l'Église. On ne saurait en dire autant des Grecs. Leur façon la plus caractéristique de ruser avec le temps est de prendre refuge dans l'instant, de le vivre si totalement que toute perspective de passé et de futur s'abolit. Épicure, par exemple, préconise de s'en tenir au présent, à la plénitude du plaisir simple, au bien-être sans mélange de l'absence de trouble, de s'ancrer dans le présent, de cesser d'être agité vainement d'espoirs et de craintes pour s'appliquer à se sentir pleinement exister, ici et maintenant, juste à l'instant. Cette perfection du présent est une éternité : « Comme le stoïcien, l'épicurien trouve la perfection dans le moment présent. Pour lui, le plaisir du moment présent n'a pas besoin de durer pour être parfait. Un seul instant de plaisir est aussi parfait qu'une éternité de plaisir [...]. Du plaisir épicurien, comme de la vertu stoïcienne, on peut dire que leur quantité et leur durée ne changent rien à leur essence : un cercle est un cercle, qu'il soit immense ou minuscule », note Pierre Hadot. Pour bien des chercheurs de sagesse occidentaux, dans cette perfection de l'instant réside une forme d'éternité. L'immersion dans le moment actuel permet de surmonter la fuite continuelle du temps, la douleur de l'éphémère. Une telle possibilité a-t-elle pour le bouddhisme quelque chose d'étrange ou d'impossible ? La rondeur du plaisir présent, sans autre considération, lui paraît-elle définitivement illusoire et insatisfaisante ? Ou bien rejoint-il, par d'autres voies, l'instant comme éternel ?

# V

# ÉTOILES FILANTES

De saint Augustin à Giordano Bruno courent des histoires de flammes et des fulgurances soudaines.

*Monsieur a raison.*
*Tout ça, c'est la faute de ce gredin de soleil*
*qui est trop faible, le lâche, le paresseux !*

BALZAC, *La Recherche de l'absolu*

Peut-on considérer certains philosophes comme des étoiles filantes ? Ce ne serait pas déraisonnable. Comme elles, ils apparaissent et s'évanouissent imprévisiblement en déchirant la nuit, ils se consument en entrant dans l'atmosphère, ils demeurent séparés et cependant reliés par des trajets aléatoires. Du déclin de l'Empire au nouvel essor de l'Europe, au fil d'une dizaine de siècles, il ne saurait s'agir de faire de cette comparaison un usage systématique. Elle peut malgré tout fournir à l'intuition un cadre où crayonner l'esquisse de quelques trajectoires de feu qui ont strié l'obscurité des temps.

## *L'estomac d'Augustin*

Saint et philosophe, est-ce compatible ? Augustin est saint, officiellement. Il a même incarné, en Occident, le modèle de l'intelligence chrétienne. Tout lecteur des *Confessions* sait que sa vie demeure fort éloignée de la fadeur des images pieuses. Né à Thagaste, en 354 après J.-C., il appartient au peuple numide. Sa ville d'enfance, aujourd'hui Souk-Ahras, est proche, en Algérie, de la frontière tunisienne. C'est un « Africain » contemporain des dernières années de l'Empire romain, puis de son effondrement. Enfant turbulent, adolescent voleur de poires, il eut longtemps le sang chaud. Ses aventures de jeunesse, même si les historiens disputent de leur nombre ou de leur précocité, ne furent pas toutes spirituelles. Il eut un fils à dix-sept ans, et ne quitta qu'à trente passés la belle anonyme qui fut son amour. Ou qui ne fut, à ses yeux, qu'une étape de son cheminement. Lorsque Augustin aima Dieu, c'en fut fini de cette vie d'avant. Sauf pour en pleurer. Ou pour montrer, en la racontant, les errances d'une âme dispersée, incapable de repos, toujours inquiète tant qu'elle n'a pas retrouvé en elle-même le lieu du seul souverain bien capable de l'apaiser : l'amour divin. Cela ne suffit-il pas pour devenir « officiellement » saint ? Peut-être Augustin n'aurait-il pas été sanctifié s'il n'avait, les quarante dernières années de sa vie, mis ses vives capacités intellectuelles au service de sa foi. Devenu évêque d'Hippone après sa conversion, il parcourt l'Afrique, devient grand pourfendeur d'hérétiques, avec le verbe pour tout glaive. Il déploie une foisonnante activité doctrinale, qu'Henri-Irénée Marrou, sans être dupe d'un tel schématisme, résumait ainsi : « Philosophe de l'essence contre les manichéens ; docteur de l'Église contre les donatistes ; théologien de l'histoire contre les païens ; champion de la grâce contre les pélagiens. » La quarantaine de volumes des œuvres augustiniennes ajoutent quantité d'autres facettes à ces quatre traits principaux. Ce saint, incontestablement, est un écrivain de génie.

Est-ce un philosophe ? Si le terme désigne ceux qui ne reconnaissent d'autre pouvoir que la raison, ne se soumettent à d'autre autorité que l'entendement, ne tiennent pour vrai que l'intelligible, la réponse sera négative. Saint Augustin se réfère fréquemment à Platon, à Plotin, voire aux stoïciens ? Ces indications n'impliquent pas qu'il se situe dans la même optique que ces philosophes ou qu'il appartienne à leur lignage. Les « livres des platoniciens » contiennent, à ses yeux, « la philosophie parfaitement vraie », mais il en juge à partir d'un autre point de vue que le leur. En témoigne, entre cent autres, cette phrase de *La Cité de Dieu* : « Platon se représente Dieu d'une façon qui correspond de très près à la vérité enseignée par notre religion. » À l'évidence, le critère du vrai a changé. Cela signifie-t-il que, pour lire Augustin, il faille partager sa foi ? Que son œuvre ne puisse rien dire à un athée d'aujourd'hui ? Bien sûr que non : l'intérêt historique de cette pensée, à lui seul, est considérable. En elle s'opère la principale appropriation de la Grèce par le christianisme. Augustin va lier, pour très longtemps, d'une manière décisive pour l'histoire de l'Occident, les concepts hérités des philosophes et les croyances de la foi.

Avec Augustin naît la subjectivité. *Les Confessions* inaugurent une nouveauté littéraire : l'autobiographie spirituelle. Elles innovent aussi dans le domaine psychologique, en inventant l'introspection, que les Grecs ignoraient. L'apparition de l'intériorité modifie les relations du sujet au temps, à la mémoire, au désir, à la culpabilité. Nietzsche, venant de lire l'ouvrage, n'a pas tort d'écrire : « Avec ce livre, on arrive à voir à l'intérieur de l'estomac de la chrétienté. » La seconde face de ce tournant dominé par la pensée augustinienne, c'est la naissance de l'histoire. Le temps, tel que les Grecs le concevaient, était cyclique, répétitif, dépourvu d'évolution sans retour. Avec *La Cité de Dieu*, il devient droite orientée, tout entière tendue entre une origine et une fin. L'histoire prend alors un sens, dans la double acception du terme : une signification, une direction. Avec l'émergence conjointe de la subjectivité et de l'histoire, la panoplie européenne est désormais complète.

## *La servante de Dieu*

Le Moyen Âge n'est pas une nuit. Cette bonne nouvelle fut déjà annoncée maintes fois. A-t-elle été véritablement entendue ? On peut en douter. En effet, l'ancienne image habite encore une foule d'esprits : mille ans durant auraient régné l'obscurantisme et l'abêtissement dogmatique, étouffant toute intelligence sous une rhétorique artificieuse. Chacun connaît la suite : enfin l'humanisme vint et la Renaissance retrouva la lumière directe des Grecs après une trop longue ténèbre. Les historiens ont défait ce mirage. Malgré tout, le domaine philosophique est demeuré relativement en retrait. En dépit de travaux comme ceux d'Étienne Gilson, on a souvent négligé les philosophies du Moyen Âge, ignorant leur diversité ou mésestimant leur intérêt conceptuel. Au premier abord, il est vrai, leurs interrogations peuvent paraître déconcertantes.

N'est-il pas étrange de demander, par exemple, si une femme qui n'est plus vierge peut retrouver sa virginité ? On se souviendra de ce que saint Jérôme écrit à ce propos : « Bien que Dieu puisse tout, Il ne peut rendre la virginité à celle qui l'a perdue. » Que signifie au juste cette remarque ? Devrait-on en conclure que la toute-puissance de Dieu bute sur des impossibilités qui la restreignent ? Cela reviendrait à soutenir que cette toute-puissance est relative, ce qui est évidemment contraire au caractère absolu des attributs divins... Il convient donc de passer au-delà de la première impression. Savoir si effectivement, pour reprendre les termes de Guillaume d'Auxerre, Dieu « peut restaurer la nature d'une vierge en faisant qu'elle soit close, scellée et intègre comme auparavant », n'est pas pour nous une interrogation majeure. En revanche, les disputes relatives à l'étendue et aux limites de la toute-puissance divine sont passionnantes de subtilité. Leurs oscillations s'inscrivent entre deux pôles principaux : ou bien l'on souligne que Dieu fait seulement le Bien, mais cette affirmation s'inscrit contre le caractère illimité de sa puissance, ou bien l'on affirme que Dieu peut tout, y compris le mal, le mensonge et la tromperie... ce qui contrevient à sa bonté !

Tel est le principal paradoxe suscité par la question de la toute-puissance divine, qui fut l'une des routes de réflexion médiévales. Ces itinéraires confirment la primauté bien connue de la théologie sur la philosophie, devenue sa « servante » dans l'Occident chrétien. Ils contredisent toutefois l'opinion convenue qui imagine la raison étouffée par le dogme. Au contraire, la domination théologique apparaît comme une extraordinaire incitation à explorer de nouvelles possibilités intellectuelles. Considérant qu'il ne saurait exister de limite à la puissance divine, la théologie exige qu'on envisage des possibilités contraires à l'ordre habituel de la nature, voire à l'ordonnance logique des discours et de la pensée. Du XIIe au XVe siècle, la question fut traitée notamment par Albert Le Grand, Bonaventure, Duns Scot, Ockham, elle fit l'objet d'une approche spécifique chez Guillaume d'Auxerre, Hugues de Saint-Cher, Durand de Saint-Pourçain. Ces gloses ont une source commune : les célèbres *Sentences* de Pierre Lombard. Rédigé entre 1148 et 1152, l'ouvrage inventorie les questions, précise les positions opposées, classe les arguments soutenant ou réfutant chacun d'entre eux. Ce fut le manuel de référence pour l'enseignement de la théologie. Dans les trois siècles qui suivent sa rédaction, on compte quelque mille quatre cents commentaires des *Sentences* ! Ils forment véritablement un monde, où fut explorée en tout sens la question de savoir ce que Dieu peut ou ne peut pas.

Une fois posé que, par définition, il peut tout, les difficultés commencent. Comment imaginer qu'il efface le passé, annulant ce qui a eu lieu ? Comment concevoir que la vierge déflorée non seulement redevienne vierge, mais qu'elle n'ait jamais été déflorée ? Dieu peut-il faire en sorte que le monde n'ait jamais existé ? Ou bien se trouve-t-il, bien qu'il soit éternel, contraint par l'ordre du temps, et incapable de défaire le passé ? Ou encore : les vérités logiques sont-elles en son pouvoir ? Forment-elles, au contraire, comme une limite à sa puissance ? Dieu pourrait-il tout, sauf qu'un cercle soit carré ? Et si l'on envisage qu'il échappe au principe de contradiction, force est d'admettre que c'est d'une manière qui nous demeure tout à fait incompréhensible. Dieu aurait-il pu faire un monde meilleur — différent du nôtre par son agencement, ou bien par sa substance même ? Existe-t-il plusieurs mondes ? Globalement, les réponses s'efforcent de tenir ensemble deux nécessités antagonistes : l'affirmation de la puissance absolue de Dieu, qui ouvre la porte au surgissement possible du chaos, et l'ordre du monde — temps, logique, valeurs —, qui limite nécessairement cette puissance. Pour tenter de surmonter la contradiction, une distinction va s'élaborer entre la « puissance absolue », qui permet à Dieu, virtuellement, de tout changer à chaque instant, et la « puissance ordonnée », qui le porte à se plier aux régularités qu'il a lui-même instaurées.

Ces constructions ne concernent qu'un thème, dans le seul Occident chrétien, durant les trois derniers siècles du Moyen Âge. On aurait tort de réduire la multiplicité des langues et des traditions d'alors à ce seul pôle historique. Comme l'a montré Alain de Libera, un des principaux artisans de l'actuel renouveau des études de philosophie médiévale, il faut, si l'on désire une vue d'ensemble, prendre en compte des temps différents et une pluralité de centres. Diverses routes de la philosophie passent par Byzance, Bagdad, Tolède, Paris. Entre autres. C'est une carte du ciel des idées européennes qu'il faudrait dessiner, d'université en université, en retraçant les constellations. Ce n'est pas notre propos. Quelques silhouettes lui suffisent.

## *Ockham, vieux débutant*

Ce logicien redoutable fut un grand voyageur. De sa vie, on ne connaît pas grand-chose. Guillaume est né à Ockham, dans le Surrey, à la fin du XIII^e^ siècle. En 1290 ? En 1295 ? On ne sait. Il meurt à Munich un large demi-siècle plus tard, mais on ignore de quoi, dans quelle disposition d'esprit, et même à quelle date exacte. Sans doute a-t-il été emporté par la peste de 1349. Peut-être allait-il se réconcilier avec la papauté. Rien n'est sûr. Ce franciscain n'est pas commode à cerner. Il est pourtant d'une probité intransigeante et rare, tant dans sa vie intellectuelle que dans sa vie politique. Son parcours, pour ce qu'on en connaît, a lui aussi l'éclat soudain des étoiles filantes, la brève rectitude de leur sillage. Il est vrai que les météores, en son temps, passaient pour annonciateurs de catastrophes... 1318 : débutant à Oxford, il se fait remarquer pour son commentaire, très inhabituel, du *Livre des sentences* de Pierre Lombard. Ses analyses déconcertent. Elles paraissent bientôt suspectes. Dès 1324, il doit quitter Oxford. Il n'a donc professé qu'un peu plus de six ans. Et encore, sans être maître. Il était seulement *inceptor*, « commençant ». Il le resta, d'où son surnom de *venerabilis inceptor* (littéralement, « vieux débutant »), que ses disciples conserveront, en jouant sur les mots. La formule signifiera pour eux « respectable initiateur », défricheur à qui l'on rend hommage pour avoir inauguré une voie nouvelle. En peu d'années et quelques centaines de pages, Guillaume d'Ockham a opéré dans la pensée de vrais déblaiements. Il a balisé autrement les limites des savoirs, modifié les tâches du philosophe, dissipé des chimères, vidé d'une large part de leur contenu ces lourds volumes qui, sous le nom de théologie et de métaphysique, emplissent les bibliothèques d'Europe. Reste à évoquer comment il s'y prit. Nous n'en sommes pas là. On le retrouve en Avignon, où le pape Jean XXII fait examiner ses écrits. Il n'est pas condamné. Mais il s'est lié, durant les quatre années de son séjour en France, à un groupe de franciscains partisans de la pauvreté intégrale, contre Jean XXII, qui pourtant soutient l'ordre. Rompant avec le pape, Guillaume rejoint Louis de Bavière, qui combat lui aussi la papauté, mais pour des motifs plus temporels. Ils se retrouvent à Pise, puis à Munich. Le philosophe-moine multiplie les pamphlets contre l'« hérétique » qui siège sur le trône de Pierre. En 1330 il est excommunié. Bien qu'il reprenne et complète ses œuvres philosophiques antérieures, ses dernières années en Allemagne sont surtout marquées par des textes politiques qui paraissent fort loin de nos préoccupations.

Sa démarche philosophique, en revanche, nous parle. Par bien des traits, elle est étonnamment actuelle. Encore fallait-il pouvoir s'en aviser. On doit à Joël Biard la publication de l'œuvre majeure de Guillaume d'Ockham, la

*Somme de logique*, et à Pierre Alfiéri la mise en lumière de sa démarche spécifique. En quoi consiste-t-elle ? Il s'agit de distinguer nettement entre le langage et les choses. La philosophie doit travailler à ne plus confondre les signes qu'emploie notre pensée avec des objets réels, à ne plus prendre nos manières de dire pour des modalités de l'être. En opérant ce partage entre les discours qui se réfèrent à des choses et ceux qui ne concernent que des signes, Ockham nettoie, si l'on peut dire, les écuries de la métaphysique. On use en effet de manière absolument différente d'un terme apparemment semblable, quand on dit que l'homme traverse la rue, que l'homme est un animal raisonnable, ou que l'homme est un mot de cinq lettres. Travailler ce type de distinctions et en tirer, partout, toutes les conséquences, telle est la tâche de la logique. Loin de se cantonner à l'étude des formes de raisonnement, la logique, pour Ockham, se confond avec la philosophie même. Elle ne constitue pas véritablement un domaine à part, encore moins un savoir suprême regardant les autres de haut, mais un outil critique, qui doit parcourir l'ensemble des connaissances. Transversale, son intervention est aussi polémique. Elle dissout des problèmes que l'on croyait réels, en fait surgir d'autres qu'on ne voyait pas. Ockham ébranle ainsi un vaste pan de la tradition philosophique, de Platon à Duns Scot. En effet, ce qu'on dénomme en son temps les « universaux » (le concept d'homme ou celui de cheval, par exemple) n'a pour lui aucune unité ni aucune existence réelles. L'« humanité » ou la « chevalité » ne sont pas des essences subsistant par elles-mêmes, ou dans l'entendement divin, dont il serait pertinent de se demander comment elles se réalisent dans tel ou tel individu (Socrate ou Rossinante).

Purement relatifs à notre esprit et à notre langage, ces signes ne renvoient à rien de réel. On ne demandera donc plus : comment l'homme s'incarne-t-il en Socrate, ou le cheval en Rossinante ? On cherchera comment l'on passe de singularités dispersées (Socrate, Platon, Alcibiade, etc.) à ce concept-signe qui fabrique un universel, autrement dit une réalité seulement mentale, unifiant en une série

— les hommes — des individus par ailleurs uniques. Pierre Alfiéri a montré comment toute la pensée du philosophe s'organisait autour de trois concepts : singulier, série, signe. Le monde selon Ockham est avant tout discontinu, atomisé, constitué de choses singulières, c'est-à-dire uniques — cette pierre, cet arbre, cet homme. Elles existent séparément, du seul fait de la puissance absolue de Dieu. Chaque chose est une pure singularité dont nous faisons l'expérience. Le problème est alors de trouver ce qui, dans notre expérience, permet de constituer des séries — les pierres, les arbres, les hommes — donnant leur unité mentale à ces rassemblements d'unités éparses. Chaque série étant désignée par un signe — les termes « pierre », « arbre », « homme » —, il s'agira de savoir quelles combinaisons de ces signes peuvent se référer adéquatement à telle ou telle réalité singulière. Les arrière-mondes du platonisme — et bon nombre de questions philosophiques — se trouvent balayés. Essence et existence ? Aucune différence : s'il n'existe que du singulier, il n'y a d'essence que du réel. Pis, ou mieux : le possible n'est pas un mode d'être. Ce qui est simplement pensable n'a aucune réalité. Encore pis, ou encore mieux : la question métaphysique centrale de l'« être en tant qu'être » n'a même pas à être posée. Le sens du terme « être » demeurant radicalement indéterminé, cette interrogation est sans pertinence ni contenu.

Avec Ockham, l'ontologie est laissée en suspens, sinon détruite. La métaphysique n'est plus une science, pas même un domaine de discours convenablement constitué. La théologie enfin ne peut être que négative, faute d'aucune expérience possible de Dieu. Sans doute ne faudrait-il pas enrôler trop vite le *venerabilis inceptor* dans les débats des temps modernes, ou dans ceux de notre siècle. On se dit pourtant, à le lire, que la philosophie a tout à gagner d'une redécouverte de la modernité des médiévaux.

## *Le branle de Montaigne*

D'où vient le plaisir éprouvé à lire Montaigne ? De son style ? Cela va de soi : sa plume a cette sécheresse qui traverse le temps. De la bonhomie d'un gentilhomme menant avec sagesse une vie à sa mesure ? Du fin mélange de candeur et de rugosité de ses phrases ? Rien de cela ne suffit. C'est le philosophe en Montaigne qui « éjouit », c'est-à-dire met en joie. Parmi les grands, il est le plus singulier peut-être, l'un des plus difficiles sûrement. Sous des airs nonchalants, il constitue lui aussi une limite de la pensée européenne. « La philosophie ne me semble jamais avoir si beau jeu que quand elle combat notre présomption et vanité, quand elle reconnaît de bonne foi son irrésolution, sa faiblesse et son ignorance. » À l'amour du savoir et au rêve de le posséder Montaigne substitue l'aveu d'ignorance. Que sais-je ? Peu, très peu, trois fois rien, des broutilles. Et il en sera toujours ainsi. La pire des errances est de croire que nous puissions contempler la vérité, alors que « nous n'avons aucune communication à l'être ». Cette formule décisive se trouve à la fin de *L'Apologie de Raymond Sebond (Essais*, II, 12). Le philosophe n'est plus celui qui nous contraint à tourner le regard vers les vérités éternelles. Il ne vient pas, comme Platon, nous arracher à l'obscurité pour nous exposer, au terme d'un chemin escarpé, à l'éclat d'abord insoutenable d'une lumière absolue. Au contraire, le voilà qui demeure assis à côté de nous, pour nous dire que nous tâtonnons toujours dans les fluctuations, les clairs-obscurs de la pensée et du corps. Nous n'en saurons ni le premier pourquoi ni le fin mot. Cessons de rêver : jamais nous ne pourrons voir hors de notre regard.

C'est bien toute l'entreprise du savoir que sape Montaigne : notre raison ne peut nous donner accès à aucune certitude. « Il n'y a que les fols certains et résolus » (I, 26). Nul point fixe, aucun roc ni diamant ne nous extraira du flux incessant de nos pensées, mouvantes comme le sont les choses : « Et nous, et notre jugement, et toutes choses mortelles vont coulant et roulant sans cesse. Ainsi, il ne se peut établir rien de certain de l'un à l'autre, et le jugeant et le jugé étant en continuelle mutation et branle » (II, 12). Ce glissement fluide et ininterrompu de tout le cours du monde ruine, en fait, la métaphysique comme les sciences. Il évide toute idée de vérité, dissout sujet et objet, ne laisse rien subsister. Au lieu de célébrer l'humaniste suave et le sceptique tolérant, il faut voir d'abord combien Montaigne est exigeant et radical. Il ne reste pas grand-chose, ni de l'Homme ni de Dieu, après qu'il a passé — rien à savoir qui vaille, en tout cas. Cet homme si doux est dangereux à l'extrême. Ni Descartes ni Pascal ne s'y tromperont, eux qui tenteront après lui, pour une part contre lui, de rebâtir des digues ou des navires, d'aborder des terres fermes, d'assurer des repères.

Si la philosophie ne trouve plus de vérités premières, quelle est sa tâche ? École d'incertitude, apprentissage de l'ignorance, constat de nos limites. Ses plus grands maîtres ne savent rien : « La plupart n'ont pris le visage de l'assurance que par contenance » (II, 12). Ce qu'ils nous enseignent avec le plus d'aplomb, dans le fond, ils n'y croient pas eux-mêmes : « Je ne me persuade pas aisément qu'Épicure, Platon et Pythagore nous aient donné pour argent comptant leurs Atomes, leurs Idées et leurs Nombres : ils étaient trop clairvoyants pour établir leurs articles de foi de chose si incertaine et si débattable » *(ibid.)*. N'en concluons pas que les philosophes veulent nous leurrer, ni que leurs tentatives soient entièrement vaines. Ils bâtissent des « fictions légitimes », des inventions qui possèdent une « plaisante et subtile apparence ». Du monde comme il est nous ne saurons jamais rien. Mais ce n'est pas une raison pour renoncer à en construire, par plaisir comme par besoin, des modèles explicatifs élégants et plausibles, des interprétations astucieuses et neuves.

Tout Montaigne paraît tenir en ce geste double : d'un côté, une rupture franche avec les visées et les idéaux constitutifs, dans notre histoire, de la philosophie et aussi des sciences. Connaître est une entreprise vouée à l'échec, de par la nature même de ce que nous sommes. L'idée de vérité est un piège, la certitude une déraison. L'ignorance seule est notre lot. Elle ne se trouve pas seulement au commencement de notre investigation, comme une incitation inaugurale ou un manque à combler. Elle est aussi le terme de nos quêtes. Nous ne parviendrons jamais à la supprimer : nos échafaudages les plus grandioses ne sont que risibles carcasses destinées à périr. Mais il convient d'aimer ces radeaux, de les parfaire autant qu'il est en notre pouvoir. Voilà l'autre côté : celui de la joie de chercher, sachant qu'il n'est pas d'autre gain que le plaisir de juger. Sapant la présomption, jamais Montaigne ne renonce à exercer son jugement, à vivre, à jouir, et c'est évidemment pour lui tout un. Insurmontable, notre ignorance n'est pas triste. Interminable, elle n'est pas décourageante. Que la vie s'enlève sur fond de non-savoir, d'impuissance à connaître, d'impermanence de toute chose et de toute situation, ce n'est pas là un motif pour cesser de la trouver belle, de la vouloir saisir pleinement, de moment en moment, corps et âme, telle qu'elle est : fugitive, humble, superbe. L'homme livré à lui-même, nu, fragile, fini, est risible et dérisoire, mais nullement méprisable. « De nos maladies, la plus sauvage c'est de mépriser notre être » (III, 13).

C'est pourquoi Montaigne est un philosophe de la joie. Il le dit en des termes qui seront, presque mot pour mot, ceux de Spinoza puis de Nietzsche, très proches de lui sur ce point, aussi dissemblables qu'ils soient par ailleurs. « Il faut étendre la joie mais retrancher autant qu'on peut la tristesse » (III, 9). Il y a de la vilenie à n'être point gai, à ne pas s'aimer, bien qu'on ne soit rien, à se défausser du goût d'exister, même si l'être nous demeure impossible à comprendre. Cette « pensée, dont la philosophie occidentale méconnaît l'intention radicale eût été mieux comprise par l'Extrême-Orient », écrit Claude Lévi-Strauss. Il est vrai qu'entre Montaigne et les bouddhistes, sans qu'aucune influence se soit exercée, plus d'une correspondance est repérable. On pourrait étudier le parallélisme de leurs affirmations. Elles concernent, par exemple, le règne de l'apparence, le refus de la métaphysique, la coexistence de l'ignorance et de la sérénité, l'absence de prise sur les choses, le statut de la vie animale, la compassion envers la souffrance, tout autre que la charité chrétienne et son lot d'amour sacrificiel. Plus que des sceptiques grecs, c'est peut-être des logiciens bouddhistes de la Voie du milieu que Montaigne paraît le plus proche, notamment lorsqu'il affirme : « La plupart des occasions des troubles du monde sont grammairiennes. » C'est surtout autour des thèmes de l'impermanence, du transitoire, du discontinu que se trouvent les affinités les plus fortes. Quand Montaigne écrit, à la fin de *L'Apologie de Raymond Sebond* : « Il n'y a aucune constante existence, ni de notre être ni de celui des objets », la phrase pourrait passer pour le résumé de bien des analyses bouddhiques. Des différences considérables subsistent à l'évidence, mais Michel de Montaigne, plus encore que Guillaume d'Ockham, consonne avec certains traits de l'Inde bouddhique.

## *Le jeune Pic*

À l'âge où d'autres en sont aux rudiments, lui compilait déjà des traités de droit canon. Il connaît le latin plus tôt que tout le monde. Il sait également le grec, fréquente dans le texte Platon, Aristote et leurs commentateurs. Parmi ceux-ci, les Arabes ne lui sont pas étrangers. Là encore, le recours aux textes originaux le distingue. Outre l'arabe et le « chaldaïque » (l'araméen ?), ce boulimique a commencé à apprendre l'hébreu, découvrant les subtilités de la Kabbale. Quantité d'auteurs lui sont familiers dont ses contemporains, pour la plupart, ignorent même le nom. Pourtant, le jeune comte de La Mirandole et Concordia n'est pas simplement un dévoreur de bibliothèques, pourvu d'un gargantuesque appétit de lecture et d'un estomac si robuste que les plus lourds traités scolastiques ne le gâtent pas. Cet érudit précoce a belle tournure, et il est à la tête d'une des plus grandes fortunes de l'Italie en ce *Quattrocento* finissant. C'est enfin un amoureux sincère, non seulement de quelques belles, mais aussi de la philosophie. Il s'y voue avec une constance et une gravité qui, dans sa situation, tour à tour émeuvent et surprennent. Sa courte existence (il meurt à trente et un ans, probablement empoisonné par les ennemis de Savonarole) est tout entière animée d'une sincère ardeur à rechercher le vrai.

Sa première intervention dans la République des lettres porte la marque de la démesure et de la pétulance. À vingt-trois ans, cet inconnu convoque à ses frais, à Rome, en 1486, un concile théologique privé où les doctes peuvent venir de l'Europe entière disputer avec lui de quelque neuf cents thèses extraites par ses soins des philosophes latins, arabes, grecs, égyptiens, chaldéens et juifs. Dans ce « projet époustouflant », selon la formule d'Yves Hersant, les traits de la démarche singulière de Pic de La Mirandole apparaissent nettement : il cherche tout ensemble la concorde et le combat, sans tomber pour autant dans une contradiction. La concorde n'est pas l'amalgame ni la confusion des doctrines. Elle repose au contraire sur la conviction que se trouve « dans chaque école quelque chose de remarquable qui ne lui est commun avec aucune autre ». C'est pourquoi il faut les connaître toutes, n'en délaisser aucune, ouvrir sans cesse le champ de la philosophie à de nouvelles sagesses, jusqu'alors inconnues ou tombées dans l'oubli. Cet accueil encyclopédique doit mettre en lumière la secrète harmonie reliant à leur insu les pensées en apparence les plus opposées. Une fois dépouillées de l'inessentiel, réduites à leur noyau fondamental, toutes les écoles philosophiques — malgré les disparités de provenance, d'époque et de style — refléteraient en fin de compte une même vérité. Le jeune comte de Concordia convie donc l'Europe savante à débattre avec lui de cette harmonie cachée entre toutes les philosophies connaissables. Car un combat est nécessaire, aux yeux de Pic de La Mirandole. S'il parle de « palestre intellectuelle », en référence à la Grèce ancienne, l'esprit des tournois médiévaux n'est pas loin. Son invitation est aussi un défi. Sa jeunesse ne semble pas douter de la victoire. Pic souhaite en découdre, même s'il présente son désir guerrier comme une « forme très honorable de lutte, si nécessaire pour acquérir la sagesse ». La joute n'eut pas lieu. Le pape Innocent VIII interdit la discussion, institua une commission d'enquête pour juger les thèses de Pic. Un an plus tard, ces neuf cents thèses sont condamnées à être détruites. « La plupart ne font que reproduire les erreurs des philosophes païens [...], d'autres sont susceptibles d'exciter l'impertinence des juifs ; nombre d'entre elles, enfin, sous prétexte de philosophie naturelle, veulent favoriser des arts ennemis de la foi catholique et du genre humain », lit-on dans le jugement. Pic doit se réfugier en France, où il sera emprisonné. Revenu en Italie sous la protection de son ami Laurent de Médicis, il ne sera absous que six ans plus tard, juste avant sa mort, par le nouveau pape Alexandre VI.

Les écrits qui nous restent de lui sont de factures extrêmement variées : poèmes, discours, traités, commentaires des Écritures, pamphlet contre l'astrologie... Pic est un des philosophes qui ont pratiqué avec le plus d'aisance la diversité des genres. À tel point que l'unité et la cohérence de sa pensée ont été mises en doute. Son texte le plus connu, *De la dignité de l'homme*, déjà traduit en français en 1958, a fait l'objet de deux nouvelles traductions, l'une par Yves Hersant, l'autre par Olivier Boulnois et Giuseppe Tognon. Destiné à servir d'introduction aux savantes disputes qui furent censurées, ce discours ne fut jamais prononcé, mais rencontra, après la mort de son auteur, de nombreux lecteurs. Ce n'est pas seulement un texte lumineux, dont le charme et l'élégance contrastent avec la sécheresse des thèses rassemblées sous le titre de *Conclusiones*, mais aussi un écrit dans lequel Pic de La Mirandole développe une conception de la nature et de la liberté humaines qui peut paraître résolument moderne. Ce qui rend l'homme admirable, à ses yeux, c'est en effet qu'il doit se créer lui-même. La « nature » de l'homme n'en est pas une : elle ne contient rien, sauf la capacité de s'inventer, et par là de tout devenir, du bestial au divin. « Qui n'admirerait, écrit-il, ce caméléon que nous sommes ? » Toutefois, qu'on ne se méprenne pas : cette autocréation de l'homme est fort éloignée de l'existentialisme et d'une conception de la liberté analogue à celle de Sartre, par exemple. C'est par l'effet d'une décision divine que l'homme, pour Pic, est en charge de lui-même et du monde. « Tu te définis toi-même », fait-il dire à une voix s'adressant à l'homme, mais c'est la voix de Dieu.

Au lieu de chercher dans l'ensemble de ses écrits les traces d'une modernité illusoire, mieux vaut découvrir les signes de son appartenance au temps de la Renaissance et de l'humanisme italien, et les traits qui le singularisent. Bien que proche de l'école des platoniciens de Florence et ami de Marsile Ficin, leur chef de file, Pic ne fut jamais vraiment des leurs. Sa fréquentation assidue des scolastiques et son idée de la concorde des doctrines le portent à vouloir constamment réconcilier Platon et Aristote. Aucune opposition fondamentale ne viendrait les séparer. En revanche, tout oppose à ses yeux l'humanisme littéraire, chargé de rhétorique et de joliesses inutiles, à la méditation des philosophes et à la rude prose qui en rend compte. Sa longue lettre sur le style des philosophes, adressée à un critique qui fustigeait leur inélégance, est un réquisitoire contre les charmes trompeurs des tournures littéraires dans l'analyse philosophique. Pic plaide pour la solidité du marbre contre le stuc et les fioritures de plâtre. Mais aucune place ne demeure disponible entre le jargon rugueux qui s'efforce de traquer la vérité et la beauté vaine des ornements. Il ne semble pas songer qu'il existe une beauté propre au marbre parfaitement poli.

Ce qui l'en empêche, c'est probablement son sens du secret. « Le soin des philosophes est de cacher au peuple leur doctrine », écrit-il. Le thème de la philosophie cachée oriente sa démarche. À côté de la Loi remise à Moïse, son interprétation secrète est à retrouver. Sous la diversité des doctrines, leur concorde s'ancre dans une sagesse primordiale, un savoir originaire et secret qui demeure à déchiffrer. Son septuple commentaire de chacune des six journées de la Genèse, l'*Heptaplus*, son intérêt pour la Kabbale et pour l'ésotérisme sont liés à sa fascination pour un secret majeur, une clé de la nature et du monde autrefois connue et désormais dissimulée entre les lignes. Cette clé étant supposée unique, ce savoir secret partout identique, la tentative de Pic pour ouvrir effectivement la philosophie à d'autres traditions de pensée se solde par un échec. Pic de La Mirandole retrouve toujours un credo chrétien dans le secret des traités les plus étrangers au christianisme. Au début des temps modernes, son mérite est d'avoir donné une extension nouvelle à cette démarche qui fut autrefois celle des Pères de l'Église. C'est également sa limite.

## *La gouaille cosmique*

« Plus on est intelligent, plus on est couillonné. » Telle serait sa dernière phrase. Il l'aurait prononcée distinctement, juste avant qu'on ne fixe le mors de bois destiné à l'empêcher de parler, de hurler une dernière fois. L'homme est nu. Il a cinquante-deux ans. La foule l'entoure. Le bûcher consume un corps qui n'a cessé de rire, de penser, de s'émouvoir et de provoquer. C'est à Rome, le 17 février 1600, sur le Campo dei Fiori. Giordano Bruno n'a pas cédé devant l'Inquisition. Il n'a rien abjuré de sa vision du monde. Ses livres ont été brûlés place Saint-Pierre.

Filippo Bruno naît à Nola, non loin de Naples, en 1548. Il passe pour avoir été un enfant doué. Pour entrer à dix-sept ans dans l'ordre des dominicains, Filippo change de prénom, il se fait appeler Giordano, comme le maître qui l'initia à la philosophie chez Averroès. Avide de tout lire et de tout éprouver, il rompt ses vœux dix ans plus tard. Et les voyages commencent. De Venise, où il publie à trente ans son premier livre, aujourd'hui perdu, à Venise, où l'Inquisition l'emprisonne quatorze ans plus tard, son chemin passe par Genève, Lyon, Montpellier, Toulouse, Paris, Londres, Oxford, Paris, Wiesbaden, Marbourg, Prague, Francfort, Zurich. Trois fois excommunié : par les calvinistes à Genève, par les luthériens à Wittenberg, par les catholiques à Rome. Et toujours en joie dans la fuite. Il multiplie les textes et les imprudences, joue de tous les registres, du théâtre au pamphlet, du sarcasme au traité. Jusqu'aux cachots de la fin, où il macère sept ans. Torturé peut-être, mais sachant ne pas se renier. Mal protégé par les politiques, ennemi de tous les pédants, amoureux de la vie sous toutes ses formes, étoiles, animaux, coucheries, livres, Giordano Bruno a fait de son existence un roman picaresque.

Ce tragi-comique est pour une part un leurre. En suivant la trajectoire de cette « comète à travers l'Europe » — la formule est de Hegel —, on risque d'oublier de lire son œuvre. La course du nomade hérétique et martyr ne doit pas détourner des textes du philosophe. Ils sont difficiles à lire. Leur contenu et leur forme déconcertent. Bruno n'aime guère les exposés systématiques. Philosophe à sang chaud, il préfère les dialogues, les polémiques, les formes poétiques, les allusions, les allégories. Dernière difficulté : on ne sait, en le lisant, où le ranger. Un précurseur ? Cela semble évident. Combattant l'autorité d'Aristote et la dogmatique de l'Église, il participe de l'ébranlement intellectuel qui marque l'avènement des savoirs scientifiques modernes, depuis Copernic, Kepler et Galilée, ses contemporains, jusqu'aux Lumières. Il imagine d'ailleurs plus loin que les astronomes de son temps. L'univers, selon Bruno, est dépourvu de centre. Dans ce cosmos infini, en incessante mutation, existe à ses yeux une multitude de mondes divers. Un siècle avant Fontenelle et ses *Entretiens sur la pluralité des mondes habités* (1686), cet « académicien sans académie » affirme que la vie dans l'univers ne constitue pas une rareté. Car Dieu est partout. Loin d'être une cause première, séparée, extérieure, transcendante, il forme d'après Bruno un principe actif au sein de chaque chose, fût-elle infime. Ce Dieu immanent que le monde accompagne nécessairement (« *non c'é Dio senza mondo*, « pas de Dieu sans monde ») annonce le « Dieu, c'est-à-dire la Nature » de Spinoza.

C'est également Leibniz que Bruno préfigure. Dans son traité intitulé *De la monade*, il soutient que chaque existence, même élémentaire, contient en elle la totalité du divin. Alexandre Koyré, parlant de la vision « puissante et prophétique » de Bruno, ou Ernst Cassirer, soulignant que pour ce philosophe « la force de la raison constitue l'unique mode d'accès à l'infini », avaient vu en quoi sa pensée était tournée vers l'avenir. S'il se bat contre les dogmes de son temps, pourfend la scolastique et les « balourdises diplômées », Bruno reste toutefois fortement tributaire d'un outillage intellectuel hérité de la tradition. Ses travaux sur les arts de la mémoire, inspirés principalement de Raymond Lulle, appartiennent à ce registre. Il s'inscrit par ailleurs dans diverses lignées de penseurs de l'hermétisme, quêteurs de gnose, théoriciens de la magie, vitalistes attribuant à tout corps physique une âme vivante. De telles intuitions ne mènent pas à des calculs. Du coup, les interrogations cosmiques de Bruno ne peuvent conduire à des connaissances scientifiques. Ce n'est pas un homme de savoir, au sens que ce terme prend après Galilée. C'est un visionnaire, une flamme ondoyante. L'avènement de l'exactitude objective, des expérimentations, des lois mathématiques range bientôt ce genre de mage au fond d'un placard...

Pour lire Bruno, sans doute faut-il mettre de côté — sans les oublier tout à fait — le rebelle martyr, le prophète des idées neuves ou le gardien des vieux secrets. Se souvenir constamment qu'il invente, en écrivant, de nouveaux dispositifs pour la pensée, entre dérision et décision, entre cosmique et comique. James Joyce, sur qui Bruno exerça une influence déterminante, fait de lui, « plus que Bacon ou Descartes », « le père de celle qu'on appelle la philosophie moderne ». Écrivain d'une pensée instable, éclatée, où la bêtise et le divin se frôlent, Bruno mêle scatologie et cosmologie, vocables savants et langue populacière. *Chandelier*, sa première œuvre conservée, publiée en italien à Paris en l'an 1582, est une longue comédie débridée, sans intrigue qui se tienne, mais d'une verve puissante. On y voit, par exemple, des « pédants mastiquer des théories, flairer des opinions, cracher des maximes, pisser des citations ». On y pressent déjà le boudoir des libertins : « Une des femmes de cette histoire décochera des regards célestes ; elle vous fera voir combien sont enflammés ses soupirs, aquatiques ses méditations, terrestres ses désirs, aériennes ses fouteries »... Loin de la philosophie ? Pas sûr. Bruno pense en riant, en pleurant, en injuriant, en aimant, en s'émerveillant, en changeant de ton, de registre, de phrase. Il voulut être aussi changeant, multiple et imprévu que le réel. Aussi n'a-t-il pas seulement parcouru l'Europe des universités, des Églisess et des cours royales. Il a voyagé d'abord entre les langues et les disciplines, décentrant l'écriture et la pensée. Semblable à l'âne, qu'il dépeint tour à tour répugnant, oisif, arrogant, puis laborieux, endurant, obstiné, Giordano Bruno explore interminablement les marges où savoir et ignorance se rencontrent. Il brûle encore.

# VI

# RAISON CLASSIQUE

Descartes et Spinoza incarnent le moment où rien ne paraît échapper à l'emprise de la raison, depuis les démonstrations mathématiques jusqu'aux principes de l'action morale.

*Il y eut une phase remarquable dans le cours du sentiment général. Ce fut quand la comète eut enfin atteint une grosseur qui surpassait celle d'aucune apparition dont on eût gardé le souvenir.*

Edgar Allan Poe, *Conversation d'Eiros avec Charmion*

Ce temps de l'équilibre paraît presque incroyable. On a beau en marquer les limites — quelques décennies seulement, relativement peu de livres —, il semble démesurément parfait. L'ordre du monde et celui du savoir, les signes du vrai et ceux du bien, la netteté des idées et l'essence même des choses, l'entendement fini des hommes et celui infini de Dieu, la géométrie et la maîtrise des passions, voilà que tout cela soudain marche du même pas, comme si la clé de tout avait été enfin trouvée. Que les maîtres de ce grand style passent pour des héros, comment s'en étonner ? Ils ont l'air de réinventer le monde, et cela marche ! Les encombrements de parchemins s'évanouissent, les volumes empilés soudain n'ont plus de poids, la table enfin paraît rase. Ce n'est évidemment qu'une illusion, mais elle est merveilleuse. On saura de nouveau, ensuite, que l'histoire sous la raison subsiste. Des humains, avec leurs travers et leurs expériences de hasard, resurgiront de sous les démonstrations impeccables et les théorèmes impersonnels. En attendant, les coulisses semblent avoir disparu.

## *« Éléphant ou panthère »*

« L'action de cet homme sur son temps et sur les temps nouveaux ne sera jamais exagérée. C'est un héros : il a repris les choses par les commencements, et il a retrouvé de nouveau le sol de la philosophie, auquel elle est revenue après un égarement de mille ans. » Ainsi parlait Hegel. Descartes était à ses yeux « le véritable initiateur de la philosophie moderne », dans la mesure où il avait établi la pensée comme son premier principe. Bien plus tard, Husserl, en 1929, en prononçant à la Sorbonne les conférences qui formeront ses célèbres *Méditations cartésiennes,* place à son tour la phénoménologie dans le prolongement du geste initial du « plus grand penseur français ». Ces éloges voisinent avec des jugements sans appel. Pascal, qui avait lu Descartes de près, le déclare « inutile et incertain », tandis que Nietzsche, au passage, le juge « superficiel ». Heidegger se tait presque. Lui qui a consacré de longs travaux à Aristote, à Leibniz, à Kant, à Nietzsche... ne dit presque rien de la place de Descartes dans le destin de la métaphysique. Presque, puisque en 1937, pour les trois cents ans du *Discours de la méthode*, il rend Descartes responsable de la mathématisation du monde qui déclenche l'expansion effrénée de la technique. Ce n'est pas une mince responsabilité. Heidegger malgré tout n'est guère prolixe à propos de Descartes.

Comment le héros s'est-il séparé de la pensée scolastique ? Quel est son dialogue nocturne avec l'ontologie grecque ? À quelle sorte d'infléchissement soumet-il les matériaux empruntés à Aristote ? En examinant de près ce genre de questions, Jean-Luc Marion prolonge la démarche de Heidegger et modifie l'image de Descartes. La rupture cartésienne est aussi une continuité. Non parce que le philosophe du *cogito* reprendrait d'anciennes thèses formulées avant lui, mais bien parce qu'il s'attaque, qu'il le sache ou non, à d'anciennes questions. Descartes a donc raison de soutenir à la fois que tout dans la philosophie est antique, y compris sa doctrine, et qu'il détient des vérités que personne avant lui n'a vues. Il opère, selon Marion, un renversement dans l'essence de la métaphysique. Avant lui, chez saint Thomas ou chez Suarez par exemple, elle est définie comme contemplation de l'étant en tant que tel, ou séparé de la matière. Après lui, chez Kant notamment, elle est définie par rapport au sujet connaissant : elle concerne les premiers principes de l'usage de l'entendement pur. Le « prisme cartésien » a déplacé l'accent de l'étant au sujet connaissant. À ce Descartes majestueusement inscrit dans l'histoire de l'être et les tribulations de l'ontologie on peut préférer une silhouette rustique, presque champêtre, où se conjoignent de manière inattendue un inventeur d'algèbre et un amateur d'oreillers.

Très jeune, le fragile René dut rester au lit tard le matin. Quand il commença ses études, vers onze ans, à Pâques de l'an 1607, les jésuites du collège de La Flèche l'autorisèrent à conserver ce mode de vie. Rien ne changea ensuite. Sans doute, au cours de ses voyages, y eut-il des exceptions, de rudes matinées actives, des bousculades et des hâtes. Mais sa règle le portait, quand cela était possible, à rester le matin au calme, allongé ou assis dans son lit, souvent la fenêtre ouverte. Peu de lectures, à peine quelques notes. Une parenthèse où la pensée s'éclaircit. *Le Discours de la méthode*, la *Dioptrique* et la *Géométrie*, les *Méditations métaphysiques*, et d'autres textes fondamentaux, ont été conçus dans cette confortable solitude, dépourvue d'aubes agitées.

Il aimait être seul. Il s'était organisé constamment des retraites : demeures protégées des importuns, adresses changeantes, maisons à l'écart. Descartes ne supportait pas d'être « incommodé par les voisins ». Les grandes lignes de ses déplacements sont bien établies : études en France (La Flèche, puis Poitiers), neuf ans de voyage entre l'Allemagne, les Pays-Bas et l'Italie (de vingt-quatre à trente-trois ans), puis vingt années, et de multiples résidences, sous le ciel néerlandais, entrecoupées de trois retours à Paris et dans sa Touraine natale, enfin le dernier périple, en Suède, où il mourut à cinquante-quatre ans. Mais on ne sait pas toujours où il se trouvait telle ou telle année. On perd sa trace à plusieurs reprises. Il s'est caché, protégé, esquivé. Ce ne fut pas un hasard, ni simplement une névrose.

Ce fut d'abord une morale. Descartes choisit ses chemins. Il s'appliqua à chercher la vérité de toutes les forces de son esprit. Cette exigence ne pouvait s'accorder aux vacarmes et aux conversations vaines. Dès sa rencontre de novembre 1618 avec le mathématicien Isaac Beeckman, le jeune homme comprit en effet que physique et géométrie pouvaient s'unir, voire s'unifier. Il affirma « n'avoir jamais trouvé personne, sauf son ami, qui utilise cette façon d'étudier, et joigne avec soin la physique avec la mathématique ». Le travail a évolué, l'intention fondatrice est demeurée : constituer la « science universelle » comprenant « tout ce qui est soumis à l'ordre et à la mesure ». On aurait tort malgré tout d'imaginer Descartes préoccupé seulement d'équations et de métaphysique. Il s'intéressa aux avalanches, décrivit la structure des flocons de neige, songea à faire construire une lunette assez puissante pour voir « s'il y a des animaux dans la Lune », et voulut comprendre pourquoi, près de Rome, on crut voir certain jour plusieurs soleils. Contrairement à un préjugé encore répandu, il possédait un sens aigu du concret : « J'ai été un hiver à Amsterdam que j'allais tous les jours en la maison d'un boucher » pour lui demander de porter « en mon logis les parties que je voulais anatomiser plus à loisir ».

Solitaire, cet amoureux du vrai ne fut jamais hautain ni méprisant. Le savoir, à ses yeux, devait s'appliquer, et se partager : « La philosophie que je recherche [...] est la connaissance des vérités qu'il nous est permis d'acquérir par les lumières naturelles, et qui peuvent être utiles au genre humain. » Il écrivit en français afin que tous puissent lire, à commencer par les femmes, qui ne savaient pas le latin. Il suggéra qu'on simplifiât l'orthographe, ce qui « apporterait beaucoup plus de commodité aux étrangers pour apprendre notre langue ». Il s'efforça d'exposer clairement ses méditations, « de telle sorte que ceux mêmes qui n'ont point étudié les peuvent entendre ». Les hiérarchies sociales ne l'embarrassaient guère : il enseigna les mathématiques à Jean Gillot, qui fut d'abord son valet. Quelques années plus tard, il écrivit à Huygens : « C'est le premier et presque le seul disciple que j'aie jamais eu, et le meilleur esprit pour les mathématiques. » Descartes aida aussi Dirck Rembrandtzs à devenir astronome. Ce cordonnier était venu le voir par amour des mathématiques. D'abord chassé par les domestiques, il fut reçu par le philosophe à sa deuxième visite et publia, par la suite, des travaux estimés.

La biographie de Geneviève Rodis-Lewis permet de comprendre, à l'aide de ces exemples et de quelques autres, ce que fut la « générosité » de Descartes. Son rejet des mondanités n'est-il pas, en fin de compte, une autre face de cette vertu ? Lors du dernier voyage du philosophe à Paris, sa notoriété incite de nombreux curieux à le rencontrer sans motif véritable, rien que pour entrevoir son visage. « En sorte que j'ai sujet de croire qu'ils me voulaient seulement en France comme un éléphant ou une panthère, à cause de la rareté, et non point pour y être utile à quelque chose », écrivit-il à Chanut le 31 mars 1649. Derrière le héros généreux, à côté du philosophe qui se disait lui-même « masqué », on devine, à partir de quelques faits, une existence plus compliquée. Les premiers mois de sa vie, Descartes fut gravement malade. On pensait qu'il n'allait pas survivre. Sa mère mourut avant qu'il eût un an, en mettant au monde un autre fils, qui vécut trois jours seulement. Le philosophe semble avoir ignoré cette naissance et avoir cru que sa mère était morte quelques jours après l'avoir mis au monde. Sa nourrice en revanche eut une longue vie, et il prit soin de sa subsistance. Au moment de sa propre agonie, il s'assura encore qu'elle ne manquerait de rien.

On aimerait en savoir plus sur sa fille Francine, née en 1635 de ses relations avec Hélène, une servante. Descartes semble avoir pris grand soin de l'enfant. Quand Francine mourut de la scarlatine à cinq ans, il s'apprêtait à la conduire en France pour qu'elle y reçût une bonne éducation. Cette courte vie, on l'a bien peu remarqué, fut contemporaine des pages les plus fortes du métaphysicien. René écrivit d'ailleurs, quand Francine avait trois ans et demi : « Il me semble que je suis maintenant plus loin de la mort que je n'étais en ma jeunesse. » Est-ce seulement une coïncidence ? A-t-on prêté d'autre part une attention suffisante à ce chien que Descartes, réputé pour ne voir dans les animaux que des machines, appelle joliment « M. Grat » ? Il le fait conduire à Paris, en 1648, « pour en donner de la race avec une petite chienne ». Sa correspondance avec l'Anglais H. More reconnaît l'existence, chez le chien, d'*affectus*, qui se manifestent par des mouvements de la queue, sans toutefois constituer un véritable langage... A-t-on rêvé assez à l'ironie du sort qui le fit enterrer en Suède dans un cimetière pour les enfants « morts avant l'usage de la raison » ? Sait-on que sa dépouille connut des mésaventures avant d'être inhumée, en 1819, dans l'église de Saint-Germain-des-Prés ? Il y manquait le crâne, dérobé en Suède par un capitaine admiratif, vendu plusieurs fois, racheté finalement par un chimiste, offert à la France en 1821 et possédé aujourd'hui par le Musée de l'Homme...

Qu'allait-il faire en Suède ? Pourquoi partir « au pays des ours, entre des rochers et des glaces » ? Pour répondre à l'invitation d'Élisabeth de Bohême, avec qui il entretint une belle amitié intellectuelle, et de la reine Christine de Suède, qui voulait s'instruire de la philosophie. Il s'embarqua donc pour Stockholm en septembre 1649, avec l'intention d'y passer l'hiver. La reine Christine, debout avant l'aube, le pria « de se trouver dans sa bibliothèque tous les matins à 5 heures ». Descartes prit froid, et rendit l'âme le 11 février 1650, à 4 heures. Il n'est peut-être pas indiqué, pour les philosophes, de se lever tôt.

### *La clé d'une vie heureuse*

Son dernier projet : comprendre les mécanismes de nos passions, nous permettre ainsi de les gouverner. Si nous savions quels processus intimes engendrent joies ou tristesses, quels engrenages génèrent l'inquiétude ou assurent au contraire la tranquillité de l'esprit, sans doute pourrions-nous faire en sorte de n'être plus durablement troublés, subsistant par là même dans un contentement presque continu. C'est une vieille ambition, comme on l'a vu : toute la philosophie antique s'est organisée autour du projet fondamental de « changer la vie » par l'exercice quotidien de la pensée, en s'appliquant à modifier émotions et désirs. De Descartes la postérité a retenu principalement l'évidence fondatrice du « je pense », la certitude des idées claires et distinctes, l'exigence méthodique, la mise en lumière des vérités logiques, une démarche fondée sur la raison et ses pouvoirs propres plutôt que sur l'autorité de la tradition. Ses lecteurs, peu à peu, ont oublié ou négligé l'ultime intention pratique de son œuvre.

Le philosophe est pourtant explicite, comme toujours. Que propose-t-il, le 21 juillet 1645, à son amie la princesse Élisabeth de Bohême, sujette aux afflictions (dépressive, dirions-nous) et incapable de se rétablir seule ? Il s'engage à l'entretenir « des moyens que la philosophie nous enseigne pour acquérir cette souveraine félicité, que les âmes vulgaires attendent en vain de la fortune, et que nous ne saurions avoir que de nous-mêmes ». Et il tient promesse, en rédigeant le « premier crayon » d'un petit *Traité des passions* qui paraît provoquer, chez sa destinataire, les plus heureux effets. Ce texte n'a pas reçu l'attention qu'il mérite. Bien qu'il appartienne incontestablement à l'œuvre cartésienne, les commentateurs l'ont relativement peu fréquenté. Il n'est pas difficile de voir pourquoi. Le projet d'analyser les passions « en physicien » conduit Descartes à des développements qui, de loin, semblent baroques. Il explique ainsi « pourquoi quelques enfants pâlissent, au lieu de pleurer », ou bien « pourquoi ceux que la colère fait rougir sont moins à craindre que ceux qu'elle fait pâlir ».

Il décrit surtout comment l'âme fait se mouvoir la « petite glande » située sous le cerveau, comment l'esprit reçoit aussi par ce truchement les impressions du corps. Ce « principal siège de l'âme » n'en reste pas moins mystérieux. Descartes, on le sait, a considéré l'âme et le corps comme deux « substances » ou deux « choses » radicalement distinctes par leur nature même : l'âme est de la pensée, le corps est de l'étendue. Un problème « fort étrange » est soulevé par le fonctionnement de leur union : comment la pensée peut-elle être influencée par des mécanismes physiques ? Comment peut-elle diriger le corps, ou modifier ses mouvements ? Comment, en d'autres termes, âme et corps, supposés totalement distincts par essence, peuvent-ils s'ajointer, voire se fondre, l'un dans l'autre ? Le problème est d'autant plus difficile à concevoir qu'il ne s'agit pas d'une simple juxtaposition, d'un ajustement imparfait de mondes hétérogènes. L'énigme tient au mélange *(permixtio)*, à l'union substantielle de ces deux natures. Nous ressentons en effet l'amour ou la haine, la joie ou la tristesse comme « se rapportant seulement à l'âme ». Nous les percevons comme des états internes de l'âme, non comme des effets du corps en elle. Nos sentiments et émotions ne nous apparaissent pas, spontanément, comme des répercussions de notre machinerie physiologique au sein de notre esprit.

Pour saisir au plus près ce que Descartes a tenté d'établir, pour juger des obstacles qu'il surmonte, pour mesurer en quoi il a réussi ou échoué, il faut donc une lecture attentive du *Traité des passions*. Denis Kambouchner s'est consacré à cette tâche pendant bon nombre d'années. Son travail, un millier de pages maîtrisées, fait voir — une fois passée la devanture du texte, encombrée de représentations physiologiques depuis longtemps caduques et de classifications désuètes — des interrogations cruciales qui nous parlent encore. L'un de ses résultats les plus intéressants est de montrer comment cette élaboration d'une « analytique » des passions et d'une « canonique », c'est-à-dire des règles qui en découlent pour la direction de l'âme, constitue une véritable épreuve pour le système de pensée cartésien. Pour passer de la métaphysique à la morale, il faut en effet que soit réélaborée la conception du sujet. Le sujet moral ne se définit pas à partir de la pensée pure, du *cogito* seul. Il s'inscrit au contraire dans cette zone « médiane » où agit spécifiquement le composé âme-corps. La prise en compte des passions conduirait donc Descartes à considérer sous un jour nouveau les rôles respectifs du corps et de l'âme, et même à suggérer qu'en un sens le corps « pense ». Les passions et leurs mécanismes soutiennent et dirigent l'attention. Elles réparent et compensent en quelque sorte les éclipses qui morcelleraient la continuité de la pensée si l'âme était laissée à sa seule nature. Elles participent grandement à la formation et à la cohésion des volontés. Bref, sans elles, la face de l'âme serait tout autre qu'elle nous semble.

C'est pourquoi les passions n'ont pas à être éradiquées — ce serait pure folie ! En faire bon usage revient à les aimer en s'aimant soi-même, geste que Descartes nomme « générosité ». Cette clé d'une vie heureuse n'est pas une vertu parmi d'autres, ni même une disposition générale envers la vie. C'est plutôt un amour effectif de soi-même, un contentement plein et persistant, qui n'a rien à voir avec l'égoïsme et sa clôture. Fondement de la moralité cartésienne, l'affectivité généreuse s'entretient elle-même en agissant vertueusement. « Car quiconque a vécu de telle sorte que sa conscience ne peut lui reprocher qu'il ait jamais manqué à faire toutes les choses qu'il a jugées être les meilleures [...], il en reçoit une satisfaction si puissante pour le rendre heureux que les plus violents efforts des passions n'ont jamais assez de pouvoir pour troubler la tranquillité de son âme. » Bien que cette phrase puisse suggérer une telle assimilation, il ne faut pas confondre cette satisfaction avec le sentiment du devoir accompli. Descartes ne prescrit pas, en fait, d'être moral pour être heureux. Il préconiserait plutôt d'être d'abord heureux-généreux pour être assuré de pratiquer la vertu. Qu'est-ce que cela signifie ? Rien ne saurait nous contraindre à être, envers nous-même et envers le monde, dans la tonalité d'un accord majeur. Rien ne peut nous obliger, du dehors, à nous maintenir dans la jouissance que cet agrément suppose. Il faut que ce penchant soit premier, et que les vertus s'ensuivent.

Cette morale est donc très éloignée du respect d'une

règle abstraite et de la seule conformité à un devoir rationnel. Elle n'a rien de chagrin ni de coercitif. Elle est à la fois gaie et pudique. Un an après la première rédaction du *Traité des passions*, le philosophe écrit à Chanut : « Il est vrai que j'ai coutume de refuser d'écrire mes pensées touchant la morale, et cela pour deux raisons : l'une est qu'il n'y a point de matière d'où les malins puissent plus aisément trouver des prétextes pour calomnier ; l'autre, que je crois qu'il n'appartient qu'aux souverains, ou à ceux qui sont autorisés par eux, de se mêler de régler les mœurs des autres. » En fin de compte, tout se joue dans la justesse du timbre intérieur, dans sa correspondance avec les harmonies du dehors. Voilà qui fait songer fortement à Spinoza.

On a cru pouvoir opposer systématiquement Spinoza à Descartes, considérant leurs oppositions plus importantes que leurs convergences. Spinoza appartient comme Descartes à cette espèce qu'on ne parvient pas à faire tenir dans une vitrine de musée. Sa voix s'adresse à chacun. Plus d'un en a encore la vie changée. Qu'il n'appartienne pas au passé, il est aisé de s'en convaincre. Parmi les auteurs dont les érudits scrutent les virgules, Spinoza possède la particularité de susciter l'attachement admiratif ou le rejet méprisant. Plus que tout autre, il attire ou repousse. Sa pensée divise encore, engendrant haines tenaces ou amours indéfectibles. C'est bon signe. Ce n'est pas un homme de consensus froid, mais au contraire de conflits et de paradoxes.

## *Chambres meublées*

Premier paradoxe : un juif reniant les siens. Né dans une famille aisée, le 24 novembre 1632, sur le Burgwall d'Amsterdam, près de la vieille synagogue portugaise, Baruch de Spinoza commence par fréquenter l'école juive traditionnelle, où il apprend l'hébreu et commente le Talmud, tout en aidant son père dans ses affaires. À vingt ans, il suit les cours de l'étrange Van den Enden, ex-jésuite devenu libre penseur, qui sera exécuté en France quelque temps plus tard. Les rabbins suspectent ses convictions et, en 1656, le convoquent pour qu'il s'explique. Spinoza se montre ferme, refuse de faire pénitence, repousse les propositions d'accommodement des religieux désireux d'éviter le scandale. Il aurait même rédigé, selon Bayle, une *Apologie pour justifier sa sortie de la synagogue*, aujourd'hui perdue. Un fanatique tente de l'assassiner. La légende veut qu'il ait conservé toute sa vie le manteau percé par le poignard. Le 27 juillet 1656, Baruch est exclu de la communauté pour ses « actions monstrueuses » et ses « effrayantes hérésies ». Il s'appelle désormais Benoît : *Benedictus*, le béni de Dieu. Et quitte Amsterdam.

Le bourgeois choisit le dénuement au milieu de la prospérité, la solitude au sein du fourmillement des idées. Nouveau paradoxe, dans ces Pays-Bas qui vivent leur siècle d'or, animé d'une vie économique et intellectuelle intense. On perd la trace de Spinoza, jusqu'en 1660. C'est sans doute pendant cette période qu'il apprend la taille des instruments d'optique, dont il étudie les lois dans les œuvres de Descartes et de Huygens. Habitant de simples chambres meublées, mangeant peu, fumant de temps à autre une pipe avec ses hôtes, il renonce à la succession de son père, refuse l'argent de ses disciples et décline en 1673 l'offre d'une chaire de philosophie à Heidelberg. Car cet obscur est vite célèbre. Ses entretiens de professeur privé avec quelques élèves aboutissent, en 1661, au *Court Traité*, son premier ouvrage. Il rédige le *Traité de la réforme de l'entendement* et travaille, dès cette époque, à l'*Éthique*. Rien n'en sera publié de son vivant. Ce qui n'empêche pas sa réputation de s'étendre loin. Huygens, Saint-Évremond lui rendent visite. Et plus tard Leibniz, qui niera ensuite l'avoir rencontré.

Paradoxe encore : ce métaphysicien hors du monde est un politique. Le grand pensionnaire Jean de Witt, chef libéral du gouvernement de 1653 à 1672, l'admire, le protège et, peut-être, l'écoute. Le second texte publié avant sa mort, sous un anonymat vite démasqué, est le *Traité théologico-politique*. Sa question centrale : pourquoi les hommes se battent-ils pour leur servitude comme s'il s'agissait de leur liberté ? Spinoza n'est par ailleurs d'aucun clan. Il soutient seulement celui où la pensée risque le moins d'être étouffée. Paradoxe enfin : mort le 21 février 1677, de phtisie sans doute, Spinoza est suivi, le 25, par six carrosses jusqu'à la fosse commune. Quelques mois plus tard, un don, anonyme encore, permet l'impression, sans nom d'auteur ni d'éditeur, de ses *Opera posthuma*, qui regroupent l'*Éthique*, un *Traité politique* (sa dernière œuvre, restée inachevée), le *Traité de la réforme de l'entendement*, ses lettres, et un *Traité de grammaire hébraïque.* Il faut du temps pour entendre, sous les contresens, les injures ou les enthousiasmes, sa pensée comme un hommage à la vie, et sa vie comme un hymne à la joie.

## *Livre-univers*

L'*Éthique* appartient au petit nombre des livres-univers. Bien des philosophes ont rêvé d'enserrer le monde en une seule analyse, d'en expliquer jusqu'aux zones d'ombre. Peu d'ouvrages donnent le sentiment de perfection définitive qui émane de cette œuvre. Aucun sans doute ne conserve si fortement une puissance d'agir sur nos vies. Son but, en effet, n'est pas de savoir pour savoir. Grâce à la connaissance, il s'agit de nettoyer l'humain, en esprit et en corps, de ses angoisses insensées, de ses aveuglements fanatiques, de tous les maux engendrés par les illusions liées à son ignorance. La clé du monde est aussi celle du bonheur. La raison a pour mission de gouverner la vie, quotidiennement. Le savoir peut conduire au salut. Dévoiler les vrais principes, en tirer droitement les justes conséquences n'est pas ici une contribution limitée à un travail scientifique sans fin. C'est la voie d'accès à la béatitude infinie de la sagesse.

Pour l'entrevoir, il convient de lire et relire l'*Éthique*. Cette lecture prolongée est à elle seule une expérience sans équivalent. Il suffit d'ouvrir le livre pour entrevoir combien est déconcertant et unique ce traité mathématique qui a nos sentiments pour objet et transforme en libération le plus total déterminisme. Si la puissance de Spinoza ne s'apprivoise que lentement, la perfection de l'*Éthique* peut presque se percevoir d'emblée. Le philosophe y a poli le latin du géomètre jusqu'à lui donner l'éclat transparent et sec des idées vraies. Il a uni la rigueur logicienne aux joies évidentes de la lumière. Suivre longtemps son chemin exigeant, c'est voir le présent investi par l'éternité, et l'infini au cœur de chaque geste comme de chaque idée. À l'évidence, ce maître à penser est bien un maître à vivre. Mais comment le lire ? Le latin n'est plus tout à fait dans nos mœurs. La plupart d'entre nous devront avancer pas à pas dans une transposition française. Là commencent les difficultés. En dépit de leur probité, les deux traductions principales en usage, celle de Charles Appuhn et celle de Roger Caillois, ne sont pas dépourvues d'erreurs. Or l'*Éthique* est une mécanique de précision. Une mauvaise approximation, voilà un concept faussé, un rayon de lumière qui se voile, et le tout qui se grippe. Deux philosophes ont proposé de nouvelles traductions — Bernard Pautrat d'une part, Robert Misrahi d'autre part — renouvelant les voies d'accès à la pensée spinoziste.

Or cette pensée modifie tout, à commencer par Dieu. *Deus, sive Natura*. Dieu, c'est-à-dire la Nature. Pas une personne, ni une Providence. Ni un pur esprit ni un étant suprême et différent du monde. Dieu-la Nature n'a ni libre arbitre ni volonté. C'est la substance infinie, sans commencement, ni fin, ni extérieur, où tout a lieu en vertu de la nécessité. S'ensuit le bouleversement de l'éthique, qui ne peut plus être soumission à des règles édictées par une volonté divine et transmises par une révélation. Rien ni personne ne jugent le monde d'en haut. Qu'est donc la vertu ? Elle ne trouve pas son fondement à l'extérieur de l'existence. Elle n'est pas amoindrissement, ou mutilation. Au contraire : plénitude, affirmation, puissance sont la vertu, joie active et complète. Renversement déjà amorcé chez Descartes : ce n'est pas parce qu'on renonce aux crimes ou aux excès qu'on est vertueux, c'est parce qu'on vit dans la force positive et joyeuse de la vertu qu'ils disparaissent.

Mais le bien ? Et la norme ? Et la loi morale ? Renversement, encore, que Descartes n'avait pas même soupçonné : au préjugé courant selon lequel nous croyons désirer ce qui est bel et bon, Spinoza oppose l'idée que nous jugeons bel et bon ce vers quoi notre désir nous porte. Voilà comment l'*Éthique* bouleverse l'éthique : le désir seul juge et commande. Positif, constructeur, moteur, le désir n'est plus une part maudite à tenir en bride sous l'autorité de la raison. La vie du sage n'est pas ascétique. Elle est auto-amendement du désir qui sait préférer, grâce à la compréhension rationnelle, ce qui est le plus profitable à son expansion réelle. Par la raison, l'humain peut donc parvenir à puiser dans le désir même de quoi se délivrer. La sagesse de Spinoza est sans transcendance et sans mortification. Cette joie résolument grave est ennemie de toute forme de tristesse, de rétrécissement ou de déchirement de soi. On ne s'échappe pas du monde par le salut. On y devient au contraire si pleinement vivant qu'il ne reste aucune place pour l'illusion des arrière-mondes. Liquidées, l'âme et l'immortalité, au sens habituel de ces termes. Demeure l'éternité, ici et maintenant : Dieu-la Nature, à travers l'esprit clair du sage, jouit de soi hors du temps.

On pressent peut-être pourquoi Spinoza n'a pas fini de fasciner ni d'agir. En composant un traité comme ceux des géomètres — avec définitions, axiomes, démonstrations — pour traiter de Dieu, des passions, de la servitude et de la délivrance, il entend établir chaque proposition avec autant de certitude que les mathématiciens déduisent leurs théorèmes. Cette reconstruction rationnelle du monde paraît laisser fort peu de place à l'expérience. Par comparaison avec la netteté des arguments logiques, ce que nous éprouvons tous, quotidiennement, semble entaché d'erreur ou d'illusion. Incertaine, aléatoire, imaginaire, approximative, trompeuse, l'expérience commune pourrait sans dommage être laissée de côté. Le philosophe qui fait appel à la seule puissance de la raison n'attend rien des constats triviaux accumulés au jour le jour. Il le dit lui-même, dans une lettre à De Vries, en février ou mars 1663 : « L'expérience ne nous enseigne pas les essences des choses. » Pourtant, si le terme d'expérience n'apparaît pas souvent chez Spinoza, il figure en bonne place, comme l'a montré Pierre-François Moreau, à des moments clés de son parcours intellectuel et spirituel.

En particulier au commencement du trajet, quand il s'agit d'entrer en philosophie. Première phrase du premier texte, le *Traité de la réforme de l'entendement* : « Après que l'expérience m'eut enseigné que tout ce qui arrive dans la vie commune est vain et futile... » L'expérience n'a donc pas un mince pouvoir : elle peut au moins provoquer la conversion à la philosophie. Schopenhauer a contribué à rendre célèbres ces pages de jeunesse où Spinoza use d'un ton familier et surtout pathétique, qu'on ne retrouve plus chez lui ensuite. Le tragique et le rationnel constitueraient donc deux univers non pas disjoints mais au contraire imbriqués. Le philosophe rassemble les éléments d'un itinéraire subjectif qu'il débarrasse de tout ce qui les rendrait singuliers. Or c'est cela, exactement, que désigne l'expérience : le terrain commun à toutes les vies individuelles, le registre de la familiarité partagée, indépendamment de l'infinie variété des complexions et des histoires personnelles. À l'autre extrémité du parcours, quand il ne s'agit plus d'entrer dans la méditation philosophique, mais d'en éprouver l'achèvement, au dernier livre de l'*Éthique*, il est encore question d'expérience. « Nous sentons et nous éprouvons que nous sommes éternels » (« *Sentimus experimurque nos æternos esse* »), écrit Spinoza — ce que Schopenhauer, là encore, ne manque pas de souligner. Que signifie cette phrase ? Pierre-François Moreau dissipe la confusion trop fréquente entre cette éternité spinoziste et la traditionnelle « immortalité de l'âme ». Chez Spinoza, l'expérience de l'éternité est, dès cette vie, la chose du monde la mieux partagée. Le terme « éternité » ne désigne plus pour lui ce qui dure tout le temps, ni ce qui se situe hors du temps, mais l'existence elle-même, appréhendée sous la forme de sa nécessité interne.

Entre ces deux moments, on peut discerner une présence de l'expérience constamment à l'œuvre dans la pensée de Spinoza. Il ne s'agit pas de l'expérience vague de notre relation générale au monde. Ni de l'expérimentation construite dans une perspective scientifique, que Spinoza pratique pourtant régulièrement. Et pas non plus de l'expérience mystique — bien que celle-ci ne soit pas absente de son horizon. L'expérience rassemble tout ce qui ne peut être déduit ou démontré, mais qui relève seulement d'une sorte de constat. Quelle que soit l'importance de ce que la raison peut déduire, de vastes pans de l'existence humaine, auxquels Spinoza accorde une attention fort vive, échappent à son emprise. Le langage, par exemple, et les aspects multiples de son usage ne relèvent pas de l'essence. C'est seulement en s'enquérant de leur existence qu'on en apprend le détail. Spinoza ne cesse de le reconnaître implicitement, en particulier dans ses réflexions sur la grammaire hébraïque et sur le texte biblique. Il en va de même pour les passions humaines. Leurs formes universelles sont étudiables dans leur logique propre, « comme s'il s'agissait de lignes et de figures ». Mais le détail exact de leurs combinaisons particulières n'est connu, chez les individus comme chez les peuples, que par l'observation empirique. Enfin, il n'en va pas autrement de l'histoire. La « fortune » désigne, en l'occurrence, l'aspect variable et opaque des circonstances de la vie privée comme de la politique. Du coup, les fonctions de l'expérience paraissent plus subtiles. Il faut cesser de croire la philosophie extérieure au monde quotidien. Spinoza emprunte au vocabulaire de tous les jours les termes avec lesquels il taille et polit des concepts.

# VII

# EXERCICE DE DÉSILLUSION

Sont-ils vraiment désabusés ? N'est-ce qu'une tactique ?
Difficile de savoir, avec les penseurs de l'Âge classique,
quelle est la couleur de l'âme.

*Peignez mes actions plus noires que la nuit.*
CORNEILLE, *Médée*

On croit l'Âge classique assuré de lui-même, pourvu de fortes évidences fondatrices. On l'imagine en détenteur serein des règles du pouvoir comme de celles de la pensée. Cette plénitude ordonnée est une illusion. Ce temps est aussi noir, équivoque, incertain. Il s'y rencontre des penseurs parcourus de tensions si contraires qu'on ne sait comment les qualifier. Catholiques ou sceptiques ? Sincères ou cyniques ? Fidèles ou bien athées ? Difficile à dire. Ces philosophes paraissent des monstres d'ambiguïté. Ils font de l'Âge classique une terre de contrastes. Au triomphe de la raison répond le doute qui s'aiguise, à la foi souveraine le libertinage qui s'affirme. Ces silhouettes déconcertent : nous ne savons comment les prendre. Elles ont tant de profils que nous ne parvenons pas à les tenir tous ensemble. Prêtres épicuriens, catholiques désabusés, conservateurs matérialistes, on ne sait pas dans quel camp ils combattent. Il nous est difficile d'imaginer l'assemblage de leur âme, de comprendre comment s'ordonne la face sombre du classicisme.

## *Hobbes congédie Aristote*

Thomas Hobbes fut discuté par ses contemporains : Descartes, Leibniz, Gassendi, Spinoza. Il l'est encore au siècle des Lumières. De Leland à Swift, de Montesquieu à Diderot, du baron d'Holbach au marquis de Sade et à Rousseau, pratiquement tous les courants d'idées anglais et français du XVIIIe siècle l'annexent ou bien l'attaquent. Hier encore, Schopenhauer, Adam Smith, Auguste Comte, Proudhon ou Karl Marx furent, à son propos, enthousiastes ou critiques. Rares sont les penseurs qui eurent une telle influence, et de tels lecteurs. Toutefois, cette reconnaissance ne va pas sans malentendus. Le plus fréquent consiste à ne voir dans l'auteur du *Léviathan* et du *De Cive* qu'un théoricien de l'absolutisme, partisan de la monarchie et des pouvoirs forts. À la limite, il préférerait le risque d'abus totalitaires à celui de troubles anarchiques. Cette vue très courte a persisté longtemps. Sans doute n'est-ce plus le principal embarras des commentateurs contemporains, tels par exemple F. Tonnies, Léo Strauss ou Raymond Polin. Tous, en dépit de leurs divergences, s'accordent en effet sur ce point : Hobbes fonde la réflexion politique moderne. Il pose le premier la question du pouvoir d'État considéré sous l'angle du droit rationnel. Ces lectures, à leur tour, ne vont pas sans difficultés. Car il n'est guère possible de considérer Hobbes comme un philosophe uniquement préoccupé par le *commonwealth*, le bien commun, et par la fondation d'une science politique. Dans la masse constituée par les dix-huit volumes de ses écrits (onze en anglais, sept en latin), une bonne part est consacrée à des travaux de « philosophie première », de logique, d'optique, de mathématiques. Il y construit la nouvelle image du monde que la révolution copernicienne a rendue possible : mécaniste, nominaliste, matérialiste.

C'est l'articulation de sa philosophie de la nature et de sa philosophie politique qui peut laisser perplexe. Faut-il se résoudre à couper l'œuvre en deux, admettre que le versant politique est indépendant, simplement juxtaposé à une physique matérialiste ? Faut-il, au contraire, analyser les écrits politiques à la lumière du *Court Traité des premiers principes*, ou du *De Corpore* ? Aucune de ces démarches n'aboutit à des résultats véritablement satisfaisants. Pour comprendre le système éthique et politique de Hobbes, Yves Charles Zarka a mené une analyse attentive de ses positions métaphysiques. L'enquête aboutit à deux résultats principaux. Le premier, c'est la mise en lumière du parti pris métaphysique de Hobbes. Paradoxe : ce métaphysicien a dit bien du mal de la métaphysique. Les positions de Hobbes, en complète opposition avec celles d'Aristote, n'en sont pas moins cohérentes. Chez le maître grec, le savoir correspond intimement au réel. La connaissance et l'être sont, en leur fond, identiques. Ce qui est contradictoire est, du même coup, impensable, indicible et inexistant. Les catégories qui ordonnent notre pensée sont des genres de l'être.

Au contraire, chez l'« Anglais », comme disait Descartes, une disjonction s'opère entre l'ordre de la connaissance et celui de la réalité. Nos savoirs se soumettent aux lois de la logique, mais celles-ci ne nous donnent nul accès à l'être. La substance du monde, en tant que telle, nous demeure inconnaissable. Les catégories sont des classifications de noms, rien de plus. Autrement dit, l'univers des mots et celui des choses font deux. Cela ne signifie évidemment pas qu'une chose contradictoire peut exister, mais que seuls les discours sont susceptibles d'être contradictoires. En séparant ainsi la science et le réel, ou, si l'on préfère, la logique et l'ontologie, Hobbes critique explicitement les illusions auxquelles donnent naissance les fonctions multiples du verbe « être », il réélabore le concept de vérité, au moyen d'une théorie de la signification et de la proposition. Quel est le lien entre cette « métaphysique de la séparation » et la réflexion de Hobbes sur le pouvoir ? Détaché d'un ordre naturel du monde, l'homme élabore son savoir par l'intermédiaire des mots et de leurs définitions. L'État, et plus généralement l'ordre juridique, peut alors apparaître comme une réalité artificielle que fondent des êtres de parole. La règle du droit, conçue comme acte langagier, confère au monde humain sa fondation rationnelle. Les normes politiques se substituent à celles que la nature ne fournit plus. Instauré par les humains comme un système de signes, le pouvoir ne s'ancre plus dans une nature divine ou cosmique. Avec Hobbes, théoricien de l'absolutisme, il se pourrait que s'ouvre le temps de la mort du roi.

## *Gassendi écrit à Galilée*

Pierre Gassendi a trop de visages. On a de la peine à leur trouver un air de famille. Parmi les portraits qu'on peut tracer de cet homme, il y en a toujours qui ne s'harmonisent pas avec les autres. Bien des philosophes sont tout d'un bloc, même s'il est veiné comme certains marbres. Lui paraît au contraire décalé, comme s'il ne coïncidait pas avec lui-même. Plus on découvre de pièces dans le puzzle Gassendi, moins elles s'assemblent. Tenu par ses contemporains pour l'égal d'un Hobbes ou d'un Descartes, cet auteur presque oublié — le nom demeurait, l'œuvre était sans lecteurs — n'a sans doute pas fini, depuis qu'on l'exhume et le scrute à nouveau, de susciter la perplexité.

Il naît en janvier 1592, à Champtercier, petit village proche de Digne. C'est ce que nous appelons aujourd'hui un « surdoué ». « Dès l'âge de quatre ans, on le voyait la nuit contempler avec une attention incroyable la Lune et les étoiles. » Pierre Gassendi est en tout cas précoce, et d'une intelligence hors du commun. Ce fils de paysans provençaux devient l'un des meilleurs astronomes de son temps. Il multiplie les observations, publie le premier *Atlas de la Lune*, étudie les taches du Soleil, correspond avec Galilée comme avec Mersenne. Quand il est nommé en 1645 au Collège royal (l'actuel Collège de France), il devient une autorité scientifique reconnue. Il n'y enseigne qu'un an, pour raisons de santé. Un savant, donc ? Évidemment, mais aussi un prêtre de campagne, disant la messe toute sa vie, chaque dimanche et fête, quittant peu son diocèse, dont il écrit l'histoire entre ses travaux de physique, de médecine ou d'archéologie. On n'oubliera pas que les années 1630 ne sont pas les plus favorables au maniement de la lunette astronomique par un homme d'Église. Gassendi écrit à Galilée avant son procès de 1633 : « Je suis dans la plus grande perplexité sur le sort qui vous attend, ô vous la plus grande gloire du siècle... » Tout cela n'est pas encore déconcertant. Bien qu'à l'époque les tensions soient vives, on peut concevoir que cet « Abysme de Science », comme l'appelle son jeune disciple Bernier, ait eu l'esprit assez exceptionnellement ouvert pour parvenir à concilier la soumission au dogme de son Église et l'attachement à la libre expérimentation de la science moderne. Les choses se compliquent quand on voit ce prêtre dévoué, scrupuleux, immuablement attentif à servir sa prévôté, se dire fidèle, toute sa vie, à la philosophie d'Épicure. Le chanoine astronome est aussi philosophe, et il se réclame de la pensée la plus ouvertement matérialiste et antireligieuse que l'Antiquité nous ait léguée ! Volumineux et érudits, les écrits philosophiques de Gassendi tendent en effet à réhabiliter la pensée épicurienne en réinterprétant l'ensemble de l'histoire de la philosophie, contre les aristotéliciens, à la lumière de ses thèses, partiellement revues et corrigées. On comprend que Gassendi ait rencontré tant d'écho chez les libertins de l'Âge classique. Ils crurent trouver en lui leur maître en scepticisme, un penseur moderniste, athée, matérialiste. Mais on ne comprend plus comment s'organise cette étrange tête.

Il n'est pas sûr que Gassendi ait été un « esprit païen dans une âme chrétienne », comme l'a cru René Pintard. Ni même un chrétien déchiré. Sa démarche est autrement subtile, probablement plus déroutante. Entre un dogme révélé qu'il accepte sans réserve, bien qu'il ne lui attribue aucun fondement rationnel, et une conception matérialiste du monde qui lui paraît vraisemblable et même attirante, il s'efforce de construire des ponts. Ces multiples compromis lui permettent par exemple de concilier, au moins provisoirement, le primat du plaisir et la morale traditionnelle, ou le doute sceptique et l'élaboration de connaissances exactes. De tels équilibres sont à l'évidence instables. Leur fragilité est cause, dit-on, du désintérêt où l'œuvre a sombré. Toutefois, la singularité de ce cheminement ne suffit peut-être pas encore à expliquer l'oubli dans lequel est tombé ce philosophe à part, ni à éclairer les motifs qui peuvent porter à l'en tirer aujourd'hui. Car la plus intéressante des ambiguïtés de Gassendi réside en ceci : son œuvre introduit, entre Anciens et Modernes, de multiples porte-à-faux. Une face de ce Janus est tournée vers les temps modernes. Il combat l'ancien ordre des savoirs, s'attaque aux aristotéliciens dès son premier ouvrage, fait cause commune avec les sciences naissantes, influence le courant empiriste, notamment Locke, engage de cent façons la construction du relativisme pragmatique qui animera les Lumières et le mouvement des encyclopédistes. Son autre visage est tourné vers les Anciens. Il s'obstine à préférer écrire en latin, à juxtaposer d'innombrables citations classiques, à recenser, interminablement, les opinions et les doctrines, au point que le lecteur se perd dans une succession de références historiques. Mais ces deux faces se combinent autant qu'elles s'opposent. Sous l'apparence antique, des idées neuves se propagent. Sous les attaques visant un aristotélisme figé, l'esprit d'enquête d'Aristote ressuscite. Sous l'apparence rétrograde, c'est l'arrogance des Modernes et le nouveau dogmatisme des cartésiens qui sont visés. Cette œuvre, traversée de tendances contraires, en avance sur son temps et en retard sur les modes, est à l'image de son siècle.

## *Esprit achève les vertus*

Jacques Esprit est l'ancêtre méconnu de cette lignée de penseurs qui désillusionnent et désabusent : Schopenhauer, Nietzsche, Freud. Sa doctrine est facile à résumer : tout le monde ment, et d'abord à soi-même. Vertu après vertu, il opère une disqualification méthodique des idéaux. À ses yeux, toutes les qualités qu'on prête aux sages et qu'on s'efforce d'atteindre à leur suite ne sont que fictions, duperies, inventions pitoyables forgées pour masquer la cruauté des passions, pour éviter de crier qu'il est insupportable de mourir et incompréhensible de vivre. Les hommes ne poursuivent que leur intérêt. C'est le ressort unique, pour Esprit, de tous leurs comportements, de leurs calculs et leurs émotions. Conséquence : la vie en société est une guerre à mort, enrobée de divers prétextes et de tactiques variées. Cet ami de La Rochefoucauld est pratiquement oublié de tous. On sait de lui peu de chose. Né à Béziers en 1611, il quitte les oratoriens en 1629, refusant de devenir prêtre. Protégé du chancelier Séguier, il entre en 1639 à l'Académie française, se lie d'amitié avec Mme de Sablé et les jansénistes de Port-Royal. L'âge venant, il se retire dans son Aquitaine natale avec une jeune épouse et un manuscrit. Il meurt en 1678, l'année même où paraissent les deux volumes de *La Fausseté des vertus humaines,* texte édité pour la dernière fois en 1693, réédité en 1996.

C'est un chef-d'œuvre du désenchantement systématique. Pour la première fois, un effort implacable est déployé pour dissoudre les fables qui nous font croire que nous avons l'« âme belle », qu'il existe de « bons sentiments » ou que vécurent, un jour, quelque part, des hommes parvenus à la sagesse et à la maîtrise d'eux-mêmes. Cette noire vision, en abaissant l'homme, est destinée — en principe ! — à rehausser les chrétiens. Eux seuls, avec l'aide de la grâce divine, pourraient être véritablement vertueux. Eux seuls pourraient sortir de ce mensonge généralisé. Jacques Esprit leur réserve, à la fin de chaque nouvelle démolition d'une vertu, deux ou trois paragraphes stéréotypés. Si l'on faisait confiance à de telles conclusions, on obtiendrait un grand texte ascétique : chaque marche vers l'abaissement de l'humain, chaque apparition de la boue aux endroits où l'on pouvait croire qu'existait une lueur, souligne la distance infranchissable de l'homme à Dieu, l'emprise du péché, la nécessité de la grâce. Si l'on pense, au contraire, que ces quelques lignes sur l'exception chrétienne sont, à chaque fois, une simple précaution, une protection presque mécanique contre la censure et les persécutions, il ne reste que la désillusion, le désabusement, la démystification sans dehors, l'effarement froid.

En démasquant les vertus, Jacques Esprit ne leur trouve jamais une cause unique. Il dessine au contraire, derrière leur façade vidée de sens, une multiplicité d'explications, les unes psychologiques, les autres physiologiques. La pitié, par exemple, est une « prévoyance habile », mais ce peut être aussi la conséquence d'un « mélange d'humeurs où la pituite prédomine ». Chaque illusion morale surgit ainsi d'une multitude de causes. On ne trouvera jamais, derrière le masque toujours divers des bonnes actions et des belles âmes, un vrai visage. Le plus intéressant, chez Jacques Esprit, c'est qu'il ne substitue pas à la fausseté des vertus un vice unique et réel qui révélerait les traits authentiques de l'homme. Cet appareil à détruire les consolations habituelles, dont on doit la redécouverte à Pascal Quignard, est bien une machine : Jacques Esprit a la mélancolie ordonnée, il ne laisse rien subsister qui puisse servir de refuge. Pas même le passé : « Il ne faut pas s'imaginer que ceux qui ont vécu devant nous fussent plus gens de bien que nous. » Pas même nos chers disparus : « Nous sommes favorables aux morts, parce qu'ils ne sont plus dans notre chemin, qu'ils ne choquent pas un de nos intérêts, et qu'ils ne sont plus en état de nous faire aucune injustice. » Pas même la maîtrise de soi : les hommes en effet « font le mal qu'ils ne voudraient pas faire », « ils n'ont pas la disposition de leur propre cœur ». C'est finalement l'idée d'un sujet individuel qui déjà vole en éclats chez ce contemporain de Descartes : « [...] on ne peut s'assurer d'un homme, parce que cette foule de causes intérieures et étrangères produit en lui de si grandes diversités, qu'elle semble faire d'une seule personne plusieurs personnes. »

Serait-ce un livre d'aujourd'hui ? Non, car le ricanement ici n'a pas de place. La complète désillusion ne débouche pas sur la dérision. Esprit ne croit plus à rien, mais il le fait gravement. Il n'a pas à être vulgaire, à tourner le bien en dérision. Sa désespérance bien ordonnée n'empêche pas d'agir ni de combattre. On se tromperait donc totalement en s'imaginant que tout est permis si les vertus sont fausses. Pas d'éloge du vice : ce n'est ni Laclos ni Sade. Pas non plus d'indifférence complète ou de nihilisme réellement destructeur. Seulement ceci, comme une révélation ancienne et soudainement troublante : vivre est peu compréhensible. Les corps et les cœurs possèdent des mouvements apparents et des ressorts secrets.

## *Usages catholiques du scepticisme*

Jusqu'ici tout était simple. Avec les humanistes de la Renaissance, disait-on, le doute revenait en Europe. Il s'était éclipsé depuis les derniers Grecs. À mesure que le scepticisme réapparaissait, la critique des dogmes religieux s'était intensifiée. D'abord à mots couverts, dans de petits cercles, puis de plus en plus ouvertement, l'athéisme s'était affirmé. Se libérant de la tutelle de l'Église, la pensée commençait donc par ne plus croire aveuglément aux vérités révélées, avant d'en venir à les nier tout à fait. Un mouvement lent, mais régulier, semblait conduire des guerres de Religion et du regard désabusé d'un Montaigne aux luttes contre la religion et aux outrances d'un baron d'Holbach. On croyait possible de glisser lentement de Rabelais à Théophile de Viau, puis de Don Juan à Sade. L'essor graduel du matérialisme libertin paraissait accompagner le déclin progressif de la foi. C'était une vue simpliste. Le travail savant de Richard Popkin rend cette évolution autrement complexe et intéressante. Son *Histoire du scepticisme,* qui couvre le XVI^e^ et le XVII^e^ siècle, fait découvrir bon nombre d'auteurs peu connus. Par exemple, Francisco Sanches (1552-1623), docteur portugais qui enseignait à Toulouse et professait qu'aucun savoir n'est possible, pas même la connaissance de cette impossibilité elle-même. Ou encore Jean de Silhon qui, dans les années

1630, combattait les sceptiques et fut lu par Descartes puis par Pascal. L'apport de l'historien ne se limite pas à des points d'érudition. Son enquête modifie la représentation du mouvement des idées durant une période charnière pour l'Europe.

L'affirmation la plus provocante de Popkin est la suivante : à ses yeux, les « libertins érudits » de l'Âge classique ne sont pas des athées plus ou moins clandestins ni même des ennemis de l'Église. Ce sont au contraire, pour l'essentiel, des catholiques en lutte contre la Réforme. Ils utiliseraient les arguments du scepticisme pour mieux défaire toutes les affirmations dogmatiques et laisser place, ainsi, à la foi dans le Christ. Cette thèse, à contre-courant, commence par intriguer. Il semblait en effet acquis que les libertins français, en particulier dans la seconde moitié du XVII^e^ siècle, partageaient des « idées directement contraires aux dogmes des Églises chrétiennes », selon la formule de René Pintard qui fut le premier à mettre en lumière cette constellation d'auteurs où figurent Gabriel Naudé et Guy Patin. Bon nombre de textes le laissent penser. Certains témoignages aussi, comme celui de la duchesse d'Orléans, qui écrit en 1699 : « La foi est éteinte en ce pays, au point qu'on ne trouve plus un seul jeune homme qui ne veuille être athée. »

Sur quoi repose l'argumentation ? Tout commença, selon Popkin, par la querelle d'Érasme et de Luther. Dans son ouvrage sur *Le Libre Arbitre* (1524), Érasme ébauche, contre Luther, une défense « sceptique » de la foi catholique : si chacun devait se fier à sa conscience, comme le préconise la Réforme, ce serait l'anarchie. Il faut croire ce qu'enseigne l'Église, dit en substance Érasme, parce que « tout, dans le monde, est si obscur et si variable qu'il est impossible de rien savoir de certain ». Dès l'année suivante, dans *Le Serf Arbitre*, Luther réplique que scepticisme et christianisme sont totalement inconciliables : « Un chrétien doit [...] être certain de ce qu'il affirme, ou alors il n'est pas chrétien. » Ce n'est qu'un début. À la crise intellectuelle de la Réforme vient s'ajouter, à la génération suivante, la découverte des argumentations sceptiques sans doute les plus élaborées que l'Antiquité ait produites, celles de Sextus Empiricus. En 1562, Henri Estienne publie les *Hypotyposes*, traité majeur de ce philosophe que La Mothe Le Vayer allait appeler le « divin Sixte ». Sextus montre avec alacrité qu'aucune science, quelle qu'elle soit, ne peut prétendre être vraie. Pourquoi ne pas se servir de lui contre l'arrogance des certitudes « humaines », pour la défense de la seule révélation divine ?

Tel serait, selon Popkin, le point de départ de l'usage religieux des démarches sceptiques. Des défenseurs du catholicisme pensèrent donc trouver, chez les sceptiques de l'Antiquité, des armes contre l'assurance des « impies ». Cela suffit-il pour affirmer que des « libertins érudits » comme Naudé, La Mothe Le Vayer ou Gassendi, passant jusqu'alors pour des esprits subversifs et des pyrrhoniens endurcis, n'étaient que des catholiques libéraux ? Popkin fait valoir que rien ne permet d'écarter cette possibilité : l'Église n'a pas mis les œuvres de Sextus Empiricus à l'index, elle n'a guère poursuivi la plupart des auteurs qui s'en réclamaient. Surtout, remarque Popkin, leurs positions philosophiques demeurent compatibles avec une foi sincère. Car le véritable sceptique n'est pas un « dogmatique négatif ». Comme il ne tient rien pour vrai et suspend son jugement, il ne saurait être véritablement athée. Il ne peut pas non plus s'affirmer matérialiste. Une fois sapées les certitudes du savoir, rien n'empêche un sceptique de croire... Sans doute est-ce dans ce clair-obscur qu'il conviendrait de suivre le cheminement de Pascal.

Sinon, comment comprendre que celui-ci, convaincu de la vérité de la parole de Dieu, puisse écrire : « Le silence éternel des espaces infinis m'effraye » ? La nature est-elle ce qui manifeste et exprime le divin, ou bien ce qui le masque et le tait ? Et s'il apparaissait que les deux fussent également vrais, quelle pourrait être la clé de cette énigme ? Pierre Magnard a rappelé que la pensée philosophique et religieuse de Pascal s'élabore à un moment où, avec l'essor de la physique mathématisée, se défont les liens antiques du cosmos et du sens. Discours sur le monde et discours sur Dieu dorénavant divergent. C'est à leur nouvelle corrélation que travaille le mathématicien chrétien. En effet, la géométrie pascalienne anime une symbolique renouvelant celle des Écritures : lignes et points, plutôt que troupeaux et semences. Le sens du monde naturel ne se trouve donc pas anéanti ni perdu à jamais. Mais il faut qu'il s'absente et défaille pour se donner. Seules les déchirures, les failles et les ruptures d'un univers désormais mouvant et moiré manifestent au cœur la figure du Christ, clé de cette nature chiffrée. Ainsi l'axe de la pensée pascalienne, selon Pierre Magnard, est-il moins une apologétique qu'une herméneutique et une christologie. « Le grand Pan est mort. »

# VIII

# PARADOXALES LUMIÈRES

Ce n'est plus le monde ancien. Le nôtre est déjà là, mais il ignore son visage. On rit en compagnie, malgré les horreurs aperçues dans les coulisses.

*Comment est-il donc possible que le geste observé sur une personne A, ce geste qui formait avec elle un tout, qui la caractérisait, qui créait son charme singulier, soit en même temps l'essence d'une personne B et de toute ma rêverie sur elle ?*

KUNDERA, *L'Immortalité*

« La lumière projette toujours quelque part des ombres », dit joliment Gaston Bachelard. La formule pourrait s'appliquer à ce curieux siècle où voisinent *L'Encyclopédie*, les fêtes galantes et la guillotine. Il ne peut être question de dessiner ce grand tourbillon d'eaux mêlées, confluence de l'ancien et du moderne, de la légèreté et de la noirceur, juxtaposition déroutante de ce que nous sommes, qui commence alors à émerger, et d'un monde dont les pesanteurs parlent encore d'autrefois. On veut juste, une fois encore, croiser quelques silhouettes, connues ou inconnues, lumineuses ou sombres.

## *Éloge des « shandiens »*

À quoi les reconnaît-on ? Rien, apparemment, ne les distingue. Ceux dont l'esprit fut mis, une fois pour toutes, sens dessus dessous par la lecture de *Tristram Shandy* forment une confrérie secrète. Depuis l'an 1760, où parut le premier volume, leur intime conviction est que ce roman déroutant, savant, subtil, célèbre, désinvolte, méconnu... est le texte le plus fou que l'Occident ait jamais fait paraître (les « shandiens », il est vrai, ont une certaine propension à l'hyperbole...). Il faut prendre garde à ce délire sans pareil : « Croyez-moi, bonnes gens, la chose n'est pas une bagatelle. » Voltaire ne s'y était pas trompé : il le porte aux nues. Ni Diderot : il le pille sans vergogne dans *Le Neveu de Rameau*. Ni, deux siècles plus tard, Charles Mauron, qui en donne en 1946, chez Robert Laffont, une traduction française admirable de vivacité, pour la plus grande joie des fidèles de Sterne. Cette « chose » est une étrange autobiographie, qui se déroule pour moitié avant la naissance du héros, et s'achève quand il a tout juste quatre ans. Normal : Tristram a décidé de raconter sa vie à partir de l'instant exact de sa conception. De ce soir-là datent ses malheurs. « Pardon, mon ami, demanda sa mère, n'avez-vous pas oublié de remonter la pendule ? » Cette question inattendue perturba si profondément son père à l'instant crucial qu'elle « éparpilla et dispersa » les « esprits vitaux » qui eussent assuré un heureux engendrement.

En dépit de ces fâcheux présages, il restait à espérer que l'enfant eût un long nez. Gentilhomme campagnard, esprit systématique et féru de philosophie, M. Shandy père soutient doctement que la longueur d'un nez est en relation directe avec la noblesse, l'imagination et la fantaisie de son possesseur. L'homme est un érudit estimable et surtout un fin politique : « Si j'avais le pouvoir absolu... avait-il coutume de dire en remontant sa culotte à deux mains. » Il collectionne les *in-folio* à l'appui de sa thèse et argumente son sujet avec ténacité. Peine perdue : le jour de l'accouchement, les forceps du Docteur Slop écrasent totalement l'appendice nasal du jeune Shandy... Le père accablé se raccroche à sa vieille théorie des prénoms : la force de caractère change du tout au tout suivant qu'on s'appelle John ou Trismégiste. Mais on ne s'appelle pas Tristram !

Par quel diabolique concours de circonstances le malheureux fils, au nez déjà plat, est-il finalement baptisé ainsi ? Voilà qui entraînerait trop loin. Mais ce fut — hélas ! — le cas. La trame de cette histoire édifiante n'a qu'une importance secondaire. Sur elle viennent se greffer dix développements, cent argumentations, mille considérations philosophiques, physiologiques et militaires. L'étudiant à Cambridge, vite entré dans les ordres, que fut Sterne est l'auteur d'innombrables sermons, et l'héritier de la grande rhétorique médiévale. Il la parodie avec maîtrise, mêlant les vraies et les fausses citations, inventant des paragraphes, des références, des œuvres entières. L'illustre Slawkenbergius n'est-il pas l'auteur d'un traité universel sur le rôle des nez dans l'histoire du monde ? Des juristes n'ont-ils pas démontré, toutes autorités à l'appui, qu'aucun lien de parenté n'existe entre une mère et ses enfants ? Quant à l'art militaire, il a moins de secrets pour le capitaine Toby, l'oncle de Tristram, que la chevalerie pour Don Quichotte.

Tous ces savoirs ne sont déjà plus ceux des Lumières. Mais ils sont encore vivaces en ce milieu du XVIIIe siècle, et Sterne-Shandy s'en donne à cœur joie. On pense à Rabelais, et surtout à Ben Jonson, à John Donne, à Swift — ses auteurs favoris. Le ton est inimitablement britannique. Pour preuve, ce dialogue entre les parents de Tristram : « Mon frère Toby, dit-elle, va épouser Mrs. Wadman. — Il ne pourra donc jamais plus, dit mon père, s'allonger en diagonale dans son lit. » On retrouve ailleurs le thème de la diagonale. Lorsqu'il décrit la difficile posture de son père soulevant sa perruque de la main droite pour aller chercher, avec la gauche, son mouchoir rayé des Indes dans sa poche droite, Tristram écrit : « Il n'est jamais commode d'aller en diagonale fourrer sa main au fond de la poche opposée, mais dans l'année 1718, où ces événements eurent lieu, la chose était incroyablement difficile. » La mode de l'époque fixait les poches fort bas...

Rien de tout cela ne ferait de *Tristram Shandy* un texte unique s'il n'y avait la conduite du récit. Le narrateur ne cesse de courir après son sujet, de digression en digression. Il s'égare, perd le fil, le retrouve, laisse ses personnages en plan et poursuit son idée. Il se fait plaisir : « Je me sens la plus grande envie de commencer ce chapitre par une folie et je ne vais pas la contrecarrer. » Il accumule les parenthèses, les incises, les excursions, les détours, il se laisse porter, en un mot, par le jeu des associations d'idées : « Je ne conduis pas ma plume, elle me conduit. » Rabelais ? Oui, mais qui aurait lu John Locke, le théoricien de l'entendement humain et ses analyses des proximités associatives. Avec une souveraine désinvolture, Sterne met à nu le dispositif romanesque. Le voilà qui se dépêche, parce qu'il n'a plus que trente-cinq minutes pour finir son chapitre. Ou bien il se demande ce qu'ont pu faire ses personnages pendant les deux heures où il parlait d'autre chose. Parfois, il se décourage : arrivera-t-il jamais à bout ? Depuis un an déjà il travaille sans relâche, et le premier jour de sa biographie n'est pas encore achevé ! Dans cet entrelacs des temps — celui de l'« histoire », celui du livre — apparaît la tâche infinie de l'écriture : « Je ne me rejoindrai jamais, fût-ce par la plus effrénée des galopades. »

Tristram apostrophe le lecteur, embarqué avec lui dans l'aventure. Il l'interpelle tantôt d'un « Madame », tantôt d'un « Votre Honneur ». Il lui ordonne de relire tout un chapitre, lui demande de ne pas se mettre en colère si l'auteur a jeté le manuscrit à la place du brouillon. Il l'invite, au sixième volume, à s'asseoir sur les précédents, lui accorde généreusement le droit de dormir dix pages durant, choisies n'importe où dans le texte, s'il fait bien attention à ce qui suit. Et au sortir d'un de ces « écheveaux » dont il a le secret, il s'enquiert de sa santé : « Comment va votre tête ? La mienne me fait un mal affreux. » On le voit explorer en tous sens l'espace du livre : la préface surgit au milieu, certains chapitres ne sont pas à leur place (l'auteur n'en est-il pas maître ?), un autre manque totalement (il aurait rompu l'unité du ton). Tristram laisse des blancs (chacun y inscrira son juron préféré), fait des dessins (les moulinets décrits par la canne de Toby traversant le jardin de sa bien-aimée), passe d'un tome à l'autre au milieu d'une phrase... Est-ce le devancier de nos « textologues » ou bien *Helzapoppin* au XVIII$^{e}$ siècle ?

Qu'importe ! Oubliez les commentaires, l'énorme thèse d'Henri Fluchère sur Laurence Sterne, les ouvrages de

Traill, Stapfer, Cross, Sichel, Melville, Connely, Howes et quelques autres. Oubliez même l'excellente étude de John Traugott, *Sterne's Philosophical Rhetoric* (1954). Ne songez pas que la vie de Tristram Shandy, « éternel jouet des menus hasards », où apparaît à chaque page « le triomphe des menus incidents sur l'esprit », est une mine d'or pour psychanalystes. Chassez l'idée que ce récit débridé est une construction complexe, un paradis pour sémioticien. Ne retenez qu'une chose : « Le vrai shandysme, quoi que vous en pensiez, dilate le cœur et les poumons. » Et si c'était à cela qu'on reconnaissait ses adeptes ?

## *La couleur des nuages et l'eau de goudron*

George Berkeley, qui naît dans l'Irlande de 1685, au sein d'une famille de propriétaires terriens anglais, aurait pu être un cousin paradoxal de Tristram. Il étudie, puis professe, au Trinity College de Dublin. Les nouveaux philosophes, en ce temps-là, s'appellent Descartes et Locke. C'est contre eux qu'il s'exerce à penser. À vingt-deux ans, élu *fellow*, il enseigne le grec et l'hébreu. À vingt-cinq ans, il est déjà l'auteur de deux ouvrages qui font de lui un grand philosophe : *L'Essai pour une nouvelle théorie de la vision* (1709) — où il établit d'une manière très originale la dissociation complète de la vue et du toucher — et surtout le fameux *Traité des principes de la connaissance humaine* (1710), dont n'est publiée que la première partie. Ce livre suffit à pourvoir son auteur d'une solide réputation d'extravagance. Affirmer que la matière n'existe pas, que l'expression « substance matérielle » est non seulement dépourvue de sens mais encore contradictoire, voilà qui paraît insensé, même à ceux qui tolèrent volontiers les bizarreries des philosophes.

On ne prête guère attention à la subtilité de ses arguments : la matière n'est qu'un mot, une abstraction sans contenu, puisque nous ne rencontrons jamais, dans notre expérience, que des perceptions — l'étendue cartésienne elle-même n'existe que pour notre esprit. Il y a du même coup quelque chose d'incohérent à postuler une substance sans pensée, dans la mesure où nous la pensons pour l'affirmer. Ses contemporains se dispensent de le lire. Ils se contentent de broder sur des sarcasmes de salon. Attitude d'autant plus justifiée que le jeune Berkeley a l'outrecuidance de se réclamer du sens commun contre les élucubrations fumeuses des métaphysiciens, et de vouloir parler peuple pour critiquer les chicaneries trompeuses des savants. C'en est trop. À Dublin, à Londres ou à Paris, on ne voit en lui qu'un provocateur habile à manier le paradoxe, un sceptique outrancier niant les plus solides évidences, voire un égoïste détraqué qui croit être le seul esprit existant au monde.

Il quitte Dublin pour Londres, où il publie, à vingt-huit ans, un des plus jolis textes du XVIIIe siècle : *Trois Dialogues entre Hylas et Philonous*. Ce court chef-d'œuvre ajoute peu, sur le fond, aux thèses de l'immatérialisme. Mais, tout en s'efforçant de colmater les brèches, et de répondre aux plus fréquentes objections, Berkeley adoucit d'arides spéculations par tous les charmes d'un style limpide et imagé. Parmi les exemples qui traversent ces dialogues : la couleur des nuages, des pattes de mite, une tulipe, un portrait de Jules César, un gant, une cerise et plusieurs microscopes. Après quoi, le diacre se tait. Dix-huit ans de silence, dont quatre en Italie, avant de revenir à Londres, puis au Trinity College, pour finalement repartir... en Amérique. Un héritage imprévu lui donne l'espoir de concrétiser un vieux rêve missionnaire : fonder un collège aux Bermudes, « pour la conversion des sauvages d'Amérique au christianisme ». Le voilà installé avec sa jeune épouse à Rhode Island, dans l'attente d'une subvention qui ne viendra jamais. Il achève la rédaction d'une série de sept dialogues contre les « petits philosophes » libres penseurs, *L'Alciphron*. Publié en 1732, après son retour à Londres, l'ouvrage connaît un succès immédiat.

On n'y trouve plus trace de sa philosophie de jeunesse, sans qu'il l'ait toutefois reniée nettement. En dépit de quelques traités centrés sur les mathématiques, le philosophe, désormais évêque de Cloyne, paraît s'être détaché de son propre système. Il consacre les vingt dernières années de sa vie à son évêché, à ses enfants et à l'eau de goudron. Il croit découvrir dans cette préparation en usage chez les Indiens d'Amérique du Nord un remède universel, dont la *Siris* (1744) justifie l'efficacité par l'existence d'une « chaîne des êtres », plus inspirée du néoplatonisme en vigueur à Cambridge que de l'immatérialisme. La Grande-Bretagne puis le Continent s'enthousiasmèrent pour l'eau de goudron, avant qu'elle ne rejoigne le cimetière encombré des panacées définitives. L'évêque mourut en 1753 par une calme soirée de janvier. Son testament exigeait qu'on l'enterrât « tel quel, non lavé, habillé des mêmes vêtements », après qu'on eut attendu « cinq jours ou plus [...] jusqu'à ce qu'il devienne repoussant ».

Quels motifs avons-nous de lire, aujourd'hui, les textes proprement philosophiques de Berkeley ? Sa négation de l'existence de la matière n'est, à tout prendre, qu'un objet pour collectionneur. Tout change en revanche si l'on prête attention au fait que ce n'est pas « la matière » en tant que telle, introuvable, mais le mot « matière », son usage et son sens, que Berkeley soumet à l'examen serré d'une véritable investigation sur le langage. À ce titre, il a introduit dans la réflexion un changement de méthode. Pour avoir saisi que la connaissance est réductible à l'usage qu'elle fait des termes de la langue, pour avoir soupçonné qu'il peut y avoir des expressions dépourvues de sens qui paraissent en avoir un, pour avoir placé le sens commun en position de référence fondamentale, Berkeley est l'un des ancêtres de la philosophie analytique contemporaine.

## *La loi de la honte*

Tandis que Tristram s'efforce de reconstituer le moment funeste de son engendrement perturbé, que l'oncle Toby analyse interminablement les plans de batailles célèbres et que George Berkeley écrit ses dialogues polémiques, des centaines de milliers d'hommes, de femmes, et d'enfants sont enlevés, battus, marqués, mutilés, fouettés, humiliés, écrasés, épuisés, tués... Un enfer de trois siècles. La France y a tenu un rôle de premier plan. Elle a organisé, entretenu et béni longuement ce calvaire sans nom — dans l'éclat du Roi-Soleil comme dans le triomphe des Lumières. Ces faits sont connus, même si l'on parle moins de la traite des Noirs que des opéras de Lulli ou des parties d'échecs du café Procope.

Louis Sala-Molins a publié le texte complet du *Code noir*. C'est un édit de soixante articles, promulgué par Louis XIV en mars 1685. Il fut reconduit en 1724, à quelques durcissements près, par le Régent pour la Louisiane. Suspendu en 1794, rétabli en 1802, il ne fut abrogé qu'en 1848. Ce texte codifie soigneusement l'inhumain, règle en détail l'arbitraire. Il organise juridiquement l'anéantissement par la violence, sans recours. Pour finir, il passe sur les plaies qu'il a légitimées un baume de cynisme souverain. Ce déni de justice est un monstre officiel : la loi de la royauté, de la République, de l'Empire, de la monarchie restaurée. Il faut lire. Les Noirs sont des choses, des denrées, des biens meubles. L'article 7 défend de « tenir le marché des nègres et de toutes autres marchandises [...] les jours de dimanche et fêtes qui sont gardées par nos sujets de religion catholique, apostolique et romaine ». Comme des choses peuvent être possédées, mais non posséder elles-mêmes quoi que ce soit, l'article 28 dénie aux esclaves tout droit de propriété : « Déclarons les esclaves ne pouvoir rien avoir qui ne soit à leur maître ; et tout ce qui leur vient par industrie ou par la libéralité d'autres personnes ou autrement à quelque titre que ce soit, être acquis en pleine propriété à leur maître, sans que les enfants des esclaves, leurs père et mère, leurs parents et tous autres libres ou esclaves puissent rien prétendre par succession, disposition entre vifs ou à cause de mort. » Même leurs enfants ne sont pas à eux : « Les enfants qui naîtront de mariages entre esclaves seront esclaves et appartiendront aux maîtres des femmes esclaves, et non à ceux du mari, si le mari et la femme ont des maîtres différents » (art. 12). Le vol et la fuite sont punis de mort, « si le cas le requiert »... Dans cette éventualité, le prix estimé de l'esclave est remboursé à son propriétaire (art. 40). Pour déchiqueter les chairs, le caprice du maître est seul juge : « Pourront seulement les maîtres, lorsqu'ils croiront que leurs esclaves l'auront mérité, les faire enchaîner et les faire battre de verges ou de cordes » (art. 42). Le droit de réunion ne leur est pas applicable. L'article 16 le précise : « Défendons pareillement aux esclaves appartenant à différents maîtres de s'attrouper le jour ou la nuit, sous prétexte de noces ou autrement, soit chez l'un de leurs maîtres ou ailleurs, et encore moins dans les grands chemins ou lieux écartés, à peine de punition corporelle, qui ne pourra être moindre que du fouet et de la fleur de lys. » La mort est laissée à l'arbitrage des juges. Mais chaque sujet de Sa Majesté est investi de pouvoirs de police : « Enjoignons à tous nos sujets de courir sus aux contrevenants, et de les arrêter et de les conduire en prison, bien qu'ils ne soient officiers et qu'il n'y ait contre eux aucun décret. » Le *Code noir* prévoit de poursuivre les « traitements barbares et inhumains des maîtres envers leurs esclaves. » Si ces derniers ne sont pas nourris, vêtus et entretenus au minimum, il leur suffit de rédiger des mémoires et de les remettre au procureur général. Malgré l'irréalisme de telles prescriptions, l'article 27 paraît faire accéder les esclaves au droit. L'ennui est que l'article 30, qui refuse toute valeur de preuve à leur témoignage, et le 31, qui leur ôte la possibilité d'être partie civile, ferment aussitôt cette fausse porte...

On peut s'étonner de la longue vie de ce texte ignoble. Il y a peut-être plus étonnant encore : les silences des philosophes. Les Lumières savent et se taisent. Ceux que nous prenions pour des penseurs du droit et de la liberté se révèlent complices. Montesquieu sait tout des lois, mais rien du *Code noir*. Mille récits de voyage lui sont familiers, sauf les passages qui concernent les atrocités de la traite. Il semble se battre contre l'esclavage, il ne fait que le cautionner. Rousseau a certes d'autres accents. Mais Louis Sala-Molins montre pertinemment que ses arguments ne concernent pas le *Code noir*, dont Rousseau ne souffle mot, ni la réalité de son temps. L'esclave dont parle *Le Contrat social*, c'est l'homme d'Europe assujetti au pouvoir absolu, pas l'Africain qui, aux Antilles et ailleurs, gémit et meurt. Silence de nos héros sur des monceaux de cadavres, sur plusieurs compagnies de navigation qui en tirent leur prospérité, sur un tiers, probablement, de l'activité commerciale française, en tout cas sur un des rouages essentiels de la société du temps. Honte de la France. Honte du christianisme. Honte du droit. Honte de la philosophie.

Il y a plus de trois cents ans que le *Code noir* a été enregistré par le conseil souverain de la côte de Saint-Domingue, le 6 mai 1687. Cette vieille France de la honte n'est pas tout à fait morte. Sa lie s'agite encore. Elle persiste à croire qu'être blanc et catholique fonde les droits supérieurs d'un homme national. Elle confond toujours charité et torture, peau brune et cuir animal. Elle fabrique encore des lois ignobles.

## *Lettre à Madame du Châtelet sur la distance séparant son bonheur du nôtre*

Pour entrevoir en quoi ce temps cultiva une forme singulière de bonheur qui ne peut plus tout à fait être nôtre, le plus simple est sans doute de lire Madame du Châtelet, et de tenter de lui dire, avec affection sûrement, avec affectation peut-être, la distance qui nous sépare. Voici donc la lettre qu'à titre posthume on pourrait avoir envie de lui adresser.

« "Pompon Newton", cela vous dit-il encore quelque chose ? C'est ainsi que Voltaire, que vous avez tant aimé, vous surnomma, dit-on, histoire de rapprocher, d'un mot plus drôle que tendre, votre goût des fanfreluches et votre intérêt pour la physique. Car vous n'avez pas prisé seulement les atours et les lanternes magiques. Vous fûtes, avec une furieuse tendresse, amante des sciences, vraiment, et pas seulement en vous passionnant pour Maupertuis. On vous vit concourir à l'Académie des sciences, y être imprimée, polémiquer avec son secrétaire, Dortous de Mairan, vous faire leibnizienne, écrire à trente-quatre ans des *Institutions de physique*, aussitôt traduites en allemand et en italien, correspondre avec les plus fins mathématiciens de votre temps, parmi lesquels Euler et Bernoulli, donner enfin une traduction française des *Principia* de Newton qui sera réimprimée jusqu'à nos jours. Bref, vous ne feignîtes pas d'être savante, vous le fûtes avec ardeur. Et quand pour vous seule, en apparence, en des mots simples, vous tentez sur le tard, la porte de la bibliothèque close, de mettre au clair quelques règles pour la direction d'une vie bonne, vous écouter, Madame, est un plaisir sûr.

« Vous attendez le bonheur de la mesure, non du renoncement. Il convient de ne pas se détruire, d'éviter habilement de ruiner sa santé, et pour cela d'être donc, quand il sied, modéré ou prudent. Cependant, l'esquive de la souffrance n'est pas le but suprême. L'absence de trouble ne vous paraît point une condition heureuse, et la plupart des philosophes se sont fourvoyés en le croyant. À tout prendre, vous préféreriez la douleur à la fadeur, et vous aimez — qui vous blâmerait ? — ce qui est intense et vif plutôt que sans risques ni inconvénients. Le bonheur à vos yeux tient à ce calcul qui équilibrera, jour par jour et âge par âge, l'intensité des jouissances et la possibilité de leur répétition. À quoi s'ajoute, à la place des tourments du vrai et des morsures de la lucidité, votre goût affiché pour les illusions qui nous font vivre. Vous conseillez de ne pas les dissoudre, voire de les garder avec soin. “On peut ne pas aller derrière les coulisses voir les roues qui font les vols, et les autres machines”, dites-vous joliment. Vous croyez à la joie du leurre et non à celle de la désillusion, et préférez l'action nouvelle au ressassement des erreurs passées : “Ce sentiment de repentir est un des plus inutiles et des plus désagréables que notre âme puisse éprouver. Un des grands secrets est de savoir s'en garantir.”

« Vous avez la légèreté des libertines, ce qui est bien la moindre des choses, mais vous oubliez d'avoir le cœur froid, ce qui est plus rare, et moins aisé. L'amour demeure pour vous “la seule passion qui puisse nous faire désirer de vivre". C'est pourquoi, de l'éloignement de Voltaire, de son indifférence oublieuse — ou pis : amicale —, vous ne vous êtes jamais remise. Vous avez su, même si vous le taisez presque, que vouloir, pour moins souffrir, "découdre l'amitié et déchirer l'amour" revient à se mettre soi-même en pièces. Votre ouvrage est tout autre chose que le énième traité de savoir-jouir dont votre siècle fut brodé. Il y a, Madame, du vague à l'âme dans votre boudoir, et cela donne envie de vous saluer. Votre propos, vous le ramassez vous-même avec assez de verve : "Tâchons donc de nous bien porter, de n'avoir point de préjugés, d'avoir des passions, de les faire servir à notre bonheur, de remplacer nos passions par des goûts, de conserver précieusement nos illusions, d'être vertueux, de ne jamais nous repentir, d'éloigner de nous les idées tristes, et de jamais permettre à notre cœur de conserver une étincelle de goût pour quelqu'un dont le goût diminue et qui cesse de nous aimer."

« Pourquoi, en dépit de maximes si claires, ne nous parlez-vous plus que de loin ? Votre voix est nette, elle semble pourtant prisonnière d'un vernis. Elle baigne dans la lumière d'un autre monde. Comment vous expliquer ? Non, bien sûr, cela n'a rien à voir avec le fait que vous soyez morte. D'autres ruptures sont intervenues. Les mœurs sont différentes, l'Europe transformée, le monde même n'est plus comme vous l'aperceviez. Sans doute de telles métamorphoses sont-elles malcommodes à résumer, et pas moins à entendre. Sachez qu'une grande révolution s'est faite en France, cinquante ans, tout juste, après qu'on vous a portée en terre. On y a tué le roi, et accompli de grands bouleversements. Le bonheur a cessé d'être comme vous l'aviez connu. Désormais, il ne fut plus seulement une affaire privée, mais un dessein de la république. On proclama que nul ne serait heureux vraiment tant que des peuples demeureraient sous le joug et des corps dans la servitude. À la question du bonheur vinrent se mêler les autres, leurs visages, leurs souffrances, leurs labeurs et leurs révoltes, tous étrangement absents de votre esprit, pour un regard de notre temps. Sachez enfin qu'au nom du bien commun, prenant prétexte d'un bonheur à construire pour tous, des despotismes d'une tournure nouvelle et terrible écrasèrent le genre humain. Il se fit en notre siècle de copieux massacres, dont les horreurs dépassent l'entendement, et dont le souvenir encore hantera nos neveux.

« Vos objections, il est possible de les rêver. On vous imagine volontiers rétorquant : "En quoi cela empêche-t-il d'être heureux ? Faudrait-il attendre que soit éteinte la misère du monde pour jouir des agréments de l'existence ? La joie de l'étude en est-elle moins douce, la saveur des fraises moins suave ?" Vient l'idée qu'effectivement poursuivre est inutile. Belle comme un Fragonard, faussement sereine comme un Watteau, vous avez beau être proche et touchante, jamais vous ne redeviendrez tout à fait des nôtres. Il vous manque, entre autres, les tricoteuses et Louise Michel, Rosa Luxemburg et Primo Levi. Vous expliquer n'est pas possible, comprenez-vous ? Ce n'est pas simplement que la place manque et que le temps presse. La douceur du couchant dans votre château n'est plus qu'une image pour les habitants de notre siècle de fer. »

## *Un moine sans foi ni loi*

Diderot vit d'abord dans cet ouvrage un « traité d'un athéisme très frais et très vigoureux ». Mais il ne tarda pas à s'en détourner avec effroi. Ce texte-là, décidément, allait trop loin. Vouloir brûler tous les livres, « afin que les hommes ne puissent retomber dans leurs anciens égarements », rêver d'abandonner les œuvres d'art, annoncer un temps d'après les sciences, où hommes et femmes dormiront pêle-mêle dans la paille, enfin débarrassés du souci de savoir quoi ou qui leur appartient... voilà qui ne correspond guère à l'image que les Lumières se faisaient du progrès ! Dans cette vision d'un monde où les lois seraient dissoutes, où la vie passerait, simplement, par les humains, enfin devenus des animaux sans histoire, pauvres en langue, presque dépourvus d'industrie, il y avait de quoi effaroucher les encyclopédistes. Ce fut le cas. Pas seulement Diderot. Helvétius, d'Alembert, Voltaire, et même Rousseau jugèrent irrecevables, excessives ou scandaleuses les spéculations de Dom Deschamps.

Eh oui, le brave homme était moine ! Bénédictin et obstiné. Sans prendre le risque de l'imprimer, il voulut faire entendre le « vrai système » — le sien, qu'il considérait comme « le cri de la vérité » — aux plus illustres de ses contemporains. Ce fut peine perdue. Lus par quelques grands, ses manuscrits piquèrent l'attention ou provoquèrent des frissons ici et là. Puis, après la mort de leur auteur, le 19 avril 1774, ils tombèrent dans l'oubli. Pendant près de deux siècles, ces liasses ont dormi à la bibliothèque de Poitiers, sans que personne ne s'y intéressât. Ou presque. En 1864 en effet, Émile Beaussire commence à exhumer cet étrange philosophe. Il voit en Dom Deschamps un précurseur de Hegel : sa conception de l'être évoque la dialectique. En 1907, à Poitiers toujours, une chercheuse russe retrouve des chapitres que l'on croyait perdus. Ces vingt dernières années ont finalement vu naître un réel intérêt pour ce moine qui jugeait tièdes les athées de son temps, et reprochait aux philosophes leurs « demi-lumières ». En 1974, deux ouvrages le tirèrent de l'ombre. Mais les textes manquaient encore. Grâce au travail minutieux de Bernard Delhaume, conservateur de la bibliothèque universitaire de Poitiers, sept cents pages de Dom Deschamps sont devenues accessibles.

« Tout ce que j'ai à dire est fort simple », annonce ce philosophe qui s'efforce continûment à l'expression la plus claire et la plus exacte. À ses yeux, en effet, « la Vérité est la chose du monde la plus simple ». Si elle paraît lointaine, difficile, revêche, ou même inaccessible, c'est seulement en raison des travers de notre éducation. À force de penser faux et de vivre mal, les hommes sont devenus « la plus déraisonnable », et « la plus malheureuse », des espèces animales. Chacun devine l'issue : pensons vrai, et vivons heureux. En rectifiant le rapport de la pensée humaine au monde, Dom Deschamps prétend provoquer une rupture complète dans l'histoire de l'humanité. Les humains vivront un jour une vie uniquement réglée par les rythmes de la nature — sans date, sans mémoire, « sans lois ». Tout passé anéanti, hommes et femmes, à la fois égaux et différents, se nourriront de grains, de légumes et d'eau fraîche, sans maux physiques et sans fatigue, dans une économie d'autarcie. Sans peur de la mort : chacun ressemblant à tous et passant en douceur de vie à trépas, saura-t-on encore qui a disparu ? Bref, un monde où plus rien n'arrive, où seul existe l'unique et indéfini bonheur d'exister. On le voit, Dom Deschamps n'est pas qu'un utopiste de plus : il ne propose pas un système social « meilleur », autre, différent. C'est peu dire qu'il est communiste et égalitaire : il appelle à une véritable « réinvention » de l'homme. Mais il fait mieux que l'évoquer, il en démontre l'inévitable nécessité. L'« état de mœurs » vient en effet au terme d'une évolution. À l'« état sauvage » (marqué par la « désunion », assez proche de l'« état de nature » chez Hobbes, où règnent la guerre et la concurrence impitoyable entre les individus) a succédé l'« état de lois », le statut policé de la société civile qui est la nôtre — où le malheur est maître. Il ne cessera qu'avec le retour de la nature que constitue l'« état de mœurs ». À l'opposé de toute la philosophie politique, de Grotius à Rousseau, Dom Deschamps voit donc dans l'absence de toute loi humaine, dans le règne des seules forces naturelles, l'aboutissement du devenir historique — et non son commencement.

Pour guérir de nos maux, suffit-il de nous débarrasser de cet « inconvénient terrible », qui n'est d'ailleurs qu'une « masse d'absurdité » : la religion ? Notre bénédictin est évidemment matérialiste : « La pensée, écrit-il, n'est jamais que le jeu plus ou moins harmonique des fibres du cerveau. » Mais il ne s'arrête pas en si bon chemin. Il discerne dans les croyances et les institutions religieuses des instruments de pouvoir et de domination : « L'Église est la première milice du trône. » Il n'ignore rien de l'alliance du sabre et du goupillon, ni de leurs ruses : « Le ciel est le masque sous lequel l'Église sert le prince, la défense des peuples est le masque sous lequel il est servi par l'épée. » S'attaquer seulement à la religion est donc une entreprise erronée, insuffisante et vouée à l'échec : « On ne peut détruire la religion qu'en détruisant toute domination. »

C'est là que Dom Deschamps commence à devenir intéressant. Le moine athée — curiosité banale — laisse place à un penseur radical, d'une acuité et d'une intransigeance rares. Attaquer la religion en voulant conserver la morale et les lois, comme le fait par exemple le baron d'Holbach dans son *Système de la nature*, c'est tenter, pour notre anarchiste, de détruire un effet en préservant sa cause. Il faut s'en prendre aux lois, si l'on veut que l'humanité échappe à sa condition misérable. Car cette « digue » est « la cause même de tous nos vices ». Inoffensif quand il ignore l'inégalité et la propriété, « l'homme n'est méchant que par l'état de lois » qui instaure la différence entre tien et mien. Rendus mauvais, nous serions également rendus malheureux par les lois. « Si vous voulez m'en croire, pour être heureux vous les rejetterez toutes. »

Au nom de quoi ? D'une découverte en métaphysique. Léger-Marie Deschamps a déchiffré l'énigme du monde. Sa clé : la distinction entre « Le Tout » et « Tout ». La création de ces deux concepts corrélatifs et opposés doit permettre de rendre compte de nos errances et d'y mettre un terme. « Le Tout » désigne la totalité universelle — qu'on dénomme « monde », « nature », « univers »... — considérée du point de vue de ses parties et de leurs relations respectives. À cette matière considérée sous l'angle du rapport qu'entretiennent ses éléments entre eux s'oppose « Tout », qui désigne l'existence pure, la totalité universelle sans parties, indécomposable, considérée du point de vue de son seul caractère unique et infini. Ce que trouve le philosophe, c'est que « Tout » équivaut à... « Rien ». L'existence pure, ou la totalité envisagée globalement, sont des termes synonymes du néant. À la condition de ne pas entendre qu'il s'agirait là d'un néant absolu, d'une négation de toute existence, d'un non-être radical. Ce que Dom Deschamps appelle le « Riénisme » (la doctrine du Rien) ne consiste pas à affirmer que le monde est inexistant, mais que « l'existence du monde est conditionnée par celle du néant ». La réalité positive se découpe sur un fond d'absence qui la travaille et la résorbe. La révolution radicale des mœurs ne serait qu'une cascade de conséquences de ce distinguo de métaphysicien : « Il n'a jamais, vraisemblablement, été écrit, ni dit, ni pensé, jusqu'à moi, que Tout et Rien fût la même chose. » Il y a donc bien des raisons de lire Dom Deschamps. Pas seulement ce qu'il appelle lui-même son « orgueil téméraire et extravagant », qui lui fait imaginer que l'histoire se scindera en deux quand les hommes auront compris qu'ils ne sont que les éléments, relatifs et éphémères, d'une totalité qui les englobe et les dépasse. Se prendre pour un messie est somme toute une pathologie philosophique commune. Plus curieuse est l'ignorance, réelle ou feinte, du bénédictin à propos de ses prédécesseurs en « riénisme ». En dehors des docteurs bouddhistes qu'il ne pouvait évidemment pas avoir fréquentés, les penseurs qui ont affirmé l'identité de l'être et du néant ne manquent pas — notamment chez les sophistes, chez les néoplatoniciens, de l'Antiquité tardive ou de la Renaissance, dans plusieurs écoles du baroque.

On peut encore lire les œuvres retrouvées de Léger-Marie Deschamps pour leur étrange position dans l'histoire de la pensée. Sans doute aucun philosophe ne préfigure-t-il de manière si troublante les affirmations de la logique de Hegel sur l'identité de l'« être pur » et du néant. Aucun surtout ne tire de cette intuition les conséquences morales et sociales que Dom Deschamps se croit en mesure de déduire. Même si la relation entre son système métaphysique et sa volonté de subversion générale ne paraît pas totalement limpide, même si on a fréquemment l'impression que l'utopie de cet « état de mœurs », où les lois et les inégalités auraient cessé, se juxtapose aux analyses concernant « Le Tout » et « Tout » sans s'y articuler en profondeur, cette œuvre énigmatique, solitaire et subtile, souffle son texte au siècle.

## *L'ambigu marquis*

« Le nom seul de cet infâme écrivain exhale une odeur cadavéreuse qui tue la vertu. » On ne s'exprime plus ainsi à présent. « On assure que de Sades (*sic*) est mort ; mais ses sectateurs ne le sont pas », poursuit ce libelle de l'an VIII intitulé *Le Tribunal d'Apollon*. Aujourd'hui, nous dirions plutôt : « Dis-moi comment tu lis Sade, je te dirai qui tu es. » Après avoir été étouffé, rejeté, maudit, le texte sadien est devenu une pierre de touche pour les pensées contemporaines. Apollinaire, en 1909, a exhumé *Justine* de l'Enfer — celui de la Bibliothèque nationale — et des érudits passionnés (Maurice Heine, Gilbert Lely) ont dénoué l'écheveau biographique de Donatien Alphonse François. Breton, aussitôt, a célébré cette « raison à fleur de sauve-qui-peut qui ne fut qu'à lui ». Vinrent ensuite une série de lectures célèbres, de Bataille à Klossowski, de Blanchot à Simone de Beauvoir, de Lacan à Sollers, de Foucault à Barthes, sans oublier Paulhan et sans nommer tant d'autres. Sade l'inaudible paraît devenu l'inévitable. L'insaisissable aussi : fut-il bourreau ou victime ? Féodal ou révolutionnaire ? Écrivain ou philosophe ? Fils des Lumières ou père des ténèbres ? Il n'existe aucun portrait du ci-devant châtelain de La Coste, ni du secrétaire de la section des Piques, ni de l'interné de Charenton.

Pour en imaginer un, on peut repartir de la prison. En octobre 1763, à vingt-trois ans, il est conduit pour la première fois au donjon de Vincennes. Le motif est joliment formulé : débauche, bien sûr, mais pas seulement : débauche « outrée ». De ce jour à celui de sa mort, le 2 décembre 1814, il demeure, de lieu en lieu, près de quarante années reclus. Quarante ans ! « Je ne crois pas, écrit-il, qu'il y ait jamais eu de vertige pareil à celui des prisons. » Béatrice Didier voit dans cette incarcération la clé de l'œuvre. L'écriture serait la seule révolte possible, détruisant même, au bout du compte, la prison du langage.

Non pas d'un coup, mais par des biais variés. D'où la diversité calculée des genres littéraires pratiqués par Sade : depuis les *Historiettes, contes et fabliaux* où se poursuit une tradition médiévale, jusqu'à *La Marquise du Gange*, annonçant le roman noir, en passant par les sobres nouvelles des *Crimes de l'amour*. La concision, la pureté du style, l'art de la litote n'ont pas progressivement disparu de l'écriture sadienne, comme emportés par un torrent obscène. La métamorphose des trois versions de *Justine* avait accrédité cette idée, mais *Les Cent Vingt Journées* furent écrites avant la première et si « chaste » version des *Infortunes de la vertu*.

On a souvent oublié la postérité de Sade au XIX^e^ siècle. Qui donc dépeint complaisamment « les fouets, les chevalets, les ongles de fer, la croix, les bêtes féroces (déchirant) les tendres enfants et leurs mères » ? Chateaubriand, dans *Les Martyrs*. Il n'est pas le seul à donner au « sadisme » ses quartiers de noblesse : Benjamin Constant, George Sand, Jules Vallès partagent le goût de la torture morale et de la flagellation littéraire. Lamartine, Chateaubriand, Baudelaire, Flaubert ont lu Sade — et généralement ne s'en vantent pas. Seul Pétrus Borel, qui publie en 1839 *Madame Putiphar*, s'en réclame ouvertement, et interpelle ses contemporains : « Vous criez tous à l'infamie, et vous avez tous *Justine* dans votre poche. » De la Bastille au second rayon des bibliothèques, Sade aurait seulement changé de cachot.

Il faut sans doute imaginer Sade régisseur, bricolant d'innombrables machines à supplices, ou Sade pédagogue, créant avec le libertinage une nouvelle science, inhumaine. Du donjon de Vincennes il écrit à Milli Rousset : « Elle est un peu comme le verjus, ma raison, n'est-ce pas ?... Que voulez-vous y faire ? *Fructus belli*. » Ce jus acide de la déraison, Philippe Roger l'a retrouvé dans l'« usage paradoxal » que fait le libertin de la rationalité : son discours accumule et n'exclut rien. Sans souci de la non-contradiction, il fait « bafouiller l'Encyclopédie ». Pis : il met à mal le langage. Sans avoir l'air d'y toucher, il sème la confusion dans la rhétorique classique. Sa règle ? « Traitant un sujet grave, se servir de termes bas », et introduire par là le scandale dans l'énoncé. Plutôt que la morale, la vraie victime de Sade serait la langue. « Faire du langage, comme du corps, la chose de personne », et diluer ainsi la figure de l'homme, faire disparaître le « sujet », celui de la philosophie comme celui des romans, telle serait sa tâche.

## DEUXIÈME PARTIE

# Quelques morts : Dieu, roi, vérité...

# IX

# L'OPÉRATION DE LA CATARACTE

En établissant dans quelles limites sont valides les usages de notre raison, Kant modifie les perspectives de la démarche philosophique.

*Il est bon de contrôler l'œil. Il est bon de contrôler l'oreille.*
*Il est bon de contrôler le nez. Il est bon de contrôler la langue.*
*Dhammapada*

La publication des ouvrages de Kant est le fait « le plus considérable qui se soit produit depuis vingt siècles dans la philosophie ». Voilà ce que dit Schopenhauer en 1819, quelques années seulement après la mort du philosophe, dans la première préface au *Monde comme volonté et comme représentation*. Grâce à la philosophie critique élaborée par Kant, un changement d'optique est intervenu. Il faut prendre cette expression au pied de la lettre : la mutation du regard entraînée par la démarche kantienne modifie la perception et les perspectives. Après Kant, on ne voit plus la philosophie de la même façon. Mieux : les philosophes ne considéreraient plus le monde avec les mêmes yeux. Les travaux kantiens ont des conséquences irréversibles. « L'effet qu'ils produisent sur un esprit qui s'en pénètre véritablement ne peut mieux se comparer qu'à l'opération de la cataracte », continue Schopenhauer. Ils font comprendre par exemple qu'aucune connaissance n'est possible au-delà des limites de l'expérience, que le monde tel qu'il nous apparaît est relatif au sujet connaissant, qu'il convient de faire le deuil de la métaphysique considérée comme science. Cette mort de la métaphysique n'est que la première d'une série. Dieu, la religion, la morale, le pouvoir viennent ensuite, et sont déjà ébranlés.

Avec Kant s'ouvre un temps de troubles et de turbulences. Le contraste est total entre ces bouleversements de longue portée et l'existence rangée, légendairement méticuleuse et répétitive, du maître de Königsberg.

## *Ivresses de Kant*

Emmanuel Kant a-t-il vécu ? Son œuvre a suscité des milliers de commentaires, pas sa biographie. À côté du monument des trois *Critiques*, à l'arrière-plan des vingt-neuf volumes des *Œuvres complètes* publiées par l'Académie de Berlin, n'y a-t-il que l'automate se promenant à heure fixe sans respirer par la bouche ? Cette vie se réduirait-elle au fonctionnement sans à-coups d'un éternel célibataire ? Jean Mistler avait eu l'heureuse idée de traduire de larges extraits des trois recueils de souvenirs dus à Borowski, Jachmann et Wasianski. Le pieux témoignage de ces disciples nous restituait l'intimité du vieux maître. Ces faits et gestes restaient cependant coupés de la philosophie. Le travail d'un chercheur russe, Arsenij Goulyga, a retracé ensemble la vie de Kant et l'évolution de son œuvre, en les replaçant dans l'histoire intellectuelle et politique de leur temps. Le squelette prend chair.

Le décor est rude : Königsberg, aux confins de la Baltique, ville de garnison. Le philosophe passa presque toute son existence dans cette vieille capitale des chevaliers teutoniques. Il y est né en 1724, dans la famille relativement pauvre d'un artisan sellier. Famille piétiste, où la ferveur du sentiment religieux demeure intense. L'époque n'est pas tendre pour les philosophes. Frédéric-Guillaume Ier, au pouvoir jusqu'en 1740, ne lit que la Bible et les règlements de l'armée. L'Académie des sciences eut à débattre, sur son ordre, de cette question : « Les savants sont-ils autre chose que des bavards et des déments ? » Dans cette atmosphère, le jeune Kant, qui avait perdu sa mère à treize ans, poursuivit ses études. À vingt-deux ans, il fait imprimer son premier travail de physique : *Pensées sur la véritable appré-*

*ciation des forces vives*. Bien que ce mémoire ne soit pas scientifiquement concluant (le problème, qui opposait Descartes et Leibniz, avait été résolu par d'Alembert six ans auparavant, ce que Kant ignorait...), le jeune homme fait déjà preuve d'une paranoïa authentiquement philosophique : « Mon entendement, écrit-il, a découvert la vérité que les grands maîtres de la connaissance humaine ont recherchée en vain. » Que le propos soit présomptueux, il le sait. Raison de plus pour n'en pas démordre : « Je n'ose souscrire à cette idée sans toutefois pouvoir y renoncer. » La machine Kant fait place à un homme qui sait changer, s'obstiner, se préserver. Pas un Kant, mais plusieurs. Celui d'avant la *Critique de la raison pure*, souvent oublié, encore plongé dans son « sommeil dogmatique », imbu de Leibniz et de Wolff. Ce Kant physicien écrit de curieux textes où se mêlent hypothèses scientifiques et envolées lyriques. Ainsi, en 1755, son *Histoire universelle et Théorie du ciel ou Essai sur la conception et origine mécanique de l'ensemble de l'univers selon les principes de Newton* contient une description des mers de feu à la surface du soleil et s'achève sur un « essai de comparaison entre les habitants des différentes planètes ».

L'enseignement est sa seule ressource. Il reste longtemps pauvre. Précepteur, puis *privatdozent*, il donne de seize à vingt heures de cours par semaine. « Je me mets, quant à moi, chaque jour devant cette enclume qu'est mon bureau et je fais mes cours comme si je frappais à l'aide d'un lourd marteau », écrit-il à J.-F. Lindner en 1759. En quarante et un ans d'enseignement, Kant assurera deux cent soixante-huit cycles de cours, aussi bien sur la logique et la métaphysique que sur la géographie physique, l'éthique, l'anthropologie, la physique théorique, les mathématiques, le droit, la pédagogie, la mécanique, etc. Il faut aussi rappeler que Kant est resté longtemps jeune, rentrant chez lui à minuit passé jusqu'à la quarantaine, jouant aux cartes et au billard. On signale Kant ivre, ne retrouvant plus sa maison de la Magistergasse. On le voit s'enflammer pour le visionnaire Swedenborg, au point de prélever sur son maigre budget pour faire venir de Londres les œuvres de cet illuminé. Mais, après avoir soutenu sa thèse d'habilitation en 1770, le philosophe se tait. Cet auteur déjà connu, voire respecté, fait silence onze ans durant. « Je persisterai dans mon projet et ne me laisserai pas aller à écrire dans le seul but de récolter une gloire facile. » Le résultat fut, en 1781, la *Critique de la raison pure*. L'œuvre ne rencontra d'abord aucun écho. En 1804, quand meurt le penseur, on estime à trois mille les livres consacrés à sa philosophie, ce qui n'implique pas forcément que ses contemporains aient mesuré l'ampleur de la révolution accomplie.

Au cours du dernier quart de sa vie, Kant publie l'essentiel de son œuvre en morale, en esthétique, comme en politique. Il voit les étudiants se presser autour de lui, parmi lesquels le jeune Fichte. À Iéna, on se bat en duel à son propos. D'Autriche, une jeune fille lui écrit : « Grand Kant ! Je fais appel à toi comme un croyant à son Dieu pour qu'il l'aide, le console et le renseigne sur la mort. » Bonaparte, Premier Consul, veut se faire expliquer sa pensée, en quatre heures. En signant le Concordat, il a cette phrase : « Les prêtres valent bien mieux que les Cagliostro, les Kant et tous ces Allemands extravagants. » La fin du grand homme est sombre. L'hôte gastronome et disert devient un convive muet et sans appétit. Il ne sort plus, reconnaît à peine les siens et griffonne à son bureau, d'une écriture tremblante, des phrases qui font rêver : « On ne peut pas concevoir la flatuosité intestinale autrement que selon des principes subjectifs... »

## *L'illusion de la colombe*

Kant passe pour rébarbatif, la lecture de ses œuvres pour difficile. L'agrément immédiat, l'accessibilité de plain pied ne sont pas nécessairement des qualités recommandables chez les philosophes. On devrait même se méfier de ceux qui paraissent faciles à lire. Au premier regard, ils sont limpides, agréables à suivre, dépourvus d'aspérités apparentes. En fait, ils masquent leur travail sur les concepts par une prose tantôt chantante et tantôt veloutée. Rousseau ou Bergson, par exemple, si différents, sont d'un abord trompeur. On croit saisir d'emblée leurs propos, on les voit fuir comme sable aux doigts dès qu'on tente de les agripper vraiment. Il faudrait en dire autant, pour d'autres raisons, de Montaigne, de Pascal ou de Nietzsche : leurs fulgurances de style ne rendent pas toujours perceptibles d'emblée la précision philosophique de leur démarche ni la complexité de leurs analyses.

Avec Kant, cet inconvénient n'existe pas. On sait toujours où l'on en est. Impossible d'ignorer comment chaque pas s'enchaîne. Pas un bouton ne manque aux démonstrations. Le prix à payer est une certaine rugosité de l'écriture, plus attentive à se faire entendre qu'à se parer. En revanche, chacun est assuré, s'il suit le fil des explications, de ne pas perdre de vue le chemin emprunté. Kant n'est pas artiste, en revanche il n'est jamais flou. À défaut de style, il a de la constance. Une sorte d'obstination pédagogique le meut continûment. Aussi des pages qui sembleront particulièrement rébarbatives à celui qui ouvrira au hasard la *Critique de la raison pure* se révéleront-elles sans mystère aucun quand il aura parcouru chacune des étapes de l'œuvre, en commençant par le commencement.

Supposons un lecteur qui ne se soit jamais aventuré dans ce massif passant pour aride — le cas est fréquent. Comment lui crayonner une carte grossière ? On redira d'abord que l'excursion vaut d'être tentée. Sans intermédiaire, sans commentateur, sans guide professionnel. À ses risques et périls, en tentant d'oublier que s'opère là un tournant majeur de l'histoire de la pensée, en s'efforçant de ne pas se laisser terrifier par la renommée du titre et les tonnes de gloses. En prenant simplement la traduction récente et bien faite d' Alain Renaut. Premier constat : le professeur Kant, réputé ennuyeux et obscur, est méticuleux et subtil. S'il utilise des termes spéciaux — l'« esthétique transcendantale » ou le « jugement synthétique *a priori* » — qui ont ébahi un instant des multitudes de lycéens, c'est pour quitter l'ambiguïté des termes quotidiens, pour empêcher que ne restent associés à des vocables habituels ces halos de sens indéfinis qui suscitent la plupart des malentendus. La *Critique de la raison pure* est justement une machine à dissiper les malentendus. Son but est de mettre fin aux recherches vaines, à la confusion entre spéculations et connaissances sûres. Kant cherche à délimiter ce qu'il nous est possible de connaître et ce que nous devons nous contenter de croire. Il ne cesse de marquer la frontière entre foi et savoir. Avant lui, évidemment, la distinction existait déjà. Mais pas sous la forme de cette radicale délimitation qui, après lui, paraît si évidente et simple.

Opérer ce partage, c'est mettre fin à la bataille qui se poursuit depuis l'Antiquité à propos des objets dont traite la « méta-physique », c'est-à-dire des objets de connaissance qui se situent au-delà *(méta)* de la nature *(physis)* : Dieu ou la cause première, l'âme immortelle de l'homme, la liberté qui le rend créateur et responsable de ses actes. Les mathématiciens peuvent résoudre leurs conflits par voie de démonstration, les physiciens par l'expérimentation comme par le calcul. Pourquoi des siècles de métaphysique ne conduisent-ils qu'à des impasses, des oppositions de thèses antagonistes entre lesquelles la raison doit s'avouer incapable de trancher ? Serait-il possible, en examinant à quelles conditions se constitue une science, d'y conformer enfin, définitivement, l'examen de ces questions à la fois inévitables et insolubles appelées métaphysiques ? Tel est, en très ramassé, le point de départ de Kant. Tout le parcours de la *Critique* s'inscrit dans cette perspective. « La question principale reste toujours la suivante, écrit-il dans la préface de la première édition (1781) : que peuvent connaître, et jusqu'où peuvent connaître, l'entendement et la raison, indépendamment de toute expérience ? »

Cette question de la possibilité d'une connaissance *a priori*, indépendante de l'expérience, et capable malgré tout de s'accroître par synthèse, est au cœur de la *Critique*. Le coup de génie de Kant, la révolution qu'il opère, et compare lui-même à celle de Copernic, consiste à situer du côté du sujet, dans les formes de la sensibilité que sont l'espace et le temps, les principales conditions rendant possibles aussi bien l'expérience en général que les objets de l'expérience en particulier. Ainsi les théorèmes de la géométrie constituent-ils des connaissances certaines, quand bien même les droites infinies et les points sans épaisseur ne nous seraient-ils jamais donnés dans aucune expérience sensible, parce que la synthèse qui les constitue a lieu dans l'intuition pure de l'espace. Cette même forme de la sensibilité rendant possibles les phénomènes du monde tel qu'il nous apparaît, il n'y a rien d'étonnant à ce que les lois de la géométrie « correspondent » à l'expérience. Des pensées ne peuvent donc devenir des connaissances que si leur objet est donné dans une intuition sensible. Ce qui, par définition, n'est pas le cas pour la métaphysique. Quand elle croit pouvoir continuer son chemin au-delà des limites de validité de son usage, la raison tourne à vide. Elle ne saurait étendre ainsi ses connaissances sur des mondes inaccessibles à toute intuition et doit rectifier cette erreur fondamentale relative à son rôle même. Celui-ci doit être de découvrir les normes universelles de l'action libre, où Dieu, l'immortalité et la liberté ne seront plus des questions pouvant faire l'objet d'un savoir, mais des croyances, des postulats rendus nécessaires par l'action morale.

Cesser de franchir inutilement les limites de validité du savoir, c'est en finir avec l'illusion de la colombe. Kant lui-même suggère cette image : « La colombe légère, quand, dans son libre vol, elle fend l'air dont elle sent la résistance, pourrait se représenter qu'elle réussirait encore bien mieux dans l'espace vide d'air. C'est ainsi justement que Platon quitta le monde sensible, parce que celui-ci impose à l'entendement de si étroites limites, et qu'il s'aventura au-delà de celui-ci, sur les ailes des Idées, dans l'espace vide de l'entendement pur. » Sans doute convient-il de se méfier d'une propension aujourd'hui commune à voir des ruptures partout. Toutes les œuvres, si l'on en croit leurs commentateurs, constituent des tournants, provoquent des fractures ou introduisent des bouleversements. En ce qui concerne Kant, l'affirmation est justifiée : c'est bien une nouvelle époque de la philosophie qu'ouvre sa mise en lumière de l'illusion constitutive de la métaphysique.

Y a-t-il malgré tout une colombe de Kant, une illusion qui lui serait spécifique ? Peut-être bien, mais en un sens différent. Cette fois, l'oiseau évoque la volonté de paix. Une telle volonté ne cesse d'animer l'entreprise kantienne, qu'il s'agisse de clôturer le champ de bataille de la métaphysique, de formuler le critère d'universalité de la loi morale, ou d'envisager, par le biais d'une juridiction mondiale, la paix perpétuelle. L'illusion de Kant, si elle existe, concernerait la pratique. Une confiance excessive dans les pouvoirs de l'explication rationnelle le porte à croire qu'il peut suffire d'analyser un malentendu pour y mettre un terme, que l'appel du vide cesse une fois que ce vide est clairement décrit comme tel, que les combats s'arrêtent si on a montré qu'ils sont vains. Peut-être Kant surestime-t-il la facilité de la paix, oubliant la résurgence continuelle des forces obscures, l'acharnement à l'erreur, le peu de poids des traités. Il délaisse la lenteur des négociations, l'incertitude des processus, la contingence des résultats. Peut-être oublie-t-il aussi comment il est devenu Kant.

## *Qui est-on avant d'être soi ?*

Le petit Emmanuel, dans son lit d'enfant, préparait-il déjà la *Critique de la raison pure* ? Cette bouffonnerie conduit à demander comment se forme un grand esprit. Où commence l'œuvre, où cesse l'éducation ? Comment cerner la genèse, à chaque fois singulière, d'une philosophie ? Sans doute de telles interrogations demeureront-elles à jamais sans réponse. Cela ne signifie pas qu'on ne puisse avancer vers certains éclaircissements. À condition de déjouer quelques pièges. Nous avons tort de considérer les monuments de la pensée seulement sous leur aspect systématique. Examinant le résultat, nous oublions le processus. Nous écartons l'élaboration lente, tâtonnante, parfois douloureuse. Tout nous porte à tenter de faire fonctionner les grandes machineries de la philosophie en mettant à l'épreuve leurs possibles défauts ou leurs ratés éventuels. Rien ou presque ne nous entraîne à scruter les mystères de leur génération. L'enseignement expose la pensée qui s'est trouvée, non celle qui se cherche encore. Lorsque la recherche s'engage sur cette voie des engendrements, des chausse-trappes la guettent. Comment lire des écrits de jeunesse en oubliant que nous connaissons la suite ?

Comment saisir qu'à la quarantaine Kant n'était pas encore Kant, et pas vraiment « kantien », au sens où nous l'entendons aujourd'hui ? Qui est-il donc avant d'être lui-même ? Une identité qui se précède, ou qui surgit d'un coup, ou qui se compose en silence, voilà qui est malaisé à concevoir. Sur ce terrain glissant, ce ne sont pas les philosophes qui nous aideront. Ils brouillent les pistes. Ce qu'ils disent de leurs itinéraires se révèle le plus souvent trompeur. N'imaginons pas qu'ils cherchent sciemment à leurrer, qu'une perfidie maligne les habite. S'ils masquent de brume les méandres de leurs trajets, c'est que la vérité, une fois conquise, est dépourvue de mémoire. Elle se montre sans dessiner son arbre généalogique, à moins qu'il ne soit fait à sa mesure. Que l'on considère de ce point de vue les formules bien connues de Kant sur le commencement de sa démarche dans la préface aux *Prolégomènes à toute métaphysique future*. L'« attaque décisive » lancée par David Hume contre la métaphysique au moyen de la critique du concept de cause fut l'avertissement qui tira notre héros de son « sommeil dogmatique » et orienta sa réflexion vers ce qui deviendra la philosophie transcendantale et le criticisme. Voilà ce que le philosophe « avoue franchement ». Méfions-nous. Kant en effet ne savait guère l'anglais et n'a pas lu Hume. Pour éclaircir cette énigme infime, Michel Puech a écrit une histoire de la philosophie allemande au XVIII^e^ siècle, afin de reconstituer pas à pas l'univers culturel pour une part oublié dans lequel Kant étudia et se mit à penser. Le « problème de Hume » possède en effet un sens spécifique au sein de l'histoire intellectuelle foisonnante, et mal connue, de l'Allemagne après

Leibniz. Kant dialogue ou rompt avec un ensemble d'auteurs allemands plutôt qu'avec Hume lui-même. Ces auteurs, que Kant connaît fort bien et nous fort mal, se nomment par exemple Crusius ou Tetens pour l'empirisme, Gottsched, Formey ou Crousaz pour la philosophie du sens commun. Tous sont à resituer dans le sillage de Wolff, dont l'ombre domine le siècle pour ses disciples comme pour ses adversaires. L'entreprise de la philosophie critique est donc pour une part à rendre à son temps, à replacer dans un horizon qui n'est plus le nôtre. Plutôt qu'une rupture intemporelle et décisive avec la métaphysique en général, elle peut apparaître, de ce point de vue, comme la tentative de surmonter une crise spécifique, née de la rencontre entre la physique de Galilée et de Newton et les héritiers allemands des grands systèmes du rationalisme. Il est malgré tout impossible de réduire Kant à n'être qu'un penseur postwolffien, inscrit dans une case restreinte de l'histoire des idées !

Pour prendre la mesure de l'envergure de l'entreprise kantienne, il convient de lire sa *Correspondance*. Ceux qui lui écrivent attendent, des semaines et des mois, une réponse qui parfois ne vient jamais. Son frère pasteur lui reproche sa « désinvolture ». Lui-même parle de sa « négligence ». La régularité — légendaire, mais aussi réelle — d'Emmanuel Kant ne concernerait-elle pas son courrier ? Ce n'est pas quelque frivolité fantasque qui rend irrégulières les lettres venant de Königsberg. Il suffit de les lire pour se convaincre que tout est subordonné chez leur auteur à la nécessité de la réflexion suivie, du fil à ne pas perdre, du plan à terminer avant de mourir. Ce qui risquerait de le disperser ou de le distraire de sa tâche se trouve écarté. L'homme pourtant converse volontiers et se plaît à la compagnie, mais l'écriture, elle, n'est que pour l'œuvre. Ainsi, à certaines périodes, notamment dans la dizaine d'années où s'élabore la *Critique de la raison pure*, Kant ne rédige guère plus de quelques lettres par an. Mais quelles lettres ! Le voilà attentif, précis, disert, dès qu'il s'agit d'écarter un contresens, d'aplanir une difficulté de lecture, de fournir un éclaircissement théorique. Ce ne sont plus alors des missives utilitaires ou polies qu'il confie aux postes, mais bien des appendices construits, des compléments à l'œuvre, presque de petits traités quelquefois. Bref, ses difficultés épistolaires tiennent aussi à son exigence de rigueur. Cette *Correspondance* jette une vive lumière sur la manière dont, peu à peu, la philosophie critique s'est comprise elle-même. En 1766, dans une lettre au mathématicien Lambert, le projet d'ensemble est déjà nettement formulé : « Il est incontestable que, s'il y a une science qui doit être élaborée de manière méthodique et être clarifiée, c'est bien la métaphysique. » Mais tout reste à construire, pierre par pierre. Kant découvre à mesure l'âpreté de ce qu'il appelle son « champ rocailleux ». Longtemps après, à la fin de 1773, il écrit à Marcus Herz : « Vous n'imaginez qu'à peine ce que cela réclame d'efforts et de temps que de mettre sur pied la méthode, les classifications, la terminologie rigoureuse et appropriée. »

À cet ancien élève devenu ami fidèle, philosophe et médecin, Kant se confie toujours plus librement qu'à d'autres. Il lui dit ses espoirs : « Donner pour longtemps à la philosophie une autre allure » et « terminer cette œuvre pour Pâques ». Ce qu'il pensait donc voir achevé en 1784 ne le sera, sous une forme encore à remanier, que sept ans plus tard. Ce qui frappe dans l'attitude de Kant, dès qu'est publiée la première édition de la *Critique de la raison pure*, c'est la conjonction d'une humilité lucide et d'une certitude confiante. Il sait avoir fait son travail, avoir trouvé ce qu'il cherchait, et que cela tient. Son avenir posthume, visiblement, ne le tourmente guère. Mais il sait aussi combien son propos est neuf, difficile pour ses contemporains. Il n'ignore pas que sa langue peut paraître rébarbative, et ses développements apparemment obscurs. Mais il a cherché à penser juste plutôt qu'à plaire. Au fond, y être parvenu suffit à le rendre serein. La diffusion de ses idées, leur popularisation, il en abandonne le soin à d'autres, bien qu'il ne cesse de rêver y contribuer. En bref : Kant a compris Kant, la tâche est accomplie.

L'histoire du kantisme — les suites de l'opération de la cataracte — peut s'amorcer, faite de malentendus, de polémiques, de divergences radicales d'interprétation. On en suit les commencements dans les dizaines de lettres adressées à Kant par des penseurs qui appartiennent à presque toutes les écoles de l'époque — de Hamann à Fichte, de Mendelssohn à Lavater, de Salomon Maimon à Schiller — et on prend ainsi la mesure de l'existence des multiples manières qu'on eut de comprendre Kant, chez lui, en son temps. « Il est à peine croyable que vous ayez été si souvent mal compris », lui écrit le fidèle Schütz en 1786, avant d'ajouter : « Il y a quelques semaines, deux étudiants se sont battus en duel, parce que l'un avait dit à l'autre qu'il ne comprenait pas votre livre. »

## *Du côté français*

Pour autant qu'on sache, on ne mania pas le sabre pour ce motif dans l'université française. On s'agita pourtant beaucoup, et très tôt, autour de l'intelligibilité des textes de Kant, de leur contenu et de leur portée. L'histoire de cette toute première réception a été restituée en détail par François Azouvi et Dominique Bourel. Leur enquête, *De Königsberg à Paris*, apprend par exemple comment Kant eut pour la première fois les faveurs de la presse sous le Directoire. Considéré comme penseur républicain à cause de son *Projet de paix perpétuelle*, il ne tarda pas à intriguer les Idéologues, qui pressent les Allemands de leur exposer son système. En 1798 a lieu une rencontre étonnante entre Destutt de Tracy, Cabanis, Laromiguière, Sieyès et, pour leur faire entendre Kant, Wilhelm von Humboldt. Peu après, ce dernier adresse à Schiller une lettre admirable, où on lit notamment : « S'entendre réellement est impossible. [...] Non seulement ils n'ont aucune idée, mais encore pas le moindre sens, de quelque chose qui est hors des apparences ; la volonté pure, le bien véritable, le moi, la pure conscience de soi, tout ceci est pour eux totalement incompréhensible. Lorsqu'ils se servent des mêmes termes, ils les prennent toujours dans un autre sens. »

De républicain qu'il était, Kant devient en France, à la charnière du siècle, un esprit « allemand », entortillé, impénétrable, inaccessible à cette « clarté » française qui entend juger de tout aisément et rapidement. Bonaparte, redisons-le, cherche lui aussi à comprendre. Marchant sur l'Italie avec la Grande Armée, il s'exclame à Genève, en mai 1800 : « Ici non plus, on ne comprend pas Kant ! » Et le Premier Consul demande à Charles de Villers de lui résumer son ouvrage. La très remarquable tentative de Villers pour présenter la pensée kantienne aux Français fut vite étouffée, éclipsée par un éclectisme fade qu'on trouva de meilleur aloi.

Toutefois, on aurait tort de continuer à croire que la France de la Révolution ait été philosophiquement stérile. Quittons Kant pour souligner ce point. On a longtemps soutenu que ces années d'invention politique sans pareille étaient dépourvues de vrais penseurs. Les grands sont morts avant : Voltaire et Rousseau en 1778, d'Alembert en 1783, Diderot en 1784. Les philosophes ne renaîtraient qu'après : Maine de Biran, Antoine Augustin Cournot, Auguste Comte, par exemple. Entre-temps ? Rien, disait-on. Aurait-il donc été possible aux Français d'inventer la République, les Droits de l'homme, la Terreur et autres nouveautés modernes, sans faire, en même temps, œuvre de philosophes ? Rien, vraiment ?

Si... Condorcet. On se souvient depuis peu qu'il fut grand. Et puis ? Les Idéologues : Destutt de Tracy, Cabanis, Volney. Ceux-là, tout conspira à les laisser dans l'ombre. L'Empire, la Restauration, plus tard le spiritualisme officiel leur ont joué de sales tours. Même Marx, sans le vouloir, leur a porté un mauvais coup. Il inventa la notion d'idéologie, dont la fortune fit oublier qu'un demi-siècle plus tôt le terme désignait tout autre chose. C'était simplement la connaissance, qui se voulait scientifique, de la formation des idées dans l'esprit humain. Les Idéologues n'avaient rien de propagandistes politiques. Ils cherchaient avant tout à comprendre comment nos sensations engendrent des notions que des signes de convention servent à désigner. Dans la mémoire des philosophes, ces auteurs sont demeurés bien mal lotis.

Ce n'est pourtant pas sans raison que Stendhal, qui avait du flair, les affectionnait. Même s'ils fréquentent les salons (ceux de Mme d'Helvétius ou de Mme Condorcet), ils gardent quelque chose d'une altière solitude. Ce ne sont pas pour autant des contemplatifs. Plutôt des philosophes d'action : ils construisent, administrent, innovent. Dans un monde bouleversé, ils parent au désordre par le maintien de techniques solides, médecine, jurisprudence, géographie, administration. Ils organisent l'instruction publique ou l'Institut, réforment le Collège de France ou les hôpitaux. Rien ne leur est plus étranger que le fanatisme : « Je me préserve surtout du tétanos de l'intolérance », écrit Volney. Évidemment, ce sont aussi des stylistes. Ne sont-ils que cela ? Certes non. Leur refus des subtilités de la métaphysique, jugées obscures ou vaines, les place aux antipodes de leurs contemporains allemands. Ceux-ci rêvent souvent à la perfection des premiers âges. Nos idéologues s'en gaussent. Mais ils font mieux que railler : avec eux naissent les sciences humaines. Si on voulait bien les lire, on verrait que plus d'un trait les rend modernes, et presque parents des logiciens positivistes : scepticisme critique, goût des méthodes plutôt que des spéculations, réflexion attentive au langage, aux grammaires, aux clarifications des termes et des pensées. Même leur conception d'une morale « physique », sorte d'hygiène des désirs soumise à des lois naturelles, pourrait de nouveau nous les rendre proches.

Ainsi la tête froide de Constantin François Volney (1757-1819), qui sera fait sous l'Empire comte de Chasse-Bœuf, ne perd jamais dans ses voyages la vue scientifique des choses. D'Égypte et de Syrie où il partit jeune plusieurs années, ayant appris l'arabe, il revient sans tableaux lyriques. Il préfère édifier une somme de connaissances positives, géographiques et économiques. La publication le rend célèbre, à trente ans. Elle servira en outre à l'expédition de Bonaparte. Député en 1789, Volney est emprisonné après Thermidor. Il s'embarque ensuite pour le

Nouveau Monde. Au retour, il se confirme que l'homme est d'une autre époque, voire d'une autre trempe, que Chateaubriand. Il publie simplement un exact et austère *Tableau du climat et du sol des États-Unis*.

À ses yeux une existence se justifie d'abord par son héritage pratique : « Quand le songe de la vie sera terminé, à quoi auront servi ces agitations, si elles ne laissent la trace de l'utilité ? » Ce pragmatisme court n'interdit pas à Volney la hauteur de vues. Au contraire : son flegme excelle dans les vastes surplombs de l'histoire, les vues panoramiques des problèmes éthiques et politiques. Dès qu'il voit le monde depuis Sirius il est à son affaire. Pour s'en convaincre, il convient de lire *Les Ruines ou Méditation sur les révolutions des Empires*, ouvrage publié en 1791. Volney s'y interroge sur les causes qui ont fait disparaître à jamais tant de civilisations autrefois prospères. Ce n'est pas le hasard, dit-il, qui les fit mourir. Ce n'est pas non plus la volonté de Dieu. Elles dépérissent dès que l'ignorance et les passions déstabilisent ou rompent les équilibres existant universellement entre la nature, les individus et la collectivité. Pour que s'établisse enfin une société harmonieuse et durable, il faudrait que tout puisse se régler sur une connaissance précise des lois naturelles et de leur action dans l'homme (« La morale est une physique »). En méditant sur l'histoire, Volney dessine l'épure d'une analyse conjuguant physique et psychologie, économie et politique, morale et utilité. Bientôt les utopistes arrivent... Soucieux d'universalité vraie, Volney ne cesse de se préoccuper de l'Orient, proche ou extrême. Il est l'un des premiers à soupçonner les généalogies qui aboutiront à la découverte du domaine indo-européen, à encourager l'« étude philosophique des langues », seul moyen de « visiter les hautes régions historiques ». Il est également l'un des premiers à « orientaliser » les Grecs, qui « n'ont été que les cousins germains des Gètes et des Thraces ». Pionnier de cette « Renaissance orientale » qui traverse tout le XIX^e^ siècle, Volney plaide pour une ouverture de l'enseignement et de la réflexion au-delà des humanités classiques : « Si vous comparez le vaste théâtre géographique des langues ci-devant inconnues à l'étroite sphère de celles où nous n'avons cessé de rouler, vous penserez qu'il ne suffit plus de savoir le grec et le latin pour raisonner sur la philosophie du langage, pour bâtir de ces théories que l'on appelle des grammaires universelles ; vous sentirez que votre exclusive admiration du grec et du latin n'est qu'un tribut irréfléchi payé par notre enfance à la vanité scolastique de nos instituteurs et à l'orgueil militaire des peuples anciens, qui tinrent pour non existant ce qu'ils ignoraient. » Il commence à entrevoir que des philosophes existent chez des peuples que l'on croyait barbares. Il discerne des trésors à découvrir là où l'on ne voyait que fables et idolâtrie. Comme l'être selon Aristote, l'opération de la cataracte se dit en plusieurs sens.

# X

# LA MALLE-POSTE ET LES MARIONNETTES

Hegel découvre l'histoire, Schopenhauer s'en passe.
Leur antagonisme demeure encore à déchiffrer.

*On n'est jamais trop soigneux dans le choix de ses ennemis.*
Oscar WILDE

Hegel n'est pas seulement le dernier des dinosaures, le génie qui clôt une longue histoire en parachevant la métaphysique occidentale et qui donne à la pensée un mouvement, une fluidité qui échappent pour une part aux limitations kantiennes. Il est aussi, et surtout, celui par lequel s'ouvre l'époque que nous appelons « contemporaine ». Sans doute ne serions-nous pas convaincus de la place centrale de l'histoire, ou de la complexité des relations entre philosophie, politique et religion sans l'œuvre de celui que Marx appelait familièrement le « Vieux ». Peut-être est-il de moins en moins vieux. À mesure, en effet, que s'est estompée la domination du marxisme, que se sont écroulés les régimes qui s'en réclamaient, l'actualité propre de Hegel, la pertinence de ses questions, la puissance de ses vues sont apparues sous une lumière différente. Merleau-Ponty, vers 1950, voyait en lui « l'origine de tout ce qui s'est fait de grand en philosophie depuis un siècle », notamment Marx, Nietzsche, la phénoménologie et l'existentialisme allemand, voire la psychanalyse. Peut-être le temps est-il venu de l'entrevoir lui-même.

Au plus simple, que doit-on à Hegel d'essentiel ? D'abord la mise en œuvre d'une raison élargie, assouplie, plus compréhensive que l'entendement, capable de rendre compte des formations — psychiques, culturelles, historiques... — qui semblent au premier regard irrationnelles. Ensuite, une exigence de penser le présent, d'arracher la philosophie aux mirages de l'éternel pour la rendre à l'époque. Sans doute est-ce un propos trop simple pour caractériser ce penseur considérable — « Spinoza multiplié par Aristote », disait Taine. Mais il faut commencer par simplifier à l'extrême si l'on veut contourner certains malentendus accumulés autour des positions de Hegel au fil de décennies de commentaires. On a par exemple attribué à la dialectique et à l'ensemble du système une sorte de rigidité mécanique, alors que la nécessité rationnelle, chez Hegel, se fonde aussi sur la contingence et la liberté de la décision, comme l'a montré notamment Bernard Bourgeois. Loin d'être une machine close et enfermante, la philosophie de Hegel est à lire sous le signe de la liberté. On a voulu faire de Hegel un conservateur, en collectionnant des indices disparates sur sa place dans la politique de son temps. Or Hegel n'est pas situé sur cette scène : il tente d'en rendre raison. Le philosophe, de ce point de vue, est aussi bien celui qui récapitule un temps qui s'achève que celui qui ouvre un temps nouveau. Sa place est toujours double. Résultat d'un monde fini, la philosophie vient « toujours trop tard » et demeure marquée par son impuissance. Naissance et position d'une réalité nouvelle, dont elle constitue aussi le principe, elle est essentiellement puissance : « Si le domaine des idées est révolutionné, la réalité ne peut demeurer ce qu'elle est », écrit Hegel à Niethammer, le 28 octobre 1808. En reformulant la logique, peut-être prépare-t-il un monde tout autre.

*La Logique* de Hegel est fort loin de celle d'Aristote ou de la logique mathématique qui, depuis Boole et Russell, a pris sa suite. Son projet n'est pas de dégager les règles du raisonnement ou les lois de la pensée. Il est bien plus vaste : Hegel entend dépasser toutes les formes de dualisme qui ont marqué la pensée de l'Occident : forme-contenu, sujet connaissant-objet connu, être-devenir, ou encore essence-existence, individuel-universel, etc. *La Logique* de Hegel subvertit toute pensée qui scinderait l'intérieur et l'extérieur. Ce dépassement lui-même n'a évidemment pas lieu « de l'extérieur ». Il ne s'effectue pas dans une sorte de domaine clos réservé à la seule logique. Celle-ci n'est rien que le pur mouvement de passage d'une forme à une autre. En elle-même, elle n'a pas de contenu, ou plutôt son contenu n'est que ce pur mouvement, comme l'ont rappelé les travaux communs de Pierre-Jean Labarrière et de Gwendoline Jarczyk. La logique n'est pas non plus le moule formel de contenus très divers. Ce qu'elle décrit, c'est le processus par lequel le contenu lui-même se meut. « Un chemin qui se construit lui-même », dit Hegel, qui prétend moins décrire la logique à l'œuvre dans le monde que la laisser parler. La logique est « derrière la conscience », comme il l'écrira quelques jours avant sa mort. En ce sens, la pensée n'est que l'infini travail du monde sur lui-même. Toutefois, ce mouvement universel se continue au sein de contingences infimes. En voici un exemple.

## *L'âme à cheval*

Les troupes françaises arrivent. On craint des pillages, ils ont lieu. La ville d'Iéna est incendiée, la maison de Hegel mise à sac. À l'université, les cours sont suspendus. Le lundi 13 octobre 1807, « le jour où Iéna fut occupée par les Français et où l'empereur Napoléon entra dans ses murs », le philosophe écrit à son ami Niethammer une lettre célèbre dans laquelle il affirme : « J'ai vu l'Empereur — cette âme du monde — sortir de la ville pour aller en reconnaissance ; c'est effectivement une sensation merveilleuse de voir un pareil individu qui, concentré ici sur un point, assis sur un cheval, s'étend sur le monde et le domine. » Cette fascination en dit plus sur celui qui l'éprouva que sur la situation militaire dans la région ce jour-là. Faire remarquer que l'auguste cavalier ne domine guère le monde, mais seulement, temporairement — de façon contingente, éventuellement absurde —, un fragment d'une province nommée Europe, ce serait méconnaître la perspective de Hegel. Le principe même de sa démarche consiste en effet à s'installer en un lieu où la pensée puisse tout englober, et à rendre compte de la totalité de l'histoire comme de son propre accomplissement. « Mon propos est de collaborer à ce que la philosophie se rapproche de la forme de la science — se rapproche du but, qui est de pouvoir se défaire de son nom d'"amour du savoir" et d'être "savoir effectif". » Assis à sa table de travail, Hegel projette de condenser en un livre tout ce qui est advenu à Dieu et aux hommes, sous d'apparents désordres de hasard, tout en exposant la logique interne qui permet de comprendre la nécessité du processus.

Vient-il d'y parvenir ? La question divise les interprètes. À trente-sept ans, il possède nombre de textes à son actif, mais pas encore la forme achevée de son système. Il en détient les principaux éléments. D'où les difficultés que soulève *La Phénoménologie de l'esprit.* Ce premier grand livre contient-il déjà l'essentiel ? Est-il à placer sur le même plan que les vastes traités postérieurs mieux maîtrisés, *La Science de la logique*, ou l'*Encyclopédie* ? Cette œuvre où se combinent, parfois difficilement, la genèse logique d'une conscience et le roman de la formation de la culture européenne n'est-elle qu'une introduction, fulgurante mais bancale, au système à venir ? Les circonstances de la composition peuvent faire penser qu'il ne s'agit encore que d'un coup d'essai du maître futur. Bien que longuement médité, le texte est rédigé en un an seulement, change plusieurs fois de plan, et même, en dernière heure, de titre. Le manuscrit est en retard. L'imprimeur le réclame de toute urgence. Hegel finit son texte dans la hâte et les imprévus de la bataille. Il écrit à Schelling : « J'ai terminé la rédaction dans la nuit qui a précédé la bataille d'Iéna. » Tandis que l'armée napoléonienne attaque, l'auteur confie deux colis, les 6 et 8 octobre, à une malle-poste passant vaille que vaille entre les troupes. On peut rêver sur les chevaux. On imaginerait les écarts ou les rapprochements entre celui qui transporte la petite « âme du monde » dans les rues d'une ville conquise et ceux qui acheminent péniblement vers l'imprimerie les liasses encore manuscrites d'un livre à la fois austère et échevelé. S'y trouvent consignées notamment les analyses de la relation entre le concept et la chose même, la dialectique du maître et du serviteur, la conscience malheureuse, les Lumières et la Terreur, la religion naturelle et la religion révélée, les étapes du développement interne de l'absolu devenant effectif dans l'histoire de la philosophie, la réconciliation finale, souvent mal comprise, entre religion et philosophie sous la forme du savoir absolu. Au moment où Napoléon s'approche, la dernière page parle du savoir absolu en termes de « royaume », et de l'effectivité de l'esprit absolu comme « vérité et certitude de son trône ». On se demanderait si ce n'est qu'une coïncidence. On craindrait surtout, rétrospectivement, qu'une mauvaise ornière, une balle perdue, une colère de soudard ou quelque accident de ce genre vienne disperser aux quatre vents les pages encore fraîches.

Ces fantaisies sont extérieures à la préoccupation de Hegel, pour qui un accident jamais n'abolira l'Histoire. L'individu n'a qu'une « activité restreinte », écrit-il à la fin de la préface à la *Phénoménologie*. Lui-même « se présente moins comme un créateur ou un inventeur que comme un porte-parole ou un secrétaire », selon Jacques d'Hondt. Secrétaire de l'Absolu, porte-parole du Concept, ce ne sont pas ses « idées personnelles » que prétend formuler Hegel. C'est le réel lui-même qui, dans son système, est censé se donner à comprendre tout en prenant définitivement conscience de soi. Telle est l'ambition grandiose qui l'anime depuis *La Phénoménologie de l'esprit*. La parution du texte fit connaître le philosophe. Sa préface fameuse, rompant avec Schelling, semble un coup d'éclat, mais en fin de compte dans de bien petits cercles : la première édition, tirée à 750 exemplaires, ne s'épuise qu'en vingt-trois ans !

L'ouvrage est demeuré longtemps méconnu de ce côté-ci du Rhin. On apprit fort tôt, dès les années 1830, par l'intermédiaire de Victor Cousin et de ses disciples, quelques rudiments de la pensée hégélienne. L'œuvre de

1807 resta malgré tout négligée. Foucher de Careil, dans son *Hegel et Schopenhauer* (1862), la résume en un chapitre. Il faut attendre Alexandre Koyré, au début des années 1930, Jean Wahl, et surtout les *Leçons sur la Phénoménologie de l'esprit,* professées de 1933 à 1939 par Alexandre Kojève, pour que la philosophie française s'intéresse réellement à ce texte. Les interprétations de Kojève eurent une influence durable sur Bataille et sur Merleau-Ponty. Cette découverte porta Jean Hyppolite à étudier de près *La Phénoménologie de l'esprit* et à en donner, il y a plus d'un demi-siècle, la première traduction française complète. Deux autres sont aujourd'hui disponibles. Écrire l'histoire de Hegel en France n'est pas souhaitable dans ces brèves esquisses. Éclairer l'opposition de Hegel et de Schopenhauer — souvent négligée, pourtant essentielle — est plus frappant.

## *Ennemis intimes*

Schopenhauer n'esquive pas la polémique. Des « marionnettes », voilà ce que sont à ses yeux Hegel, Schelling ou Fichte. Contre Hegel, il n'a pas de mots trop durs. Son style est « le galimatias le plus répugnant et le plus intense », sa « pseudo-gloire » encourage « l'obscurité prétentieuse » de « misérables barbouilleurs ». Il serait trop simple de ne voir là qu'un aveuglement fielleux et daté, ou un pur produit du ressentiment. On pourrait interpréter ces sarcasmes faciles comme les conséquences d'un mauvais caractère, d'une banale affaire d'amour-propre blessé. Demeurant plus de vingt ans sans aucune audience, Schopenhauer s'échauffe vite, il est vrai, quand il voit son grand aîné dominer de haut la scène universitaire. L'explication est mince. Ce qui anime ce solitaire, c'est aussi l'amour de la philosophie, l'exigence de sa radicale indépendance envers tout pouvoir et tout credo. S'il est injuste, c'est au nom d'une dignité de la pensée sur laquelle on ne transige pas.

Au-delà des rivalités de personne, le désaccord insurmontable entre la philosophie de Hegel et celle de Schopenhauer fournit sans doute une des clés principales de la pensée contemporaine. Hegel travaille à la réconciliation de l'absolu et de la réalité, de la raison et de l'histoire, de l'esprit et du monde. En concevant la vérité comme un processus, en inventant la fluidité de la dialectique, il explore des voies où toutes les contradictions se surmontent, font avancer l'histoire, et en dévoilent progressivement le sens. La malle-poste contenant son manuscrit passe entre les lignes, contourne le front, construit son chemin neuf en dépit des chaos. Schopenhauer, au contraire, juge irréconciliable la dualité de notre être. La raison à ses yeux n'est ni Dieu ni la marche de l'esprit dans l'histoire. Elle est seulement un outil, précieux mais d'usage limité. Dans le corps, la nature en nous s'incarne et agit, volonté aveugle, sans but réfléchi, sans progrès ni dialectique. Nous sommes tous des marionnettes de l'instinct, des pantins dont le vouloir-vivre tire éternellement les ficelles. Tandis que les philosophes de son temps, en pensant l'histoire universelle, tentent de fabriquer du sens et de l'espoir à partir d'atrocités désespérantes et insensées, le solitaire Schopenhauer demeure irréductiblement un maître de désillusion. Il enseigne que le monde est toujours le même : absurde et horrible. Si quelque chose change, c'est en surface ou en pire.

La dissonance totale de ces deux pensées se prolonge de plusieurs façons. Hegel n'a cessé par exemple de conjuguer religion et philosophie, les réfléchissant l'une par l'autre, pensant dépasser leur opposition historique. Son ennemi abhorre l'idée de Dieu, bien qu'il vénère les mystiques. La théologie lui fait horreur. Le salut schopenhauerien est affaire de sagesse, non de révélation. C'est un retrait individuel et distant, pas une avancée collective, encore moins une affaire d'État. Nous vivons encore dans la postérité de la division entre celui qui rêvait de comprendre l'histoire du monde et celui qui voulait s'en débarrasser. Faut-il rappeler ce que Marx doit à Hegel ? Ce que doivent à Schopenhauer Nietzsche, le fils rebelle, et Freud, le fils docile ? Faut-il souligner que l'école de Francfort, notamment avec Max Horkheimer, est encore prise dans les tensions de ce double héritage ? Derrière ces œuvres qu'un abîme sépare, on devine des vies et des styles distincts. L'homme affirmant : « Ce qui est de moi dans mes livres est faux » (Hegel) n'a pas la même complexion que celui qui déclare sur le tard : « L'humanité a appris de moi des choses qu'elle n'oubliera jamais » (Schopenhauer). Tandis que Schopenhauer vécut de ses rentes en célibataire bien réglé, Hegel dut être de longues années précepteur, journaliste, proviseur, avant d'obtenir tardivement une chaire de philosophie digne de lui. On l'oublie souvent, tant l'image du maître de Berlin exposant son système a recouvert les autres.

Quelques traits rapprochent ces fils d'un même temps et d'une même culture allemande. Georg Wilhelm Friedrich Hegel naît en 1770 à Stuttgart, Arthur Schopenhauer en 1788 à Dantzig. L'aîné meurt du choléra à Berlin en 1831, le cadet succombe à une attaque à Francfort en 1860. L'un comme l'autre auront passé relativement peu de temps hors d'Allemagne, où chacun habita plusieurs villes. Même leurs projets philosophiques ne sont pas dépourvus de sources communes. Il s'agit pour tous deux de penser après Kant, et contre le romantisme. Explorer les au-delà ou les en-deçà de la conscience individuelle constitue l'horizon d'ensemble sur lequel leurs démarches se découpent pour diverger. Toutefois, dès qu'on cesse de les voir de Sirius, ils diffèrent. Par le temps : l'éclair de 1789 frappe Hegel dans l'enthousiasme de ses vingt ans, tandis qu'Arthur, né en 1788, découvrira l'Europe sous le feu des guerres napoléoniennes. Par les lieux : l'Allemagne du Sud où vit longtemps le jeune Hegel n'est pas celle des villes de la Hanse, des ports francs et du commerce international où grandit Arthur. Par l'éducation : le père de Georg Wilhelm Friedrich est un petit fonctionnaire de l'administration fiscale, qui désire que son fils devienne pasteur. Celui d'Arthur est un riche négociant, ardemment républicain, antiprussien, agnostique, lecteur du *Times*, qui refuse que son héritier s'embarrasse de trop d'études théoriques.

S'ils deviennent philosophes contre la volonté paternelle, ce n'est pas le même milieu qu'ils affrontent. Celui de la famille Hegel est grave et laborieux, tandis que les Schopenhauer mènent grand train dans les salons. Johanna, la mère d'Arthur, offre le thé à Goethe. Les voyages aussi les distinguent. Hegel découvre à vingt-six ans les Alpes bernoises, et Bruxelles, Vienne ou Paris la cinquantaine passée. Les lettres qu'il adresse à sa femme disent sa répugnance à être hors de chez lui, avec une insistance qui ne semble pas seulement une marque de tendresse. L'« Aristote des temps modernes » aime mieux parcourir les livres que les contrées. Les bibliothèques lui font connaître des mondes où il n'alla jamais. Schopenhauer, au contraire, a vu très tôt l'Europe, et autrement. De neuf à onze ans, il apprend le français au Havre, au point d'en oublier presque l'allemand. De quatorze à quinze, il s'exerce à lire le livre du monde en découvrant, avec son père libéral et sa mère romancière, la Hollande, l'Angleterre, la France, la Suisse et l'Autriche. Ces points ne sont pas de simples anecdotes. Ce n'est sans doute pas un hasard si l'itinéraire philosophique de Hegel est si longuement hésitant, marqué de ruptures et de crises, avant d'aboutir à une sorte de toute-puissance ouverte et mobile. Schopenhauer, en revanche, paraît l'homme d'une intuition unique, d'une œuvre statique comme un diamant, dont chaque volume taille une facette sans réellement se mouvoir. Mais pas sans s'émouvoir. À Hegel le concept, à Schopenhauer l'affect.

## *Les larmes et le sang*

Schopenhauer est misanthrope, colérique, chicanier, méfiant, vaniteux, narcissique. C'est à l'évidence un personnage insupportable. Il semble récriminer d'un bout à l'autre de l'existence. De lettre en lettre, selon les décennies, il ne cesse de réclamer des garanties exorbitantes à ses débiteurs, de suggérer des argumentations retorses à ses avocats, d'imposer des stipulations minutieuses à ses éditeurs, de houspiller ses « apôtres » dès qu'ils ratent une coupure de presse ou un programme de cours mentionnant son nom. L'ensemble de sa correspondance pourrait permettre de brosser d'Arthur Schopenhauer un portrait peu avenant. Ces pages de hasard le livrent tel quel, au quotidien, sans fard. « Jetées sur le papier sans préméditation ni soin », selon ses termes, les missives privées donnent à voir, par moments, un monsieur teigneux, sûr de son bon droit, décidément peu attirant. Un léger décalage, un changement d'angle, juste un pas de côté suffisent pour voir les mêmes scènes sous une autre lumière. Schopenhauer n'eut qu'un seul vice, le souci de la vérité. Un seul but, la philosophie. Une seule exigence, l'œuvre. Son obsession financière ne constitue pas le signe de sa cupidité, mais le moyen premier de son indépendance. Il lui faut vivre de ses rentes pour se consacrer à sa pensée, pour ne devoir faire à personne de concessions d'aucune sorte. Les contraintes qu'il impose à ses éditeurs ne sont pas des manies de lettré tatillon, mais la condition d'une transmission exacte des textes et de leur forme. Même son avidité de vieille coquette, quand il découvre ici ou là une nouvelle mention élogieuse de son nom, correspond sans doute moins à une infatuation banale qu'au contentement de voir se répandre la vérité, sentiment légitime quand on lui a consacré sa vie et qu'on se trouve convaincu d'y être parvenu. Sans cette conviction, inébranlable et folle, Schopenhauer n'aurait pu traverser le désert. En 1819, un homme de trente ans publie le livre renfermant toute sa pensée, *Le Monde comme volonté et comme représentation*. Un silence complet accueille l'œuvre. Ce silence pouvait paraître interminable.

Ce n'est qu'après 1850, avec le succès des *Parerga et Paralipomena*, suite d'essais qui vulgarisent les thèmes de sa philosophie, que le vieil homme commence à rencontrer quelque véritable audience. Il s'en targue naïvement ? Il guette les tardifs indices de sa popularité avec une jubilation presque puérile ? Il est gentiment ridicule d'être si satisfait quand on le photographie, quand on vient peindre son portrait, quand une jeune femme le fait poser pour un buste bientôt reproduit un peu partout ? Bien sûr. Mais qu'importe. Il a su attendre. Il a tenu la distance, sans secours et sans suicide. Persuadé d'avoir percé à jour une part essentielle du secret de la vie, il a laissé à son siècle le temps de le rejoindre. Pour tenir ainsi, il fallait une force d'âme peu commune. Schopenhauer : un héros de l'endurance. Après une vie entière de solitude, il meurt sous les vivats. En 1860, un matin, il s'effondre sous le portrait de Kant, non loin du grand Bouddha tibétain dont il avait fait l'acquisition quelque temps auparavant. Il est admiré et célèbre, mais ce n'est encore qu'un début. Sa grande gloire vient plus tard. Sans doute aucun penseur, à part Marx, n'a façonné une époque de manière aussi nette et inattendue. On connaît la liste de ceux qu'il a influencés, entre 1880 et 1930. Liste impressionnante ! « Éducateur » de Nietzsche, Schopenhauer a marqué peu ou prou Kierkegaard, Freud, Jung, Bergson, Wittgenstein, Camus, Popper... C'est aussi chez les romanciers, les dramaturges et les musiciens qu'il exerce son influence, de Kafka à Proust, d'Hamsun à Beckett, de Mann à Joyce, de Strindberg à Dürrenmatt, de Wagner à Schönberg. Le jeune Charles Chaplin, dans les coulisses d'un théâtre de Londres, lisait lui aussi *Le Monde comme volonté et comme représentation*. Il suffit de voir Charlot pour le savoir : c'est un héros schopenhauerien.

Que retinrent-ils tous de cette œuvre ? La raison asservie au désir, la représentation consciente conçue comme l'avers d'une force obscure et impersonnelle, la mise en lumière du caractère illusoire de la volonté individuelle, le désir d'ascétisme sans la soumission aux religions révélées, les jeux de l'amour et de la mort ressaisis dans ce qu'ils ont d'absurde, d'inévitable, de dérisoire et de pitoyable. Le pessimisme artiste, mystique et méditatif de Schopenhauer ne fut pas une posture artificielle, l'exercice factice d'une intelligence qui prend la pose. Ce fut sa vie même, son salut à lui, sa détermination entière. Son apothéose posthume ne se réduit pas à une erreur de la mode. Son triomphe, toutefois, ne l'a pas rendu tout à fait respectable. Il demeure encore marginal, délaissé des érudits et, en France surtout, plus ou moins boudé par les chercheurs. Sans doute le grincheux a-t-il eu la dent dure envers les philosophes universitaires. Il affirma préférer l'idée de vers rongeant son cadavre à celle de professeurs de philosophie décortiquant son œuvre. Une provocation aussi bête n'a pu dissuader qui que ce soit. Il y a un problème Schopenhauer. Ce qu'on écarte ? D'abord ce trait qui fait de Schopenhauer un classique : la noirceur.

Pas moyen d'aimer vraiment celui qui enseigne qu'une vie heureuse est contradiction dans les termes, que les grandes amours se réduisent à des leurres de l'instinct, que le monde se poursuit sans dessein intelligent, sans intention sensée, sans espoir d'amélioration. Toutes nos consolations usuelles se trouvent écartées. Dieu, ou le progrès, ou l'histoire, ou le sens, cela fait ricaner Schopenhauer. L'optimisme le met en rage, l'idée même de bonheur l'échauffe. Ces chimères ne forment à ses yeux que pièges à malheur, tortures pires que la cruauté du vrai. L'art seul sauve, par instants, et singulièrement la musique, mais comme l'indice à peine pensable d'un monde où la douleur cesserait d'être totalement absurde pour devenir contemplable et belle. La pitié s'impose entre les vivants comme une solidarité éphémère dans une nuit sans fin. Rien de cynique, donc, rien même d'égoïste dans cette pensée de l'écorchure de vivre. Rien que le constat ultime qu'il vaut mieux que ça cesse.

Laissons le noir. Abandonnons le goût du néant aux auteurs fin de siècle, amateurs de délectations moroses et de lassitude pâmée. Il y a encore une mauvaise raison pour ne pas aimer cette philosophie qui traite des larmes et du sang, de la peur de mourir et du courage de durer. C'est justement qu'elle se soucie de cette masse d'affect et de chair plutôt que seulement de l'esprit, de l'absolu, de la raison, ou des catégories de l'entendement. Il se pourrait que le moins pardonnable de Schopenhauer ne soit pas son athéisme ni son pessimisme, mais le fait d'avoir fait revenir dans la philosophie, en vrac et sans virgules, l'amour la mort la douleur l'émotion. En un certain sens, on avait oublié ça depuis les Grecs. C'est pourquoi plus que tout autre, comme Nietzsche l'a vu, il est éducateur. Oublions les défauts, les petitesses, les imperfections, les ridicules, les travers misérables. Cet homme-là, il faut vraiment le remercier.

# XI

# CHERCHEURS D'ABSOLU

Où est-il donc passé ? Les uns tentent de l'atteindre par l'extase de l'esprit. D'autres cherchent à le retrouver dans l'humanité.

*Les philosophes n'arrivent à la gloire qu'à la condition de l'impiété.*

Joseph FERRARI, *Les Philosophes salariés*

« Entendez-vous la clochette du prêtre ? On porte les sacrements à un Dieu qui se meurt. » Ainsi parlait Heinrich Heine. Sans doute l'histoire contemporaine serait-elle inintelligible si l'on faisait abstraction des graves ennuis de santé qui ont affecté l'Être suprême. En parler avec cette légèreté feinte ne change pas la gravité de ce moment vertigineux. Une fois Dieu mort, ou tué, ou estompé (ou effacé, ou encore absent, raturé... qu'importent les métaphores), une crise sans précédent s'est ouverte. De tous côtés, de mille façons, la pensée occidentale a tenté de la surmonter. Du XVIIIe siècle à nos jours, elle s'est efforcée de refaire du sens. Elle a sondé par tous les biais l'histoire du divin et de l'humanité. Longuement, fiévreusement, on a multiplié légendes des siècles et philosophies de l'histoire, utopies et prothèses religieuses. La culture européenne a tournoyé entre les figures du désespoir et de la régénération. Elle a scruté les plus lointains passés en rêvant d'un futur encore en réserve.

Cette préoccupation intense et multiforme travaille en profondeur de vastes pans de notre histoire, de Herder à Nietzsche, ou encore de Benjamin Constant à Michelet. Les romantiques allemands furent parmi les premiers à en prendre conscience. « Il faut que nous ayons une nouvelle mythologie », lit-on déjà dans ce document connu sous le nom de « plus ancien programme systématique de l'idéalisme allemand ». L'identification de son auteur fait l'objet de controverses érudites, mais il est possible qu'il s'agisse de Schelling. Le texte précise aussitôt : « Cette mythologie doit se tenir au service des idées, elle doit devenir une mythologie de la raison. » Faut-il souligner que ce dernier point est essentiel ? Si on le néglige, on se retrouve dans les parages du *Mythe du xx*<sup>e</sup> *siècle* de Rosenberg et des délires meurtriers du nazisme.

## *Accès direct à l'Absolu*

Déconcertante à force d'évoluer sans fin, l'œuvre de Schelling n'a pas toujours reçu l'attention qu'elle mérite. Elle eut certes des lecteurs qui comptent — parmi lesquels, ces dernières décennies, Jaspers, Jankélévitch, Rosenzweig, Heidegger ou Habermas —, mais le triomphe de Hegel et de sa grande famille, la « sainte » ou l'iconoclaste, a relégué dans l'ombre ce turbulent cadet. Schelling a pourtant, entre autres qualités, le goût de la clarté à laquelle il lui arriva peut-être d'être infidèle. « Rien de ce qui est exprimé de manière torve et ampoulée ne peut pour cette raison même être vrai et juste », écrit-il, par exemple. Ou encore, sans concession : « Les rêves de la jeunesse, quand bien même ils resteraient des rêves, ne sont pas dénués de sens s'ils interdisent de se compromettre avec la médiocrité. » Mais ce philosophe n'a rien fait pour faciliter la tâche de la postérité. Il est célèbre trop jeune : quand retentissent ses premiers écrits, son vingtième anniversaire n'est pas encore fêté. Il meurt très tard, en 1854, à soixante-dix-neuf ans — quarante années après Fichte, vingt-trois années après Hegel. Trop tard peut-être : le milieu du siècle n'est plus guère disposé à l'entendre. D'autant qu'il changea continûment, remodelant, au sein de problématiques successives, sa thématique de l'intuition intellectuelle et de l'absolu. Les diverses versions de sa pensée ont même pu faire croire qu'il était l'homme des volte-face et des parcours erratiques. C'est à Xavier Tilliette que revient le mérite d'avoir mis en lumière, en 1970, l'unité profonde et la logique interne de cette philosophie en devenir. Schelling n'a jamais rompu avec ces points de départ jusqu'à son œuvre ultime, la *Philosophie de la révélation*.

En lisant seulement le titre, on a souvent cru qu'il s'agissait d'une œuvre édifiante, marquant le retour d'un philosophe vieillissant vers la foi que l'adolescent avait écartée. C'est évidemment un malentendu. « Philosophie de la révélation », Schelling s'en explique, ne saurait signifier « philosophie révélée ». Sa réflexion prend la révélation comme objet, et ne la considère nullement comme une autorité à laquelle la pensée se soumettrait, en cessant par là même d'être philosophique, faute d'être libre. La difficulté est plutôt de savoir ce que veut dire exactement, chez Schelling, « révélation ». À l'évidence, il ne s'agit pas de la classique notion d'une parole divine transmise par un intermédiaire autorisé. Le terme est presque synonyme de création. Il s'agit de chercher ce qui a pu décider Dieu à créer, librement, le monde où il se manifeste. Depuis *Les Âges du monde*, que Schelling reprit et abandonna des années durant, jusqu'à ce texte, en passant par la *Philosophie de la mythologie*, un même projet hante la longue fin de cette vie : écrire l'histoire du passé de Dieu, retracer sa biographie, à la fois intérieure et antérieure. Schelling tente d'approcher ce gouffre du temps, cet immémorial passé qui n'a jamais été présent. Il cherche encore, dans cette « supra-histoire » interne à l'absolu, la réponse à la question : pourquoi y a-t-il quelque chose plutôt que rien ? Schelling tente finalement de faire converger philosophie et religion en une pensée nouvelle, où leur antagonisme perdrait tout sens.

L'intuition intellectuelle est pour Schelling une forme d'accès direct à l'absolu. Une saisie globale, immédiate, de la réalité ultime. Une connaissance de ce qui est, donnée sans réflexion, sans argument, sans étape ni cheminement, rien qui découpe, rien d'imparfait. Une vision première, qui envahit tout et dissout les limites définissant habituellement l'individu et le monde. Une expérience fusionnelle, évoquant celle des mystiques et des poètes. Une sorte d'extase compréhensive, une illumination, une vue soudaine, mais définitive, de soi et du monde confondus. Voilà en gros ce qu'a désigné, à la charnière du XVIIIe et du XIXe siècle, l'expression d'« intuition intellectuelle ». Elle fit fureur, quelques années, dans l'Allemagne romantique. On la retrouve, Schelling mis à part, chez Fichte, Hegel, Hölderlin, Novalis, au cours de ces années intenses et déterminantes qu'on appelle, faute de mieux, l'« idéalisme allemand ».

La philosophie de Kant avait écarté cette « vue de l'esprit » (cette tournure rendrait mieux les termes allemands *geistige Auschauung* qu'« intuition intellectuelle », mais elle est dotée d'un autre sens en français). Poseur de limites, arpenteur de frontières, le penseur de Königsberg avait pris soin de préciser le caractère borné de l'intuition humaine. Autant la connaissance divine est directe et infinie, autant la nôtre est dérivée et restreinte. Seul Dieu voit les choses telles qu'elles sont. Nous ne pouvons les connaître que relativement, à l'intérieur des limites propres à notre entendement, à notre sensibilité et à leur relation. Tandis que, pour Dieu, savoir, percevoir et créer ne font qu'un, pour nous, il s'agit évidemment d'opérations à la fois distinctes et délimitées.

Kant a bien tenu à l'écart l'intuition intellectuelle, mais il ne l'a pas pour autant formellement condamnée, encore moins déclarée impossible. Il n'a pas explicitement interdit de s'en préoccuper. Elle n'entre d'ailleurs pas inéluctablement en contradiction avec son système. Telle est l'hypothèse avancée par Xavier Tilliette pour expliquer un fait jusqu'alors inaperçu. Si Kant avait totalement banni l'intuition intellectuelle, on ne comprendrait plus pourquoi cet interdit se serait trouvé transgressé si vite et si massivement par Fichte et par Schelling, qui n'ont pas eu, au début, le sentiment de trahir leur maître ni d'entrer avec lui dans un conflit ouvert et irrémédiable. Mieux : c'est chez Reinhold, l'un des plus fidèles disciples de Kant, l'un des plus respectueux de l'esprit et de la lettre de sa philosophie, que cette notion commence à être élaborée. Ainsi, entre l'homme et Dieu, la place de l'ange, dans la pensée kantienne, ne serait-elle pas résolument niée. Mais elle demeurerait vide. Kant, en fait, ne se préoccupe guère du suprasensible sauf, de manière d'ailleurs très indirecte, dans les analyses tardives consacrées au sublime par la *Critique de la faculté de juger*. C'est dans cette petite brèche du système que vont s'engouffrer les mondes de Fichte (l'autoposition du sujet absolu, le Moi, se réalise par une intuition intellectuelle) et de Schelling, qui commence par rendre équivalents le Moi et l'« Un et Tout » (le *Hen kai pan* des Grecs, le regard global sur l'univers), attribué par lui à Spinoza.

Ensuite, l'histoire de cette « intuition intellectuelle » est à suivre sur deux registres. Le premier concerne l'Allemagne du romantisme. L'intuition intellectuelle y devient un slogan, un mot de passe, un de ces signes de ralliement pourvus d'une fortune éclatante et brève dont la vie des idées offre tant d'exemples. À la suite de Schelling, on voit de grands esprits s'emparer de la formule et la remanier à leur gré : Hölderlin, Novalis, Schleiermacher. À leurs noms, des dizaines d'autres sont à ajouter, de Jean Paul à Karl Philip Moritz, qui écrit par exemple : « Pour la première fois, j'ai ressenti aujourd'hui l'inexprimable félicité de me voir hors de moi-même. » D'innombrables auteurs, romanciers, poètes ou publicistes partagent une même complicité d'époque dans l'évocation de cette vision intérieure du Moi, de cette perception de l'absolu en soi-même et hors de soi, de l'extase indicible d'une appartenance totale à la Nature. Cette flambée disparut vite. L'intuition intellectuelle s'était trouvée confondue avec trop de choses disparates : « l'inspiration du génie, la mystique naturelle, [...] l'émotion religieuse, l'œuvre d'art, la vie contemplative », écrit Xavier Tilliette, qui conclut : « L'inflation a entraîné la dévaluation. » Le coup de grâce fut la critique sévère de Hegel. Venues d'un autre bord, les invectives de Schopenhauer indiquent la fin de cette vogue. Il brocarde les « fanfarons philosophiques qui, en Allemagne, ont accolé ce prédicat [intellectuel] à une soi-disant intuition de mondes rêvés, dans lesquels leur cher Absolu entreprendrait ses évolutions ». Ces élucubrations sont, à ses yeux, « épouvantables et ennuyeuses à l'extrême ». Les successeurs de Kant, à l'évidence, poursuivent leurs quêtes respectives en des directions opposées.

## *Un homme-puzzle*

Il y a des hommes opaques. Ils ont beau figurer dans l'histoire en des lieux repérables, on ne sait où les situer. Ce qu'ils furent et ce qu'ils firent demeure énigmatique. Leur vie est connue, leurs textes sont publiés, mais ces facettes s'ajustent mal. Les pièces semblent incomplètes ou faussées. C'est le cas de Wilhelm von Humboldt. On sait de lui beaucoup de choses. Par exemple : sa famille fréquentait la cour de Frédéric II de Prusse, haut lieu de l'*Aufklärung* et de la francophilie, sans lien avec l'évolution de la culture proprement allemande du temps. Né en 1767, le jeune homme reçoit une éducation littéraire et scientifique exceptionnelle où domine le rationalisme et où la théologie brille par son absence. On le verra se passionner successivement pour la philosophie politique, la philologie grecque, l'esthétique, avant de s'intéresser à l'étude des langues, où il se fera un nom. Quels rapports entretiennent *L'Essai sur les limites de l'État* de 1792, les traductions des *Odes* de Pindare, des études inédites sur l'harmonie de la culture grecque, un intérêt soudain pour la langue et le peuple basques ou encore le mémoire de 1827, rédigé en français, sur la nécessité de séparer les mots dans les textes sanskrits ? Surtout, quelle relation existe entre les rares textes publiés par Humboldt de son vivant et les correspondances abondantes qu'il a entretenues avec Goethe, Jacobi, Auguste-Wilhelm Schlegel, Schiller, entre autres. Cet intime des génies ne serait-il qu'un touche-à-tout de talent, comme son temps, qui en produisit beaucoup, put avoir tendance à le croire ?

Non pas. Ce fut avant tout un homme d'État. Et non des

moindres : de 1800 à 1820, il est ambassadeur de Prusse à Rome, puis chargé de réformer l'Université (il fonde celle de Berlin en 1809-1810). Il est ensuite accaparé par le congrès de Vienne avant de se voir confier une nouvelle ambassade à Londres. Ainsi pourrait-on conclure : Wilhelm von Humboldt, fin politicien, esprit éclairé, ami des arts et des lettres, consacra à des travaux d'érudition les quinze dernières années de sa vie, retiré au château familial de Tegel, où il étudia en particulier le langage littéraire de Java, le kavi. Figure de l'histoire politique prussienne, il appartiendrait donc également à l'histoire de la linguistique. Moins connu qu'Alexandre de Humboldt, naturaliste et géographe, son frère cadet, plus jeune de deux ans, Wilhelm aurait apporté sa contribution savante à la naissance de la linguistique comparative où s'illustrèrent en son temps un Friedrich Schlegel ou un Franz Bopp. Humboldt serait homme de lettres, diplomate, érudit, philologue, linguiste. Mais il n'y aurait aucun motif d'inscrire cette personnalité brillante dans la lignée des Kant, Fichte, Hegel ou Schelling, ses grands contemporains. Si l'on se réfère parfois à sa philosophie du langage, souvent jugée obscure, c'est une façon de suggérer qu'il n'est pas pleinement philosophe, pas plus qu'il ne serait totalement linguiste.

Jean Quillien a reconstruit sa démarche intérieure, tâche compliquée car Humboldt œuvra sans afficher le mode d'emploi. S'il a énormément écrit, il ne s'explique pas. Nulle part il n'expose systématiquement une doctrine. Jamais il ne justifie dans le détail ses changements de cap. C'est donc à l'aide de la correspondance, à partir de l'exégèse interne des posthumes et en s'interrogeant sur la cohérence de l'ensemble, que son itinéraire post-kantien a pu être reconstitué. Humboldt a lu Kant très tôt, et de très près. À trois reprises, *in extenso*. Mais il ne juge guère utile d'écrire sur Kant. Il en tire la conclusion et la met en œuvre. Kant, à ses yeux, sut ramener toute la philosophie à la question : « Qu'est-ce que l'homme ? », et cette interrogation comme ses réponses possibles ne relèvent que des humains. Le savoir en a fini avec le point de vue de Dieu, la théologie laisse place à une anthropologie. Humboldt aurait donc mis en acte la philosophie de Kant en suivant toujours le même fil : celui d'une compréhension de l'humain. Ce fil le conduisit à méditer successivement sur le politique, sur l'art, sur l'histoire, avant de faire du langage l'axe unique de sa recherche. La technicité de ses travaux de linguiste ne serait donc qu'un moyen, non une fin. Celle-ci demeure l'exploration du monde humain dont le langage est la voie royale. Diversité des langues mais unité de la faculté de parler, individualité des paroles mais communauté de la langue : Humboldt découvre et formule des questions qui seront développées bien plus tard. En scrutant l'épaisseur du langage, en interrogeant ses mécanismes, en y voyant le domaine où doit se déployer l'interrogation sur l'humain constitutive de la recherche philosophique, il prépare notre siècle.

## *La théologie comme jeu de ballon*

Formé à la philosophie par Hegel, Feuerbach se rebelle vite contre son maître et part en guerre contre ce que l'idéalisme allemand charrie de théologie. Ses *Pensées sur la mort et l'immortalité*, publiées en 1830 sans nom d'auteur (il n'a que vingt-six ans), sont aussitôt interdites. L'université lui fera payer cette provocation : il ne sera pas nommé professeur. Aux yeux de ses pairs, ce philosophe en marge accumule les vices. C'est en effet un « ami de la Terre », un athée intelligent et joyeux. Il pense tout simplement que l'infini est de ce monde, et non pas au-delà. Il voit l'éternel dans l'immanence, la réalité sensible, la vie charnelle de l'humain — non dans des âmes individuelles destinées à monter au ciel pour une éternité désincarnée. En un temps de hautes spéculations, Feuerbach s'efforce de revenir à de « simples vérités ». Il écrit clair. Il s'adresse au peuple plutôt qu'aux maîtres. De l'analyse à l'épigramme, du poème au traité, il s'entend à jouer de registres d'écriture multiples. Ses traits de plume sont acérés comme des traits d'esprit. Voilà décidément de graves défauts.

Marx fut son lecteur attentif. Engels lui consacre, en 1888, une brochure devenue un classique du marxisme : *Ludwig Feuerbach et la fin de la philosophie classique allemande.* Amis dangereux, car ils font l'éloge de son matérialisme, pour souligner aussitôt qu'il est encore abstrait, trop court de perspective, oublieux de l'histoire sociale, des conditions réelles où s'édifient les mondes humains. En chantant ses louanges pour mieux montrer ses limites, il n'est pas sûr qu'ils aient aidé à le lire. Coincé entre l'athéisme hégélien et le matérialisme dialectique, Feuerbach ne serait-il qu'un relais mineur entre poids lourds de la philosophie ? On découvre plutôt, en l'étudiant, un penseur original.

Ce qu'il réfute : l'univers spéculatif, l'écran que les idées ont tissé entre nous et le monde, ce refus du sensible dont fut nourrie, depuis Platon, la majeure partie de la philosophie. Mais ce n'est pas de l'extérieur, à partir d'un empirisme plat ou d'un matérialisme mécaniste, que Feuerbach s'efforce ainsi de sortir de la métaphysique. Formé à la discipline du concept, il s'emploie à la pousser jusqu'à cette limite où elle retrouve la vie, y découvre la richesse vraiment infinie du réel, sans au-delà. « Hegel monte, je descends », écrit-il. La religion l'obsède. Il y voit le fait fondamental à élucider. *Les Pensées sur la mort et l'immortalité* renferment déjà l'essentiel de sa démarche. Au centre de sa critique : l'idée de l'immortalité de l'âme individuelle. C'est là une idée moderne : la pensée antique l'ignorait, la foi médiévale privilégiait la communauté, « la croyance à l'immortalité individuelle n'apparaît qu'avec le piétisme comme un moment infiniment important et essentiel, comme une marque caractéristique, spécifique et distinctive du point de vue moderne... »

Rompant avec Kant, comme avec Hegel, Feuerbach, proche par certains traits de Schopenhauer et de Nietzsche, souligne que seule une prise en compte de la mort pleine et entière de l'individu est véritablement libératrice : « Ce n'est que lorsque l'homme reconnaîtra à nouveau qu'il n'y a pas qu'une "mort apparente", mais aussi une mort effective et véritable, une mort qui clôt définitivement la vie de l'individu, ce n'est que lorsqu'il retrouvera la conscience de sa finitude qu'il trouvera le courage de commencer une vie nouvelle... » Cette lucidité concernant notre finitude ne conduit pas Feuerbach à une apologie du petit plaisir. Il voit en elle la condition d'une vie spirituelle authentique : « Ce n'est qu'en reconnaissant la vérité de la mort, en ne niant plus la mort que [l'homme] sera capable de véritable religiosité, de véritable abnégation de soi. » Ce n'est donc pas d'un point de vue naturaliste que Feuerbach combat l'idée de l'immortalité des âmes individuelles. Sa tentative vise à fonder philosophiquement l'impossibilité de cette survie des individus dans l'idée même de l'esprit et de son universalité. Tout ce que je peux penser d'universel conduit à conclure, selon lui, que je ne peux subsister éternellement comme élément singulier, séparé. N'est immortelle que la vie, où je fais seulement un passage limité. N'est infini que le temps, dont je ne partage qu'un fragment. « Ta croyance à l'immortalité n'est vraie que si elle est croyance à cette vie. » L'immortalité est donc là, ici, maintenant, et nulle part ailleurs. C'est l'idée même de Dieu qui implique que l'individu, comme tel, disparaisse. La théologie n'est alors qu'un « jeu de ballon ». L'individu lance au loin ses propres qualités (amour, raison, volonté, etc.) et croit qu'une personne suprême les lui renvoie. Feuerbach préfère à cette illusion les jeux des mortels et le joyeux infini de l'immanence — fait d'amour, de contemplation, de connaissance. Il fut grand lecteur de Spinoza. Pas de hasard.

# XII

# SCIENCE, AMOUR ET CHOU-FLEUR

Ils calculent la largeur idéale des portes, la formule du gouvernement juste, la forme de religion qui réconciliera l'humanité, avec un sérieux plus ou moins dérangé.

*Ils le traquaient, armés d'espoir, de dés à coudre,*
*De fourchettes, de soin ; ils tentaient de l'occire*
*Avec une action de chemin de fer ; ou de*
*Le charmer avec du savon et des sourires.*

Lewis CARROLL, *La Chasse au Snark*

Dans la société industrielle, où est passé le pouvoir ? Sur quoi repose l'ordre social ? Comment le fonder sur de nouvelles bases, assurant le bien-être de tous et l'émancipation de chacun ? Ces interrogations taraudent le XIXe siècle. Une poignée de philosophes atypiques cherchent à féconder la pensée politique avec les méthodes de la science. Ils croient au progrès, au bonheur par l'industrie, à la philanthropie universelle. Pas de science sans amour, à leurs yeux. L'avenir se bâtit sur la solidarité et sur la religion de l'humain. Nul ne doute que les lendemains vont chanter. Ces philosophes illuminés sont péremptoires et fantastiques, ils s'adonnent à des calculs interminables et confondent leurs métaphores avec des réalités. Pour tant de qualités devenues rares, il est normal de les affectionner. Nourris d'espérance et de bons sentiments, ils sont comme un antidote à la rude potion schopenhauerienne.

Ce ne sont pas des auteurs « présentables ». Difficile de faire tenir sagement dans la bibliothèque ces aventuriers autodidactes, sujets à des revers de fortune aussi bien qu'à des démêlés avec la justice. Ils ne sont pas universitairement corrects, revendiquent leur étrangeté et font de leur bizarrerie vertu. « L'homme qui se livre à de hautes recherches de philosophie peut et doit commettre pendant le cours de sa vie beaucoup de folles actions », soutient sans vergogne Saint-Simon. Malgré leurs provocations et leurs égarements, ces extravagants ont l'œil précis dès qu'il s'agit de scruter la société technique, d'en diagnostiquer les tares et de proposer des remèdes. Saint-Simon suggère pour l'Europe un parlement, la suppression des barrières douanières, une monnaie unique. Fourier imagine pour tout citoyen la création d'un « minimum vital » et propose de constituer une Caisse de solidarité générale. Mais avant tout, selon François Dagognet, un « carré philosophique » — une série de quatre traits — rassemble ces penseurs : ils trouvent leurs modèles d'analyse dans les sciences — la physique de Newton, la biologie de Lamarck —, ils s'attachent à comprendre les mutations exceptionnelles du travail et de la technique, ils cherchent les possibilités sociales nouvelles qu'ouvrent ces mutations industrielles, ils insistent enfin sur le renouveau spirituel et sur la religion humaine qui doivent s'ensuivre.

## *Grande loi, sainte influence*

Un jeune homme d'une trentaine d'années parle dans son salon. Il y a là quelques savants de renom. Des mathématiciens, Fourier et Poinsot, un naturaliste, Blainville, un astronome, Binet, professeur au Collège de France, un physiologiste, Broussais, d'autres encore. L'orateur n'est pas un inconnu. Ancien élève de Polytechnique, il a déjà publié, étant secrétaire de Saint-Simon, des textes politiques remarqués. Mais, cette fois, c'est sa grande œuvre, son « système », qu'il commence à énoncer, le 4 janvier 1829. En fait, Auguste Comte prend un second départ. Le *Cours de philosophie positive* avait déjà été ouvert trois ans auparavant. Entre-temps, Comte toucha de près la folie. Il la craindra de nouveau à plusieurs reprises. L'édifice à la gloire de la Raison, qu'il ne va cesser de bâtir, est aussi une manière de conjurer cette menace. En 1826, Esquirol, le grand psychiatre du temps, inscrivait « non guéri » sur le registre des sorties de sa clinique, où Comte venait de passer quelques mois. Aujourd'hui, il se remarque, lui aussi, dans l'auditoire.

Le propos de Comte est encyclopédique, mais pas à la manière de Diderot et de d'Alembert. Le temps de la critique nécessaire a désormais assez duré. Les dogmes religieux et métaphysiques une fois détruits, vient le moment de construire, de mettre un terme aux troubles et aux incertitudes politiques. Depuis la chute de l'absolutisme les régimes se succèdent sans durer, de crise en crise. L'époque voit fleurir les utopies. Comte, lui, choisit de retracer « le développement total de l'intelligence humaine dans ses diverses sphères d'activité, depuis son premier essor le plus simple jusqu'à nos jours ». Ce cheminement obéit à une « grande loi fondamentale » qui fera la joie des enseignants durant des décennies : celle des « trois états ». Le savoir progresse de l'état théologique, où des « agents surnaturels » — un ou plusieurs dieux — servent à enchaîner fictivement les observations, à l'état métaphysique, où des « entités abstraites » — l'âme, le principe vital — se substituent au surnaturel, pour aboutir à l'état positif, seul scientifique, où sont découvertes les « lois effectives » des phénomènes.

Les diverses branches du savoir ont accédé l'une après l'autre à ce dernier état, selon un ordre qui n'est pas arbitraire, mais tient à leur « nature ». C'est en suivant cette hiérarchie qu'on se doit d'étudier successivement mathématiques, astronomie, physique, chimie, physiologie. Au terme de ce parcours, la dernière des six « sciences fondamentales » — la « physique sociale » ou sociologie — pourra revenir à son tour à l'état positif. Autrement dit, la politique aura la rigueur d'une équation. Dès lors, l'esprit humain ne progressera plus, sinon en raffinement, sur ses acquis. Il n'y a ni septième science ni quatrième état : Auguste Comte aura posé la dernière pierre. Après lui, la philosophie sera de part en part positive, composée des « plus hautes généralités » de chaque science. Comte n'est pas seulement le père de la sociologie et de l'humanisme scientiste. C'est aussi l'homme des « généralités », dont la philosophie serait la science. Le philosophe, « antispécialiste », observe les mouvements d'ensemble et laisse leur détail à la « pédantocratie ».

Réduit à ces quelques thèses, le positivisme a connu le destin des « tartes à la crème » philosophiques. C'est si beau, si simple, que les auteurs de manuels en jubilent encore. D'autant qu'Auguste Comte semble avoir tout ce qu'il faut pour combler d'aise les professeurs : « Ses livres sont des cours, ses chapitres des leçons, ses visions intérieures des conférences », note son biographe, Henri Gouhier. Malgré cette postérité, malgré ses innombrables commentateurs — de Maurras à Gambetta, de Jules Ferry à Kropotkine, d'Althusser à Marcuse —, le *Cours de philosophie positive*, dans son intégralité, demeure un monument. Son gigantisme a de quoi rebuter : soixante leçons, douze années d'un travail acharné, des milliers de pages. On ne les lit pas seulement par curiosité ou par amour de l'archive, mais pour mesurer combien l'héritage de Comte pèse encore lourd sur les travaux des sciences humaines aujourd'hui, fût-ce à leur insu. Sans doute l'essentiel des thèmes comtiens (la méfiance envers toute métaphysique, le culte de l'expérience, l'efficacité morale et sociale de la science...) appartient-il au climat du XIX^e^ siècle. Mais, au-delà de sa lettre, il y a la méthode du positivisme. Sommes-nous vraiment débarrassés de toute croyance dans le progrès du savoir ? Sommes-nous réellement devenus étrangers à cette idée que la scientificité existe, commune à toutes les sciences ? Nous devons à Comte bien plus qu'il ne semble. Mais nous n'en savons plus grand-chose. On ne le fréquente guère.

On imagine un monsieur à la redingote ennuyeuse. Auguste Comte, grand esprit, architecte aux vastes vues, serait aussi une intelligence austère et détraquée. L'homme paraît en même temps froid et sentimental, raisonneur et visionnaire, logique et dogmatique, sensible et obtus. Une fois achevée sa monumentale reconstruction des savoirs scientifiques existants, il s'attache à fonder une religion nouvelle. À partir de 1845, « l'année sans pareille », il s'emploie à planifier le culte de l'Humanité, « sous la sainte influence de Mme de Vaux », qui meurt de phtisie en 1846. Pas une fête ne manque, pas un grand homme, pas une vertu. Les rites sont répartis, les prières ajustées. Le fondateur conçoit ce culte de l'avenir comme d'autres calculent les ponts et les chaussées. Abstraite et raisonnable, la glorification de l'humanité est une religion d'ingénieur. En 1857, le polytechnicien Auguste Comte, philosophe, prophète sans subsides et amoureux platonique, peut s'éteindre en paix : tout a été pesé. Le positivisme est en marche. La régénération de l'Europe, puis du monde, a reçu son impulsion décisive. Les disciples ont beaucoup à construire, mais les plans sont là. Tandis que se bâtissent des chemins de fer, des viaducs, des halles, bientôt des tours et des métros, ces savants veilleront à l'édification mondiale de l'ordre et du progrès. La route sera longue, mais l'histoire de l'humanité a d'ores et déjà pris le cap de l'universel.

Industriels philanthropes ou politiciens généreux, les rares disciples de l'Église positiviste se sont vite déchirés ou dispersés. Ils sembleraient presque appartenir à une époque plus ancienne, ou plus figée, que celle des militants, marxistes ou anarchistes, qui furent pourtant leurs contemporains. Ces braves esprits qui font confiance à la technique sont convaincus de l'avènement prochain de l'harmonie sociale, croient dur comme fer à l'unification spirituelle des peuples ; comment ne pas remarquer qu'ils portent col dur, pince-nez et bottines, accessoires idéologiques et vestimentaires qui ne se fabriquent plus depuis longtemps. Passés et dépassés, ils n'attirent plus l'attention. Auguste Comte et les siens semblent habiter une niche immobile de l'histoire. La nostalgie parfois porte un visiteur dans leur solitude poussiéreuse. Mais rarement. C'est un tort. Auguste Comte n'est pas l'architecte d'un édifice intellectuel ennuyeux et guindé. Juliette Grange a rappelé qu'il s'agissait bien d'un philosophe, englobant, en une réflexion générale et cohérente, une multitude de questions. Certaines des préoccupations majeures de Comte sont plus proches des nôtres que de celles de ses contemporains. Dans la France encore rurale et catholique de 1850, peu de gens se souciaient en effet de la mondialisation de l'industrie ou de l'effacement des grandes religions. Comte avait saisi, entre autres, que le monde était désormais transnational, que les révélations sacrées avaient fait leur temps. Il entrevoyait aussi que les formes anciennes de la politique s'estompaient au profit d'une vie sociale et culturelle où le pouvoir allait s'exercer autrement, de manière diffuse et continuelle. Mais il ne dissociait pas l'avènement de la société scientifique et industrielle de l'invention nécessaire d'une spiritualité nouvelle.

Au contraire : il entendait fonder la religion future sur le triomphe des sciences. Il ne s'agissait pourtant pas d'imposer le règne du scientisme ni un quelconque « culte de la Raison ». On se tromperait totalement en faisant d'Auguste Comte un pape des laboratoires. La réussite des disciplines scientifiques consistait d'abord, à ses yeux, dans l'acceptation du relatif. Le relatif, selon une formule devenue célèbre, est désormais le « seul absolu ». L'idée vaut pour les sciences, où l'étude des relations entre les phénomènes a remplacé celle des causes premières et des réalités ultimes. Elle vaut aussi pour la vie religieuse. Comte considère la religion sous deux faces : indispensable au développement collectif et individuel, elle est aussi, dans sa prétention à détenir des vérités intangibles, définitivement ruinée. Il s'agit donc de fonder une religion... de l'absence de religion. Voilà un point intéressant et mal compris, en général. L'Humanité, telle qu'elle est célébrée par le positivisme, ne remplace pas Dieu : elle indique au contraire qu'il manque, sans remède.

## *Girafe et vérité*

« Le chou-fleur dépeint l'amour sans obstacle ni mystère, les ébats de la libre jeunesse qui voltige de plaisir en plaisir. Aussi le chou-fleur est-il un océan de fleurs, image des charmes du bel âge... » On ne sait trop que faire, à première vue, de pareille vérité. Au long des textes de Charles Fourier, des centaines d'énoncés du même type se font écho, se renforcent, brouillent les cartes du sens. Ce petit employé de commerce, d'une incapacité professionnelle légendaire, soutient que « la Terre, par copulation avec elle-même... engendra le cerisier ». Ce fut réellement un étrange personnage : vivre dans une chambre remplie de fleurs à en étouffer, attendre chaque jour — à midi, au Palais-Royal — un mécène qui puisse subventionner le phalanstère, est-ce plus étonnant que d'écrire : « La girafe est l'hiéroglyphe de la vérité dans le règne animal » ? On dit que Charles Fourier ne riait jamais.

Face aux élucubrations cosmiques, aux analogies aberrantes, à la multitude de détails insensés que renferment *La Théorie de l'unité universelle* ou *Le Nouveau Monde amoureux*, la réaction est souvent des plus simples : mettre à part toutes ces scories et les renvoyer au magasin des fantasmagories littéraires. Le tri fait, resteraient le sérieux, l'essentiel, l'« apport véritable » d'un des principaux « socialistes utopistes » : critiques de l'ordre marchand, du mariage, de la famille, de l'éducation répressive, prophétie du désir, annonce d'un nouvel ordre économique et libidinal. Visionnaire exubérant, Fourier ne serait qu'un « précurseur », balbutiant sans le savoir le matérialisme historique et la psychanalyse. Marx et Freud advenus, la science prendrait la relève de l'Utopie. Et si Fourier résistait ? S'il fallait l'entendre autrement ? Lui ne fait pas le tri. Dans son imperturbable délire, tout s'équivaut. Les variétés de poires méritent autant d'attention que « vingt siècles d'imbécillité politique ». Le goût des vieilles poules, de la fraise au lait ou du caramel brun n'est pas moins essentiel à l'ordre social que les impératifs de l'économie.

C'est dire que Fourier n'est pas socialiste, ou bien timidement. L'essentiel est ailleurs. L'Harmonie — l'état social qui doit succéder à ce « fléau passager », cette « maladie temporaire » qu'est la « Civilisation » — n'a pas grand-chose à voir avec la « société sans classes » : l'inégalité, l'argent, la hiérarchie y subsistent. Fourier ne veut rien détruire, il préfère subvertir. Il ne brise pas l'ordre établi, il le dévoie, le détourne — jusqu'à l'affoler. La Bourse existe toujours, avec fronton et colonnades. Mais elle devient le lieu de négociation des nouvelles amours. L'utopie qu'il décrit n'est donc pas un « autre monde », c'est le même (le nôtre), mais disposé, distribué différemment, décalé. Par exemple : les lois. Rien qui ne soit, croit-on, plus ouvertement répressif. Pas question, en harmonie, de les supprimer ! Il va falloir, au contraire, les multiplier, les rendre pléthoriques, édicter d'innombrables règles, prescriptions, exceptions, jusqu'au point où leur prolifération démesurée les annule. Fourier ne combat pas, il surenchérit.

Ce qui permet la surenchère, ce qui garantit son succès, ce sont les passions. La civilisation les étouffe ou les met à mort, d'où son malheur et ses vices. Elle ne voit pas qu'« il n'est aucune passion inutile ni mauvaise ». La plus incongrue, la plus vile (manger des araignées, lécher le talon des femmes) peut concourir à la prospérité du monde. En harmonie, leur combinaison créera une béatitude presque inimaginable : « La surabondance deviendra fléau périodique. » Les mathématiques y président : Fourier commence par ne plus compter par deux, mais au contraire par kyrielles, par « séries », afin d'échapper à l'enfermement de la famille, du couple, des systèmes binaires.

Serait-il seulement le devancier d'une quelconque « révolution sexuelle », ce « bigot pornocrate » fustigé par Proudhon ? Ce n'est pas si simple. L'ordre civilisé, dit-il, exalte le pur sentiment et déprécie l'amour physique. En fait, l'opinion et la morale produisent le contraire de ce qu'elles proclament : l'amour n'est nulle part, et la sexualité partout. Faudrait-il, pour remédier à cet état de choses, le récuser ? En créer, de toutes pièces, un autre ? Encore une fois, Fourier se contente de pousser à ses limites ce qui existe déjà : la solution au dilemme civilisé sera, dans l'ordre sociétaire, la « prostitution sainte » — l'Angélicat ou Céladonie. Deux êtres se donnent à tous les autres et ne se touchent pas, chacun devenant « ministre des plaisirs sensuels de l'autre ». Ils s'aiment de pur amour, mais à force de volupté... C'est dans la prostitution universelle que réside, selon Pascal Bruckner, la clé du bonheur fouriériste. Si les rapports marchands sont bien la vérité de tout commerce amoureux, il faudrait, pour que les choses changent, que cette vérité éclate, que plus rien n'y échappe. La prostitution ne pourrait s'abolir qu'en se généralisant, englobant dans un échange infini et ludique les enfants et les vieillards, les corps sublimes et les difformes... Ce Fourier indigne, avide et excessif, est « utopiste » mais irréconciliable avec le socialisme, dans la mesure où il appelle, toujours et à chaque instant, à ce que la politique ne peut supporter : le plaisir.

## *Calculer l'histoire*

Ses contemporains estimaient Joseph Ferrari. En 1843, Edgar Quinet prend sa défense dans *La Revue des Deux Mondes*. Baudelaire, vingt ans plus tard, parle à son propos d'un « subtil et savant auteur ». Proudhon lui écrit que son *Histoire de la raison d'État* « donne à l'esprit une puissante secousse ». Renan avoue : « Ferrari m'a fasciné. » Depuis, ce philosophe est aux oubliettes. Son destin posthume est-il vraiment celui de ces auteurs assoupis dans les poussières d'archives, dont il dit lui-même que « le nom sera prononcé une fois par siècle à l'occasion des grands inventaires de bibliothèques » ? Non ! En France comme en Italie, quelques-uns se souviennent de lui et rééditent certains de ses livres. En 1983, Stéphane Douailler et Patrice Vermeren donnèrent une édition de son pamphlet de 1849, *Les Philosophes salariés*. Première silhouette de Joseph Ferrari : victime de l'institution universitaire, émigré frondeur, adversaire de l'enseignement conservateur et de la philosophie officielle. Résumé des faits : un jeune philosophe italien s'installe en 1838 à Paris, où il pense être plus libre que nulle part ailleurs. Il n'a que vingt-sept ans, mais a déjà édité Vico en Italie, se fait remarquer par ses articles dans *La Revue des Deux Mondes* et soutient deux thèses en Sorbonne. Il obtient une suppléance à la faculté de Strasbourg. Scandale : pour avoir affirmé que « la Réforme avait émancipé quarante millions d'âmes », et avoir trop insisté sur le communisme de Platon, Joseph Ferrari est attaqué par tout ce que l'Alsace compte de catholiques, et l'université de bien-pensants. Son cours est suspendu. Il est nommé au lycée de Bourges. Le recteur écrit alors au ministre : « Les familles s'affligent de voir un cours aussi important que celui de philosophie confié à un fonctionnaire que l'opinion accuse de propager des doctrines dangereuses. »

Recalé en 1848 à l'agrégation de faculté pour cause de non-conformisme, Joseph Ferrari publie l'année suivante *Les Philosophes salariés*, pamphlet contre Victor Cousin et son hégémonie sur la philosophie du temps, où il dénonce la collusion de l'enseignement officiel et de l'ordre religieux établi. Voilà donc un nom attaché à une affaire exemplaire où sont visibles les tensions entre l'enseignement d'État et la libre critique des philosophes. Joseph Ferrari n'est-il que cela ? Pas du tout, dit-on de l'autre côté des Alpes. Giuseppe Ferrari est un de nos hommes politiques les plus originaux. Deuxième profil du même homme : député au Parlement italien à partir de 1860, il combat le centralisme de Cavour au nom d'un fédéralisme inspiré de Proudhon. Il fut membre du conseil supérieur de l'instruction publique et, à sa mort, en 1876, venait d'être nommé sénateur. Les Italiens rééditent ses écrits politiques, sa correspondance avec Proudhon, ses discours à l'Assemblée.

Entre Joseph, qui passa quelque vingt ans en France (de 1838 à 1859) à jouer les empêcheurs d'enseigner en rond, et Giuseppe, dont les discours sèment en Italie, de 1860 à 1876, une joyeuse pagaille politique, le raccord est malaisé. Trop italien en France, trop français en Italie, Ferrari ne fut toujours perçu que partiellement. Ses deux ouvrages majeurs ont été écrits et publiés en français (et jamais traduits en italien). L'un, *Histoire de la raison d'État*, date de 1860, l'autre, *La Chine et l'Europe*, est de 1867. La question posée par Ferrari est celle de l'histoire mondiale et de ses tournants. Il propose de quitter notre vase clos méditerranéen pour considérer sous toutes les latitudes et longitudes les grands courants, les synchronismes, les moyennes planétaires, les virages pris au même moment, tous les jumelages énigmatiques et déroutants qui voient éclore ou s'étioler, d'un côté à l'autre de la planète, dans des cultures sans relation directe, des phénomènes qui coïncident. Par exemple, est-ce vraiment un hasard si Pythagore, le Bouddha et Lao-tseu sont, à peu de choses près, contemporains ? Peut-on, en affinant des parallélismes de ce genre, repérer les « lois générales auxquelles les hommes obéissent à leur insu » ? Pourrait-on les exprimer mathématiquement, voire les utiliser pour prévoir les méandres à venir de l'aventure ? Si Ferrari mérite de sortir de l'ombre, c'est avant tout pour ce sens très aigu de la « vue globale » en histoire, pour sa sensibilité à l'instable, son attention aux alternances et aux tensions, et ce rêve d'en constituer finalement un savoir scientifique. De Vico à Hegel ou à Marx, d'autres ont fait d'assez semblables songes. Ferrari par certains traits ressemble à Charles Fourier : même délire arithmétique, même fascination pour une algèbre implacable et loufoque. Aux vraies questions sur l'histoire mondiale Joseph-Giuseppe n'apporte que de fausses réponses, sous la forme de cycles fixes et de longueurs égales, périodes de cinq cents ans se subdivisant en cent vingt-cinq, puis en trente ans et demi, la durée d'une génération. Ses derniers ouvrages, *Teoria di periodi politici* (1874) et *Aritmetica nell'historia*, inachevé, s'enfoncent dans une impasse peuplée de chiffres.

## *Prisons, couvents, casernes*

Il nous reste de Proudhon quelques formules sorties de leur contexte — « la propriété, c'est le vol », « Dieu, c'est le mal » — l'expression « révolution permanente », l'opposition entre « socialisme scientifique » et « socialisme utopique », ainsi qu'une cinquantaine de volumes. Il est l'un des premiers à avoir mis l'accent sur la dimension collective qui habite le travail, la politique et l'ensemble de la vie sociale. Cette dimension collective n'est pas réductible à la somme des décisions ou des efforts individuels. Pour cette découverte, Célestin Bouglé, puis Georges Gurvitch, ont considéré Proudhon comme un des fondateurs de l'analyse sociologique, plus important peut-être que ne le fut Auguste Comte. Par ailleurs, on comprendrait mal, sans son influence, des mouvements d'idées aussi importants et dissemblables que l'anarchisme, le travaillisme britannique, ou le jaurésisme, voire le personnalisme chrétien d'un Emmanuel Mounier ou d'un Jean Lacroix. On retrouve aussi sa marque dans les diverses formes de pensée et d'action autogestionnaires, fédéralistes ou simplement pragmatistes qui traversent le XX^e^ siècle. Entre la présence multiforme de Proudhon dans la vie intellectuelle et politique et son absence dans nos lectures, il existe un contraste frappant.

Sans doute l'œuvre a-t-elle été recouverte par trop de polémiques, revendiquée par trop d'héritages. Marx a fait son éloge, on l'oublie, avant de l'assassiner dans *Misère de la philosophie* (1847), puis dans une nécrologie publiée en 1865 par le *Social Demokrat*. « Petit bourgeois », « contradiction vivante », Proudhon serait à la philosophie ce que Napoléon III est au premier empereur : une caricature. Il lui manquerait la « dialectique vraiment scientifique » pour empêcher ses analyses de tourner en sophismes et sa politique en impasse. Du coup, toute la postérité de Marx évacue le plébéien libertaire, tandis que celle de Bakounine s'annexe, au prix de quelques coups de force, celui qui se disait « révolutionnaire mais non bousculeur » et précisait que « les révolutions durent des siècles ».

En fait, Proudhon semble n'avoir jamais été reconnu par aucun groupe institué. Il soutient qu'« une révolution n'est possible que par la philosophie », mais les philosophes ne paraissent pas lui accorder droit de cité. Pour Ravaisson, il n'a jamais exposé ni même suggéré quoi que ce soit qui ressemblât à une philosophie. Ses écrits ne seraient qu'une

« littérature distinguée ». Ce n'est pas l'avis des écrivains : Hugo parle de sa « bave froide », et Baudelaire ne lui pardonnera jamais de ne pas être un dandy. L'homme du peuple ne parviendra guère, en devenant théoricien, à faire oublier sa mauvaise naissance. En suivant Pierre Haubtmann, son biographe, on découvre que Proudhon est un moraliste plus qu'un sociologue. Il écrit aux époux Clerc, ses amis, le 2 janvier 1857 : « Merci à vous deux d'avoir compris que sous ma rude écorce, sous mes ardentes polémiques, il y avait une pensée de rénovation morale encore plus qu'une théorie d'économie politique. » L'année suivante paraît ce qu'il appelle son « traité de morale », *De la justice dans la Révolution et dans l'Église*. Trois volumes, 1 675 pages. Foisonnante, parfois déconcertante, cette « encyclopédie » est tout entière animée d'une exigence de régénération spirituelle. « C'est par leurs principes philosophiques et religieux que vivent les sociétés », affirme Proudhon, contre Marx, et contre son temps qu'il juge marqué par la « mort du christianisme ». Le principe sur lequel il s'agit de reconstruire l'« édifice entier » de la société est « vieux comme le monde et vulgaire comme le peuple » : la justice. Proudhon en donne une définition devenue célèbre : « Le respect, spontanément éprouvé et réciproquement garanti, de la dignité humaine, en quelque personne et dans quelque circonstance qu'elle se trouve compromise, et à quelque risque que nous expose sa défense. »

Le fil directeur de l'ouvrage, qui justifie son titre, est constitué par l'opposition constante de deux attitudes morales : celle de la Révolution, où les hommes ne règlent leur volonté sur aucun autre précepte que le respect d'une conscience pour une autre, dans une immanence totale ; celle de l'Église, où la justice toujours vient d'en haut, s'impose aux hommes comme une transcendance qui leur demeure en fin de compte extérieure. Justice à construire contre justice révélée. Vraie moralité interne contre fausse morale extérieure. Droits de l'homme contre droit divin. Le schéma est simple, voire simpliste. Mais il met clairement en lumière les difficultés et les enjeux d'un fondement de la morale dans une perspective résolument laïque.

Proudhon tranche aussi, en des termes vifs, la question de la capacité du peuple à philosopher. S'inscrivant dans la tradition cartésienne du bon sens comme « chose du monde la mieux partagée », il proclame la « démocratie des intelligences » : « Tout homme qui parle, pourvu qu'il se comprenne, est métaphysicien. » En effet, la métaphysique « est tout entière dans la grammaire, et son enseignement appartient aux maîtres d'école ». Sans doute l'œuvre a-t-elle quelque chose d'échevelé. Nos habitudes exigent plus de précision conceptuelle, moins de rhétorique. Mais cette prose parfois brumeuse est zébrée de formules qu'on ne saurait oublier. Un homme qui écrit : « Tout ce que je sais, je le dois au désespoir » et ajoute : « Je déteste, à l'égal des prisons, les églises, les séminaires, les couvents, les casernes, les hôpitaux, les asiles et les crèches », un tel homme ne peut pas être foncièrement mauvais.

# XIII

# LES MARX ET LA PLÈBE

Était-il inévitable que l'émancipation désirée par Marx se transforme en domination ?

*Il n'y a d'intéressant sur Terre que les religions.*
BAUDELAIRE

Voilà qu'un congrès réunit à Londres les représentants des gouvernements européens, de la finance et des religions. Motif : rien ne va plus. Le peuple manque de foi, les idées sociales progressent. Il faut un nouveau credo. « Le Capital ne connaît ni patrie, ni frontière, ni couleur, ni races, ni âges, ni sexes ; il est le seul Dieu international, le Dieu universel, il courbera sous sa loi tous les enfants des hommes ! », s'écria le légat du pape en proie à un transport divin. Convaincus de la justesse de ces remarques, les congressistes, parmi lesquels on reconnaît quelques sociologues, historiens et philosophes, s'emploient en vitesse à formuler les nouveaux dogmes. Résultat : une parodie de catéchisme. Quelles fautes un salarié doit-il avoir commises pour subir l'« excommunication du chômage » ? Réponse : « Aucune. Le bon plaisir du Capital décrète le chômage sans que notre faible intelligence puisse en saisir la raison. » Suit un éloge de la courtisane, laquelle « pompe de ses lèvres altérées et insatiables l'honneur et la fortune des familles », éloge rédigé par le légat du pape en compagnie du prince de Galles, de deux industriels et d'une certaine Cora Pearl, supposée pulpeuse, « qui fit passer par son lit la haute noce cosmopolite ». Pourquoi la courtisane est-elle la grande prêtresse de la religion du Capital ? Parce qu'elle vend du vent. Même pas son corps, mais un leurre, le mirage de l'amour, la pure apparence qui exigent une dépense infinie. Des pastiches de l'Ecclésiaste, du Livre de Job, du « Notre Père », du « Credo » et de quelques autres textes sacrés achèvent de faire de la *Religion du capital* un almanach de la dérision. L'auteur est Paul Lafargue, le gendre de Marx.

## *Combien sont-ils ?*

Toute la famille n'a pas le sens de l'humour. Karl possède à l'évidence un sens vif de l'ironie. Il en use d'une manière parfois très drôle, voyez *La Sainte Famille* ou *L'Idéologie allemande*. Il perd en revanche tout humour quand il s'empêtre dans les conventions sociales et le respect des hiérarchies. On pourrait faire de Marx un portrait répugnant, où il apparaîtrait comme arriviste, magouilleur, borné, faux frère, conformiste, pétri de tous les préjugés, les tics et les conventions d'un bourgeois allemand. Ce serait à la fois véridique et inexact. Véridique, car le militant n'est pas tenaillé de scrupules. S'agit-il de déconsidérer un adversaire ? « Ne te gêne surtout pas pour entrer quelque peu dans les détails de la vie privée », écrit-il le 14 juin 1853 à l'attention d'Adolph Cluss, pour l'inciter à déboulonner un gêneur. Il serait inexact de réduire Marx à ces petitesses, car d'autres portraits ne seraient ni plus ni moins vrais : étudiant révolutionnaire, journaliste britannique, théoricien de l'économie, leader ouvrier... Cet homme n'est pas homogène. Il existe en fait une série de Karl Marx. Ils coexistent ou se succèdent, mais l'un ne supprime pas l'autre. Les images de Marx ont elles aussi changé suivant les époques. Elles se sont juxtaposées ou bien télescopées suivant les moments, les rapports de forces internationaux, les propagandes et les courants. Vouloir les délimiter strictement serait artificiel. De portrait privé en portrait officiel, on peut retenir trois strates principales.

Marx I (XIXe siècle), portraits au crayon, barbe folle,

daguerréotypes. Il est successivement étudiant nourri de droit et de philosophie, journaliste en exil (Paris, Bruxelles, Londres) aux prises avec une misère relative mais persistante, fondateur de la Ligue des communistes, auteur d'une œuvre à la fois interminable et inclassable où se mêlent, dans des proportions malaisées à déterminer, l'héritage de Hegel et celui des Lumières, la critique de l'économie politique anglaise et l'analyse des mouvements révolutionnaires. Marx II (xx<sup>e</sup> siècle), imagerie officielle, pilosité bien peignée, médaillon de père fondateur. Il est proclamé créateur d'une science de l'histoire, explorateur de ses lois de fonctionnement, inventeur des formules du matérialisme dialectique et du matérialisme historique, pionnier de l'émancipation socialiste, théoricien infatigable et infaillible des certitudes révolutionnaires, caution des manuels de marxisme, justification du dogme des pouvoirs communistes. En moins de cent ans, la moitié de l'humanité s'est mise à vivre sous des régimes politiques se réclamant de son nom. Le philosophe rebelle est devenu penseur d'État. À la fin du siècle, ces États communistes disparaissent pour la plupart. Ceux qui subsistent sont en crise. La domination politique du marxisme paraît déjà lointaine.

Marx III ? Depuis 1989, on voit se dessiner un Marx éclaté qui sera peut-être celui du prochain siècle. Il est constitué d'une tension entre plusieurs visages, forme une unité ouverte, une pluralité animée et discordante. Marx échappe aux murs du marxisme. Il ne s'agit plus de savoir, avant toute chose, quel tableau est fidèle, quel portrait authentique. Il est plutôt question de saisir les mouvements de cette pensée complexe, tout en gardant en tête leur capacité d'action présente. Parmi les commentateurs participant à cette reviviscence, Daniel Bensaïd a fait comprendre qu'une triple enceinte d'erreurs et de contresens nous empêchait de saisir combien Marx est encore actuel, et peut-être à venir. Ces malentendus à défaire concernent l'histoire, les classes, le savoir. On a fait de Marx un champion du déterminisme, le héraut d'une philosophie de l'histoire habitée par la nécessité inéluctable du progrès et des révolutions. Rien n'est plus éloigné de sa démarche : il affirme constamment l'impossibilité de prédire l'avenir. Penseur de l'aléatoire, de l'incertain, voire de l'improbable, il serait aux antipodes de la conception mécaniste qu'on lui prête encore trop souvent. L'histoire n'est pas le lieu où s'inscrit un sens. Il n'existe pas, sous le foisonnement infini des événements, un grand dessein qui ordonnerait leur chaos. Toute la démarche de Marx combat ce mauvais roman de l'histoire universelle. Contre Popper, qui reproche à Marx de croire l'avenir prédictible, Daniel Bensaïd a soutenu que pour Marx « l'histoire ne fait rien ». Elle n'a pas d'issue assurée. Rien jamais ne garantit contre les échecs, les oublis, les naufrages. Primat du politique : des possibles s'affrontent, la lutte seule les départage. Point essentiel, bien vu par Benjamin et par Gramsci, qui écrit dans ses *Cahiers de prison* : « On ne peut prévoir que la lutte. »

La révolution n'est jamais, *stricto sensu*, « à l'ordre du jour ». Elle est toujours hors programme, saut périlleux et intempestif, avancée dans l'inconnu. Elle vient rompre le cours normalisé du temps, fracturant la succession monotone des mécanismes qu'on peut prévoir. Idée centrale : Marx a ouvert la possibilité d'une nouvelle manière de penser la temporalité. Le terme allemand *zeitwidrig*, qui revient sous sa plume dans différents contextes, évoque l'intempestif, ce qui vient jouer à contretemps, en décalage. Sa manière d'écrire l'histoire mettrait en jeu une forme de temporalité non linéaire, un temps feuilleté, mais aussi troué, désaccordé, jamais totalement contemporain de lui-même. Ce temps discordant, hors des murs bien scellés de la causalité, comment s'engendre-t-il ? D'autre part, s'il est vrai que l'horloge mesure tout dans la société marchande, comment se mesure à son tour cette mesure ? Ces interrogations ultimes aboutissent, dans *Le Capital*, à l'idée que le temps lui-même est un rapport social.

S'écartent ainsi, de proche en proche, les erreurs formant le deuxième cercle. Non, Marx ne définit pas les classes. Ou si peu que c'est parfois pire que rien. Ce n'est pas négligence — elle serait incompréhensible. Ce n'est pas non plus le résultat d'on ne sait quelle incohérence. Pour expliquer l'existence des classes, Marx analyse leur lutte, et cela suffit. Car les classes ne sont pas des éléments isolés existant indépendamment de leur conflit. C'est leur antagonisme même, comme Althusser l'avait souligné, qui les produit. L'apport de Marx ne peut donc se réduire à une sociologie empirique. Il ne construit pas son analyse du capitalisme sur le constat que des groupes sociaux se distinguent par leur relation à la propriété, par leur revenu, par leur place dans la production. Il ne déduit pas les mécanismes de la circulation du capital ou la production de la plus-value en observant comment se comportent bourgeois et prolétaires. C'est l'inverse : il montre de quelle façon le processus capitaliste engendre et la lutte et les classes qui s'y affrontent. Priorité à la logique interne des situations sur l'objectivité prétendue des constatations sociologiques.

Dernier mur : la nature du savoir que Marx met en œuvre. On passe à côté de sa spécificité si l'on persiste à croire que Marx bâtit une science de l'économie comme la physique construit une connaissance de la nature. La différence ne réside pas essentiellement, comme l'a cru Popper, dans l'absence d'expérimentation et dans l'impossibilité d'exposer la théorie marxiste à l'éventuel démenti des faits. Elle tient au maintien d'un rôle pour la décision philosophique. Marx est positiviste, voire scientiste, mais pour une part seulement. Il insiste d'autre part sur sa fidélité à l'idée de la « science allemande », le projet, incarné par Hegel, d'un savoir où l'élaboration philosophique ne disparaît pas devant la positivité.

## *Karl Platon et le piège du temps*

Ce retour à la lecture de Marx ne doit pas faire oublier que les philosophes ont beaucoup tenté, tant qu'existait le monde soviétique, de dire adieu à son fondateur. Au nom de la fidélité à Marx, le « socialisme » des pays de l'Est fut considéré par Cornelius Castoriadis comme « inséparable des camps de concentration, de l'exploitation sociale la plus intense, de la dictature la plus atroce, du crétinisme le plus étendu ». Ces lignes furent publiées en mars 1949. Avoir raison trop tôt n'est jamais dépourvu d'inconvénients. Rejeter le marxisme, et principalement son héritage scientiste, mécaniste, déterministe, afin de rendre possible la conception d'un changement radical de la société, ce fut le geste de quelques penseurs isolés. Dans leur diversité, ils eurent en commun de ne pas dénigrer Marx sans pour autant s'aligner sur une position officielle ou officieuse.

Kostas Papaioannou, par exemple, s'est attaqué à ce problème de fond : pourquoi l'œuvre qui, au XIXe siècle, était porteuse du plus grand espoir, annonciatrice de libération et de démocratie vivante, est-elle devenue la caution du totalitarisme, une « idéologie froide » ? Le ver était-il dans le fruit, le Goulag en germe dans *Le Manifeste* ou dans *Le Capital* ? Ou bien Marx, innocent, fut-il victime d'héritiers pervers et de l'ironie cruelle de l'histoire ? Papaioannou a été fasciné par Marx et horrifié par les marxistes-léninistes, comme le note Raymond Aron dans la préface au recueil intitulé *De Marx et du marxisme* où furent regroupées ses études publiées au fil des années 1960 dans la revue de Boris Souvarine *Le Contrat social*. Comme le souligne l'hommage de Raymond Aron à son ami disparu, Papaioannou est demeuré farouchement antitotalitaire tout en prenant Marx fort au sérieux. Il s'agit pour lui de remettre Marx à sa place, celle d'un grand théoricien de la sociologie, d'un analyste hors pair des rouages du capitalisme, mais également d'un homme pris au piège d'illusions politiques, d'impasses théoriques ou de généralisations abusives. Un grand penseur, point un messie. « Ni tout à fait innocent ni le seul responsable », conclut Raymond Aron.

Sans doute, dans cette voie, pourrait-on poursuivre longuement. Il faudrait évoquer les différentes formes de relation des philosophes français au marxisme et à la doctrine de Marx, notamment celles de Jean-Paul Sartre, de Maurice Merleau-Ponty, de Jean-Toussaint Desanti, de

Louis Althusser, de Gilles Deleuze. Il faudrait aussi évoquer des interprétations qui étonnèrent, comme celle de Michel Henry, qui vit en Marx un philosophe de la vie, du corps vivant, de l'individu. Qu'il s'agisse de Hegel ou de Schopenhauer, de Schelling ou Fourier, de Humboldt ou de Proudhon, il semble ne pas exister de difficulté majeure à s'efforcer de les entrevoir à la fois dans leur temps et dans le nôtre, à saisir tel ou tel trait de leur silhouette d'hommes du XIXe siècle en même temps que tel ou tel prolongement possible de leur démarche pour les années à venir. Avec Marx, il en va différemment. Ce qu'il fut, dans son époque, ne paraît pas directement accessible. Son visage demeure toujours brouillé par les filtres contemporains. Pas moyen d'être en sa compagnie sans retrouver l'histoire soviétique, les guerres politiques du XXe siècle, les prises de position procommunistes ou anticommunistes. Marx demeure pris dans l'histoire des itinéraires récents, il n'est pas séparable des périples du gauchisme et de leur cortège de reniements ou de fidélité. Pour parler de lui, ce ne sont que des auteurs des dernières décennies, des penseurs pour la plupart encore vivants, qui servent d'intermédiaires indépassables. Pas moyen d'avoir accès à d'autres figures qu'à ces Marx-là, qui sont comme pris au piège du temps, indéfiniment interrogés selon des perspectives postérieures, parcourus selon des itinéraires pour une part anachroniques. Pour évoquer Marx, ce sont des parcours récents qui se présentent.

Parmi ces itinéraires, celui de Jacques Rancière est rebelle au classement. En 1965, c'était simple, apparemment : coauteur, avec Althusser et quelques autres, du fameux *Lire « Le Capital »*, il appartenait au marxisme structuraliste qui fit les beaux jours de l'avant-mai 68. Dans *La Leçon d'Althusser*, neuf ans plus tard, l'ex-disciple critiquait les errements d'une orthodoxie qui se croyait subversive et n'était à ses yeux que dogmatique. On pouvait s'en tirer (avec pas mal d'approximation) en rangeant ce livre dans la case « maoïsme irresponsable » ou « révolte contre le père ». Les pistes se brouillent quand ce philosophe entreprit, avec le collectif de la revue *Révoltes logiques*, une longue plongée dans les archives de la pensée ouvrière des années 1820 à 1848, découvrant que les attitudes et les aspirations des révoltés d'alors n'entraient pas dans les schémas que les analyses marxistes avaient tenté de leur imposer. Derrière ces déformations des paroles de la plèbe par les Marx et leurs descendants divers se tient la relation entre « le Philosophe et ses pauvres », c'est-à-dire la question du droit à la pensée.

Où donc se décrète que l'un pourra s'adonner à la recherche de la vérité, car il y est apte, et donc appelé, et que cet autre fera exclusivement des chaussures ou des charpentes, et qu'il ne faut surtout pas mélanger les genres ? « L'ordre est menacé partout où un cordonnier fait autre chose que des chaussures. » Par exemple de la politique, ou pis, de la philosophie. Qui a distribué les rôles, ou plutôt n'a cessé de justifier la répartition des étiquettes et des emplois du temps ? Le philosophe. À commencer par le père éternel : Platon. Des artisans, Socrate ne cesse de parler, empruntant la plupart de ses comparaisons aux techniques qu'il a sous les yeux. Mais ce serait pour mieux clore le bec aux techniciens en question, les renvoyer à leurs chers établis, après les avoir convoqués le temps d'une analogie. Si le philosophe est bien, métaphoriquement, un tisserand, comme nous l'enseigne Platon dans *Le Politique*, ce serait pour garantir plus sûrement que le tisserand de chair et d'os n'aura jamais le droit d'accéder à la sagesse suprême ni à l'ordre du discours vrai. Cercle fondateur, chez Platon, de cette exclusion : le mythe selon lequel la nature aurait donné en partage à certains une âme d'or, et au plus grand nombre une âme d'un vil métal, le fer. Chacun voit sa place désormais justifiée. Cette opération n'est pas dissimulée, chez Platon. Le philosophe seul décrète l'ordre « naturel », à visage découvert. Telle est sa fonction : formuler l'interdit excluant l'artisan du monde de la pensée et par là même du pouvoir que ce monde intellectuel implique. Il s'ensuit que la compétence réelle du technicien a moins d'importance que son respect de la frontière : un vrai cordonnier n'est pas celui qui fait de bonnes chaussures, mais celui « qui ne se donne pas pour autre chose que cordonnier ».

Marx répéterait le même geste. Voilà qui est plus étonnant. La thèse, pourtant, ne manque pas d'arguments. Car le prolétariat de Marx n'est pas la plèbe. Il n'a rien à voir avec ces amas historiques de tâcherons férus d'utopies, ces révoltés faubouriens et lyriques dont les rêveries ponctuent l'avènement du machinisme. Plus qu'une classe, le prolétariat décrit par Marx est la non-classe par excellence, qu'aucun intérêt ne relie au vieux monde, sauf celui de le mettre à feu. Le prolétaire est l'absolu dépossédé de tous les droits et qualités qui font l'individu bourgeois. Il n'a, on le sait, « rien à perdre que ses chaînes ». Or quand Marx écrit, ce prolétariat n'existe pas. Il n'est qu'en voie de constitution, il n'a de ses rôle et destin qu'une conscience mystifiée et rabougrie. Ce qu'est vraiment le prolétaire, de quelles illusions il doit se défaire pour détruire l'ordre bourgeois, seul le savant Marx en a pleine conscience : il est la science et le parti. L'artisan cordonnier devra d'abord passer par la machine à broyer de la grande industrie pour devenir ce « rien » qui pourra revendiquer « tout ».

Le malheur est que les ouvriers, sans attendre, pensent et s'organisent. Comme ils peuvent et sans savoir, c'est-à-dire mal. Au point que la tragédie pure et tranchante de la dialectique s'abîme en une comédie pitoyable. Soit l'opportunisme des *trade-unions*, soit la pourriture du *lumpen*. Pas plus que chez Platon le réel ne se laisse aisément persuader par l'idée. L'Opéra des gueux envahit le théâtre de l'histoire universelle, et Marx se réfugie dans les travaux de Pénélope, tissant interminablement un discours scientifique sans clôture. Tant que l'œuvre est inachevée, demeurent encore un flou artistique, une marge d'imprévisible. Marx mort, ne reste que le marxisme : l'histoire est devenue intelligible, sauf à ceux qui la font. Le décor entretemps a subrepticement changé : le philosophe est passé du côté de la production, de la rationalité technique, de l'acier et du béton. Lui ne pense plus qu'en termes d'économie et de machine. Seuls les cordonniers, naïfs et rétrogrades, croient encore à l'âme : il leur manque, comme

toujours, le temps pour faire autre chose que des chaussures, le temps pour comprendre. Heureusement, le philosophe-roi désormais s'incarne dans le parti. À Budapest comme ailleurs, « les chars de la dialectique font l'histoire parce que les ouvriers du matérialisme n'ont pas le temps de la faire », écrit Rancière.

## *Démocratie contre État*

Cette distinction entre ceux qui savent et décident et ceux qui n'ont pas à se mêler de la réflexion ni du pouvoir renvoie plus ou moins directement à la question de l'antagonisme entre État et démocratie. Nous avons été si longuement accoutumés à ne pas les distinguer, à les considérer comme des réalités indissociables ou des termes synonymes, qu'il nous paraît difficile de saisir leur antagonisme. La démocratie se trouverait-elle à l'opposé de l'État ? Question déroutante quand il ne s'agit pas d'un régime despotique, autoritaire, totalitaire, mais bien de l'État que nous appelons couramment « démocratique ». Ce problème est au centre de la réflexion conduite par Miguel Abensour. Sa lecture tire Marx en un sens opposé à ce qui vient d'être dit. Au lieu de conclure comme Rancière que Marx est finalement, qu'il l'ait voulu ou non, du côté de l'ordre et de la domination, l'analyse d'Abensour — centrée sur un texte rédigé en 1843, demeuré relativement méconnu et négligé, *La Critique du droit politique hégélien* — discerne chez Marx l'esquisse d'une « vraie démocratie » dont l'avènement ferait disparaître l'État ! Scrutant la spécificité de la politique comme invention collective, Marx aurait conclu que l'émancipation lutte toujours, en fin de compte, contre le pouvoir étatique. À l'opposé des autorités respectables qui déclarent sentencieusement, dans les années 1830, que l'ère des révolutions est désormais close pour toujours, Marx pense que s'opposeront, dans les soulèvements à venir, d'une part la « vraie démocratie » qui manifeste l'autonomie du politique en réhabilitant la vie civique et en instaurant une république toujours nouvelle, et, d'autre part, le pouvoir d'État, qui fige et alourdit les créations politiques. Cette intuition sera vite recouverte. Le matérialisme historique, chez Marx lui-même, va récuser l'idée d'une politique autonome, et ne lui réserver bientôt qu'une place seconde, dérivée, dépendante. Ensuite, la rapide transformation du marxisme en un dogme simplificateur et rigide finira d'effacer ce moment.

Miguel Abensour affirme que nous vivons un « moment machiavélien », selon le titre donné par l'historien Richard Popkin à l'un de ses livres majeurs, c'est-à-dire un temps de redécouverte de l'intelligence propre du politique, Machiavel symbolisant la naissance de la modernité, et non quelque figure de la ruse politicienne ou de la traîtrise cynique. Cette nécessité d'une réinvention du politique, déjà soulignée par Merleau-Ponty, par Claude Lefort ou par Hannah Arendt, est aussi une conséquence des totalitarismes. Ceux-ci ne furent pas, comme on le croit, des systèmes de politisation à outrance, mais des entreprises de destruction du politique et de sa dimension spécifique. Pour retrouver cette dimension, il conviendrait de saisir de nouveau la « différence entre la politique et l'État ». Il s'agirait de comprendre que la formule « État démocratique » n'est pas nécessairement une expression plus cohérente que « démocratie étatique », dont on n'use jamais ! Il existe un conflit latent entre la démocratie et l'État de droit, lequel finit par légaliser ses propres abus : « Au rang des contradictions les plus dommageables, on peut compter un des effets du perfectionnisme de l'État de droit qui le pousse à soumettre à la norme les exceptions à ses propres principes ; alors que l'État de droit a été conçu pour lier les mains du pouvoir, il finit par les délier pour autant que cela soit fait de façon normative. »

### *Des points de vue babyloniens*

Que dit la plèbe, quand elle parle ? Où entendre sa voix ? Il n'est plus très commode de rencontrer autre chose que la rengaine des propos attendus, prévisibles et stéréotypés. Parmi ces rencontres rares, celle de Louis-Gabriel Gauny est particulièrement attachante. Né en 1806 à Paris, rue du Faubourg-Saint-Antoine, il meurt en 1889 une centaine de mètres plus loin. Cet ouvrier n'est pas seulement un véritable écrivain, attentif à la langue et amoureux des phrases. C'est un père du désert égaré chez les rentiers. Il écrit la nuit, se prive de pain pour acheter des livres, tente par toutes ses fibres de résister à la servitude. Mais sa rébellion n'est pas destructrice. On ne trouve chez Gauny ni fiel ni ressentiment. Rien qu'une soif de savoir, de pensée et de justice, un souci de la liberté qui pourrait faire croire à une volonté ascétique (« un besoin de moins est une force de plus »), si un sens aigu du plaisir de vivre ne s'y mêlait constamment, soutenu par un goût vagabond pour les « ravissantes nonchalances de la liberté », « terrasses ombreuses, vieilles allées d'ormes, chaperons de murailles couronnés de lierre, buttes aux points de vue babyloniens ».

Les réflexions de Gauny — sur le système pénitentiaire, la discipline des chemins de fer, le travail salarié, entre autres — sont d'une vigueur et d'une finesse qui valent d'être connues. Quelques pages ont été publiées, huit cartons d'archives dorment encore. Il meurt seul, inconnu, philosophe solitaire et lyrique, en écrivant par exemple : « Désabusé, en ne pouvant communiquer aux autres le lyrisme et les études sociales de mes veilles, je n'en persévère que mieux à collectionner mes pensées. Plus qu'au soir de l'existence, j'arrive à quelques pas de la transformation définitive, curieux de voir ce qui se passe après la mort. Une exubérance vitale m'inspire des tâches intellectuelles à consommer mille ans. Je prends follement des notes, sortes de poteaux indicateurs montrant le chemin des œuvres futures. Le rythme, la prose, l'observation et l'action m'assaillent de leurs exigences, ai-je l'aptitude d'y faire droit ? Je ne crois pas ; j'y réponds par la quantité, car le travail libre me passionne, en m'égarant à produire pour le silence du désert. Mais dans le fond ténébreux de l'oubli, une lueur vacille comme éperdue, s'éteint et se rallume encore... »

# XIV
# RENAISSANCE ORIENTALE

Peuplé de merveilles et de monstres, l'Orient imaginaire des Occidentaux devient source de sagesse et réserve de savoirs.

*Il y a, Messieurs, plus d'un pays dans l'Orient.*
Victor Cousin

Tandis que Dieu se meurt et que le roi est mort, on découvre à nouveau l'Orient, sous des angles inédits. Des langues jusqu'alors ignorées sont déchiffrées. Après le sanskrit vers 1780, on décrypte notamment le pâli en 1825, le tibétain en 1836. Au sein de cultures déjà bien repérées par les Occidentaux, comme celles de l'Inde ou de la Chine, les orientalistes étudient des doctrines jusqu'alors inconnues, des œuvres philosophiques ou littéraires insoupçonnées. Entre 1805 et 1830, bon nombre de penseurs annoncent en Europe l'avènement prochain d'une « Renaissance orientale ». Celle-ci serait plus puissante et plus radicale que celle engendrée par la redécouverte des textes grecs par les humanistes. La nouvelle Renaissance va puiser, croit-on, à la source même des sagesses originaires pour trouver les forces nécessaires à une régénération de la culture européenne. Cette idée apparaît, sous des formes diverses, chez Schopenhauer et chez les frères Schlegel, chez Victor Cousin et chez Edgar Quinet. On attend de l'Inde, désormais, des vérités oubliées. Le temps des monstres fabuleux s'achève.

Il durait pourtant depuis les Grecs. Sur la terre indienne, tout paraissait possible. Les frontières entre animaux et hommes y étaient délimitées autrement qu'ailleurs. « Dans ces montagnes, on dit que vivent des hommes à tête de chien. Ils font leurs vêtements en peaux de bêtes. Ils ne parlent aucun langage mais jappent comme des chiens et se comprennent grâce à ce langage. » L'Inde renfermait, selon les Anciens, une foule d'autres étrangetés : hommes sans cou, ou sans anus, ou pourvus d'une seule jambe. On signalait l'existence du *mantichora* — trois rangées de dents, queue de scorpion — qui lançait son dard au loin. Ctésias de Cnide, médecin grec, longtemps prisonnier à la cour d'Artaxerxès aux environs de 400 avant J.-C., fut le premier à rassembler ces histoires. Elles se retrouvent ensuite chez Arrien, Mégasthène ou Pline. Certaines se repèrent jusqu'au XIXe siècle, transmises notamment par le biais des bestiaires médiévaux. L'Inde — qui connaît de longue date l'écriture, l'administration, le pouvoir royal... — fut presque toujours considérée, en Europe, sous l'angle de la nature plutôt que sous celui de l'histoire.

## *Vin de palme et chanoinesse*

Ce primat de la nature persiste jusqu'aux Lumières. Quand on s'émerveille de la richesse de l'Inde au lieu de s'effrayer de ses prodiges, c'est encore la profusion naturelle qui étonne, la luxuriance qui éblouit. Ceux qui voyagent en Inde, au XVIIIe siècle, sont pour la plupart commerçants, officiers ou missionnaires. Certains sont amiraux, astronomes, architectes, d'autres médecins ou magistrats. Quelques-uns sont agents secrets. Partis de Paris ou d'Aix-en-Provence, de Marseille ou de Saint-Malo, ils se retrouvent parcourant l'Inde en tous sens, sans être cantonnés dans les comptoirs. Entre 1750 et 1820 des centaines, voire des milliers de Français partent ainsi en « Indoustan ». Les aventuriers, tentant de faire fortune, connaîtront meilleur succès que les prêtres, rêvant d'évangéliser les brahmanes. Tous sont frappés par la diversité des mondes de l'Inde, la maîtrise des arts et des techniques, la prospérité qui paraît incroyable. Déconcertés par les mœurs, effarés par les croyances, ces observateurs encyclopédistes sont malgré tout respectueux des innombrables détails quotidiens qui les surprennent. Ils notent dans cet éden coloré les manières de faire l'eau de rose, de fumer le tabac, de fabriquer l'indigo, le vin de palme ou le salpêtre. Ils détaillent toilettes et remèdes, saveurs et fragrances. Tout vaut d'être écrit : fastes du luxe, douceur de vivre, parties de bain de dames mogoles, variations climatiques du Cachemire, anatomies, carnations, rituels, sectes, castes, croyances, vices et vertus, splendeurs et misères. L'inventaire du paradis n'omet pas ses incommodités : vent glacial des sentiers tibétains, chaleurs étouffantes des plaines, fièvres, dysenteries, serpents, moustiques, rage. Tout cela fait partie du voyage au même titre que l'éclat des rubis, la suavité des fruits ou la finesse des étoffes. Les récits des voyageurs français en Inde nous offrent un portrait somptueux et vivace du pays avant la *british rule*, qui changera pour une large part la face de l'agriculture, de l'organisation sociale et de la vie spirituelle. On peut suivre les flottements du regard européen dans ce qu'un Français des Lumières voit, mais ne peut entendre, croit comprendre, projette, rejette, valorise ou exclut, dans ce spectacle multiple d'un monde autre.

Parmi les œuvres des Français en Inde qui sont longtemps demeurées oubliées de l'histoire figure celle du colonel de Polier. On lui doit d'avoir fait connaître à l'Europe les premiers éléments du *Mahâbhârata*. Aucune œuvre n'est aussi familière à l'Inde, passée ou présente, que la « Grande (Geste) des Bhârata ». Littérature, bas-reliefs des temples, théâtre, et aujourd'hui cinéma, bandes dessinées et imagerie populaire ne cessent de se référer aux exploits des cinq frères Pândava, de leur épouse Draupadî et de leur divin allié Krishna. La mise en scène des épisodes centraux par Peter Brook, la traduction de fragments choisis et présentés par Madeleine Biardeau ont largement contribué à faire connaître du public français cette épopée fleuve. Le plus ancien résumé publié en langue française est celui du colonel de Polier. Mais plus personne ne s'en souciait. Il avait même acquis une sorte de mauvaise réputation dans l'histoire des commencements de l'indianisme.

Au cours des années 1950, Georges Dumézil, alors qu'il enseignait en Suède, à Uppsala, s'était promis de réparer cette « erreur judiciaire » et de réhabiliter un travail calomnié et la mémoire d'un pionnier. L'œuvre en question, éditée à Paris en 1809, s'intitule *La Mythologie des indous (sic)*, « travaillée, dit le sous-titre, par Mme la chanoinesse de Polier sur des manuscrits authentiques rapportés de l'Inde par feu M. le colonel de Polier, membre de la Société asiatique de Calcutta ». Cinq chapitres sont consacrés à un long résumé du *Mahâbhârata,* agréable à lire sans être faux. Homme d'armes et de lettres, le colonel de Polier avait scrupuleusement recueilli, entre 1770 et 1780, cet abrégé de l'épopée auprès d'un lettré indien, Ramtchund (Râmacandra), qui fut également une source d'information pour William Jones, l'un des pères de l'indianisme.

Or le témoignage fourni par Polier a été ignoré et négligé. Les grandes bibliothèques indianistes, rappelle Georges Dumézil, ne possèdent pas cet ouvrage. Pis : il a été méprisé. L'érudit allemand Adolf Holtsman junior décrit, en 1895, ce volume entier comme un document de quelques pages ! Même le beau livre de Raymond Schwab, *La Renaissance orientale* (1950), qui retrace l'histoire des découvertes de la philologie européenne, reproduit les mêmes préjugés. Or ce sont trois cents pages, dans l'ensemble exactes et fort lisibles, qui nous sont restituées. Derrière cette contribution importante à la connaissance de l'Inde en Europe, quel étonnant personnage on devine ! Né à Lausanne d'une famille de huguenots français chassés par la révocation de l'édit de Nantes, Polier s'embarque pour l'Inde en 1757. Il arrive l'année suivante, pour ses dix-sept ans, et restera trois décennies, servant les Anglais puis les rajahs, passant plusieurs fois du faste à la ruine. Entre deux expéditions militaires, cet esprit curieux cherche à s'instruire des croyances indiennes aux meilleures sources. Il fait parvenir au British Museum le texte des *Veda*. Cet amour des textes ne l'empêche pas d'entretenir un harem et de mener grand train, entouré d'esclaves. À son retour en Europe, il achète une propriété près de

Lausanne pour y installer les enfants de ses favorites et sa cousine chanoinesse, qui se pique d'orientalisme. Amoureux d'une jeune femme, Polier se convertit à la monogamie, la cinquantaine passée, et s'établit en 1792 dans un domaine proche d'Avignon. Les temps sont troubles. Sa table est ouverte, sa fortune voyante. Il est assassiné à coups de sabre et de fusil par une troupe de brigands.

## *Momies, yaks et moutons*

Ces générations durent entrecroiser vie érudite et vie risquée. Un dictionnaire dans une main, un pistolet dans l'autre, ils ont participé aux premiers défrichements. Vint ensuite, avec les grands collectionneurs, les créateurs de musées et les amateurs d'archives, un long temps de razzias à peine plus pacifiques. « Un jour, j'achetai une momie, quelle joie ! » Cet aveu d'Émile Guimet, fondateur du musée parisien qui porte son nom, n'est pas l'indice d'une bizarrerie individuelle. Sa boulimie d'acquisitions, accompagnée d'un discernement exceptionnel, fut au service d'un projet : faire de son musée une « usine de sciences philosophiques » *(sic !)* à laquelle les œuvres rassemblées — « collections d'idées » et non pas d'objets — serviraient de matière première. Il n'est pas sûr que l'usine ait toujours tourné comme le rêvait son créateur. Toutefois, de ses pérégrinations orientales, Guimet n'a pas seulement rapporté la foule d'œuvres que l'on connaît. Parmi ses carnets de route, les pages issues d'un bref périple, de Ceylan à Madras *via* Madura, valent d'être lues. Elles possèdent en effet un charme dépassant leur valeur informative. Pour tenir plus de cent cinquante pages sous le titre *Huit jours en Inde*, l'auteur doit coudre de longues digressions de conférencier à ses croquis de voyage. Ceux-ci, en revanche, ne manquent pas de saveur, comme cette statue du Bouddha qui a trouvé refuge dans un poste de police, en attendant un musée pour paradis : ni hindous ni chrétiens n'en voulaient chez eux. Ajoutez à ces choses vues, incongrues comme la réalité, une gare, deux jésuites et trois bayadères, et vous aurez le ton.

Qui sait encore que Gustave Le Bon est allé au Népal ? L'auteur de *La Psychologie des foules* (1895) est un curieux penseur. Son influence multiple s'est exercée sur Freud, mais aussi sur Hitler, sur Mussolini et sur Raymond Queneau, qui n'hésite pas à le comparer à Leibniz et à Léonard de Vinci. En 1884, il fut le premier Français autorisé à pénétrer au royaume du Népal. Son récit est à cent coudées en dessous du texte merveilleux que rapportera du même pays, quelques années plus tard, le grand orientaliste Sylvain Lévi. Il se lit malgré tout avec intérêt, et ses considérations sur la fusion du brahmanisme et du bouddhisme au Népal, quoique discutables, figurent parmi les premières indications de ce style. Gustave Le Bon a, par ailleurs, un vrai talent de portraitiste et brosse quelques silhouettes d'Anglais qui valent leur pesant de porridge. Enfin, dans la lignée sombre de Gobineau et Vacher de Lapouge, l'homme ne manque pas d'un humour froid : « Au Népal comme en Europe, le meilleur moyen d'obtenir la popularité et l'attention respectueuse des historiens est encore de tuer le plus de gens possible. »

C'était encore au temps où l'on considérait comme une menace que le bouddhisme pût faire partie de notre avenir. Nous cherchons au contraire à comprendre s'il peut exister une complémentarité entre le monde moderne et la très ancienne voie de délivrance du Bouddha. La vieille doctrine, née en Inde, passée de là en Chine, au Japon, au Tibet, dans toute l'Asie du Sud-Est, peut-elle à présent gagner les mondes occidentaux ? Cette question est truffée de pièges. Dans l'engouement, marginal mais tenace, qui a saisi nombre d'Occidentaux depuis la découverte des textes et des doctrines bouddhistes au XIX$^{e}$ siècle, il entre en effet bien des composantes disparates. L'attrait de l'exotisme, la méconnaissance ou l'oubli des traditions spirituelles occidentales, le vertige tenace de l'irrationalité y ont souvent leur part. Mais ces errements ne doivent pas masquer l'apport réel des pratiques psychosomatiques de méditation ni la subtilité des spéculations sur la vacuité.

Ni le fait que les enfants des technosciences et du christianisme peuvent légitimement, sur le tard, devenir attentifs à une mystique pourvue de logique et dépourvue de dieu.

Depuis un bon siècle et demi, beaucoup de penseurs ont rêvé, avec des fortunes diverses, des mariages de toutes sortes entre l'Orient et l'Occident. Schopenhauer prophétisait un heureux cataclysme : « La sagesse indienne refluera encore sur l'Europe et transformera de fond en comble notre savoir et notre pensée », écrit-il, en 1818, à la fin du paragraphe 63 du *Monde comme volonté et comme représentation*. Nietzsche, de son côté, diagnostique que le bouddhisme « en silence progresse partout en Europe ». Mais il ne voit que décadence et nihilisme dans cet avenir affaibli : « Peut-être une sorte de Chine européenne..., avec une douce croyance bouddhisto-chrétienne et, dans la pratique, un savoir-vivre épicurien... »

La mise en cause de la représentation traditionnelle de Dieu et, surtout, les thèmes de l'anéantissement et de la dépersonnalisation donnèrent à Schopenhauer l'idée que Maître Eckhart et le Bouddha « enseignent la même chose ». Ce parallélisme a été fréquemment repris depuis. On aurait tort, malgré tout, de penser qu'à l'infini ces parallèles se rejoignent. Dans une rencontre de 1994, rappelant un proverbe tibétain, le dalaï-lama invite en riant à ne pas confondre yaks et moutons. Dans la mesure, en effet, où le bouddhisme ne reconnaît ni dieu créateur ni sauveur personnel, se prétendre « bouddhiste-chrétien », c'est tenter, comme il le dit, de « greffer une tête de yak sur le corps d'un mouton ». Alors qu'au milieu du XIXe siècle Renan et ses collègues orientalistes pouvaient disserter du bouddhisme sans entendre ses maîtres, il est difficile à l'Occident d'aujourd'hui de continuer longuement à feindre d'ignorer ce qu'il sait pertinemment.

## *Ernest et Henriette*

L'une des figures maîtresses de l'orientalisme français fut Ernest Renan. D'autres, comme Eugène Burnouf, furent plus savants, et plus réellement novateurs. Mais Renan devint emblématique. Il est rare qu'un homme résume un siècle. C'est son cas. Renan condense presque tous les traits de la culture française du XIX$^{e}$ siècle. Il en incarne les vertus, les contradictions, les limites aussi. Masquant un grand savoir sous une prose à la Fénelon et une vraie finesse d'esprit sous une sorte de candeur obstinée, son œuvre est ambiguë, tendue entre pacifisme et romantisme, sécheresse critique et sensibilité profuse. Ses positions politiques ne sont pas moins équivoques : longtemps partisan de la monarchie constitutionnelle, il se convertit sur le tard à la république, qui va le célébrer comme un saint laïque. On pourrait faire de lui de très nombreux portraits. Par exemple, un portrait géographique et social. Il décrirait le chemin parcouru depuis Tréguier, où Ernest Renan naît en 1823 dans une modeste famille bretonne, d'un père marin qui meurt pour les cinq ans du fils, jusqu'aux funérailles à Paris d'un académicien français, administrateur du Collège de France, auteur d'ouvrages érudits et d'immenses succès de librairie, transformé, à tort ou à raison, en symbole de la libre-pensée. De l'obscurité à la gloire, l'itinéraire de Renan passe par l'Italie (1849), la Phénicie (1860), le Proche-Orient (1864-1865). Jeune homme doué, pourvu à la fois d'une intelligence vive et d'une puissance de travail peu commune, Ernest, au collège, raflait tous les prix. Élève du petit séminaire, il juge ses maîtres dès qu'il a assimilé leur savoir, c'est-à-dire assez vite. Quand il décide de ne pas être prêtre, le voilà premier à l'agrégation de philosophie, à l'Institut à trente-quatre ans, à trente-neuf élu à la chaire d'hébreu du Collège de France ! Philologue hébraïsant, il apprit aussi l'arabe (sa thèse de 1855 porte sur *Averroès et l'Averroïsme)*, le sanskrit avec Eugène Burnouf, collabora toute sa vie au *Journal asiatique*. Ayant compris la puissance des méthodes développées par l'érudition allemande, il s'efforça de les acclimater en France, pays dont il méprisait la frivolité ignare. À côté de livres à grand tirage, il poursuivit la publication de travaux de fond, tel le *Corpus inscriptionum semiticarum.*

La silhouette de Renan pourrait intéresser les psychanalystes. Le petit orphelin voue à sa sœur un amour remarquable. Henriette est sa confidente, sa conseillère, la « chère amie » de sa correspondance dans les années décisives où il choisit le savoir plutôt que la foi. Ernest renonce à épouser la fille d'Eugène Burnouf : sa sœur est trop jalouse. Il attend d'avoir trente-trois ans pour se marier... Henriette meurt peu après, en Galilée, où elle l'a accompagné tandis qu'il écrit sa *Vie de Jésus*. Enfin s'impose le portrait de Renan en croyant. Il a perdu la foi, mais il a besoin de croire. « Tout ce que j'ai fait n'est qu'une brillante sépulture de ma foi perdue », note-t-il dans un de ses « petits carnets ». À l'évidence, au cœur de son existence, de son long travail d'orientaliste, des malentendus qu'il a suscités tant chez les catholiques haineux que chez les athées militants, il y a cette crise de jeunesse où l'ardeur d'une foi bretonne cède devant l'étude critique des textes, avec, à l'arrière-plan, le soutien de sa sœur, l'apprentissage de la philosophie, et aussi la passion d'un caractère entier : « Je n'ai pas cru respectueux pour la foi de tricher avec elle. »

Renan ne manque ni d'honnêteté ni de courage. Élu en 1861 au Collège de France, malgré l'opposition du clan catholique, il est suspendu dès qu'il prononce, dans sa leçon inaugurale, cette phrase à propos de Jésus : « Un homme incomparable, si grand que je ne voudrais pas contredire ceux qui, frappés du caractère exceptionnel de son œuvre, l'appellent Dieu. » Ne plus croire au miracle, chasser le surnaturel, aimer Jésus en s'en tenant aux Évangiles et le christianisme en attaquant l'Église, voilà qui suffisait, dans la France du second Empire, à créer le scandale. En publiant sa *Vie de Jésus*, en 1863, Renan devient un homme public, haï des uns, annexé par les autres, mais en fin de compte toujours seul.

Il attend d'être célèbre et honoré pour publier, en 1890, *L'Avenir de la science*, rédigé en 1848. Ce manifeste proclame son adhésion au progrès scientifique et social. En dépit de ses accents positivistes, il peut se lire comme l'exposé d'une croyance nouvelle qui se substitue à l'ancienne. « Savoir, c'est s'initier à Dieu » : la science a, pour Renan, les traits d'une religion. Mais pas tous : il tend en vieillissant vers un élitisme sceptique et dilettante. Dans un monde dont le sens devient de plus en plus incertain, seul compte le sérieux du travail, même s'il n'a plus d'autre justification que lui-même : « Ce qui importe, c'est d'avoir beaucoup pensé et beaucoup aimé... » En un sens, il y est sans doute parvenu. En détournant la formule qu'il avait forgée pour parler du Christ, on dirait volontiers que Renan est un « homme incomparable ». Pas pour cause de génie, mais parce que notre XIXe siècle, dont il incarne une très large part des espoirs et des tensions, nous demeure encore lointain.

## *Lampe magique*

Croire révolue la Renaissance orientale serait une erreur. Peut-être s'agit-il moins d'un épisode délimité de l'histoire des idées que d'un processus continu, se poursuivant sur le long terme et revenant, puisque ces dénominations sont équivoques, de l'Orient « Extrême » au « Proche ». « La vérité d'une signification se mesure non pas à l'étendue de ses données matérielles, mais à la hauteur d'horizon qu'elle indique. » Cette phrase, prononcée par Henry Corbin en 1948 à Téhéran, autorise qu'on se soucie moins d'une chronologie étroite que d'une histoire de l'esprit et des itinéraires de ceux qui deviennent des passeurs entre les cultures. « Philosophe poursuivant sa quête partout où l'esprit le guide » — ainsi se définissait-il lui-même —, Henry Corbin fut notamment éditeur et traducteur de Sohravardî et de nombreux textes arabes, premier traducteur de Heidegger en français, découvreur des trésors de l'islam iranien, qui mêlent indissociablement connaissance philosophique et expérience spirituelle. Cet « homme à la lampe magique » — surnom que le philosophe iranien Daryush Shayegan forgea un jour pour son maître et ami — n'a pas fini de faire lumière sur des pensées obscurcies par le temps.

Près de huit siècles se sont écoulés avant que parvienne en langue française, grâce à Corbin, l'œuvre majeure d'un grand philosophe de l'islam iranien. Né en 1155 à Sohravardî, ville du nord-ouest de l'Iran, aujourd'hui effacée de la carte, celui que l'on connaît sous le surnom de Sohravardî fut mystique et philosophe. Ascète solitaire instruit auprès des maîtres soufis, il est familier de l'héritage de Platon et d'Aristote. Auteur d'une cinquantaine d'ouvrages, il ne quittera pas la région ; il y fut déclaré infidèle comme Socrate et ne chercha pas à se dérober à une mort injuste. Il est exécuté le 29 juillet 1191, à trente-six ans. Son œuvre tente de conjoindre le monothéisme islamique et le dualisme gnostique. Henry Corbin a notamment mené à bien l'édition critique de ses textes et en a traduit bon nombre. Mais il n'avait pu achever avant sa mort, en 1978, la traduction du texte majeur de Sohravardî, qui rend pratiquement les autres inutiles, le *Livre de la sagesse orientale*. Reprenant tous les matériaux accumulés depuis 1940, et notamment les notes rédigées par Corbin pour ses cours de 1956 à 1961 à l'École pratique des hautes études, Christian Jambet a reconstruit ligne à ligne la traduction qu'Henry Corbin n'a cessé de méditer tout au long de sa vie. Le texte qu'il nous livre, accompagné de la traduction de deux commentateurs de Sohravardî, Qotboddin Shirazi et Molla Shirazi, est d'une rare puissance philosophique.

On aurait tort de n'y voir qu'une curieuse antiquité. Lire ainsi Sohravardî reviendrait à le manquer. Sa pensée est certes à mille lieues de Galilée et de Descartes. Elle est élaborée aux antipodes du déjà moderne Averroès. Encore faut-il ne pas vouloir comparer ce qui est sans rapport : la gnose sohravardienne n'a rien de commun avec la démarche scientifique. À ce titre, elle n'entre en aucune façon en concurrence avec elle. Nous pouvons au contraire y entrevoir un monde tout à fait autre que le nôtre : l'infini chez Sohravardî ne cesse de transparaître — il sourd de partout. Ce qui fait la portée de sa pensée, c'est la subversion qu'elle introduit dans les schémas de l'ontologie. Sohravardî appelle « Lumière » l'origine intérieure de l'acte de présence au monde. La lumière se situe au-delà de l'essence et de l'existence : elle les engendre l'une et l'autre. Elle est bien, en un sens, l'être. Mais elle est également au-delà de l'être comme l'Un ineffable des néoplatoniciens. En outre, il n'y a pas une lumière mais une infinité, chacune est source, en même temps que reflet, dépendant plus ou moins directement de la « lumière des lumières ».

Le problème de Sohravardî est finalement de rendre compte de la Ténèbre — matière, corps ou « Occident ». Sa fidélité au platonisme comme à l'islam lui impose d'éviter toute solution de continuité et de maintenir la cohésion d'un monde déployé à partir d'un unique principe. Mais son intuition gnostique l'incite à privilégier la rupture, le partage de la dualité. Cette double contrainte explique la tension unique de son œuvre. « Les jours s'annoncent où nous lirons Sohravardî comme nous lisons Hegel », proclame Christian Jambet. Nul ne sait si telle prophétie se réalisera, même si l'on commence ici ou là à saisir que le repli de la philosophie sur sa seule tradition gréco-européenne n'est pas éternel. La Renaissance orientale, malgré des éclipses, se prolonge d'un siècle à l'autre.

# XV

## UN MAUVAIS GARÇON

Nietzsche irrite, provoque, donne le tournis.
On l'aime ou le déteste, toujours excessivement.

*Il y a bien plus de risque dans l'achat des connaissances que dans celui des aliments.*

PLATON, *Protagoras*

Nietzsche, on peut l'ouvrir n'importe où. Pas une page sans rage, pas une sans le souffle d'une liberté parfois encore effrayée de sa propre existence, inquiète de ne pas discerner ses limites. Quelle que soit l'année, quel que soit le livre, il y a toujours de quoi ruminer. Peu importe le contexte, le moment, l'architecture du tout. Ce philosophe n'est pas un faiseur de système. Plutôt un développeur d'instants. Mieux vaut le lire au hasard, comme ça vient. Et accepter ce qui surgit : « Tout refus et toute négation témoignent d'un manque de fécondité. » En se promenant ainsi, on croisera toutes sortes de Nietzsche. Misanthrope : « On peut douter qu'un grand voyageur ait trouvé quelque part dans le monde des sites plus laids que dans la face humaine. » Provocateur : « Combien un auteur est tourmenté par ces braves lecteurs à l'âme épaisse et maladroite qui, à chaque fois qu'ils se heurtent quelque part, ne manquent pas de tomber et de se faire mal. » Misogyne et lucide : « Contre la maladie des hommes qui consiste à se mépriser, le remède le plus sûr est qu'ils soient aimés d'une femme adroite. » Modeste, se refusant à prendre la pose en prenant la plume : « Le meilleur auteur sera celui qui a honte de virer à l'homme de lettres. »

Thérapeute aussi. On pourrait apprendre par cœur les

sentences les plus courtes, par exemple : « Toute vertu a des privilèges, par exemple celui d'apporter au bûcher d'un condamné son petit fagot à soi. » Il est possible également de ne pas avoir souci de toujours retenir ses leçons : « L'avantage de la mauvaise mémoire est qu'on jouit plusieurs fois des mêmes choses pour la première fois. » Le résultat principal d'une lecture assidue de Nietzsche est d'améliorer la résistance à la « moraline », terme qu'il invente pour désigner la substance toxique produisant les préoccupations morales et leurs conséquences « affaiblissantes ». Comment agit l'antidote ? Le coup d'œil nietzschéen affirme diagnostiquer ce qui produit les valeurs. Il croit percer le secret des agencements de forces à l'œuvre dans la religion, l'écriture, la civilisation, les rapports des sexes, l'État, etc. Sa question est toujours, finalement, de savoir pourquoi nous croyons, quels mobiles nous font adopter tel credo plutôt que tel autre. Si Nietzsche irrite ou révolte autant qu'il éclaire, c'est qu'il ne triche pas. Il lui arrive évidemment de se tromper, d'exagérer, de soutenir des points de vue intenables. Mais pas de faire semblant.

C'est pourquoi il ne peut laisser indifférent. En une centaine d'années, Nietzsche est passé, dans la pensée française, d'une place obscure et marginale à un rôle de référence centrale. Bien que ses premiers lecteurs, comme Jules de Gaultier et Henri Albert, soient encore des hommes du XIXe siècle, l'entrée de Nietzsche dans la culture des élites fut tardive. Georges Bataille, Pierre Klossowski, à leur suite Michel Foucault et surtout Gilles Deleuze vont installer cet énergumène parmi les références indispensables de la pensée et les perspectives majeures de son histoire. Il serait naïf et faux d'en déduire que Nietzsche constitue un philosophe « inventé », principalement par Deleuze qui aurait transformé en penseur de grand style un littérateur incohérent et irrationnel. Une fois la légitimation décrétée, tout le monde se serait incliné : « Puisque Nietzsche est défini comme penseur essentiel, ses insuffisances philosophiques, jusqu'alors considérées comme patentes par les professionnels, sont soit neutralisées soit transfigurées », écrit Louis Pinto.

Nietzsche a suscité très tôt ce genre de malentendus. On juge qu'il dit n'importe quoi, qu'il délire, que son œuvre est sans portée, parce qu'on n'aperçoit pas le mouvement qu'il suit ni les déplacements qu'il opère. Dès son premier livre, *La Naissance de la tragédie*, publié en 1872, une querelle éclate. La bataille autour du texte résume par avance bien des conflits à venir. Les philologues « scientifiques », rivés au détail des épigraphes et des manuscrits, trouvent choquants « le ton et la perspective » de l'essai de Nietzsche. Celui-ci tente de comprendre ce que furent les Grecs, et ce que nous sommes devenus, à la lumière du drame wagnérien et de la pensée de Schopenhauer. Lui reprocher de n'être pas un vrai philologue, de ne faire preuve que d'un « génial délire », comme dit son vieux maître Ritschl, c'est la même bêtise que de croire que Nietzsche n'est pas un « vrai philosophe » sous le prétexte qu'il ne pense pas comme ses prédécesseurs métaphysiciens. En d'autres termes, c'est être assuré de posséder, soi seul, les bons critères permettant de reconnaître la vraie science, la vraie philosophie, etc., et juger que ce qui se trouve au-delà est irrecevable.

## *Se faire entendre*

Le problème, c'est que Nietzsche affirme plus qu'il ne démontre. Il lui importe avant tout de se faire entendre, au sens le plus littéral du terme : comme un musicien, non comme un mathématicien. « Qui songerait à réfuter un son ? », écrit-il. Dans le rapport de Nietzsche à la création artistique, il y a d'abord ce sentiment que les mots jamais ne parviennent à dire ce qu'on veut. Seule la musique, finalement, correspond à une forme de pensée qui se donne immédiatement, singulière et charnelle. Dès *La Naissance de la tragédie*, Nietzsche prévient : « Je ne m'adresserai qu'à ceux qui ont une parenté immédiate avec la musique. » Il a tenu parole, il n'a pas cessé de méditer sur cette énigme qui donne sens à l'existence : « Sans la musique, la vie serait une erreur. » Cette formule capitale peut s'interpréter de deux manières : ou bien la musique permet d'oublier la vie, de l'escamoter, de la fuir en la niant, ou bien la musique est au contraire l'affirmation immédiate et irréfutable de la vie elle-même. Les deux sens, chez Nietzsche, ne cessent de s'opposer et de se juxtaposer.

Enfant, il n'eut pas de Noël sans partition, fréquenta plus de musiciens que tout autre, fut un compositeur sans génie mais non sans talent. La musique fut toujours au centre des « excentricités » de ce grand improvisateur. « La musique est de beaucoup ce qu'il y a de mieux », disait-il. Mais ce mieux évolue, il ne signifie pas toujours la même chose : en vingt ans, Nietzsche passe de Wagner à Bizet, du Nord au Sud, de l'Allemagne à la France. Lui-même note combien la musique résume tout : « Lorsqu'on a tiré au clair tout ce qui est bon et tout ce qui est mauvais dans Wagner, on a presque établi un bilan définitif des valeurs modernes. » On ne s'est pas éloigné de la philosophie, au contraire ! Le changement de perspective créé par l'œuvre de Nietzsche tient notamment à cette maxime : « L'on devient plus philosophe à mesure que l'on devient plus musicien. »

On objectera que la métaphore musicale a malgré tout ses limites. Ceux que la pensée de Nietzsche déroute ou même révulse persistent à penser que ce philosophe est un mauvais garçon. Malin, rusé, subtil, certes. Mais décidément incohérent : on trouve sous sa plume tout et son contraire. Comment faire si, à chaque citation de Nietzsche, on peut en juxtaposer une autre, signée Nietzsche elle aussi, disant sur le même sujet exactement l'opposé de la première ? Cet auteur est aberrant, insaisissable, irrationnel, monstrueux. Il recèle encore, aux yeux des lecteurs qui lui sont hostiles, de plus graves périls. La raison n'est pas seule exposée : la République est en danger, la vertu est menacée. Citoyens, méfions-nous ! Cet agité fantasque, dérangé, mégalomane, irascible, n'est pas seulement illogique. Il est aristocrate jusqu'au bout des ongles, viscéralement antidémocrate. C'est simple : il est on ne peut plus ré-ac-tion-naire ! Et immoral avec ça. Et violent, de surcroît. Il n'aime pas les faibles, ni la pitié, ni les petites lâchetés du confort. Sans doute ne sait-il pas aimer du tout. Il vante les barbares, et annonce la guerre. Il flirte avec l'inhumain et rêve du surhumain. Il déraille, c'est une affaire entendue. Ce malotru, décidément, est un individu extrêmement dangereux. Antichrétien, antisocialiste, antiscientifique. Suspecté en outre de plusieurs délits. Racisme, fascisme, antisémitisme ; goût immodéré pour la hiérarchie ; prédilection pour le mensonge, l'illusion, l'apparence ; attirance vers la force brutale, la cruauté, la domination. Si Hitler offre à Mussolini une édition de Nietzsche reliée cuir, est-ce bien un hasard ?

Évidemment, on peut ne pas aimer ce fou philosophe, avoir une sorte d'allergie envers ses manières d'être, d'écrire, de penser, de danser. Encore faut-il en avoir saisi à peu près l'essentiel, éviter au moins les trois erreurs de perspective les plus grossières. L'incohérence, d'abord. Cet auteur serait absurde, inconsistant, malaisé à combattre et trop aisé à citer, parce qu'il énonce, d'une page à l'autre, des affirmations contraires ? Nietzsche doit se lire comme un multiplicateur de points de vue. La bonne question n'est pas : ce qu'il dit ici (du christianisme, de la morale, du pessimisme, etc.), est-ce vrai ou faux ? Il ne s'agit pas non plus de se demander : cela, le pensait-il vraiment ? Est-ce, sur ce point, son jugement ultime, définitif, absolu ? La seule interrogation est : de quel lieu, dans quelle perspective, à partir de quel point de vue cet énoncé donné est-il pertinent ? Du fond de la vallée, nul ne considère la rivière qui y serpente du même œil qu'au sommet. Du haut de la montagne, personne n'a la même perspective — ni sur les fonds brumeux ni sur les sommets eux-mêmes. Ces changements d'optique, ce « perspectivisme » peuvent donner le tournis. Mais ils n'ont rien à voir avec des contradictions proprement dites, et moins encore avec une pensée déglinguée capable, ou coupable, de n'importe quoi.

Le danger, ensuite. Oui, Nietzsche est dangereux, comme le sont l'alcool, le deltaplane ou la plongée sous-marine. Ou encore dieux et diables. Ce n'est pas sans motifs qu'il se compare lui-même à de la dynamite — chacun sait qu'elle peut soulever des montagnes ou terroriser des innocents. Sa dynamite ? La provocation. L'outrance est sa façon d'être sérieux, l'excès sa mesure, la démesure sa méthode. C'est pourquoi la pire des lectures de Nietzsche consiste à le prendre au pied de la lettre, à lui rogner les métaphores et à conclure de là que, décidément, il n'est ni compréhensible ni fréquentable. Cette façon de faire est la pire parce qu'elle va totalement à l'encontre du geste du philosophe artiste, mais aussi parce que c'est précisément en prenant certaines phrases de Nietzsche au pied de la lettre que les nazis ont cru pouvoir l'annexer.

Le devenir, enfin. Ne jamais considérer Nietzsche comme un bloc, une unité, un corps, ou un corpus, figé. L'évolution interne de Nietzsche, son rapport intime au nihilisme et au dépassement du nihilisme sont à prendre en compte, qu'il s'agisse de ses relations à la rationalité, à l'illusion ou à l'idée de décadence.

À cause de cette incessante fuite hors de lui-même, Nietzsche est encore un mystère. Un siècle de commentaires, plusieurs éditions des œuvres complètes, diverses biographies n'ont pas dissipé cette énigme, pas diminué sa puissance de subversion. Cette pensée indéfiniment multiple, contradictoire sans incohérence, entre difficilement dans nos bibliothèques. C'est un corps vivant.

## *Le goût des anniversaires*

Les enfants rédigent rarement leurs Mémoires. Le jeune Nietzsche, lui, n'arrête pas. À douze ans, il note : « J'ai enfin pris la décision d'écrire un journal. » À treize, il commence à récapituler : « J'ai à peine dépassé la fin de l'enfance et pourtant bien des choses échappent déjà à mon souvenir et le peu que je sais encore ne s'est conservé, selon toute vraisemblance, que grâce à ce qu'on m'a raconté. » De quinze à vingt-deux ans, il écrit sept récits intitulés *Ma vie*. Les mêmes événements sont ressassés, en particulier la mort du père (Fritz avait presque cinq ans) et le départ de Naumberg, la ville d'enfance, pour l'internat de Pforta. À intervalles réguliers, il dresse de manière compulsive la liste datée des ouvrages lus, des lectures projetées, des partitions déchiffrées ou des mélodies composées. Dans ces textes d'adolescence, on découvre surtout un garçon d'un conformisme extraordinaire, confondu d'admiration devant des bourgeois protestants d'une médiocrité lamentable, pétrifié d'émotion au moindre relent de religiosité, faisant sans cesse l'éloge des vertus chrétiennes. Partout il chante la gloire de Dieu. L'orphelin modèle pleurant la disparition de son père pasteur est aux antipodes de celui qui écrira *L'Antéchrist*. C'est aux Grecs, à leur simplicité et à leur profondeur, qu'il doit d'être parvenu à surmonter son éducation chrétienne et d'avoir pu découvrir des « terres nouvelles ». On va y revenir.

Décembre 1864, vingt ans, à Pforta, Nietzsche écrit à sa mère et à sa sœur : « J'aime les soirées de la Saint-Sylvestre et les anniversaires de naissance. » Amour insistant : de nombreuses lettres, au long de sa vie, parlent d'anniversaire, de cadeau, de la bénédiction de ces jours-là. Rien à voir avec un faible pour les conventions. Aucun penchant pour la fadeur. Nietzsche goûte ces passages où le temps revient sur lui-même, se suspend presque, où l'on observe son propre développement et se souhaite de le voir s'accroître encore. L'anniversaire, comme le dernier jour de l'année, est charnière du temps, points de suspension et de surplomb. Bilan et vœu, entre ce qui fut et ce qui doit advenir. « C'est le moment où l'on se garantit et s'authentifie son passé et où on trouve courage et résolution pour avancer sur sa route », note Sarah Kofman.

15 octobre 1888, quarante-quatre ans, Turin. « Pour mon anniversaire, j'ai commencé quelque chose de nouveau qui devrait marcher et qui est déjà bien avancé », écrit Nietzsche à Koselitz dès la fin du mois. Le cadeau qu'il se fait à lui-même, au tournant de cette année sans exemple où sont composés *Le Cas Wagner*, *Le Crépuscule des idoles*, *L'Antéchrist*, c'est *Ecce Homo*. Nietzsche s'y pré-

sente lui-même. La forme évoque une autobiographie. Mais ce n'en est pas une à proprement parler. Sa démesure a souvent fait juger ce texte insupportable. Qui ose écrire qu'il « met le monde entier en péril » ? Qui délire assez pour croire que son livre « fait littéralement sauter l'histoire de l'humanité en deux » ? Qui donc ? Un homme à bout de forces, dit-on, qui disparaît d'ailleurs quelques semaines plus tard dans un labyrinthe sans Ariane, une nuit de onze années sans œuvre.

Sarah Kofman a soutenu que celui qui écrivit *Ecce Homo* n'est pas, ou n'est plus, un sujet. Son « autobiographie » fait voler en éclats l'illusion d'un soi-même, le mirage d'une vie enclose dans une existence individuelle. Nietzsche serait unique, au sens d'une exception absolue, en cela qu'il est multiple. Pensée, histoire, écriture, métaphysique ne pourraient, chez lui, se réduire à l'unité. Heidegger qui tente dans son cours de 1936 de démarquer Nietzsche du biologisme racial que les nazis lui attribuent, le perd par un autre biais. Pour Heidegger, en effet, Nietzsche, en se donnant explicitement pour but de dépasser la métaphysique, ne fait que l'accomplir. Il renverse les primautés de Platon, fondements de tous les édifices métaphysiques : supériorité des idées sur les choses, de l'immuable sur le devenir, de l'âme sur le corps, de la pensée sur la sensation, du divin sur l'humain, de l'identique sur le divers, de la raison sur les passions, etc. Toutefois, dans ce combat contre Platon, Nietzsche demeure selon Heidegger prisonnier des perspectives qu'il inverse. Il achèverait la métaphysique, la transformerait en une possibilité désormais épuisée (renversez Nietzsche, vous retrouvez Platon), mais il n'en quitterait pas le sol.

La pensée de Nietzsche « ne se réduit pas à un contreplatonisme ». Le corps (« grande raison », « guerre et paix », dit Zarathoustra) et ses fluctuations, les forces pulsionnelles produisant les valeurs, ne peuvent voir dévoilée leur origine ultime, dernier arrière-plan ou commencement absolu. Nietzsche, selon Michel Haar, « ne veut pas tant réhabiliter l'apparence contre les sens, le multiple contre l'un, que réparer l'oubli des vérités discrètes, restaurer le prix des pensées et des gestes quotidiens, minimes, légers, dépourvus de fins transcendantes, pris dans le clair-obscur des différences simples et ordinaires » — celles mêmes de notre vie la plus élémentaire : veille ou sommeil, faim ou satiété, douleur ou plaisir, maladie ou santé, chasteté ou jouissance sexuelle, etc. On peut alors objecter que Nietzsche élabore à son tour de nouvelles fictions, telles la Volonté de Puissance ou l'Éternel Retour, qu'il forge de nouveaux idéaux, tel le Surhomme, et proroge ainsi ce qu'il prétend briser. Il n'en est rien. Aucune de ces notions ne constitue un principe premier ou un horizon idéal susceptible d'engendrer à nouveau quelque arrière-monde. Nietzsche ouvre sans fin sur l'insondable.

Et sur la joie. Pas cette sérénité niaise et douillette qui rêve de paradis sans mélange, mais une étrange et forte « joie tragique ». Celle-ci dit oui à la vie si totalement qu'elle dit oui aussi, nécessairement, par avance, à toute souffrance, toute imperfection, tout négatif, quand bien même rien ni personne jamais ne viendraient les racheter ou leur donner un sens. « La joie veut l'éternité de toute chose, veut une profonde, profonde éternité », celle seulement de l'instant... l'instant éphémère, alliance paradoxale du rythme et du chaos, désiré assez intensément pour accepter qu'il puisse revenir toujours.

### *L'invention des Grecs*

« Soudain tu respires l'odeur de l'écurie. À la faible lueur des lanternes apparaissent des formes. Autour de toi, ce ne sont que piétinements, hennissements, bruits d'étrille et coups de brosse. Et au milieu du tableau, en tenue de palefrenier [...], c'est ma propre forme ». Nietzsche en palefrenier, il faut faire un effort d'imagination. À l'automne 1867, il a juste vingt-trois ans. À Naumburg, il est canonnier au deuxième escadron monté du quatrième régiment d'artillerie de campagne. Bien avant l'aurore aux doigts de rose, il « étrille le bourrin » en attendant de suer sang et eau en exercices de marche, empilage d'obus et autres cavalcades. Heureusement, le soir il lit Schopenhauer. Il prend aussi des notes pour une étude sur Démocrite. Moment décisif, décidément, ce tournant des vingt ans. De Bonn à Leipzig, il a suivi Friedrich Ritschl, grand maître des études grecques. L'impossible jeune homme lui doit d'avoir abandonné ses projets théologiques pour la philologie. Savant, artiste, dompteur aussi, le vieux Ritschl a flairé en Nietzsche le génie. Il le dresse à la patience, aux minuties de l'archive, aux tâches longues et précises. Le canonnier fiévreux lui adresse de respectueuses missives. Mais il pense de plus en plus à un maître plus exigeant, plus exaltant aussi, en dépit de sa noirceur. C'est en rêvant de Schopenhauer qu'il se donne le courage de penser. Le philosophe réveille le philologue. Le carcan des notules érudites, les contributions infinitésimales à la connaissance scientifique de l'Antiquité, les pénitences et les macérations de la vie savante... non, en vérité, ce n'est pas pour lui.

« J'ai furieusement envie [...] de dire aux philologues bon nombre d'amères vérités. » Il commence à les formuler cet hiver-là, le soir, après les chevaux et les canons. « Nous apprenons trop, nous pensons trop peu », « la philologie manque de grandes pensées ». À quoi bon tant d'efforts pour reconstituer des monuments perdus, si nous ne savons pas ce que nous y cherchons ? L'Antiquité n'est pas un champ de ruines à étiqueter une par une, pour la fierté bureaucratique d'en dresser l'inventaire. Aux travailleurs serviles qui collectionnent des poussières, le petit soldat va donner quelques leçons de création. « Des blocs que sont les faits historiques, il faut d'abord extraire des statues. » Il a bien dit « d'abord ». Voilà son audace. En d'autres termes : on ne retrouve pas une tradition, il faut l'inventer, la décider, trancher dans la masse indistincte des matériaux, se donner les modèles afin de savoir quoi chercher. Il existe une « Antiquité latente » : choisissons d'abord ce qui nous y importe. Entre deux bourrins, ce sont les historiens que Nietzsche étrille, en évacuant sans vergogne la sacro-sainte objectivité. Ouvre-t-il ainsi la porte à l'arbitraire de n'importe quelle fantasmagorie ? Non. Les corpus, les doxographies, les éditions critiques sont toujours là. Mais ils ne sont ni plus ni moins contraignants que la forme sonate pour le musicien, ou le marbre pour le sculpteur.

Nietzsche taille dans son matériau pour ébaucher la statue de Démocrite. Il fait exister un penseur d'avant la métaphysique, le premier qui crut à la valeur absolue des méthodes rationnelles et nettoya l'image du monde des moindres traces de finalité. Un ascète errant, brûlé par le feu de la recherche du vrai et aussi un poète, non parce que l'atomisme est poétique, mais parce que la foi qu'il y met est d'un tel ordre. Ce grave rieur, est-ce le vrai Démocrite ? Si la démarche de Nietzsche a un sens, cette question n'en a plus. Seuls importent l'attrait de la figure, la manière dont elle nous parle, les partages qu'elle opère, et les troubles qu'elle prépare à notre avenir. Cet art si fécond, si risqué aussi, qui consiste à « rendre la philologie pensante », Nietzsche n'a cessé de le pratiquer. Ce fut en un sens sa première définition de la philosophie. Bien qu'il en ait formulé d'autres, il fut sans doute fidèle à celle-ci jusqu'à cette nouvelle énigme que constitue son effondrement.

## *Gouverner l'univers*

Le 3 janvier 1889, un homme quitte une petite chambre, haute de plafond, de la via Calo-Alberto, à Turin. Il est curieusement élégant, moins par le soin de sa mise, de bonne qualité, mais somme toute courante, que par son port de tête, sa démarche, une sorte de gravité souple de tout le corps. Certains diraient qu'il y a en lui quelque chose d'aérien et de princier, une manière aventureuse et conquérante de trancher le frais vif du matin. Ses yeux, comme retirés entre d'épais sourcils et une forte moustache, ont, par instants, l'insoutenable rapidité de l'éclair. Un regard exercé discerne, à ce genre de signes, une incomparable acuité de souffrance surmontée. Mais aucun de ses contemporains n'est suffisamment grand pour être en mesure de la voir. Nietzsche, toujours, est seul. Comme les dieux, les génies et les fous. Est-il, d'ailleurs, encore seul ? Est-il encore « quelqu'un » ? Dans deux jours, il écrira : « Chaque nom de l'histoire, c'est moi. » Pour l'instant, il va prendre l'air... Dans la rue, on bat un cheval. Nietzsche l'attrape par l'encolure, puis s'écroule. David Fino, son logeur, le fait porter à sa chambre. Il y dort presque quarante-huit heures d'affilée.

Le 5 janvier, Nietzsche écrit cette longue lettre à Jakob Buckhardt qui marque son « effondrement ». « Maintenant que le Dieu ancien est aboli, dit-il, je suis prêt à gouverner l'univers. » Il affirme être Prado, assassin d'une prostituée que l'on juge à Paris, et aussi Chambige, meurtrier de sa maîtresse qui comparaît devant le tribunal de Constantine. Il soutient avoir assisté deux fois à ses propres obsèques, être né aux côtés de Victor-Emmanuel... Il court à la poste voisine adresser à Peter Gast, Franz Overbeck, Cosima Wagner et d'autres des billets signés « l'Antéchrist », « Nietzsche-Cæsar », ou « Dionysos ». En chemin, il dit aux passants : « Sommes-nous contents ? Je suis Dieu. J'ai fait cette caricature. » Il poursuit son projet de mise en œuvre d'une « grande politique », convoque à Rome les représentants des cours européennes pour mener une guerre à mort aux Hohenzollern, et faire fusiller le jeune Kaiser...

Ainsi sombra l'esprit peut-être le plus aigu, le plus pénétrant, le plus agile que jamais l'Europe ait engendré. L'année 1888 fut pour lui celle de toutes les récoltes. Il a mis sur pied les grandes lignes, et les fragments essentiels, de son essai sur la transvaluation de toutes les valeurs. Il a rédigé en août *Le Cas Wagner*, en septembre *Le Crépuscule des idoles*, et achevé en octobre *L'Antéchrist*. Du 15 octobre au 4 novembre, il a écrit *Ecce Homo*, puis rassemblé les *Dithyrambes de Dionysos*, avant de parachever *Nietzsche contre Wagner*. Cet automne turinois est d'une force insensée. Pourquoi à cette puissance prodigieuse, voit-on succéder brutalement, au début de janvier, un silence nocturne qui va durer... plus de onze ans ? Onze années de silence et de prostration, à peine interrompues de quelques phrases. Hébergé par sa mère, le grand voyageur demeure immobile. Le musicien de la pensée est muet. Il reconnaît mal ses amis. Parfois, il joue du piano, comme autrefois. Aucune explication n'est satisfaisante, comme s'il était passé au-delà de nos horizons.

Reconduit à Bâle par le fidèle Overbeck, dès le 9 janvier 1889, le corps de Nietzsche finira de mourir à Weimar le 25 août 1900, à midi. On sait encore assez peu de chose de cette large décennie rivée à un fauteuil, regard vide, mémoire perdue. Celui qui croyait casser en deux l'histoire de l'humanité paraît éclaté en mille fragments, dispersé, disparu, dissous. Est-il fou, brisé, dément, paralysé ? Ce n'est pas absolument sûr. La plupart des commentateurs se rangent à l'hypothèse, vraisemblable mais en fin de compte assez fruste, d'une détérioration biologique. Dernier acte d'une vieille syphilis ou point final d'une grande usure nerveuse accentuée par l'errance et le haschisch, la mort spirituelle de Nietzsche n'aurait finalement rien à voir avec sa philosophie. Cette explication cadre mal avec la parole de Nietzsche lui-même. Sa correspondance, pour s'en tenir aux dernières semaines, est truffée de formules indiquant nettement que rien, dans le « temps *fortissimo* » de 1888, ne ressemble à un dérèglement. « Ma vie a atteint son apogée », écrit-il à Paul Deussen le 26 novembre. Relisant ses œuvres, il confie à Peter Gast, le 9 décembre : « Pour la première fois, je suis à ma hauteur », et le 22 décembre, au même, il exprime sa « conviction absolue que tout est réussi ». Ce sentiment d'achèvement triomphal et d'absolue maîtrise s'accompagne du pressentiment d'un événement décisif : « Ma vie approche maintenant d'un éclat préparé de longue date », lit-on sur le brouillon d'une lettre à Helen Zimmern, sans doute du 8 décembre. Une lettre du 27 décembre, à Carl Fuchs, précise : « Il se pourrait qu'au cours des prochaines années les circonstances extérieures de ma vie connaissent une mutation si radicale que cela affecte jusqu'aux moindres détails. » Ces formules sont ambiguës, et notre lecture rétrospective les affuble d'un sens que, peut-être, elles n'avaient pas. Mais, si l'on se tourne vers les œuvres publiées du vivant de Nietzsche, d'autres indices sont troublants. Maints passages attestent que la pensée, voire la sagesse, ont à ses yeux partie liée avec la folie. « Éloignez-vous, dit Zarathoustra de peur qu'on ne vous enseigne qu'un sage est aussi un fou. » Et déjà *Aurore* consacre un long fragment à la signification de la folie. On y lit notamment : « À tous ces hommes supérieurs poussés irrésistiblement à briser le joug d'une moralité quelconque et à proclamer des lois nouvelles, il ne resta pas autre chose à faire, *quand ils n'étaient pas vraiment fous* (souligné par Nietzsche), que de le devenir ou de simuler la folie. »

D'où ces interrogations évidemment sans réponse, et qu'on pourra juger insensées : sa longue hébétude seraitelle sa plus divine espièglerie ? Non pas sa mort, mais sa transfiguration ? Aurait-il atteint, sous l'apparence, pour nous, d'une épave s'abîmant dans un gouffre, une inconcevable apothéose ? Sa démence n'est-elle qu'une sale histoire neurologique ? Ou un dernier masque ? Ou une suite inéluctable de sa philosophie ? Un accident dénué de sens ? Ou bien la marque de son échec ? Ou encore quelque impensable transmutation ? Sans doute ne peuton le savoir.

## *Les abus d'Élisabeth*

Une seule chose est sûre : pendant ses années hébétées, Nietzsche fut livré à toutes les manœuvres de sa sœur. Le philosophe ayant sombré dans le silence, Élisabeth a convaincu leur mère de lui remettre tout pouvoir sur les manuscrits et les éditions. Elle compose sous le titre *La Volonté de puissance* un montage, tendancieux et déformant, des brouillons de Nietzsche. Les manipulations d'Élisabeth Förster-Nietzsche et son entreprise de détournement aboutissent à l'annexion du philosophe par le régime hitlérien. Quand elle meurt, le 10 novembre 1935, Hitler et les principaux dignitaires nazis viennent fleurir le cercueil de cette « gardienne intrépide, déterminée et enthousiaste d'un grand génie allemand ». Elle avait composé une biographie du philosophe à laquelle manquaient un certain nombre d'éléments. Par exemple cette lettre adressée à son mari, Bernhard Förster, que le *Times* appelait « le chasseur de Juifs le plus représentatif d'Allemagne », où elle écrit, après avoir lu la première partie d'*Ainsi parlait Zarathoustra* : « Les objectifs de mon frère ne sont pas les miens, toute sa philosophie va à l'encontre de mes convictions. » Elle a dû égarer les lettres et les brouillons dans lesquels Nietzsche lui écrivait par exemple : « Avant tout, nos désirs et nos intérêts n'ont rien de commun dans la mesure où ton projet est antisémite. »

Les essais de Karl Schlechta et de H. F. Peters ont souligné les méfaits de celle que Franz Overbeck, fidèle ami de Nietzsche, appelait l'« exemple type des sœurs abusives ». Mais on oublie souvent qu'en 1886 Bernhard Förster et Élisabeth Nietzsche partirent pour le Paraguay fonder une nouvelle colonie. Convaincu que la seule manière de sauver le peuple allemand était de « laisser le plus lamentable des produits de la nature, l'*Homo sapiens judeo progrediens communis*, mourir dans son propre vomi », Förster, qui avait remis en vain à Bismarck une pétition réclamant des mesures contre les Juifs, décida de refaire au loin une Allemagne « pure » — aryenne, végétarienne et luthérienne. L'expédition tourna en quelques années au désastre. Face à la misère des colons et à l'échec de cette tentative absurde, Élisabeth mentit effrontément, publia des descriptions de la vie idyllique à *Nueva Germania*. La mort intellectuelle de son frère lui donna l'occasion de se venger de cet échec qui conduisit son mari au suicide. La dépendance du philosophe « paralysé » lui permit de pratiquer une nouvelle forme de colonisation. Élisabeth désirait tellement voir Friedrich partager les « idées » de son mari... qu'elle a tout mis en œuvre pour que ce rêve prenne l'apparence d'une réalité.

# XVI

# ENTRE DEUX

Difficiles à classer, pris entre deux siècles, entre raison et foi, entre science et mystique, entre politique et spiritualité, ce sont des philosophes sans école.

*Les efforts sans trêve pour bannir la souffrance n'ont d'autre résultat que d'en changer la figure.*

SCHOPENHAUER,
*Le Monde comme volonté et comme représentation*

L'intervention de Nietzsche agit à retardement. C'est seulement plusieurs décennies après sa mort qu'on commence à en voir les conséquences. Peut-être ne sont-elles pas toutes visibles même aujourd'hui. À la charnière du XIXe et du XXe siècle, d'autres chemins furent explorés. Les philosophes que l'on entrevoit ici ont en commun d'être « entre deux » : entre les vertiges du siècle industriel et les massacres des guerres mondiales, entre la métaphysique et les sciences, entre philosophie et politique. Bien que fort différentes, leurs silhouettes ont comme un air de famille. Il est difficile à circonscrire, comme tous les airs de famille, et devrait n'apparaître qu'à mesure. Indiquons seulement que la recherche de l'Absolu emprunte, chez ces penseurs, le chemin d'un recommencement de la philosophie ou de la politique, sans qu'ils aient les moyens de rendre radicale cette nouvelle fondation.

## *Faire du neuf*

Du neuf et du frais, telle fut l'impression que fit l'œuvre de Bergson à ses contemporains. Il retrouve en effet, comme tous les maîtres, la difficile simplicité des évidences. Sa démarche commence par écarter le lœss des interprétations mortes. Charles Péguy salue en lui « l'homme qui a réintroduit la vie spirituelle dans le monde ». William James proclame : « C'est de la réalité qu'on nous parle ici [...]. Dans Bergson, rien qui sente le vieux fond de boutique ou le bric-à-brac. » Tout commence — pure coïncidence — quelques mois après l'effondrement de Nietzsche, lorsque, le 27 décembre 1889, un jeune homme âgé de juste trente ans soutient sa thèse de philosophie en Sorbonne. Normalien et agrégé, il est depuis peu professeur à Paris, aux lycées Louis-le-Grand et Henri-IV. De 1883 à 1888, il a enseigné au lycée Blaise-Pascal de Clermont-Ferrand. Avec *L'Essai sur les données immédiates de la conscience*, en ces derniers jours de 1889, Bergson entre dans l'histoire. Beaucoup n'hésitent pas à considérer cette date comme un tournant.

Ce fut une rupture, effectivement. Contre une philosophie qu'il juge desséchée, Bergson retourne vers le vécu, vers la fluidité de l'expérience intime. Il cherche avec le réel une forme de rencontre directe, débarrassée d'intermédiaires trompeurs. Sa pensée met l'accent sur ce que notre vie psychique a de continuellement mobile. Enfin, et surtout, Bergson prend pour règle la rigueur de la démarche scientifique afin de redonner à l'esprit ses droits contre le scientisme.

Ce philosophe ne construit pas de système : il y voit comme la maladie de la pensée philosophique, et comme l'amoindrissement de la pensée tout court. Il entend traiter, à chaque livre, un sujet nouveau. Chaque question nécessite une investigation longue et minutieuse qui finit par engendrer sa propre méthode. De l'enquête sur la relation du corps à l'esprit (*Matière et Mémoire*, 1896) jusqu'au dernier grand ouvrage (*Les Deux Sources de la morale et de la religion*, 1932) en passant par *L'Évolution créatrice* (1907), chacun des livres de Bergson se veut comme indépendant des autres. Pas de cumul, pas de retour, ni de report possibles d'un ouvrage à l'autre. Mais, s'il en était bien ainsi, y aurait-il un bergsonisme ?

La question paraît simple, elle est en fait d'une grande complexité. Bergson dans son ensemble est d'une facilité trompeuse. Son écriture veloutée rend l'abord de ses textes aisé en apparence, mais elle est pleine de difficultés. La pensée semble s'y dérober là même où elle se donne. Dans la manière dont elle s'exhibe et se cache, une énigme demeure. L'obscure clarté de Bergson n'a pas fini de dérouter. L'homme connut tous les honneurs, du Collège de France au prix Nobel, sans oublier l'Académie française, mais n'eut pas vraiment de continuateurs ou de disciples. Il suscita bon nombre d'admirateurs solitaires, et quelques ennemis acharnés, comme Politzer et surtout Julien Benda, mais il n'y eut pas d'école bergsonienne.

Plus ses textes devinrent célèbres et célébrés, plus ils se figèrent en pages classiques, fréquemment citées, rarement comprises, en fin de compte peu étudiées. On pouvait constater, dans les années 1970, que la pensée de Bergson avait été comme laissée à l'écart par les courants philosophiques de l'après-guerre, mis à part Deleuze. Au contraire, aujourd'hui, il suscite de nouveau un vif intérêt. La publication du texte des cours de Bergson, par Henri Hude, a renouvelé en partie la lecture de l'œuvre en fournissant quelque deux mille pages inédites. Le testament de Bergson, en date du 8 février 1937, rédigé quatre ans avant sa mort, s'oppose de la manière la plus ferme et la plus explicite à toute entreprise de ce genre : « Je déclare avoir publié tout ce que je voulais livrer au public. Donc j'interdis formellement la publication de tout manuscrit, ou de toute portion de manuscrit de moi qu'on pourrait trouver dans mes papiers ou ailleurs. J'interdis la publication de tout cours, de toute conférence qu'on aurait pu prendre en note, ou dont j'aurais pris note moi-même. » Ces dispositions, on ne peut plus claires, avaient déjà été plusieurs fois enfreintes ou contournées. Elles sont aujourd'hui annulées, avec le plein accord des ayants droit du philosophe. Au nom des exigences de l'histoire : Bergson désormais appartient à tous plus qu'à lui-même. Une telle décision peut paraître légitime. On peut aussi la trouver éthiquement gênante. Discussion évidemment sans fin.

Qu'apportent ces cours ? Ce qui frappe d'abord, c'est l'extraordinaire qualité pédagogique de ces leçons. Il faut les lire pour constater ce qu'a pu être l'âge d'or de l'enseignement philosophique français. On a sous les yeux l'image qu'un inspecteur général doit se faire du paradis : un professeur de génie traite, dans l'ordre, tout le programme, en parlant comme un livre. Ces cours remarquables, que Bergson lui-même avouait préparer « simplement dix minutes avant la classe » ont-ils un intérêt autre que sociologique ? Doit-on les inclure dans l'œuvre ? Henri Hude a entrepris de relire les œuvres à la lumière des cours, et réciproquement. En dépit de l'ingéniosité du commentateur, le lecteur n'est pas totalement persuadé que « l'œuvre de Bergson est composée de deux moitiés : les livres et les cours, et qu'aucune de ces moitiés n'est vraiment intelligible sans l'autre ». Soutenir que ces « cours nous livrent les secrets des œuvres » est difficile. Une telle position a quelque chose d'exagéré, pour prendre un terme usuel chez Bergson.

## « *La rude vie du paysan* »

La France est une terre de contrastes. Elle qui engendra tant d'esprits forts, de libres penseurs et d'athées anticléricaux, garde vivace la tradition des philosophes catholiques. Au cours de ce siècle, des œuvres comme celles de Louis Lavelle, Étienne Gilson, Jacques Maritain ou Henri Gouhier témoignent, quelles que soient leurs différences, de cette continuité. On note ces dernières années, dans certains cercles universitaires, un regain d'intérêt pour ces auteurs. Nouveau signe de ce retour, relatif mais net : la publication, en neuf tomes, des *Œuvres complètes* de Maurice Blondel. Rappelons au passage qu'une édition de Schopenhauer fait toujours défaut, et que Voltaire est publié à Oxford. Et lisons ces textes de 1893.

Leur auteur a trente-deux ans. Depuis quatre ans, il a quitté temporairement ses fonctions de professeur au lycée d'Aix pour rédiger son travail à la campagne, dans une propriété de famille. Il y a longtemps déjà que le jeune Maurice a renoncé à devenir prêtre. Il n'a pas non plus suivi la voie habituelle de cette famille de bourgeois dijonnais, où il est d'usage d'être juriste. La philosophie, voilà sa vocation. Normalien à vingt ans, en 1881, il commence peu après à méditer l'ouvrage qui sera, une décennie plus tard, la thèse qui le fait aussitôt remarquer.

En 1893, les Éditions Félix Alcan publient *L'Action. Essai d'une critique de la vie et d'une science de la pratique*. Cette analyse soutient toute la pensée de Blondel. Point de départ : le conflit entre les exigences de la raison et celles de la foi. Blondel refuse de dissocier révélation, objet de foi, et réflexion, outil d'analyse et de critique. Il est au contraire intimement convaincu qu'en tentant d'approfondir cet antagonisme on le voit disparaître comme l'effet trompeur d'une perspective partielle et faussée. Il n'existe pas, à ses yeux, une expérience religieuse, avec ce qu'elle comporte d'irrationnel ou d'insaisissable par la pensée, et par ailleurs des structures intellectuelles œuvrant à l'éclaircissement des liens logiques et à l'élaboration des connaissances positives. Son effort le plus constant tend, au contraire, à montrer que nos actes, dans le domaine théorique comme dans la pratique, sont marqués par un inachèvement essentiel, en attente d'un sens à venir qui pourtant les habite déjà à leur insu.

Telle est l'intuition de Blondel : l'action contient en elle-même la clé de son existence. Nous décidons sans cesse, sans savoir clairement nos raisons. La pratique tranche : elle opte dans l'urgence pour telle ou telle solution. Mais elle demeure incapable, le plus souvent, de dire au nom de quoi elle opère son choix. Le sens même de nos actions nous demeure obscur : nous ne faisons pas forcément ce que nous voulons, nous ne voulons pas forcément ce que nous faisons. Quelque chose, toujours, nous échappe dans nos propres actes, comme dans leurs conséquences. Cependant nous agissons. Et cette action, si l'on veut bien y prendre garde, requiert des postulats fondamentaux, engage une métaphysique. « Il n'est besoin d'avoir résolu aucune question métaphysique pour vivre, si l'on peut dire, métaphysiquement. »

C'est pourquoi le jeune philosophe prétend ne rien ajouter à la réalité. Sa « science de la pratique » ne fournit pas d'interprétation extérieure à ce qui est et à ce qui se fait. Sa méthode : constater seulement, « déployer simplement le contenu de nos actes ». L'ensemble de sa démarche consiste à montrer comment le monde de la nature se trouve en permanence travaillé du dedans par le surnaturel. Celui-ci ne constitue pas un univers clos, extérieur ou inaccessible. C'est au sein de nos volontés et de nos activités que se tient, pour Maurice Blondel, cet absolu qui les meut et les fait se dépasser elles-mêmes. « Du moindre de nos actes, du moindre des faits, il suffit de tirer ce qui s'y trouve, pour rencontrer l'inévitable présence, non pas seulement d'une abstraite cause première, mais du seul auteur et du vrai consommateur de toute réalité concrète. » Blondel, qui ne cesse de montrer la transcendance au sein de l'immanence, eut à se battre aussi bien contre les rationalistes, qui virent dans sa philosophie une limitation de la raison par la foi, que contre les théologiens, qui lui reprochèrent de faire du surnaturel une exigence de la nature ou un prolongement des aspirations humaines. Peut-être n'a-t-on pas suffisamment souligné que cette pensée de l'action, souvent forte et éclairante, pourrait aussi être entraînée du côté de l'activisme. Ce serait un contresens. Mais Maurice Blondel ne s'y expose-t-il pas en écrivant : « Même sans être accompagnée d'aucune justification théorique, l'action porte en elle une certitude suffisante » ?

Cet activisme serait un anti-intellectualisme. Voilà encore un contresens. Mais il prend racine dans le texte lui-même : « La logique de l'action cherche uniquement à découvrir un itinéraire qui permette à l'intelligence des doctes de rejoindre lentement et sûrement les hauteurs des humbles et des petits. » Sans doute convient-il de se défier des lectures rétrospectives et des associations d'idées trop simples. Mais des passages comme celui-ci laissent rêveur : « La rude vie du paysan est moins utile à l'entretien de la nation par les aliments qu'elle lui procure que par la forte sève du tempérament et du caractère que donne à l'homme le contact de la terre ; et s'il faut vénérer ces membres actifs qui s'emploient courageusement aux tâches nécessaires, c'est parce que, dans la force, la beauté et la salubrité du labeur corporel, ils expriment et opèrent du même coup l'assainissement moral, la pacification intérieure, la vigueur de la volonté. » Ces lignes ont un siècle. Elles ont pourtant été écrites après Marx, après Proudhon, après Bakounine, au moment où Jaurès se bat aux côtés des mineurs de Carmaux.

## *Un Rimbaud métaphysicien*

Carlo Michelstaedter, la veille, avait mis la dernière main à son texte. Des appendices restaient à achever. Voilà qui était fait. Et puis, dit-on, il était allé au concert. Une symphonie de Beethoven, musicien qui figurait, selon lui, parmi ceux qui ont répété l'essentiel, de Parménide à Leopardi. A-t-il dormi, ensuite ? On ne sait. En tout cas, ce jour-là, il s'est tiré une balle de revolver dans la tête. C'était le 17 octobre 1910. En Italie, à Gorizia, sa ville natale, au nord de Trieste, sur la frontière. Il avait emprunté l'arme à un ami depuis près d'un an. Le 10 septembre précédent, il écrivait à sa mère : « La fin est proche, comme est proche aussi l'aube de ma vie. » Carlo Michelstaedter avait vingt-trois ans. Ne cherchez pas son nom dans les dictionnaires. Quelques Italiens mis à part, tout le monde l'ignore.

Il existe des génies fulgurants chez les poètes, les musiciens ou les mystiques. Chez les mathématiciens aussi, voyez Évariste Galois. Mais chez les philosophes ? Ceux-ci meurent rarement jeunes : la réflexion est un fruit à maturation lente. Il faudrait se demander dans quelle mesure et en quel sens cet exigeant jeune homme peut ou non être dénommé philosophe. Vain débat : les météores offrent peu de prise aux classifications. S'adapter n'est pas leur fort, et ils n'ont guère de faible pour l'académisme. En entrant dans l'atmosphère terrestre, ils s'enflamment et se désagrègent.

L'étudiant Carlo Michelstaedter inscrivit en exergue à son travail ces mots que Sophocle fait dire à Électre : « Je conçois que mes façons ne répondent ni à mon âge ni à mon rang. » Le livre de ce philosophe, traduit pour la première fois en français, devait n'être qu'une *tesi di laurea*, approximativement équivalente à un mémoire de maîtrise. Sujet prévu : les concepts de persuasion et de rhétorique chez Platon et chez Aristote. Résultat : un chef-d'œuvre, inclassable et inconvenant. Il est vrai que le titre n'attire guère. Mais, dans la pensée de Michelstaedter, « persuasion » et « rhétorique » n'ont plus grand-chose à voir avec les notions conventionnelles. Sa prose distend la signification de ces termes, jusqu'à en faire un couple d'opposés, pouvant servir d'emblèmes au tragique de la condition humaine. Son usage très inhabituel de ces vocables courants n'est pas une coquetterie ni une insuffisance. « La langue n'existe pas, écrit-il, mais tu dois la créer. »

La « persuasion », sous sa plume, n'a donc rien d'un acheminement vers une conviction. Ce n'est pas non plus l'assurance ou la « bonne foi » procurées par une croyance. Être « persuadé » signifie ici être en possession totale de soi-même. Michelstaedter nomme « persuasion » un état limite de perfection absolue. L'homme y échappe à la dépendance envers tout besoin, à la souffrance de tout manque, à toute attente. Est « persuadé » celui qui accède à ce présent pur et intégral, par définition hors du temps, qu'on nomme éternité. N'échappant plus à soi-même, qui est « persuadé » ne fait qu'un avec le monde. On objectera que cette fusion dans la paix n'est qu'une chimère, une fantasmagorie vieille comme l'humain. Pour être passablement heureux, on ferait mieux de se débarrasser de cet impossible rêve. Michelstaedter réplique en substance que seul l'impossible vaut d'être exigé. « Que vous importe de vivre si, par souci du possible, vous renoncez à la vie au sein de chaque présent. » La mort est moins à craindre qu'une existence perpétuellement différée, échangée contre la menue monnaie des petits plaisirs et des petites attentes, bardée de carapaces protectrices contre la vertigineuse angoisse d'être là. Michelstaedter refuse la sécurité « raisonnable » et ces courtes vues que l'on dit « réalistes ». C'est là sa grandeur — on la dira folle.

D'autant que Michelstaedter sait pertinemment qu'aucune continuité n'existe entre la béatitude de la « persuasion » et le monde des organismes vivants, puisque ceux-ci sont toujours dépendants de leurs besoins, jamais rassasiés, perpétuellement en train de s'adapter, portés par l'habitude de vivre. Pour celui qui, « seul dans le désert », parvient à « demeurer stable » et ainsi « arrête le temps », il n'y a qu'une issue : « faire de soi-même un flambeau ». La « rhétorique », qui « promène l'Absolu par les rues de la ville », c'est seulement une chandelle pour rassurer les papillons dans la nuit. Elle confectionne « un baume de mots contre la douleur ». Elle multiplie artifices et séductions pour donner aux humains l'illusion de savoir et de maîtriser quelque chose. Le terme ne désigne donc plus seulement l'agencement des discours ou les règles de l'argumentation. La « rhétorique » englobe l'univers des conventions de signes, l'ensemble des connaissances dites objectives, et même l'obligation d'œuvrer méthodiquement à l'accumulation des savoirs, en travailleur discipliné, déchargé de toute inquiétude. « Tous les mots seront des termes techniques lorsque l'obscurité sera voilée pour tous de la même façon, les hommes étant tous dressés de la même façon. »

L'univers de la « rhétorique » est celui où tout le monde s'entend pour que les cris de la chair soient un objet d'étude aussi neutre qu'un autre. Les affres de l'esprit y deviennent un genre littéraire. Les sujets de dissertation ou de divertissement s'y substituent au dangereux accord de la vie et de la pensée. Toute recherche y est légitime dès lors que des manières érudites, ou esthétisantes, tiennent soigneusement à distance pour la sécurité de tous le sens effectif des œuvres étudiées. Bref, en dépossédant l'individu de lui-même, en le contraignant à une « affirmation inauthentique » de soi, la « rhétorique » est évidemment l'inverse et l'ennemie de la « persuasion ».

Ce petit volume étonne, au vieux sens du mot, qui évoque la foudre. Michelstaedter, voulant « saigner à blanc les mots », joue sur plusieurs registres, mêle des écritures habituellement distinctes. Des analyses tournent au pamphlet, tandis que des récits virent au spéculatif. C'est ainsi que l'on commence par lire une fable concernant... un poids. Un besoin infini de descendre l'habite, qu'aucun lieu n'assouvira — sinon il ne serait plus... un poids. On assiste aux noces suicidaires du chlore et de l'hydrogène. Suit une description extraordinaire de la lassitude de Platon, vieillissant dans l'aérostat qu'il a construit, et de la ruse d'Aristote pour faire redescendre à terre cette infernale machine à paradis. Un dialogue met en scène la suffisance du bourgeois moderne, assuré contre tout : le vol, l'incendie, la mort, l'existence... et sa propre insuffisance.

Tout n'est pas continûment d'une veine admirable. Ce texte n'était pas plus destiné à la publication qu'à la soutenance universitaire. Mais une lueur habite presque chaque page. Un seul exemple : pour dire l'angoisse qui sourd des rêves et vient briser la surface des apparences rassurantes : « L'homme est à nouveau sans prénom, sans nom, sans épouse et sans parents, désœuvré, sans habits, seul, nu, les yeux ouverts à regarder l'obscurité. » Sans doute est-il possible, et légitime, d'étudier dans quelle filiation s'inscrit Michelstaedter, qui appartient à l'évidence à la postérité de Leopardi et de Nietzsche, entre autres — et plus encore de Schopenhauer. En 1907, il avait d'ailleurs proposé à Benedetto Croce de traduire Schopenhauer dans la collection *Classici della filosofia moderna*, alors en cours d'élaboration chez Laterza. L'essentiel n'est pas là. Ce qui bouleverse, dans cet impossible texte, c'est l'incandescence d'une exigence mystique égarée au temps de la mort de

Dieu. « L'absolu, je ne l'ai jamais rencontré, mais je le connais comme celui qui souffre d'insomnie connaît le sommeil, comme celui qui regarde l'obscurité connaît la lumière. »

Chacun d'entre nous, lecteur par profession ou par amour, connaît quelques volumes dont il n'est pas sorti indemne. Ils marquent obscurément les fibres, au point que la voix sonne faux quand on veut en parler de manière seulement docte. Ces livres-là, qu'on est sûr de n'oublier jamais, nous les comptons sur les doigts d'une main, rarement des deux. Celui-là en fait partie, pour l'auteur de ces lignes.

## *Le Dieu de Jaurès*

Jean Jaurès est mort assassiné alors qu'il combattait de toutes ses forces l'arrivée de la guerre, refusant de la croire inéluctable. C'était le soir du 31 juillet 1914. Il faisait très chaud. Un simple rideau séparait de la rue Montmartre les tables du café *Le Croissant*. Ni mur ni vitre. Jaurès avait passé toute la journée au ministère des Affaires étrangères. Par tous les moyens, il poursuivait son effort pour éviter le carnage. Un taxi l'avait ensuite conduit à *L'Humanité*, qu'il avait fondée en 1904. Après un coup d'œil sur les dépêches, Jaurès décida d'aller dîner avant de rédiger un article qu'il estimait déjà « décisif ». Son projet : dégager la responsabilité du parti socialiste des horreurs en préparation. Il mangeait une tartelette aux fraises. Dolié, journaliste au *Bonnet rouge*, lui parla de sa petite fille. Il venait d'en faire des photographies en couleurs. Jaurès demanda à les voir. La balle de Raoul Villain l'atteignit alors, et le tua net. Ainsi mourut l'homme qui incarnait, plus que tout autre à l'époque, le combat généreux pour la justice. Et l'intelligence politique. Il avait su en effet ne pas se laisser aveugler par la puissance des idéaux, au risque de passer pour opportuniste. Il avait su également ne jamais perdre de vue les valeurs essentielles, au risque de paraître idéaliste ou irréaliste. Sa thèse de philosophie, *De la réalité du monde sensible*, soutenue en 1892, et qui n'avait pas été rééditée depuis 1937, est de nouveau disponible. C'est l'occasion de découvrir la source de sa réflexion spirituelle et métaphysique, que sa conduite politique n'a finalement pas désavouée.

Selon Jean Rabaut, l'un de ses biographes, cette thèse aurait été dictée par son auteur, qui dut la finir à la hâte. Tout va vite, dans la vie de Jaurès. Il est le premier, le plus jeune, presque partout. Au collège de Castres, puis en khâgne au collège Sainte-Barbe, il rafle les prix d'éloquence et de dissertation, avant celui de français au Concours général. Quand il est reçu, premier évidemment, à l'École normale supérieure, en 1878, il a juste dix-neuf ans. Le directeur est l'historien Fustel de Coulanges. Le bibliothécaire est Lucien Herr, socialiste convaincu, qui exerça sur plusieurs générations une influence discrète mais profonde. Fait notable : les normaliens de cette époque restaient deux ans sans choisir de spécialité, recevant une formation où la littérature, l'histoire et la philosophie s'équilibraient. Au moment de choisir une discipline pour l'agrégation, Jaurès s'oriente finalement vers la philosophie. Il prépare le concours sous la direction du spiritualiste Émile Boutroux, et du non moins spiritualiste Léon Ollé-Laprune. Le jeune homme a un grand rival : son condisciple Henri Bergson. En 1881, toutefois, aucun des deux n'est premier à l'agrégation de philosophie. Les palmarès universitaires ne ressemblent pas forcément à l'histoire intellectuelle et politique. Jaurès, pour une fois, est troisième. Bergson arrive en deuxième position. Le « cacique » se nomme Lesbazeilles et son nom n'est pas autrement connu que pour cet exploit obscur.

À la rentrée de 1881, le jeune agrégé (il n'a que vingt-deux ans) enseigne au lycée d'Albi. Il commence à rédiger des fragments de sa thèse. À peine l'a-t-il sérieusement entamée que la politique l'interrompt : le voilà élu, en 1885, député du Tarn. Il devient le plus jeune député de la Chambre. À ce moment, sa rupture avec l'éducation religieuse qu'il a reçue paraît consommée : l'Église « est devenue le centre de toutes les résistances à la démocratie et au progrès humain ». S'il reproche à l'institution d'avoir fait cause commune avec les puissants et leurs privilèges, il demeure profondément marqué par le christianisme. Un sentiment religieux intense et vivace l'anime. Il le transpose sur de nouveaux registres, mais ne l'abandonne jamais.

Le député n'est pas réélu. Le professeur reprend son enseignement en 1889, à la faculté des lettres de Toulouse. Dès l'année suivante, le voilà au conseil municipal de la ville. Ce va-et-vient entre monde universitaire et monde politique cesse bientôt : Jaurès se rallie au socialisme, et consacre toute sa vie à la lutte politique, de la grève des mineurs de Carmaux à la veille de la Grande Guerre, en passant par l'affaire Dreyfus et les méandres de l'unité du mouvement socialiste. L'année 1891 est sans doute celle où il rassemble les éléments essentiels de ses méditations. Parallèlement à sa thèse de philosophie, il rédige en effet une étude demeurée inédite jusqu'en 1959. Michel Launay, qui l'a retrouvée et publiée aux Éditions de Minuit, lui a donné pour titre *La Question religieuse et le Socialisme*. Ce manuscrit et la thèse s'éclairent l'un l'autre.

Dans le manuscrit, Jaurès insiste sur l'idée que « le socialisme serait une véritable révolution religieuse. Hors de là, le christianisme se meurt ». Cessons donc d'opposer le royaume des cieux et le règne terrestre : « Les vrais croyants, écrit-il, sont ceux qui veulent abolir l'exploitation de l'homme par l'homme, et, par suite, les haines d'homme à homme ; les haines aussi de race à race, de nation à nation, toutes les haines, et créer vraiment l'humanité qui n'est pas encore. Mais créer l'humanité, c'est créer la raison, la douceur, l'amour, et qui sait si Dieu n'est pas au fond de ces choses ? » La même idée est développée dans *De la réalité du monde sensible*, où Jaurès soutient notamment que Dieu « est mêlé à tous les combats et à toutes les douleurs ». C'est pourquoi « le monde est en un sens le Christ éternel et universel ». La conviction que l'absolu est incarné partout — dans le « ciel grandiose et étoilé » comme dans « la modeste maison », « les humbles outils » et « le pain de chaque jour » — fonde toutes les analyses de ce livre où des références à Plotin voisinent avec une anecdote relative à Gambetta. Insistant sur l'essence spirituelle de la nature et des corps, Jaurès attaque l'idéalisme subjectif. Au fil des chapitres, il rompt des lances contre Bergson, contre Renan ou contre Schopenhauer.

Deux thèmes frappent : la fin envisagée des clôtures individuelles, et la réflexion sur la lumière. Les deux thèmes sont liés : « Il se peut qu'un jour les âmes, comme les bourgeons, s'ouvrent dans la pleine clarté. » La subjectivité, close sur elle-même, son caractère fermé, son secret ne sont peut-être qu'infirmités provisoires. Jaurès rêve à la transparence universelle de toutes les formes de vie, à leur ouverture dans « la conscience absolue et divine ». Cette idée, héritée notamment des gnostiques néoplatoniciens, rejoint l'effervescence du temps autour du magnétisme et de l'hypnose. Jaurès va jusqu'à dire : « Le jour où l'homme normal se serait assimilé les puissances de l'état magnétique et hypnotique, voyez comme dans la vie humaine l'organisme individuel deviendrait accessoire. » La métaphysique de la lumière élaborée dans ce travail rappelle également les néoplatoniciens et leurs diverses postérités mystiques. Très loin des matérialistes ou des positivistes de son temps, Jaurès écrit par exemple : « La lumière est l'effort de l'infini pour se saisir et s'affirmer dans son unité, pour faire amitié avec lui-même par le rayonnement et la transparence. En créant la lumière, l'infini a voulu prendre possession de lui-même ; il a voulu non pas être vu du dehors, mais se voir. » C'est pourquoi l'édification d'une humanité sans haine, en défaisant l'enfermement des individus dans le secret de leurs ténèbres, pourrait permettre l'apparition, dans la lumière du soleil, de la clarté de Dieu — ce que Jaurès appelle également « la douce lampe de Jésus ».

## *En mémoire de Palante*

Georges Palante n'avait chez lui aucun des livres qu'il avait écrits. Pour devenir un personnage de roman, il était bien loti : un corps difforme, épaissi et tordu par une maladie hormonale (ses pieds de géant l'empêchent presque de marcher), un art consommé de tout rater dans la vie (mariage, thèse, carrière, amitiés), une petite maison truffée de chiens, un penchant excessif pour le muscadet, partagé par sa compagne, une illettrée plutôt souillon. Ajoutez à cela une passion solitaire pour Schopenhauer et pour Nietzsche. Et trente ans de professorat de philosophie à Saint-Brieuc, une obstination à se laver rarement, un duel avorté de manière humiliante dans une affaire idiote, un suicide réussi peu après, en 1925, à quelques jours de la retraite. C'est assez pour faire de Georges Palante une belle silhouette de fiction.

Des écrivains, qui furent ses élèves, ne s'y sont pas trompés. En 1935, Louis Guilloux donne à Cripure, le héros désemparé du *Sang noir*, plusieurs traits de Palante, qui avait été son professeur de morale en troisième, avant de devenir, pour un temps, son ami. Guilloux n'est pas le seul à nous avoir laissé trace du destin, dérisoire et superbe, de ce Socrate en naufrage sur la côte bretonne. Jean Grenier, qui l'eut pour maître en classe de philosophie, a brossé son portrait dans *Les Grèves*, en 1957 : « Il paraissait être un orang-outang sorti du bois et apeuré par la présence des hommes. » Ainsi des bribes de légende, images pieuses d'un homme impie, ont-elles entretenu, vaille que vaille, la flamme minuscule d'une mémoire. Mais ces reflets littéraires sont aussi des leurres. Qu'était devenue l'œuvre ? La pensée de cet individualiste sans espoir était presque perdue. Ses livres dormaient dans les archives. Ils en sortent. Après un choix de textes publié par Yannick Pelletier, Michel Onfray lui a consacré une étude.

Derrière l'étrange bonhomme commence à s'entrevoir

un philosophe. Il ne saurait figurer au nombre des grands, mais ne manque pas d'intérêt. Un penseur de l'individu, voilà ce qu'est, avant tout, Georges Palante. La source de toute création (esthétique, intellectuelle, morale...) réside à ses yeux dans la singularité absolue de chacun d'entre nous, combinaison sans pareille d'une hérédité et d'une histoire affective elles-mêmes uniques. Ce primat de l'individu, qui le rapproche de Max Stirner et des penseurs libertaires, conduit Palante à une série d'analyses, souvent caustiques et pertinentes, des dispositifs de normalisation, de surveillance, de mise au pas, ou d'étouffement, de la spontanéité individuelle. Sa bête noire : le troupeau. Son combat : démonter les rouages des orthodoxies, conformismes et dogmatismes, démasquer les formes multiples du grégaire. Corporations, petites villes, familles, administrations... ces lieux clos dégagent « une asphyxiante odeur de moraline ». De tels réseaux d'assujettissement social perturbent ou détruisent la « gravitation sur soi » de l'individu. On y fête la bassesse, faisant de nullité vertu. Souvent la palme revient au plus veule. Toujours l'indépendance est assassinée... Palante excelle dans la description de ces petits riens implacables qui font les mécanismes d'écrasement.

Le philosophe de Saint-Brieuc a une façon singulière de greffer sa lecture de Nietzsche à un matériau largement autobiographique. Quand Palante décrit le microcosme des fonctionnaires de province, les codes et les rites de la petite-bourgeoisie, ou encore l'« esprit prêtre laïc », il sait de quoi il parle. Pourtant, il serait trop simple de penser qu'un professeur aigri se venge en dénonçant l'ignominie de son quotidien. Car la vengeance, ici, est sans victoire, et la dénonciation dépourvue d'espérance. Entre individu et société, le conflit est pour Palante irrémédiable, mais l'issue du combat sans surprise : illusions et mensonges, nécessaires à la vie des groupes, ont toujours le dernier mot. Individualiste, dans le sillage de Nietzsche, Palante est aussi pessimiste, à la façon de Schopenhauer. La vie sociale, ce « fouillis obscur d'appétits », n'est qu'une des formes du vouloir-vivre : elle tend, aveuglément, à se perpétuer. Inutile de rêver à des lendemains qui chantent, ou à des fins de l'histoire aux couleurs de paradis : Palante professe un « athéisme social ».

Ce n'est pas sa seule particularité. Sa pensée politique, bien que désillusionnée, ne sombre pas dans l'indifférence ou la résignation. Apercevant dans le marxisme un « capitalisme d'État » (en... 1903 !), pressentant que le socialisme peut devenir un « fantastique frère cadet du despotisme », il préconise un réformisme gestionnaire inspiré de Proudhon, principalement centré sur l'économie. Autre rareté, pour l'époque : sa conception de l'irrationalité de la vie sociale et la place centrale qu'il accorde aux actes individuels le font entrer en conflit avec l'école de sociologie rationaliste et objective de Durkheim. Pour la petite histoire, on notera que Séailles et Bouglé refuseront, purement et simplement, qu'il soutienne sa thèse, sans lui demander de l'amender — procédé pour le moins inhabituel. Il est vrai que dans *Les Antinomies entre l'individu et la société*, publié malgré tout par Alcan en 1912, Palante brocarde vertement la sociologie régnant à la Sorbonne, et en particulier les travaux de Bouglé... son directeur de thèse !

Ce curieux bonhomme a cultivé les échecs avec autant de soins que d'autres, en son temps, les orchidées. Une telle perfection explique peut-être qu'on ait perdu mémoire de sa place dans l'histoire intellectuelle française du début du siècle. Elle n'est pourtant pas négligeable. Il est sans doute l'un des derniers témoins de l'influence énorme exercée, après 1870, par le pessimisme de Schopenhauer. Il est aussi l'un des premiers, en France, à se réclamer de Nietzsche, qu'il lit de façon sélective, en l'amputant de son prophétisme et de son antidémocratisme. Dans sa chronique du *Mercure de France*, il souligne dès 1916 l'importance de Freud, et s'étonne encore, en 1922, de la relative défaveur de la psychanalyse en France, prévoyant des engouements futurs. S'il fallait classer quelque part ce rebelle artiste, c'est sans doute dans la longue tradition des moralistes français qu'il se sentirait le moins mal à son aise. Palante n'a rien d'un grand spéculatif. Il appartient plutôt à cette lignée de prosateurs économes qui préfèrent les nuances de la sensibilité aux rigueurs du concept, et le tranchant du style à l'« amour allemand de la complication ». Ne lui laisser qu'une tombe perdue dans un cimetière de campagne est une indignité.

TROISIÈME PARTIE

# Après les guerres

# XVII

# L'IDIOT DE LA TRIBU

Wittgenstein joue les sauvages et en tire des enseignements inattendus.

— *Que lisez-vous, Monseigneur ?*
— *Des mots, des mots, des mots.*

SHAKESPEARE, *Hamlet*, II, 2

L'Europe a disparu. Elle mourut dans les charniers de la Grande Guerre. Sans doute a-t-il subsisté des nations et des États, des économies et des peuples. Mais la communauté de vie intellectuelle que désignait, depuis des siècles, le nom même d'Europe a explosé sous les bombes et dans la boue. On avait à peine constaté cette disparition que l'humain même se trouva nié par les camps de la mort. Quoi que nous pensions, désormais, c'est sur ce fond que les idées se découpent. Toujours à l'arrière-plan demeurent amoncelés des cadavres, des corps défaits qui ne surent ni pourquoi ils vécurent ni ce qui les fit agoniser. Ce que dirent les philosophes, après les guerres, est marqué par cette horreur régnante. Même s'ils n'y réfléchirent pas tous de manière explicite, même s'ils ne prirent pas pour thème de réflexion les questions directement soulevées par ces temps de feu et de glace, leurs démarches portèrent inéluctablement les marques du cataclysme et en subirent les contrecoups. En voyant les philosophes espérer de nouveaux cadres de pensée, chercher un système ultime, s'efforcer de dissoudre les questions anciennes, proclamer que la philosophie est morte, s'affairer à la faire renaître sous des formes encore imprévisibles, on ne saurait écarter l'ombre des guerres.

## *Avions et grammaire*

Il est rare que les enfants construisent des machines à coudre. Wittgenstein, lui, s'y est mis très jeune. Une belle photo fin de siècle le montre, à peine âgé d'une dizaine d'années, derrière le métal rutilant qu'il a mis en forme. L'objet paraît fonctionner : la mécanique fut sa première passion, et c'est pour les moteurs d'avion qu'il s'intéressa d'abord aux mathématiques. Dans son étrange famille de maîtres de forge autrichiens, richissimes, musiciens et névrosés, le jeune Ludwig fut l'un des plus inventifs.

Né à Vienne en 1889, il se fabriqua une vie d'ermite nomade. Son père, grand industriel, était un « ami des arts », familier de Brahms et de nombreux artistes. Après trois années au collège de Linz, où il lut Schopenhauer, le jeune homme, à dix-sept ans, partit à Berlin suivre des études d'ingénieur. En 1908, il s'inscrivit à l'université de Manchester pour entamer des recherches sur l'aéronautique. Les problèmes soulevés par ces travaux le conduisirent vers les mathématiques pures, puis vers la question de leurs fondements philosophiques, déjà abordée par Russell et par Frege. Sur le conseil de ce dernier, auquel il rendit visite à Iéna en 1911, le jeune homme suivit les cours de Russell au Trinity College. « Au terme de son premier trimestre à Cambridge, raconte Russell dans ses *Portraits of Memory*, il vint me voir et me demanda : "Voulez-vous me dire, s'il vous plaît, si je suis complètement idiot ou non ? Parce que, si je suis complètement idiot, je deviendrai aéronaute ; mais si ce n'est pas le cas, alors je deviendrai philosophe." Au début du trimestre suivant, il m'apporta un texte qu'il avait écrit ; après avoir lu seulement la première phrase, je lui dis : "Non, vous ne devez pas devenir aéronaute." »

En 1913, Wittgenstein partit vivre, plus d'un an, dans une hutte construite de ses mains, à Skjolden, en Norvège. Engagé volontaire dans l'armée autrichienne, il écrivit pendant la guerre le *Tractatus logico-philosophicus*, à partir de petits carnets accumulés dans son sac à dos. Publié en 1921, ce fut le seul ouvrage édité de son vivant. Après la guerre, il abandonna la philosophie, jugeant n'avoir plus rien à dire sur son sujet. Il distribua la fortune héritée de son père, et devint, de 1920 à 1926, instituteur dans des villages isolés de Basse-Autriche. On le retrouve ensuite jardinier dans un monastère, à Hütteldorf. Puis il construisit, pendant deux ans, une maison à Vienne pour l'une de ses sœurs.

Diverses rencontres l'incitèrent à reprendre ses travaux philosophiques. Auteur déjà mondialement connu, il s'inscrivit à Cambridge comme simple étudiant. Devenu chercheur au Trinity College, il écrivit, entre 1930 et 1935, les *Recherches philosophiques* et la *Grammaire philosophique*, qu'il ne publia pas. Des copies ronéotées de ses « cours » — méditations poursuivies dans son appartement, face à quelques étudiants — circulaient sous le nom de *Cahier bleu* et de *Cahier brun*. Après une visite en URSS, il retourna dans sa cabane norvégienne, avant de revenir à Cambridge, où il fut nommé professeur en 1939. Il démissionna de sa chaire après la Seconde Guerre mondiale, où il fut brancardier, pour partir, en 1948, vivre dans une hutte de pêcheur, à Galway, sur la côte irlandaise. Des voyages aux États-Unis, à Vienne, en Norvège, marquèrent les derniers moments de sa vie. Il mourut d'un cancer, le 29 avril 1951, à Cambridge.

Tout cela ne fait pas une carrière sérieuse ni une œuvre normale. Malgré tout, en ayant perpétuellement l'air d'être plus ou moins oisif, Wittgenstein a mené à bien un certain nombre de choses. Un livre révolutionnaire en son genre, le *Tractatus logico-philosophicus*, un vocabulaire pour enfants quand il devint instituteur en Basse-Autriche, des légumes et des roses quand il fut jardinier dans un monastère, d'innombrables jeux de langage pour ses étudiants de Cambridge, groupe minuscule qu'il réunissait une fois la semaine dans sa chambre, pour qu'ils notent sous sa dictée des propos déconcertants. Pour devenir à l'université un collègue fréquentable, il avait quelques handicaps : 1. Il était génial. 2. Il préférait les films d'aventures aux conversations de professeurs. 3. Il lisait plutôt des romans policiers que des revues d'épistémologie. 4. Il réinventait tout bonnement la philosophie. Ses collègues ne se mêlaient pas de ses affaires.

## *Défaire les crampes mentales*

Ce qu'il propose ? Pas une connaissance. Il appelle « philosophie » une démarche qui ne détient pas un savoir, qui ne dévoile rien de caché, qui en elle-même ne construit rien. Elle défait plutôt. Délier, dissoudre, dénouer... voilà ses fonctions. Pas dans le vague, ni en général : la philosophie, selon Wittgenstein, a pour tâche de dissiper, un à un, cas par cas, les problèmes sans contenu qui naissent des illusions que nous entretenons à partir du langage. Elle mène « un combat contre la fascination que des formes d'expression exercent sur nous », dit-il dans le *Cahier bleu*. Cessons de croire que le sens est tapi quelque part, caché, masqué, celé et scellé et qu'un long chemin hasardeux est requis pour contourner les protections et les barrières et le saisir enfin, comme un trésor mythique ou une bête apeurée. En fait, il n'y a pas d'énigme. Nul mystère n'enveloppe le sens, sauf les embarras que l'on se fabrique en croyant qu'il existe quelque secret à élucider. Ce *Cahier bleu* n'a pas de titre, rien qu'une couleur, celle d'un « objet » dicté par Wittgenstein en 1935 et destiné à une mise à plat de la question du sens. Contrairement à ce que croient bon nombre de philosophes, herméneutes et exégètes, « un mot n'a pas un sens qui lui soit donné pour ainsi dire par une puissance indépendante de nous ; de sorte qu'il pourrait ainsi y avoir une sorte de recherche scientifique sur ce que le mot veut réellement dire. Un mot a le sens que quelqu'un lui a donné ». Simplement. Peu importe que ce soit incomplet, imparfait, temporaire, aléatoire. « En ce sens, beaucoup de mots n'ont pas de sens strict. Mais il ne s'agit pas d'un défaut. Penser le contraire serait comme de dire que la lumière de ma lampe de travail n'a rien d'une véritable lumière, parce qu'elle n'a pas de frontière nette. »

Ainsi le sens d'un mot n'est-il rien d'autre que les façons qu'on a de s'en servir, de le définir si on le peut (et ce n'est « pas grave » si on ne le peut pas). Encore une fois, il n'y a rien derrière : les mots ne sont pas un rideau à soulever, ni un minerai à traiter. Il n'y a pas à se poser la question d'une vérité qu'ils détiennent, qu'ils masquent, ou qu'ils délivrent tout en la masquant. Un peu de Wittgenstein, beaucoup d'efforts inutiles en moins. C'est exactement cela qu'il appelle, ailleurs, les « crampes mentales » : toutes ces questions sans réalité sur lesquelles on se crispe, s'échine et s'épuise en subtilités dépourvues de contenu. Imagine-t-on, si l'on voulait bien suivre effectivement cet énergumène, le nombre impressionnant de séminaires, de colloques, de discours, d'articles et d'argumentations qui seraient épargnés ? Le sens, justement : en toutes sortes de lieux on l'a beaucoup cherché, on a déploré sa perte, rappelé sa nécessité, souhaité son retour, cherché son élaboration. Et si tout cela était vide ?

Qu'il s'agisse du sens des mots, de la nature du temps ou de l'existence de l'esprit, la clarification opérée par Wittgenstein consiste à chaque fois à dissiper l'illusion d'un dedans, d'un noyau intime qui se déroberait à notre regard, et que nous devrions, pour le connaître, pouvoir scruter par de nouvelles voies d'accès ou entrevoir en adoptant une posture nouvelle. Laissons tout cela s'évanouir : tout nous est donné, rien n'est séparé ou mis à l'écart en un lieu distinct. Les mots sont sans sous-sol. Ni cave ni grenier. Nous seuls fabriquons les errances où nous croyons voir des questions profondes et des sujets vastes. Les mots ne sont pas non plus « dans notre tête » comme le solitaire est dans sa cabane en Norvège. Et nous ne sommes pas dans le langage ou dans le temps comme dans une demeure qui pourrait se voir du dehors, se quitter en attente d'un possible retour. Pour faire comprendre cela, Wittgenstein ne se contente pas d'affirmer, d'expliquer, de conduire de nouvelles analyses. Il invente les « jeux de langage ».

Ce sont des saynètes, des exercices, de courts problèmes, des situations troublantes, des « imaginons que.. », « que se passerait-il si... ? », « en ce cas dirions-nous toujours que... ? ». Il s'agit à chaque fois de se figurer des langages restreints, soumis à des conditions particulières, en usage dans des tribus, des mondes ou des situations dont la relative étrangeté éclaire soudain nos propres manières de dire. Ainsi commence une de ces expérimentations mentales, extraite du *Cahier brun* : « Dans une certaine tribu, on fait des concours de course, de lancer de poids, etc. [demandons au passage, en plagiant Wittgenstein : comment comprenons-nous ce que cet « etc. » signifie ? Pourquoi sommes-nous assurés, si nous ne savons rien de cette tribu, que « belote », « laçage de chaussures » ou « traversée de l'Atlantique » ne doivent pas figurer dans la liste des concours ?], et les spectateurs misent des biens sur les concurrents. Les portraits des concurrents sont alignés, et quand j'ai dit que le spectateur misait un bien sur l'un des concurrents, cela consistait en ce qu'il dépose ce bien (des pièces d'or) sous l'un des portraits. Si quelqu'un a mis son or sous le portrait du gagnant de la compétition, il récupère le double de sa mise. Sinon, il perd sa mise. Nous appellerions sans aucun doute une telle coutume parier, même si nous l'observons dans une société dont le langage ne possède aucun schéma pour énoncer des "degrés de probabilité", des "risques" et autres choses semblables. »

Laissons la tribu des parieurs et les problèmes qu'elle pose, ou résout, ou bien dissout. Le geste seul est à retenir. Les jeux de langage ne construisent aucune connaissance. Ils ne proposent pas non plus on ne sait quel point de vue sur les tournures de nos phrases, qui permettrait de les voir de l'extérieur et donc de les juger autrement. Cela encore serait pure illusion. Si l'on tentait de les comparer, il faudrait peut-être dire que ces jeux secouent légèrement, de l'intérieur, la cabane de mots où nous vivons. Juste assez pour qu'on aperçoive, à quelque craquement de la charpente ici ou là, la manière dont elle est construite. Une fois adulte, l'enfant mécanicien inventa la machine à découdre la métaphysique.

## *Pommes et sauvages*

Il n'hésita pas non plus à défaire les assurances habituelles des mathématiciens. Imaginons une table, dit-il. J'y pose deux pommes, puis deux autres, et j'entreprends de les compter. Je trouve « trois » à mon premier essai, « cinq » à mon second. J'en conclus que ces pommes sont truquées, qu'elles s'évanouissent ou apparaissent pour des raisons qui m'échappent, qu'on me joue un mauvais tour. Mais je ne dirai jamais : deux et deux ne font pas toujours quatre, cela dépend des cas, ces pommes en sont la preuve. Parce que je suis absolument convaincu que cette vérité est universelle, impérative, inscrite dans la nature même des choses : deux et deux doivent faire quatre, tout comme dix fois dix doivent faire cent, en Angleterre et au Japon, sous César et dans mille ans. Savoir calculer et avoir cette conviction sont un seul et même acte. La preuve de la vérité arithmétique n'est pas dans les pommes, mais bien dans le calcul lui-même. La géométrie me le confirme : en démontrant une propriété de ce triangle (celui qui est au tableau ou sur la page), je suis convaincu d'énoncer un résultat valable, partout et toujours, pour tous les triangles identiques. Sinon, ce que je fais ne serait pas de la géométrie.

C'est ici que Wittgenstein intervient, avec la naïveté qui fait sa force : d'où peut bien nous venir une telle conviction ? À quoi tient notre certitude ? L'expérience seule ne suffit pas à fonder cette certitude, qui est d'un autre ordre. Je sais que 2 002 et 2 003 font 4 005, que « ça marche », sans m'être jamais livré à un dénombrement unité par unité. Je fais confiance. Mais à quoi ? À qui ? À mes maîtres, à l'habitude, aux recettes de calcul ? On voit aussitôt que de telles réponses ne sauraient suffire. Chacun dira, à la suite de toute une tradition philosophique : je suis les règles de la logique (lois d'inférence, principe de non-contradiction) qui président à toute pensée rationnelle possible. Et Wittgenstein insistera : sur quoi se fondent-elles ? dans quelle mesure sont-elles universelles ? Petit à petit, il va montrer que ces règles ne sont pas « absolues ». Ni vraies, ni fausses, elles ordonnent le lieu de notre langage, révèlent la manière dont nous pensons, mais ne constituent nullement un savoir sur la « réalité ». En toute rigueur, je devrais dire que deux pommes ajoutées à deux autres font, pour nous, la plupart du temps, quatre. Et préciser : j'ignore ce qu'il en est dans un autre espace, un autre temps, ou même pour une autre forme de vie que la nôtre.

L'empire glorieux des certitudes mathématiques laisse place aux coutumes d'une peuplade nommée humanité. Le choc est de taille. Une autre lecture, plus érudite, est certes possible et féconde. Elle soulignerait la dette de Wittgenstein envers Frege, ses critiques contre Russell, ses analyses du transfini de Cantor, du théorème de Gödel, ou de la théorie des nombres de Dedekind. Tous les logiciens d'envergure du XXe siècle se trouvant ici rassemblés, de beaux travaux s'offrent aux lecteurs spécialistes. Il serait faux pourtant de croire compliquées les *Remarques sur les fondements des mathématiques*. Si l'ouvrage est déroutant et engage son lecteur dans une bizarre aventure intellectuelle, ce serait plutôt à force d'attirer l'attention au ras des mots et des attitudes : « Quand nous philosophons, nous sommes comme des sauvages, des hommes primitifs qui entendent les formes d'expression d'hommes civilisés, les mésinterprètent et tirent ensuite d'étranges conclusions de leur interprétation. » Thèse aussitôt illustrée : « Imagine que quelqu'un ne comprenne pas notre conjugaison au passé : [il est venu ici] ; il dit [il est], c'est le présent, donc la proposition dit qu'en un certain sens le passé est le présent. »

Et si c'était le cas ? Si notre construction du temps, par exemple, avec tout ce qu'elle comporte de questions insolubles et d'échafaudages infinis, n'était qu'une certaine manière d'être pris dans les mots ? Si nos perplexités, nos interrogations interminables, toute notre philosophie n'étaient en fin de compte que des conséquences de nos illusions verbales, des mirages linguistiques que nous prenons pour des réalités métaphysiques ? Prendre au sérieux de telles interrogations suffit à provoquer un étonnement particulier. L'on doit à Wittgenstein exactement cette qualité-là de stupeur.

# XVIII

# NAZI MALGRÉ LUI ?

Martin Heidegger passait en France, dans les années 1970, pour le plus grand. Le rappel de son passé sous le nazisme a jeté quelque trouble et soulevé des questions difficiles à résoudre.

*Voilà les bêtises qui recommencent.*
CIRQUE OLYMPIQUE, *spectacle parisien, février 1839*

« Il n'y a pas de philosophie heideggérienne », disait Heidegger, en 1955, aux entretiens de Cerisy. Son souci n'a jamais été de construire un système, mais au contraire de faire apparaître l'axe oublié de la métaphysique occidentale : la question de l'être. Depuis le premier matin grec des présocratiques jusqu'à Nietzsche, l'histoire de l'être — de son appel, de son oubli — constituerait le fil directeur de l'aventure européenne — philosophie, science et technique mêlées. La philosophie s'achevant, selon Heidegger, avec le règne de la technique planétaire, il ne nous resterait qu'à tenter un *Schritt zurück* — pas en arrière —, mouvement de retour vers ce qui, depuis le plus lointain passé grec, nous attendrait encore comme réserve d'un possible avenir. Les contraintes imposées par la démarche heideggérienne sont donc singulières : relire la tradition philosophique sans pouvoir s'y inclure vraiment ni sauter déjà au-dehors ; déconstruire, plutôt que fonder, bâtir ou édifier ; se mettre à l'écoute de la langue plutôt que d'en avoir un usage instrumental ; tenter de retrouver, sous l'empire de la technique, une lumière plus originelle. Ces perspectives ont influencé le regard et le mode de lecture de bon nombre de nos contemporains. Heidegger, en France, entre les années 1960 et 1980, a fini par remplacer

Marx comme nouvel « horizon indépassable de notre temps ».

Cette faveur et cette ferveur avaient laissé de côté la question multiforme des liens entre Heidegger et le nazisme. Quelles furent les compromissions effectives de l'homme avec le régime hitlérien ? Existe-t-il des liens entre des thèmes constants de son œuvre et l'idéologie nationale-socialiste ? Pourquoi, après guerre, ne désavoua-t-il jamais clairement le passé et ne dit-il pratiquement pas un mot sur le génocide juif ? Chez les disciples français du penseur, une réponse « officielle » avait été élaborée. Jean Beaufret, dans un entretien publié par *Le Monde* en 1974, soutenait que Heidegger n'avait eu avec le nazisme qu'une relation accidentelle, temporaire et tout extérieure. Animé par le seul désir de régénérer l'Université allemande, il aurait cru, fugitivement, que la révolution nationale en marche pouvait permettre cette renaissance. Élu par ses collègues recteur de l'université de Fribourg le 21 avril 1933, il démissionnait le 23 avril 1934. Durant ces douze mois de coopération purement « administrative » avec un pouvoir récent, Heidegger se serait borné à prononcer quelques discours, sûrement malheureux, mais simplement de circonstance. Après sa démission, au long de quelque dix années de silence politique, il aurait vécu en butte à la surveillance des autorités, à la censure de ses publications et aux tracasseries d'un pouvoir le tenant dans une disgrâce croissante. Telle était la version qu'ont soutenu ses disciples à partir des indications fournies par Heidegger lui-même en 1945 et 1976.

L'enquête de Victor Farias, *Heidegger et le nazisme*, publiée en 1987, a montré que cette version n'était plus tenable. Une très vive et longue polémique s'ensuivit. Bien des questions soulevées demeurent toujours sans réponse, malgré les travaux biographiques conduits par Hugo Ott et par Rüdiger Safranski, et les innombrables discussions où se sont fait entendre, entre autres, les voix de Pierre Aubenque, Jacques Derrida, François Fédier, Luc Ferry et Alain Renaut, Philippe Lacoue-Labarthe, Jean-François Lyotard. Selon Farias, Heidegger aurait été par toutes ses fibres — ses actes, ses textes, sa pensée — un militant résolu du parti nazi, dont il n'aurait en fin de compte jamais abandonné les convictions fondamentales. Thèse excessive et simpliste, contraire à bon nombre de faits, même si les informations rassemblées par Farias forment un ensemble accablant.

Mais accablant pour qui ? Pour l'homme Heidegger, dans la part politique de son existence ? Indiscutablement. Pour le penseur Heidegger, dans la portée philosophique de toute son œuvre ? C'est là qu'il ne faut pas se hâter. Vouloir jeter à la poubelle les œuvres complètes du penseur avec les saletés du militant serait dérisoire et absurde. On ne peut faire l'économie de ses méditations sur l'existence, l'histoire, ou le devenir de la technique, à cause de ses compromissions politiques. Que l'on veuille penser avec ou contre Heidegger, ses positions politiques ne sont pas, en tant que telles, fondatrices d'arguments philosophiquement pertinents. D'un autre côté, il est impossible de faire comme si cette boue n'existait pas, comme si elle demeurait absolument externe à sa pensée. Le cours de l'histoire ne glisse pas sur les philosophes comme l'eau sur les canards. Depuis quand pourrait-on philosopher d'un côté et agir de l'autre, sans que jamais la pure abstraction et l'activité infâme soient rapprochées ? Comment pourrait-on lire Heidegger-Dr Jekyll en se débarrassant totalement de Heidegger-Mr Hyde ?

## *Double face*

À vingt et un ans, alors qu'il poursuivait des études de théologie au séminaire de Fribourg, Heidegger publie, en 1910, un article dans l'*Allgemeine Rundschau*, revue marquée par des tendances antilibérales et antisémites. Le jeune homme y célèbre la figure d'un prédicateur augustinien de la fin du XVIIIe siècle, Abraham a Sancta Clara, à l'occasion de l'inauguration d'un monument à sa mémoire. Ce moine fanatique est connu pour son nationalisme virulent et son intransigeance. Écrivain prolixe et grand amateur de pogroms, il écrivait par exemple (Heidegger n'en dit rien) : « Hormis Satan, les hommes n'ont pas de plus grand ennemi que le juif [...]. Pour leurs croyances, ils méritent non seulement la potence, mais aussi le bûcher. » Texte du jeune Heidegger : « La santé du peuple, dans son âme et dans son corps, voilà ce qu'a cherché ce prédicateur vraiment apostolique. » Peut-être le jeune séminariste ignorait-il les zones d'ombre de cette « tête de génie », comme il dit. Peut-être feignait-il de n'en rien savoir. Erreur de jeunesse ? Pas sûr. Le 2 mai 1964, à soixante-quinze ans, dans sa bonne ville natale de Messkirch, le penseur célébrissime consacre une conférence au père Abraham a Sancta Clara. Cette fois, il le cite : « Un chef militaire a frappé de plein fouet la tête des Turcs ; têtes et chevelures roulèrent comme des casseroles. » Le vieil Heidegger voit toujours, dans l'homme qui a écrit cela, « un maître pour notre vie et un maître pour notre langue ».

En 1923, alors qu'il enseigne la théologie à Marbourg, l'association étudiante Akademische Vereinigung — se proclamant « apolitique », mais excluant de ses rangs « tout élément juif ou de couleur » — recommande chaleureusement de suivre ses cours. En 1930, c'est dans une fête de la « Patrie badoise » que Heidegger prononce la première version (non publiée) de la conférence intitulée *L'Essence de la vérité*. Le président d'honneur est Eugen Fischer, fondateur et dirigeant, depuis 1927, de l'Institut d'hygiène raciale. Le rôle bien connu de cet organisme en faveur des expériences conduites par les SS dans les camps de la mort n'empêchera pas Heidegger d'adresser, en 1960, un de ses livres à Eugen Fischer, avec ses « cordiales salutations de Noël et ses vœux de Nouvel An ».

Au printemps 1933, le pays de Bade est mis au pas : les sociaux-démocrates sont en camp, les syndicats muselés, les juifs molestés. Le 1er mai, Heidegger adhère au parti nazi. Les archives révèlent qu'il en resta membre jusqu'à la fin de la guerre, payant ponctuellement ses cotisations. Le discours du rectorat, prononcé le 27 mai 1933, devint une sorte de classique du nazisme, très prisé des organisations étudiantes. Il fut réédité par trois fois, dont la dernière à cinq mille exemplaires, en 1937, en un temps où la censure exigeait du solide. Au cours de son mandat, Heidegger s'engage à fond dans des mesures destinées à révolutionner l'Université, à changer la vie des étudiants dans le sens de la conception nationale-socialiste du monde. S'il démissionne aussi brusquement, ce ne serait pas saisi d'un repentir soudain, mais dépité de voir sa faction battue. Sa désillusion, selon Victor Farias, fut de voir Rudolf Hess remplacer Röhm, c'est-à-dire une ligne SS de gestion du pouvoir et de compromis l'emporter sur le courant populiste et radical des SA. Ainsi, par la suite, les dirigeants nazis se seraient-ils méfiés, non pas d'un possible adversaire, mais d'un militant populiste trop impétueux. Méfiance toute relative. En 1945, Heidegger dira qu'après le 30 juin 1934 (la « Nuit des longs couteaux », l'élimination des SA) ceux qui acceptaient des fonctions officielles à l'université savaient avec quel pouvoir ils travaillaient. Or lui-même participe, en septembre 1934, à l'élaboration d'un projet d'« Académie des professeurs du Reich », sorte d'institut d'élite destiné à former les maîtres de l'avenir. À la demande du secrétaire d'État Wilhelm Stukart (un des auteurs des lois raciales de 1935, qui participera à la conférence de Wannsee planifiant la « solution finale » et sera jugé à Nuremberg comme criminel de guerre), Heidegger soumet un projet détaillé. Il y est question de « repenser la science traditionnelle à partir des interrogations et des forces du national-socialisme ».

Le régime n'a jamais réduit au silence ni réellement maltraité Heidegger. Des articles du philosophe paraissent dans des recueils très contrôlés ou y font l'objet de remarques élogieuses. Le pouvoir admet que Kurt Schelling, nommé à une chaire dans Prague occupée, fasse, en mars 1940, des références appuyées aux concepts heideggériens — à un moment où la guerre idéologique ne tolère pas de faille. En janvier 1944, en pleine pénurie de papier, le ministère accorde une livraison aux éditions Klostermann pour publier les œuvres de Heidegger.

Certes, le philosophe n'avait pas que des amis chez les SS. Rosenberg, par exemple, lui était ouvertement hostile. Mais, pour transformer quelques croche-pieds en persécution, il faut un orgueil démesuré — et quelque indécence, si l'on songe à ce que « persécution » voulait dire, sous le contrôle de la Gestapo, pour ceux qui ont sauvé l'honneur du peuple allemand.

On peut objecter que ce ne sont que des indices extérieurs : le regard des autres, les réseaux de publications, les proximités institutionnelles. On ne sait pas « exactement » — et on ne saura jamais — ce que pensait Heidegger, en son for intérieur, au sujet du nazisme. On pourrait même imaginer, si l'on y tenait absolument, que Heidegger n'ait pas du tout été nazi, que ses paroles et ses engagements aient toujours eu pour lui un autre sens. Ceci ne saurait annuler que toute une série de responsables nationaux-socialistes, assez pointilleux sur la sélection, l'ont considéré plus ou moins longtemps comme un allié du nazisme, l'ont jugé « sûr », et l'ont sollicité. Lui-même n'a pas dit un mot, pas fait un geste pour dissiper de manière éclatante ce malentendu.

## *D'admirables mains*

En juin 1933, le philosophe Karl Jaspers rend visite, pour la dernière fois, à son collègue Martin Heidegger. Jaspers : « Comment un homme aussi inculte que Hitler pourra-t-il gouverner l'Allemagne ? » Heidegger : « La culture ne compte pas [...]. Regardez donc ses admirables mains ! » Un homme de pensée, s'il ne plaisante pas, peut-il parler ainsi ? On admettra volontiers bon nombre des évidences soulignées au fil des ans par les disciples de Heidegger, depuis que la polémique s'est rouverte à propos de sa compromission avec le nazisme. Qu'il s'est représenté Hitler selon ses vœux plutôt que selon la réalité. Qu'il n'avait pas, vraiment pas, la tête politique. Qu'il a quand même fini — plus ou moins tard, plus ou moins fort, selon les versions — par reconnaître son erreur. Que les nazis de 1933 ne sont pas ceux de 1944, etc.

« Admirables mains » demeure une formule obscène. Elle signe la démission du jugement, l'irresponsabilité, l'esthétisme bon marché. Admirer les mains de Hitler : l'irrationalisme et l'inhumain temporairement triomphent. Cette fascination répète une attitude que l'on retrouve chez Heidegger à d'autres propos. Rüdiger Safranski a permis de mieux saisir la disposition générale du penseur envers la vie, la forme singulière de piété qui l'habitait. Celle-ci est malaisée à définir, car elle est dépourvue d'objet clairement déterminé. Elle ne s'inscrit pas dans le cadre d'une religion instituée, ne s'adresse à personne, ne vénère rien qui soit, mais se révèle insistante, lancinante, omniprésente, comme si elle craignait toujours d'être insuffisante, de ne pas sonner juste, de rater ce qu'elle attend, sans être en mesure de dire quoi.

Voilà, diront ceux qui prétendent savoir, une pensée incommensurable réduite à une psychologie de bazar ! Faudrait-il, pour mieux honorer la pureté de la pensée, se détourner tout à fait de la vie du penseur ? On se contenterait alors, pour tout philosophe, de ce qu'un jour Heidegger dit lui-même à propos d'Aristote : « Il naquit, travailla et mourut. » Si l'on accepte au contraire que la biographie ne soit pas dépourvue de sens, il faut consentir aux méandres de l'enfance et des affects. Il faut accepter que le démontage des concepts ne soit pas sans lien — le plus souvent obscur, incertain, indémontrable — avec des rivalités imaginaires, des fantasmes, des histoires de sexe. Comment démêler, dans la piété heideggérienne, la part qui revient à l'Église ? Le père sacristain, le petit Martin, enfant de chœur à Messkirch, la bourgade natale, où il fut enterré, et où il assista à la messe, à chaque fois qu'il y revint, le curé lui permettant d'entamer des études, le jeune séminariste qui doit à la générosité des institutions catholiques de pouvoir poursuivre ses recherches en pays protestant... cela fait de longues années.

Qu'advint-il de cette piété, jusqu'alors religieuse, au cours de la crise de 1911 ? On sait en fin de compte peu de chose de cet épisode, sauf qu'il conduisit le jeune homme de vingt-deux ans à renoncer à la prêtrise comme à la théologie. L'abandon du catholicisme par Heidegger, en 1919, n'est pas encore élucidé. Il s'agit bien d'une rupture, d'un choix définitif de la philosophie pour elle-même. Mais comment la piété fut-elle alors travaillée, transposée ? Était-ce seulement par ironie que le jeune maître dit un jour à ses étudiants, pour expliquer son mutisme sur la portée religieuse des questions abordées : « Nous honorons la théologie en gardant le silence à son sujet » ? À partir de sa première période d'enseignement, à Fribourg puis à Marbourg, on peut suivre son débat avec la logique d'Aristote, sa prise de distance envers Husserl, sa réappropriation des Grecs. Ce cheminement coïncida avec la genèse d'*Être et Temps*, le livre de 1927 qui fit connaître dans le monde entier le nom du professeur. Sans doute ces années charnières virent-elles aussi, de plus en plus, se lier la question de l'être et celle du néant.

L'homme est « sentinelle du néant », « le néant est originairement le même que l'être », dit ce penseur qui voulut dépasser le nihilisme et se montra fasciné par le retrait, l'absence, l'attente, le rien, la promesse d'une parole à venir. Il se pourrait qu'en approfondissant l'analyse du nihilisme pour mieux s'en échapper il n'ait fait que le renforcer. Quel rapport avec les mains de Hitler ? Avec l'engagement de Heidegger, un temps, au côté des nazis ? Avec son silence obstiné après la guerre, tant sur sa propre conduite que sur l'horreur du siècle ? Comment tout cela se combina-t-il avec la vie conjugale auprès d'Elfride, dont l'antisémitisme est patent, et la passion d'une vie pour Hannah Arendt ? Questions qui ne se règlent pas. Vouloir trouver quel élément de sa pensée conduisit Heidegger aux côtés des nazis est sans doute une impasse.

Il importe plus de souligner que sa philosophie n'a pas été en mesure d'empêcher son adhésion. Le fait est que rien, philosophiquement, ne le dissuada de soutenir Hitler en 1933. Il ne participa certes pas aux violences antisémites, il ne les approuva pas publiquement, mais il semble avoir su s'en accommoder et fermer les yeux, apparemment, sans trop de difficultés. Aucune contrainte éthique ne le porta non plus à prendre en compte, après guerre, la responsabilité allemande : il continua à juger que seul le règne planétaire de la technique était radicalement détestable, et que le nazisme n'en était qu'un avatar, sûrement déplorable, mais au fond ni totalement singulier ni réellement évitable. Il a manqué à son horizon — curieusement clos sur la célébration de l'ouvert et la préparation indéfinie d'une extase à venir — une appréciation lucide des places respectives de la pensée et de l'histoire politique.

Le cours du monde, quand on suit Heidegger, paraît suspendu à quelque événement occulte, dépendant de mutations souterraines dont seuls de rares esprits connaîtraient le fin mot. Ces géants se salueraient de loin en loin pardessus les siècles. La foule, l'histoire, les guerres, les sciences, la diversité des cultures, leurs rencontres, les changements économiques, sociaux, intellectuels ne seraient que poudre aux yeux. Le regard du penseur ne serait pas dupe de ce miroitement illusoire : « Le public mondial et son organisation ne sont pas le lieu où se décide le destin de l'être humain. » La phrase, « admirable » en son genre, figure dans une lettre adressée par Heidegger à Karl Jaspers en juin 1949. Dans une note rédigée par ce dernier à la fin de sa vie, le vieux philosophe, qui s'était efforcé de conduire la réflexion sur la culpabilité allemande, écrivit simplement : « Alors que je cherchais en vain des hommes qui attacheraient une importance aux spéculations éternelles, je crus en rencontrer un. C'était le seul. Cet homme était mon ennemi, en toute civilité. Car les puissances que nous servions étaient inconciliables. Il apparut bientôt que nous ne pouvions plus nous parler. » Pourtant, ils s'étaient aimés.

### *L'enfant qui rêve*

On imagine qu'un combat aurait dû s'engager entre Heidegger et Jaspers dès le premier jour. Tout semble en effet les opposer : tempérament individuel, conception de la pensée, orientations philosophiques fondamentales, manière d'envisager la relation entre théorie et réalité historique, attitude des intellectuels dans le combat politique. En 1920, quand Heidegger et lui commencent à s'écrire, Karl Jaspers a trente-sept ans. Venu à la philosophie par la médecine et la psychologie, il possède une tournure d'esprit encyclopédiste, qui le conduit par exemple à étudier la diversité des conceptions du monde. Sa démarche se veut fidèle au rationalisme comme à l'apport de la mystique, ainsi qu'en témoigne indirectement son attachement conjoint à Kant et à Nietzsche. Finalement, Jaspers ne rompra jamais avec l'éthique du protestantisme et ne renoncera pas à l'idée d'une universalité des valeurs morales. Heidegger pour sa part, de six ans le cadet de Jaspers, construit sa trajectoire à partir d'une rupture avec le catholicisme. Méfiant envers le règne de la raison, annonçant dans la pensée et dans l'histoire de grands changements aux contenus difficiles à définir, Heidegger est aux antipodes de Jaspers. On s'attendrait donc à un conflit possible dès leur première rencontre. Il n'en est rien.

Tout les oppose uniquement à nos yeux, rétrospectivement. Nous sommes enclins, parce que nous connaissons la suite de leur histoire, à en modifier le début. Nous savons que Heidegger se compromit, tandis que Jaspers fut suspendu d'enseignement par les autorités nazies, qu'il préféra après la guerre aller enseigner en Suisse, et qu'il écrivit en 1947 ce texte admirable intitulé *La Culpabilité allemande*. L'un symbolise à nos yeux une défaite honteuse de la pensée, l'autre, sa dignité préservée. Après coup, l'un incarne l'irresponsabilité et l'erreur politiques, l'autre, la conscience en éveil. Dans les années 1920, toutefois, les deux penseurs sont loin de cet antagonisme. La correspondance qu'ils ont échangée fait découvrir au contraire leur intime proximité durant bon nombre d'années. Chacun a tout de suite repéré la stature de l'autre. Dans la médiocrité qu'ils croient percevoir autour d'eux et dont ils souffrent, une telle rencontre, promesse d'un possible dialogue, est source de joie. Les lettres des premières années font écho à leurs diverses entrevues. On ne saura jamais ce qui s'y est dit, mais on devine, aux traces qui subsistent, une ardeur émouvante. « Dans le désert philosophique de notre époque, c'est une belle chose de vivre la possibilité d'avoir confiance », écrit Jaspers à son nouvel ami, en novembre 1922. Dans la même lettre, il imagine un périodique à parution capricieuse, où eux seuls écriraient. Ce serait tout simplement « La Philosophie de notre époque. Cahiers critiques », par Martin Heidegger et Karl Jaspers ! « L'amitié est la plus haute éventualité qu'un autre puisse m'offrir », écrit de son côté Heidegger en avril 1924. Une fièvre amoureuse — comment l'appeler autrement ? — parcourt ces pages. Loin au-dessus des « contemporains au souffle court », loin des étudiants et des collègues, ils se saluent et se cherchent avec ferveur. Ce qui les rapproche : le désir de faire renaître la philosophie, de rendre à nouveau ses évidences vivantes, c'est-à-dire énigmatiques et fortes.

La correspondance s'interrompt en 1936. Elle reprendra, avec peine, en 1949 seulement. Il faut longtemps à Jaspers pour comprendre à quel point l'histoire les sépare. En août 1933, remerciant Heidegger de l'envoi du texte de son *Discours du rectorat*, il lui écrit : « La confiance que je mets en votre façon de philosopher n'est pas troublée par des particularités de ce discours qui sont de circonstance... » Sans doute Jaspers n'a-t-il jamais voulu ôter à son ancien ami toute chance de s'expliquer vraiment. Peut-être n'a-t-il pas pu se priver lui-même de cet espoir. Quand la correspondance reprend, elle porte mal son nom : rien ne correspond dans l'esprit de l'un à ce que l'autre croit. De part et d'autre, l'écriture est pesante, l'expression gênée, nostalgique de la confiance ancienne et consciente de son incapacité à surmonter l'abîme. « Nous avons vécu dans des mondes différents », dit sobrement Jaspers, magnanime. Il souhaite encore, malgré tout, voir s'élaborer une authentique correspondance philosophique où ils s'expliqueraient aussi loin que possible sur leurs postulats réciproques. Encore faut-il, pour qu'une telle éventualité se présente, qu'ait été au moins évoquée entre eux l'embardée de Heidegger aux côtés des nazis. Les lettres de mars et avril 1950 sont particulièrement intéressantes : « Vous me pardonnerez, écrit Jaspers si je dis ce qu'il m'est arrivé de penser : que vous sembliez vous être conduit, à l'égard des phénomènes du national-socialisme, comme un enfant qui rêve, ne sait ce qu'il fait, s'embarque comme en aveugle et comme sans y penser dans une entreprise qui lui apparaît ainsi autrement qu'elle n'est dans sa réalité, puis reste bientôt avec son désarroi devant un amas de décombres et se laisse entraîner plus loin. » À quoi Heidegger répond : « Vous y êtes tout à fait, avec l'image de l'enfant qui rêve. »

Toutefois, Heidegger a beau souligner — le fait est rare — la honte croissante d'avoir contribué au règne « malfaisant » du nazisme, il a beau reconnaître et son ignorance d'alors et sa culpabilité présente, il n'est pas sûr que l'enfant ait tout à fait fini de rêver. Il affirme en effet que, contre Staline, « chaque mot, chaque écrit est en soi une contre-attaque, même si tout ceci ne se joue pas dans la sphère du politique, qui est elle-même mise depuis longtemps hors jeu par d'autres rapports d'être et mène une vie illusoire ». Peut-être tient-on ici une des formulations les plus claires de l'attitude incarnée par Heidegger : la politique est déclarée vide de toute réalité. Les tournants décisifs se prennent ailleurs — dans la pensée, dans les manières de répondre à l'« appel de l'être » —, non dans les conflits de souveraineté, les campagnes militaires, les luttes sociales ou les affrontements idéologiques. L'idée même d'une opinion publique et d'une discussion collective serait à dissiper comme un vain songe. L'essentiel se jouerait toujours sur un autre terrain, une scène secrète où le penseur, presque dépourvu de tout pouvoir sur ce théâtre chaotique qu'on appelle l'Histoire, tiendrait cette fois un rôle déterminant, engageant imprévisiblement le destin de l'humanité à chaque paragraphe, par l'attention pieuse qu'il porte à l'ouvert et au silence tapi sous les choses. Tandis que les foules et la rumeur font un vacarme énorme à propos de cette « vie illusoire » que les ignorants, naïvement, dénomment encore liberté ou servitude, le penseur en retrait compte, par siècle ou millénaire, l'œil perdu dans les lointains, les coups d'un destin sans visage. Ceci pourrait expliquer qu'il tombe, sans comprendre, dans le gouffre du présent.

# XIX

# COMBAT

Clandestinité, prison, exil, résistance font aussi partie de leur travail.
Ce sont des combattants et des penseurs qui refusent
le retour de l'inhumain.

*Les noyés ne coulent pas toujours au fond.*
MAX JACOB, *Le Cornet à dés*

Ces philosophes-là ne sont pas seulement marqués par la guerre, comme le sont tous ceux du siècle à des titres divers. Ils la vivent et l'endurent. Les uns combattent, résistent, subissent dans leur chair les conséquences de leur lutte. Les autres doivent s'exiler, se cacher, se taire. Ceux qui survivent ne seront pas indemnes. Mais ils reprendront la lutte, avec ce qu'ils ont sous la main, comme ils peuvent. À cette petite compagnie sans armée il convient de rendre hommage. Sans trop de pompe ni de symboles. De manière simplement fidèle et sérieuse, comme disait Jankélévitch, pour contribuer à ce que leurs noms ne se perdent pas.

## *Ce qu'exige la raison*

Jean Cavaillès, les trois dernières années de sa vie, celles de la Résistance et de l'action clandestine, fut un « philosophe mathématicien bourré d'explosifs ». La formule est de Georges Canguilhem, son condisciple rue d'Ulm, son collègue à l'université et son ami. Ces quelques mots expriment l'essentiel de cette trajectoire où se mêlent abstractions du jour et combats de nuit. Comment ce solitaire, reçu premier à Normal Sup' à vingt ans, en 1923, devenu en quelques années l'un des rares à conduire une réflexion de fond sur le statut des mathématiques, se retrouve-t-il, aux abords de la quarantaine, non seulement engagé dans la lutte contre les nazis, mais, soudainement, opérateur radio, poseur de bombes, chef de réseau ? Le « grand Cavaillès » — comme disait un connaisseur, le général de Gaulle — n'est pas seulement admirable, théoriquement et pratiquement. Il est difficile à saisir.

Sur une face de la médaille, le profil du guerrier. Il n'a pas feint de résister au nazisme, ni cru que protester suffisait : la guerre réelle ne se mène pas avec des mots. Concevoir et diriger des actions de commando n'était pas encore assez. Jean Cavaillès a fait, simplement, ce qu'il y avait à faire. Nettement, et bien. Après avoir créé le réseau Libération et publié, avec Emmanuel d'Astier de la Vigerie, les premiers numéros du journal portant le même nom (où il est typographe, compositeur, gérant, journaliste, livreur...), il fonde le réseau d'action directe Cohors. Sous une dizaine de noms différents, il accomplit une multiplicité de tâches, depuis les missions de renseignement jusqu'aux sabotages militaires, avec transport d'explosifs et dynamitage de voies ferrées. En bleu de travail, il se glisse même dans la base secrète des sous-marins allemands à Lorient. La suite tient en peu de dates et beaucoup d'heures. Arrestation par la police française (août 1942), emprisonnement à Montpellier, puis à Saint-Paul d'Eyjeaux, évasion (décembre 1942), séjour à Londres, retour en France, arrestation par le contre-espionnage allemand (août 1943), révocation par le gouvernement de Vichy, tortures, déportation (21 janvier 1944), retour quelques jours plus tard pour complément d'enquête. Cavaillès est condamné à mort par les nazis et fusillé, fin janvier ou début février 1944. Jusqu'en juillet 1945, on ne savait pas exactement quel avait été son sort. De Gaulle avait envoyé en vain un avion le chercher à Mauthausen. Finalement, sa sœur, Gabrielle Ferrières, identifie son corps : l'inconnu n° 5 de la fosse commune du cimetière d'Arras. Fait compagnon de la Libération à titre posthume, il repose dans la crypte de la chapelle de la Sorbonne.

Sur l'autre face de la médaille, le philosophe. Il a relativement peu écrit : deux livres et quelques articles, dont plusieurs posthumes. La totalité de ses travaux de philosophie des sciences, que Bruno Huisman a utilement regroupés chez Hermann, tient en un seul gros volume. Le style est dense, ramassé, parfois elliptique à force de vouloir être simple. « Pour lire Cavaillès, il faut travailler », disait Gaston Bachelard. Il est nécessaire en effet, pour le suivre, de s'informer des mathématiques, de leur évolution, de la crise qu'elles ont traversée aux XIXe et XXe siècles avec la naissance de l'axiomatique et de la théorie des ensembles. Sans connaître Bolzano, Hilbert, Cantor ou Dedekind, il est difficile de mesurer la pertinence des analyses de Cavaillès.

Cela n'empêche pas d'apercevoir l'originalité de sa démarche. Car la portée philosophique de ses recherches, hautement spécialisées, excède largement le domaine où elles prennent naissance. On doit à Hourya Sinaceur d'avoir montré comment ce philosophe travaille à restituer de l'intérieur le mouvement propre du développement des mathématiques. Rien n'est plus étranger à Cavaillès que les généralités. Les commentaires « du dehors » lui déplaisent. Il s'efforce de se faire mathématicien, de comprendre la dynamique interne des concepts, d'entrer dans la dialectique effective de leur évolution. Sans fioriture littéraire, sans adjuvant psychologique ou historique, Cavaillès scrute l'autonomie des mathématiques en train de se faire.

« L'activité mathématique, écrit-il, est objet d'analyse et possède une essence : mais, comme une odeur ou comme un son, elle est elle-même. » Les « gestes » spécifiques des mathématiciens s'organisent donc en une « expérience » originale qu'il s'agit de décrire et de comprendre, sans vouloir la récupérer ou la couronner. Ces termes qu'emploie Cavaillès (« geste » et « expérience » mathématiques) ne doivent pas prêter à confusion : sa pensée récuse tout ancrage des mathématiques dans une quelconque réalité sensible que la conscience d'un sujet viendrait élaborer.

Contre Husserl, qu'il rencontre en 1931, et qu'il est l'un des premiers en France à lire attentivement, Cavaillès ne pense pas qu'une philosophie du sujet puisse permettre de rendre compte de la constitution et du progrès des sciences. Une vingtaine d'années avant l'essor du structuralisme, il montre la voie d'une pensée du concept et de la structure, en soutenant que le progrès du savoir n'est ni un processus d'accumulation ni une modification de la conscience, mais une « révision perpétuelle des contenus par approfondissement et rature ». Autonome, cette évolution peut se comprendre sans recourir à l'intervention déterminante d'un sujet. C'est désormais, comme Dieu le fut naguère, une « hypothèse inutile ». Au moment où l'on tente, de divers côtés, de ressusciter le sujet, l'attitude radicale de Cavaillès, s'opposant à tous les tenants de la subjectivité, est à retenir.

Où trouver l'unité des deux faces ? Elles ne sont pas successives ni simplement juxtaposées. Cavaillès continua à écrire *Sur la logique et la théorie de la science* entre deux attentats, puis en prison. « Le guerrier demeurait philosophe », affirme son condisciple Raymond Aron dans *Le Monde* du 12 juillet 1945, après l'identification de sa dépouille mortelle. Est-il possible d'aller plus loin, d'approcher ce qui relie, chez lui, pensées et actes, de trouver cohérent que philosophie du concept et résistance armée forment un tout, de comprendre qu'une seule nécessité, indissociablement logicienne et morale, anime Cavaillès ? Un homme qui a voué sa vie à la raison ne peut que combattre, par tous les moyens et sans souci de lui-même, ceux qui contribuent, comme les nazis, à la destruction de la raison et de toute possibilité de l'exercer. Ce n'est pas une question de choix, d'« engagement », ni de volonté libre. C'est au contraire affaire de nécessité — impérieuse et absolue. Cavaillès l'a dit, plusieurs témoignages l'attestent. À Londres, avant son dernier retour, il confie à Raymond Aron, en parlant de cette nécessité qui le contraint au combat, qu'elle appartient « au même genre que les vérités mathématiques ».

La clé de la cohérence de Jean Cavaillès, c'est finalement

Spinoza. Il n'a cessé de le méditer. « Je suis spinoziste. Il faut résister, combattre, affronter la mort. Ainsi l'exigent la vérité, la raison. » L'action de Cavaillès est une. Sous la conduite de la raison, sa puissance s'est développée aussi nécessairement dans ses écrits théoriques que dans ses actes de résistance. « La Volonté et l'Entendement, disait Spinoza, sont une seule et même chose. »

## « *De bien bonnes* »

Papier à en-tête de l'université de Toulouse. Lettre datée du 20 décembre 1940 : « Cher ami, je n'irai pas encore cette année à Limoges. Je suis, depuis quelques jours, relevé de mes fonctions, et l'heure n'est pas au grand tourisme. On m'a découvert deux grands-parents impurs, car je suis, par ma mère, demi-juif ; mais cette circonstance n'aurait pas suffi si je n'avais, de surcroît, été métèque par mon père. Cela faisait trop d'impuretés pour un seul homme. » Les lois raciales promulguées par Vichy écartaient les juifs de la fonction publique. Vladimir Jankélévitch, blessé à Mantes comme soldat français quelques semaines plus tôt, était révoqué. Il écrivit à son ami Louis Beauduc. Cette correspondance durait déjà depuis près de vingt ans. Les deux philosophes étaient entrés ensemble rue d'Ulm, en 1922. À l'agrégation, en 1926, Jankélévitch fut premier, Beauduc deuxième. Il en fut toujours ainsi. L'un écrivit, l'autre pas. L'un fit carrière, sans être carriériste, jusqu'à la Sorbonne, la « grande boutique », comme il dit. L'autre demeura toute une vie à Limoges, professeur au lycée Gay-Lussac. Mais ils furent fidèles, presque soixante ans, à leur complicité postale. Toutes les lettres du premier ont été conservées, pieusement, par le second.

Celles de la guerre sont évidemment les plus émouvantes. Jankélévitch vit à Toulouse avec de faux papiers, dans diverses planques. Il traverse « une époque où plus rien n'est évident ». Il truque même les missives à son vieil ami. « Mon beau-frère a dû s'absenter » signifie : Jean Cassou a été arrêté avec les membres du réseau Bertaux. D'autres fois, il note seulement : « J'existe toujours, malgré les apparences. » À Paris, la famille tente de survivre. Le père, Samuel — médecin et humaniste qui traduisit en français Hegel, Schelling, Simmel, Freud —, « se nourrit de rutabagas et d'espérance ». Sans y croire, Vladimir suggère à Louis de venir le retrouver : « Essaie un peu, pour voir. On se raconterait des histoires. Il y en a de bien bonnes en ce moment. »

11 septembre 1944 : « J'ai quitté le souterrain pour la vie au grand jour et je m'en frotte encore les yeux et les oreilles. » Les histoires « bien bonnes » n'ont pas fini de le hanter : « Je ne sais plus marcher au milieu du trottoir. J'ai perdu l'habitude de mon propre nom. » On commence à entrevoir pourquoi, dans la série des « m » qui organisent sa vie et son œuvre, la mémoire tient une place majeure. Jankélévitch eut pour honneur de refuser l'oubli. Il sut ne pas céder à la lâcheté du temps qui passe. En 1965, il s'insurge contre le projet d'une prescription des crimes nazis au terme de vingt années. *L'Imprescriptible*, texte d'abord publié par *Le Monde*, dit simplement, à propos de l'extermination des juifs : « Il ne s'agit pas d'être sublime, il suffit d'être fidèle et sérieux. »

À partir de novembre 1944, Jankélévitch utilise le papier à en-tête de la Radiodiffusion. Il dirige momentanément les émissions musicales de Radio-Toulouse. La musique, qui « rend précaires les bruits humains », n'a cessé de lui inspirer des livres aériens. En 1938 était paru *Gabriel Fauré et ses mélodies*, en 1939, *Ravel*. En 1942, ses anciens étudiants de Lyon publient *Le Nocturne* dans une édition très soignée — un des rares instants de bonheur. Il continue toute sa vie à jouer du piano et à écrire sur l'instant qui fuit, le silence frôlé, presque atteint. Après la guerre, il cesse seulement de jouer de la musique allemande, de même qu'il renonce à lire des auteurs allemands — même Schelling, à qui il avait pourtant consacré sa thèse.

Ce qui passionnait le jeune homme, c'était la dernière philosophie de Schelling. Les lettres d'avant la guerre font entrevoir un esprit fasciné par Plotin et Bergson, mais aussi par l'idéalisme allemand, les théories des romantiques et la « philosophie de la vie ». Au temps de l'École et de l'agrégation, il polémiquait avec son ami Beauduc, rationaliste, « conceptualiste ». Ce Vladimir ténébreux, dilettante et enthousiaste, devint lecteur à l'Université de Prague en 1927 (prévu pour un an, cet « aimable canular » durera jusqu'en 1932). À cette époque, il lut des auteurs plus proches du merveilleux que du matérialisme, comme Saint-Martin, Franz von Baader, Ballanche.

La morale lui permit d'échapper à ces mirages. De chambre en chambre, pendant la guerre, il transporta le manuscrit de son *Traité des vertus*, qui parut finalement en 1949 ; 1 200 feuillets dactylographiés, qui aboutirent à 735 pages imprimées. « Le poids total du volume, y compris les idées originales et les aperçus ingénieux, sera de 7 000 tonnes. Il faudra 35 hommes pour le porter », dit une lettre adressée à Limoges, comme toujours, par un auteur qui vient de retrouver son appartement à Paris, quai aux Fleurs. Dans cet ouvrage monumental se précise l'apport de Jankélévitch à l'analyse morale : tout est toujours à faire, à décider continûment, à vouloir de nouveau. La volonté n'a pas d'acquis. En décembre 1977, en une fin d'année de fin de vie, Beauduc rappelle, dans une des rares lettres de lui qui aient été conservées : « Tu m'as écrit naguère, à pareille date, une devise que je me suis souvent répétée : “Hélas ! Donc en avant !” » Ce pourrait être, en quatre mots, le chiffre de cette morale toujours recommencée.

Restent les mariages, la famille et la mort. Jankélévitch laisse voir bien peu de sa vie intime. Jeune, il se permet parfois une formule carrément misogyne. En 1932, alors qu'il va quitter Prague pour Caen, il épouse une Tchèque « agrégée de fox-trot et de tango ». Il divorce en 1933. Beauduc a juste eu le temps de leur offrir un service à thé. En 1947, à Alger, Vladimir se marie avec Lucienne, qui demeure sa compagne toute sa vie. Ils ont une fille, Sophie, en 1953. La mort ? Le philosophe lui consacre des méditations devenues presque classiques. Résumé lapidaire à

Beauduc : « On la nie, et on meurt. Voilà. » Les derniers temps, ils ne s'écrivent plus que pour la nouvelle année. Une lettre rituelle, dont le contenu se fige de plus en plus d'un mois de janvier à un autre. Des vœux de santé, des commémorations, des bilans, l'évocation de ceux qui sont déjà partis, l'angoisse du temps qui reste, incertain et limité. Le jeune homme écrivait : « Je fais comme tous les hommes : j'essaie de tourner à mon profit un sentiment plutôt douloureux et je crois y réussir parfois. » Avec l'âge, ça ne marche plus.

Revenons en août 1946. Jankélévitch n'ira pas voir Beauduc, encore une fois. Il cherche un éditeur. Entre ironie et sincérité, sur fond de jazz et de succès de Sartre, il adresse à l'ermite du Limousin une note syncopée : « La France est bien bas, mais elle a le Café de Flore, que l'univers nous envie. C'est beau la métaphysique, moi j'aime ça. À bientôt, n'est-ce pas ? »

## « *Se cramponner au ciel* »

Avec Boris Vildé, on découvre que les héros n'ont pas nécessairement l'esprit emporté. C'est à tort qu'on leur prête systématiquement une fougue bravache et une volonté crispée. Dans la France occupée par les nazis, parmi les résistants qui prirent sans hésiter le risque de sacrifier leur existence pour que soit préservée et puisse renaître la liberté, la plupart n'étaient ni casse-cou ni têtes brûlées. L'idée d'être des héros ne les occupait pas. Ils n'auraient su qu'en faire, elle les aurait empêchés d'agir. Assurer les planques, acheminer les mots d'ordre, effectuer heure par heure les trajets nécessaires, effacer les traces... voilà qui suffisait. Nul n'avait souci de prendre la pose pour entrer dans l'histoire. Il arrivait parfois, les derniers jours, en prison, avant le peloton d'exécution, qu'ils pensent à leur nom sur les monuments, aux futurs discours que d'autres feraient à la jeunesse. Alors ils laissaient quelques feuilles sobres, afin qu'on sache qu'ils avaient été conscients et calmes, qu'ils mouraient sans rancœur mais non sans orgueil. Voyez Jacques Decour ou Jean Cavaillès. Voyez aussi Boris Vildé, dont on a réédité le journal de prison et les dernières lettres.

Vildé feint d'être sans émotion, préférant les rôles sobres aux coups d'éclat. En fait, c'est un torrent sous la glace. Un funambule mystique se masque sous une apparence lisse. Sa trajectoire le laisse deviner : une naissance à Saint-Pétersbourg en 1908, l'Estonie après 1917, un lycée à Tartu, une jeunesse de poète, un travail en usine, des frasques et des lettres, un exil en Lettonie, l'Allemagne en 1930, puis Paris en 1932. Boris Vildé apprend le français, épouse une femme qui le parle, étudie pour le musée de l'Homme les civilisations arctiques, s'initie au finnois, continue l'apprentissage du japonais, songe à s'attaquer au chinois. Les langues évidemment l'émerveillent. Dans sa cellule de Fresnes, en huit semaines, il maîtrise les premiers rudiments du grec ancien. Il est fusillé alors qu'il commençait à se mettre au sanskrit. Par amour de l'Inde, certes, mais aussi pour le plaisir. Pour savoir avant de mourir, simplement. Socrate avait fait cette réponse, déjà, quand on lui demanda pourquoi donc, si peu de temps avant de boire la ciguë, il avait entamé l'apprentissage de la lyre. Chez Boris Vildé, il y a de cette grandeur-là, qui tient le fait de mourir pour une évidence toute proche, à regarder sans un battement de cils.

En lisant son journal sans savoir qui en est l'auteur, on ne devinerait guère qu'il s'évada en juin 1940 d'un camp de prisonniers dans le Jura, fit trois cents kilomètres à pied avec une blessure au genou, et imprima dès le mois d'août un premier tract antinazi. Quelques semaines après la débâcle, Vildé fonde avec Anatole Lewitzky, anthropologue, et Yvonne Oddon, bibliothécaire, le réseau du musée de l'Homme. Se joindront à eux par la suite, entre autres, le beau-frère de Jankélévitch, Jean Cassou, rédacteur du journal *Résistance*, qu'ils éditent à partir du 15 décembre 1940, Pierre Brossolette, qui prendra la tête du réseau après l'arrestation de Vildé, ainsi que Germaine Tillion, qui continue aujourd'hui à donner l'exemple. Le

26 mars 1941, Vildé est arrêté par la Gestapo place Pigalle alors que Simone Martin-Chauffier allait lui remettre de faux papiers. Transféré à Fresnes le 16 juin de la même année, il est fusillé au mont Valérien le 23 février 1942, avec six autres, dont Maurice-Léon Nordmann. Entre ces deux dates, sur une soixantaine de feuilles, il transcrit ses pensées. Rien d'anecdotique, pas de rapport explicite aux événements de l'heure, pas même à la domination nazie et à la lutte des résistants. Le texte ne nomme pas la guerre : il est cerné par son chaos. Au cœur du tumulte, il tente de dire à mots réduits que mourir libre peut advenir partout, même dans les fers.

Car son auteur fait du chemin vers la lumière, ces mois-là, presque sans voir le jour. « C'est dans la cellule solitaire que l'homme donne toute sa mesure », écrit-il au début. Et il le montre, en faisant de cette « chambre noire » un instrument de transformation de soi. Car une fois seul, coupé de presque tout, sachant clairement qu'il n'y a pas d'issue autre que la mort, Vildé se sent de mieux en mieux. Il ne regrette rien. Il voit sa vie, comprend comment il s'était blindé contre les émotions, constitué en monstre d'indifférence, en joueur aventureux et en sage froid, et comment Irène, son nouvel amour, a tout changé. « Un beau jour le magnifique édifice de ton indifférence a craqué. Ça a commencé avec ta femme. D'abord tu ne te rendais pas compte du danger, ensuite tu as voulu revenir en arrière, mais il était trop tard, la brèche était trop large. Pourtant tu as lutté des années encore avant d'accepter la défaite. Et c'est seulement tout récemment que tu as compris que cette défaite était une victoire. » L'écriture de Vildé, parfaitement sobre, contient quelques images fulgurantes. Les sociétés sont des « associations temporaires de loups », les expériences mystiques des tentatives pour « se cramponner au ciel ». Mais le plus important, à l'évidence, est cette découverte sans phrases de la mort proche, où il sait désormais être seul et en même temps ne plus l'être.

Les combats se poursuivent, ils tueront longtemps encore. Mais pour Vildé la guerre est déjà presque éteinte. Ne restent que les rêves, nombreux chaque nuit. Mais ils sont légers. Heureusement, il y a du papier. Ces mots sereins tracés par des doigts gourds n'évoquent pas le courage des armes et la dure froideur des luttes, mais d'autres conflits, dans l'âme, qui ne sont pas moins terribles et grands. Sans médaille, sans monument, sans véritable héros, ces guerres entre vie et mort, pour surmonter la peur et se surmonter soi-même sont peut-être plus essentielles. Elles ont d'étranges raffinements, avant de laisser place à la saveur rêche d'un bonheur sans nom.

## *Éthique du visage*

La philosophie est-elle encore possible ? Un siècle qui « a connu deux guerres mondiales, les totalitarismes de droite et de gauche, hitlérisme et stalinisme, Hiroshima, le goulag, les génocides d'Auschwitz et du Cambodge », un siècle qui s'achève, ajoute Emmanuel Levinas, « dans la hantise du retour de tout ce que ces noms barbares signifient », est-ce un temps où la pensée puisse bâtir ? Laisse-t-il encore place à la recherche d'un sens ? Permet-il toujours l'élaboration patiente et fidèle d'une paix qui ne soit ni vain songe ni vœu pieux ?

Oui. Justement. Toute l'œuvre d'Emmanuel Levinas forme une réponse affirmative à ces questions, là où tant d'autres n'ont que la dérision ou le désarroi pour réplique. Sa démarche repose sur une double exigence. D'une part, ne pas abandonner la philosophie, ne pas céder à ceux qui la proclament morte, impossible ou paralysée. D'autre part, scruter l'insondable : l'horreur inutile et multiple, la souffrance insensée des martyrs en masse, l'absolue faiblesse de la nudité des hommes, le visage des autres, qu'ils soient victimes ou bourreaux. Tenir ensemble la patience inactuelle de la méditation et l'attention au pire présent l'a conduit à fonder la philosophie sur la morale, la morale sur la priorité d'autrui, et à situer la parole de Dieu dans le face-à-face entre les humains. Son souhait ultime est de pratiquer « l'indiscrétion à l'égard de l'indicible ».

Le chemin d'Emmanuel Levinas traverse le siècle. Né en 1906 en Lituanie, il grandit dans la librairie tenue par sa famille, lit d'abord la Bible en hébreu, puis en russe Pouchkine, Dostoïevski ou Tolstoï. À partir de 1923, il commença à étudier la philosophie à Strasbourg en apprenant le français, admira Bergson et se lia d'une amitié indéfectible avec Maurice Blanchot. À vingt-quatre ans, il rédigea une thèse sur *La Théorie de l'intentionnalité dans la phénoménologie de Husserl*, qui orienta Sartre. Il suivit ensuite à Fribourg, en 1928-1929, l'enseignement de Heidegger, en donnant des leçons de français à Mme Husserl, vit de France monter l'hitlérisme, fut prisonnier dans un camp d'officiers, dirigea après la guerre l'École normale israélite orientale, donna des leçons talmudiques, fut professeur à l'université de Poitiers, puis à Nanterre, à la Sorbonne enfin, trois ans avant la retraite. Ces quelques repères suggèrent des directions d'ensemble. Lévinas est fidèle à la phénoménologie comme au judaïsme. S'il prend en compte la question de l'être que Heidegger a donnée de nouveau comme tâche à la pensée, c'est pour en montrer les limites et la porter au-delà d'elle-même, du côté de l'humain où, dans la société des hommes, le divin se tient.

À la primauté du savoir qui caractérise toute la métaphysique, Levinas substitue le primat de l'éthique. La condition de la pensée est à ses yeux la conscience morale, qui n'est elle-même ni le simple résultat d'une éducation ni l'imposition d'une norme à une sauvagerie préhumaine. L'exigence éthique la plus absolue se donne, universellement, dans le face-à-face des humains entre eux. Celui-ci ouvre une dimension qui n'est ni celle du monde des choses ni celle du monde des concepts. L'autre homme n'est pas une chose. Je possède les choses, mais jamais ne voudrai les tuer. Elles sont devant moi, jamais « en face » : elles n'ont pas de visage. Le visage d'autrui est pour l'humain cette énigme qui lui fait face, où une identité impossible à posséder se donne sans concept. C'est là que s'inscrit, pour Levinas, le fondement de l'éthique. Le visage, si je ne m'en détourne pas, dit : « Tu ne tueras point. » Mais cette éthique n'est pas faite seulement d'interdit, ni même d'égalité ou de réciprocité. Au contraire. L'asymétrie est ici la règle. L'autre avant moi, comme une priorité absolue, sans réciprocité ni calcul. Si la relation de l'humain à l'humain fait advenir dans l'être un bouleversement inouï, c'est que chacun est virtuellement susceptible d'être ainsi « ordonné » par l'autre, quitte à n'être plus jamais le même... Chacun de nous répond d'autrui et se trouve sommé d'en être totalement responsable.

À ceux qui trouveraient irréaliste cette vision de l'éthique, que répondrait le philosophe ? Probablement qu'il sait bien que les hommes ne sont pas des saints, mais qu'il lui suffit que la sainteté soit possible, et reconnue, pour espérer que s'ouvre un autre siècle. Cette obsession de l'autre n'est pas l'amour, « mot usé et frelaté ». Aimer est une affaire entre deux êtres seulement, une société close. Cela ne suffit pas. C'est pourquoi Levinas insiste sur le fait que l'autre n'est jamais seul, qu'il y a toujours un prochain du prochain, un tiers, une société.

## *L'inhumain banal*

« Il y avait en elle une intensité, une direction intérieure, une recherche instinctive de la qualité, une quête tâtonnante de l'essence, une façon d'aller au fond des choses, qui répandaient une aura magique autour d'elle. On ressentait une absolue détermination à être soi-même, qui n'avait d'égale que sa grande sensibilité. » Ainsi s'exprime le philosophe Hans Jonas le jour des obsèques de Hannah Arendt à New York, le 8 décembre 1975. Il décrit ce jour-là une Arendt toute jeune, étudiante juive géniale, qui suivait avec lui, un demi-siècle auparavant, les cours de Heidegger à Marburg. Ces phrases conviennent aussi à toute la trajectoire, vie et œuvre mêlées, de cette femme, qui prit à cœur le risque de penser les obscurités du siècle pour qu'un peu de lumière y redevienne possible.

Hannah Arendt n'a jamais cessé de vouloir comprendre.

Pour celle qui fut, dès ses quatorze ans, lectrice de Kant à Königsberg même, ce désir obstiné et farouche prit d'abord une tournure purement philosophique. Peu douée pour la médiocrité ou les demi-mesures, elle se forme, dans l'Allemagne des années 1920, auprès de Heidegger, de Bultmann et de Jaspers. Première rupture en 1933. Tandis que Heidegger célèbre les vertus du Führer, elle est arrêtée et s'évade pour gagner la France. « Je quittai l'Allemagne sous l'empire de cette idée, naturellement quelque peu exagérée : plus jamais ! Jamais plus aucune histoire d'intellectuel ne me touchera : je ne veux plus avoir affaire à cette société. » Voir Heidegger, le grand amour de sa vie, se rallier au nazisme comme beaucoup d'universitaires lui ouvrit d'autres chemins que ceux de la théorie pure.

En France, elle travaille à organiser le départ d'enfants juifs pour la Palestine jusqu'en 1941, où elle doit s'exiler de nouveau, pour les États-Unis cette fois. C'est là qu'elle apprend peu après l'existence des camps d'extermination. Elle s'efforce dès lors de comprendre la naissance du totalitarisme. Comment la vie politique a-t-elle perdu son sens, et le langage sa portée ? Comment l'inhumain est-il devenu possible, non pas chez des monstres, mais chez des hommes très ordinaires ? Par quelles voies pouvons-nous réinventer un monde qui dépasse ce désarroi ? Sans rompre avec les philosophes, dont elle ne cessera d'interroger les œuvres, Arendt s'engage dans l'élaboration d'une pensée de l'espace propre du politique, qui en saisisse l'histoire, la fragilité, la contingence, l'opacité. Au ciel immobile des idées, elle préfère les énigmes mouvantes de la Cité, aujourd'hui perdue.

*Le Concept d'amour chez Augustin*, son premier livre, publié en Allemagne en 1929, ne témoigne pas seulement d'une recherche passionnée de soi. Cette thèse abrupte et morcelée, qui s'attache au statut du désir, à la place du prochain et à celle de Dieu, à la fonction, enfin, de l'amour dans la vie sociale, pourrait susciter bon nombre d'études fort diverses. Il faudrait, en effet, mesurer son apport aux études augustiniennes et la comparer notamment à la thèse de Hans Jonas, de cinq ans antérieure, centrée sur la liberté chez Augustin. Il serait possible de se demander comment Hannah Arendt entame là le deuil de sa relation amoureuse à Heidegger, ou bien comment certaines analyses esquissent des chemins qui seront plus tard ceux de Levinas. Ou encore dans quelle mesure l'œuvre à venir garde trace de ce travail prépolitique consacré à un penseur chrétien.

Sous le titre *Auschwitz et Jérusalem* ont été regroupés des articles publiés entre 1941 et 1960, dont la plupart ont paru durant les années de guerre dans *Aufbau*, journal de langue allemande publié à New York. Arendt y défend notamment la nécessité d'une armée juive et le caractère indispensable à la paix mondiale d'un « accord définitif entre Juifs et Arabes ». Si quelques traits ont vieilli, il est frappant de constater combien elle a su très tôt voir loin et juste à propos de problèmes qui se posent encore, qu'il s'agisse du Proche-Orient ou de l'histoire de la nuit nazie. C'est aussi ce qu'on se dit en relisant *Eichmann à Jérusalem*. Les commentaires d'Hannah Arendt, envoyée spéciale du *New Yorker*, suscitèrent une controverse internationale, qui se prolongea en France lors de la première traduction du volume en 1966. On a souvent jugé intolérable qu'elle ait souligné la collaboration de dirigeants des organisations juives avec les nazis. À Gershom Scholem, qui l'accusa de manquer d'amour pour son peuple, Arendt répondit : « Vous avez tout à fait raison. Je n'"aime" pas les juifs et je ne "crois" pas en eux : j'appartiens seulement à leur peuple, cela va de soi, au-delà de toute controverse ou discussion. » Ces polémiques ont fini par masquer les apports les plus remarquables de ce livre. À commencer par la question de la « banalité du mal ». Contrairement à des méprises trop souvent répétées, Arendt ne cherche pas une seconde à « banaliser » l'abomination des camps de la mort. Elle n'a pas cessé d'écrire que cet événement était sans précédent ni équivalent dans l'histoire. Mais elle veut comprendre comment ce mal radical a pu être le fait de gens très moyens, bêtement médiocres. La banale normalité d'Eichmann est terrifiante : M. Tout-le-monde peut devenir inhumain. Mais comment ? « Le langage administratif est le seul que je connaisse », dit Eichmann. Voilà un début de réponse. Quand la pensée ne trouve plus aucune place sous le cliché, quand les mots se soumettent à la neutralisation totalitaire, quand on dit « regroupement » au lieu de « déportation » et « traitement spécial » au lieu de « tuerie », le monde commence à être sens dessus dessous. Ce reportage pensant nous en apprend aussi beaucoup sur Arendt elle-même. Sans doute ne lui a-t-on pas pardonné d'éclater souvent de rire devant la stupidité du « clown » Eichmann. Sa liberté de ton et de pensée fit scandale. C'est ce qui nous est le plus précieux.

Hannah Arendt a toujours exigé de comprendre « ce qui s'est réellement passé ». Dès 1946, voulant y voir clair, elle écrivit à Karl Jaspers, qui avait dirigé sa thèse sur saint Augustin vingt ans auparavant : « Des individus ne sont pas assassinés par d'autres individus pour des raisons humaines, mais on tente de façon organisée d'exterminer la notion d'être humain. » Pendant deux décennies, dans leurs livres comme dans leurs lettres, Arendt et Jaspers se sont interrogés sur les causes et les répercussions du cataclysme nazi. Ils se demandèrent de quelle manière aborder le chaos, par quelles voies l'éclairer. Qu'est-ce donc qu'être juif ? Et être allemand ? Ensemble, ils cherchèrent comment, « après », construire encore un monde, une pensée, une action. Avec qui ? Et à partir de quoi ? De telles questions étaient vitales, toutes les ressources de l'esprit devaient s'y appliquer — telle fut leur conviction commune. Ils savaient impossible d'oublier que toute philosophie a des conséquences politiques. C'est pourquoi, quand ils en parlèrent çà et là, ils ne furent jamais tendres envers Heidegger, qu'ils jugèrent successivement d'une « malhonnêteté tarabiscotée et infantile », dépourvu de caractère, et « capable de vilenies ».

Ce serait une erreur de ne retenir de ces jugements que le côté anecdotique. La question est de savoir si la philosophie doit être abandonnée au profit d'une pensée politique en rupture avec la tradition métaphysique. Pour les quatre-vingts ans de Heidegger, Arendt écrivit notamment : « Nous ne pouvons nous empêcher de trouver frappant et peut-être scandaleux que Platon comme Heidegger, alors qu'ils s'engageaient dans les affaires humaines, aient eu recours aux tyrans et aux dictateurs. Peut-être la cause ne s'en trouve-t-elle pas seulement à chaque fois dans les circonstances de l'époque, et moins encore dans une préformation du caractère, mais plutôt dans ce que les Français nomment une déformation professionnelle. » À cette condamnation de l'autorité philosophique, voire de la connivence ancienne entre despotisme et métaphysique, répond à sa manière le geste de Jaspers, tentant d'ouvrir la philosophie européenne, de concevoir une perspective réellement universelle, incluant l'Inde et la Chine à côté de l'héritage des Grecs, s'efforçant également d'appliquer sa réflexion au présent, qu'il s'agisse de la culpabilité allemande ou de la bombe atomique. « La philosophie doit devenir concrète et pratique, sans oublier un instant ses origines », écrit-il à Hannah. Ce qu'ils appellent politique demeure encore à réinventer. L'engagement, les prises de position publiques, les pétitions et agitations militantes ne suffisent pas. Ce qu'ils espèrent est d'une autre nature. Ils tâtonnent pour qu'une Cité redevienne effectivement possible, qui ne soit pas seulement façade ou fiction, mais réalité pensée. Pour qu'existent un après au totalitarisme, et de nouveau des citoyens.

# XX

# LA PLACE VIDE

Où sont la philosophie, la morale, la raison, l'époque, la vie même ?

*Un grand principe de violence commandait à nos mœurs.*
SAINT JOHN PERSE, *Anabase*

Ces auteurs n'ont en commun, en apparence, que d'avoir écrit dans les dernières années 1940. Rien d'autre ne paraît les rapprocher. Leurs préoccupations et leurs styles sont distincts, comme le sont leurs trajectoires. On ne peut toutefois s'empêcher de remarquer qu'ils semblent tous chercher à repartir, à recommencer, sans y parvenir. Dans ce moment où la guerre s'est arrêtée sans être vraiment finie, ce qu'on appelle la paix n'est encore qu'une place vide.

## *Encore des philosophes ?*

Certains auteurs s'installent au centre de la scène et n'en bougent plus. Bien calés, ils alignent les paragraphes de leurs œuvres complètes. La postérité va relier leurs ouvrages, et quelquefois les relire. D'autres intellectuels, au contraire, demeurent en retrait. Ils s'agitent en coulisses, ne semblent accepter que des seconds rôles. Ils écrivent, mais sans qu'on sache quelle unité rassemble ces textes d'une même plume. Leur silhouette finit par s'estomper ou disparaître. Leur nom demeure inscrit quelque part, connu seulement de quelques-uns. Peu de lecteurs savent exactement ce qu'ils ont fait. La plupart, quand ils connaissent leur existence, se demandent quel vrai travail peut leur être attribué. Pour que de tels auteurs sortent de l'oubli, il faut qu'un historien vienne scruter les arrière-plans, modifier l'éclairage, ôter la poussière. Il arrive alors, parfois, qu'on ait la surprise de découvrir un grand homme, en filigrane dans les pages de son temps.

C'est le cas de Bernard Groethuysen. Il vécut toujours entre deux mondes. D'abord l'Allemagne et la France. Né en 1880 à Berlin, il y fait l'essentiel de ses études. Ses maîtres sont Dilthey et Wölfflin. Il enseigne la philosophie à l'Université de Berlin. Paris devient vite sa seconde patrie : il y séjourne tous les ans à partir de sa vingt-cinquième année. Au début du siècle, ses amis sont allemands, comme le philosophe et sociologue Georg Simmel, et français, comme Charles du Bos. Il fait connaître la philosophie allemande en France, en lui consacrant par exemple, dès 1910, un cours à l'École des hautes études. En même temps, à Berlin, il centre d'abord son enseignement sur Montesquieu. En 1914, alors qu'il est interné au camp de prisonniers de Châteauroux, Henri Bergson se porte garant de lui.

Difficile à cerner, sa présence est multiforme. Elle étonne par son ampleur et sa diversité. Gide, en 1931, lui dédie *Œdipe*. Max Scheler est son ami, comme Roger Martin du Gard. Gramsci l'admire et le cite à plusieurs reprises. Chez Gallimard, Paulhan fonde avec lui, en 1927, la « Bibliothèque des idées ». Musil et Kafka lui doivent d'être connus en France (il préface notamment la première traduction du *Procès*). Malraux rend visite à Heidegger en sa compagnie. Sartre reconnaît que c'est d'après sa suggestion qu'il ajoute à *L'Imaginaire* un chapitre sur l'art. À sa mort, le poète Pierre Jean Jouve écrivit : « Un homme extraordinaire s'en va. » C'était en 1946. Groethuysen, qu'avait enveloppé en permanence un halo de fumée, mourait à Luxembourg d'un cancer du poumon. Il venait de fonder aux éditions des Trois Collines, à Genève, que dirigeait François Lachenal, la collection « Les classiques de la liberté », où est publié, en 1947, son *Montesquieu*.

En 1932, il avait décidé de quitter l'Allemagne. Accueilli par le comité de lecture de Gallimard, il acquit, en 1937, la nationalité française. Il était aussi, évidemment, l'auteur de quelques livres, publiés de chaque côté du Rhin, et d'un bon nombre d'articles. Malraux, qui a reconnu avoir donné ses traits à Gisors dans *La Condition humaine*, disait : « Groethuysen a écrit une œuvre relativement importante. Mais il est bien certain que ses livres ne le représentent absolument pas, ne donnent pas la moindre idée du rôle qu'il a joué indépendamment de son écriture. » Faut-il donc se contenter d'imaginer un homme d'influence et de conversations, repérable à ses traces dans l'histoire plutôt qu'à sa recherche de vérité ? Non. Certes, l'homme n'a pas construit de système. Au premier regard, c'est même la dispersion qui semble caractériser ses interventions. Quel rapport en effet entre une « Introduction à la pensée philosophique allemande » (Nietzsche, Dilthey, Simmel, Husserl), la « dialectique de la démocratie », la philosophie de l'art, « Les origines sociales de l'incrédulité bourgeoise en France », la question de la temporalité du récit, la silhouette de Socrate et la pensée de Diderot ? Doit-on renoncer à comprendre ce qui animait la démarche de ce touche-à-tout ? « Je ne compose point, je ne suis point auteur. Je lis ou je converse, j'interroge ou je réponds. » Ces phrases de Diderot à son ami Naigeon s'appliquent-elles à Groethuysen ? Évidemment. Mais avec autant d'ironie. Il suffit en effet de lire ce bel ensemble pour s'apercevoir qu'à défaut de système une interrogation majeure l'anime : être philosophe, est-ce donc encore faisable ? En quel sens, à quelles conditions ?

Obstinément, Groethuysen revient à ces questions. Il met en lumière un paradoxe central. Soit la philosophie est tout entière historique, auquel cas ce n'est rien d'autre qu'une collection d'opinions, transitoires et relatives à leur temps. On ne les étudierait que pour leur intérêt documentaire. On les lirait sans les discuter. Soit la recherche de la vérité constitue et justifie, en profondeur, toute l'entreprise philosophique. Alors il ne sert presque à rien de chercher dans quelles circonstances historiques est née telle ou telle pensée. Demander si elle est vraie ou fausse suffit. En d'autres termes, ou bien la philosophie est niée par l'histoire, ou bien elle nie l'histoire. Sans doute ne sommes-nous pas sortis de cette contradiction. Groethuysen, qui n'était pas, contrairement à ce que dit Jean Paulhan, un « marxiste de stricte observance », a placé cette difficulté au cœur de son travail. Ce n'est pas son seul mérite. Il a également délimité la zone intermédiaire, entre réalité et fiction, où se développe l'activité philosophique. Elle n'est pas du côté des faits : ce qui la préoccupe ne peut faire, simplement, l'objet d'un constat. C'est pourquoi la philosophie ne peut pas devenir elle-même une science, comme elle l'a longtemps rêvé, ni être remplacée par le développement des connaissances scientifiques. Elle ne se réduit pas pour autant à une œuvre de fiction, une sorte de création poétique qui la cantonnerait à la seule sphère psychique. Ni poète ni savant, le philosophe, selon Groethuysen, « embrasse ce vaste ensemble de phénomènes qui, n'étant pas imaginaires et pouvant parfaitement se discuter, n'ont pourtant pas d'existence propre, et ne peuvent simplement être constatés ». Nietzsche affirme : « Je ne puis avoir d'estime pour un philosophe que pour autant qu'il peut servir d'exemple. » Pour la sûreté du coup d'œil historien, la fermeté politique sans tapage, la respiration de l'esprit, celui que ses amis appelaient « Groth » demeure exemplaire.

## *L'errance du rescapé*

Francfort, en 1949. L'homme qui revient a cinquante-quatre ans. Cette ville, où vécut son maître Schopenhauer, est celle du premier développement intellectuel de Max Horkheimer. Depuis 1922 il y a mené ses études, après avoir suivi, à Munich, les cours de Max Weber, puis, à Fribourg, ceux de Husserl et de Heidegger. C'est là encore qu'il a soutenu, en 1925, sa thèse sur Kant, qu'il est devenu, en 1930, professeur à l'université et directeur de l'Institut de recherche sociale, où naquit le mouvement d'idées connu sous le nom d'école de Francfort. En 1933, les nazis avaient fermé cet institut, qui reprenait les analyses de

Marx tout en critiquant le totalitarisme stalinien. Juif, Horkheimer s'était alors réfugié en Suisse avant de partir, en 1934, pour les États-Unis. Il y resta quinze ans, à New York puis en Californie, présidant en 1943-1944 le Comité juif américain, publiant ses travaux majeurs : *Éclipse de la raison*, en 1947, et, la même année, *Dialectique de la raison*, en collaboration avec Theodor Adorno. Le retour de Horkheimer à Francfort, où il allait enseigner jusqu'à sa retraite en 1959, n'est donc pas simplement celui d'un universitaire après l'exil. C'est le retour d'un philosophe juif allemand en Allemagne, après le génocide. Cette situation ne peut sans doute pas expliquer tous les aspects des *Notes critiques pour le temps présent*. Elle les éclaire pourtant d'une lumière particulière.

Dès son arrivée en effet, Horkheimer entame la rédaction de ces pages, et continue vingt ans durant. Il meurt en 1973. Le livre est publié en 1974. Est-ce d'ailleurs un livre ? Le lecteur se demande à quoi il a affaire. Pas d'exposé suivi, seulement des fragments, au premier regard disparates. Rien ne semble d'abord les relier. Du goût des légumes aux erreurs de Marx, de Spinoza au cinéma de Hollywood, du procès du nazi Eichmann aux femmes en pantalon, l'énumération des thèmes évoque un bric-à-brac. Cette juxtaposition n'aurait rien de déconcertant si l'unité d'un système lui donnait immédiatement sa cohérence. Or cette unité se dérobe. Les analyses semblent glisser l'une sur l'autre, sans construire une vue cohérente. Le lecteur, tour à tour étonné et déçu, perplexe et désireux de connaître la suite, peut avoir le sentiment d'être perdu dans un labyrinthe sans fil d'Ariane.

Peu à peu, pourtant, se discernent les traits d'une attitude philosophique singulière, faite de désespoir lucide et d'espérance muette. Horkheimer diagnostique dans les manières de vivre propres à notre siècle la disparition de ce qui caractérisait naguère l'humain : « En même temps que la faim et le travail, l'amour a été restreint [...], fade et désérotisé, il serait mûr pour être programmé. » Nous n'avons plus vraiment de parole (« les gens sont muets, quand bien même ils n'arrêtent pas de discourir »), ni de nourriture (« le goût d'une asperge ressemble à celui d'un petit pois »), ni d'aventure esthétique (« plus se diversifient les possibilités du temps libre, musée, football ou croisière en Adriatique, plus les participants sont normés »). Dans cette vie administrée, où les différences s'estompent et où la réalité n'est plus qu'un souvenir utilitaire, la philosophie « rend un son un peu niais ». Consommée en livre de poche, elle fait figure de simple distraction — une « illusion sympathique ».

Le pessimisme de Horkheimer est d'autant plus profond qu'il refuse, contre Marx, que l'Histoire ait un sens. Rien n'est moins assuré que le progrès de l'humanité. Le pire, toujours, est possible, sinon probable. Aléatoire est le succès des révolutions, toujours incertain est leur triomphe. Et Schopenhauer lui-même pécherait par optimisme en croyant que, dans l'ascétisme, la négation de la volonté peut délivrer du malheur. Encore une illusion : « La souffrance est éternelle », note le philosophe. Toutefois, ce pessimisme ne peut se résoudre à laisser la pensée à son agonie ni les individus à leur déclin silencieux. De manière sciemment impuissante, Horkheimer maintient la place, désormais vide, de l'utopie. Il sait combien espérances bavardes et rêves libérateurs peuvent être meurtriers. Mais jamais ce constat ne le conduit au sarcasme. Il souhaite un « pessimisme productif » qui, sans se payer de mots, ne soit pas seulement désabusé. Il ne peut, toutefois, donner un contenu au bonheur, désiré et supposé possible, qui constituerait l'aboutissement de sa démarche. Sans doute est-ce là l'ambiguïté principale de son attitude : jugeant que toute pensée authentique est subversive, il constate qu'une telle subversion est aujourd'hui impossible, vouée à l'échec et vaincue d'avance. Il en maintient malgré tout la nécessité et l'exigence.

Dans ces *Notes* rédigées durant les vingt années qui ont suivi son retour à Francfort, Horkheimer parle peu du génocide. Les quelques lignes bouleversantes où il crie sa « honte d'être là », sa culpabilité de vivre encore, par hasard, son incapacité à y prendre plaisir, constituent probablement une clé. Ainsi pourrait-on interpréter ses propos sur deux registres différents, qui ne s'excluent pas. D'un côté, le regard désenchanté qu'il porte sur la situation contemporaine, sur la place dérisoire qu'y occupe la philosophie, peut décrire notre monde tel qu'il est. D'un autre côté, la tonalité d'ensemble de ses analyses exprime peut-être la manière dont Horkheimer a vécu sa culpabilité de « rescapé », comme il l'écrit lui-même, des camps d'extermination où périrent les siens. « Leur mort, écrit-il, est la vérité de notre vie. »

## *Ciel muet, absence divine*

La question de la morale habite toute l'œuvre de Sartre. De *La Nausée* à la *Critique de la raison dialectique*, du *Saint Genet* au *Flaubert*, partout s'y pose, sous des formes multiples, un unique problème : comment une liberté peut-elle agir dans le monde ? Comment peut-elle œuvrer au sein de l'histoire et se perdre sous le regard des autres sans pour autant renoncer à elle-même ? Les engagements politiques de Sartre, ses romans, son théâtre gravitent autour de la même interrogation. Cette question cruciale n'a pourtant fait l'objet d'aucun texte majeur publié de son vivant. Comme si le thème, trop central, demeurait perpétuellement à fuir, à illustrer en variations sans fin plutôt qu'à traiter de front. *L'Être et le Néant*, publié en 1943, s'achève sur l'annonce d'un prochain ouvrage. Une morale devait faire suite à l'ontologie. Ce texte n'a jamais vu le jour. Les brouillons, rédigés en 1947 et 1948, finalement abandonnés, forment six cents pages d'inédits.

Ces cahiers sont d'une lecture ardue. Les thèmes s'y chevauchent sans plan ni chapitre. Comme pour toute pensée en travail, la perspective d'ensemble ne s'entrevoit qu'à la fin, et dans l'incertitude. Un solide équipement est requis pour tenter l'excursion. Sans être rompu à la gymnastique conceptuelle de Hegel, de Marx et de Sartre lui-même, on s'aventurerait là en vain. Domaine réservé ? Non, car à chacun, chaque jour, se posent les problèmes dont il est ici débattu : que faire ? Dans ma situation concrète, unique, sur quoi guider mes actes ? Y a-t-il, quelque part, une boussole ? À celui qui pose ces questions va-t-il falloir répondre : « Va à la bibliothèque, et nous en reparlerons dans dix ans » ? Ce serait absurde : la décision n'attend pas. Ce serait inique, car ça reviendrait à dire : « Quelqu'un détient ta vérité, et toi, pauvre ignorant, tu ne peux pas comprendre ta propre vie. Son sens est déchiffrable quelque part, mais toi, tu ne sais pas lire. » Ici s'instaurerait le piège de l'oppression par le savoir, que Sartre dénonce. Le mieux serait sans doute de répondre : « Tu es libre, et par là même tu en sais assez pour agir. Il n'y a pas d'autre boussole que toi, et seuls tes actes eux-mêmes t'indiqueront le nord. Chercher où sont le bien et le mal est, à la limite, une question dénuée de sens. » Si notre interlocuteur insiste ou proteste, il faudra, en prenant le risque de la hâte et de l'approximation, lui offrir un aperçu des *Cahiers pour une morale*, valable pour tout le monde et pour n'importe qui, une brève histoire en quatre tableaux.

Premier tableau : le ciel est muet, la terre déserte de signes qui parleraient d'eux-mêmes. Aucune existence divine ne me prescrit sa loi. Ma liberté a tout à créer, sans justification autre que son vouloir. Deuxième tableau : je suis toujours Dieu, mais incarné dans ce monde, qui me fait être en même temps que je le porte à l'existence. Je ne suis ni infini ni indéfini, mais bien portant ou infirme, magistrat ou délinquant, ancien combattant ou adolescent. C'est à travers les possibles esquissés par ma situation que ma liberté s'exerce et se découvre. Troisième tableau : une multitude d'autres libertés m'entourent. Nous sommes une foule de dieux dont aucun ne peut lire dans la conscience de l'autre. Seuls mes actes parlent pour moi. Mais les autres vont y trouver leur sens, et non forcément celui que je voulais. Ici commence l'Enfer, car je devrai reprendre à mon compte cette image de moi qui m'échappe et me revient figée. C'est finalement par l'autre que je me trouve révélé à moi-même, alourdi de toute une histoire que je n'ai pas voulue et qui pourtant est mienne. Dernier tableau : je suis mort, et ne subsistent de moi que mes créations. La nouvelle génération leur donne un sens que je n'aurai pu comprendre ni prévoir. Et l'histoire se poursuit comme une spirale de malentendus où les projets voient leur sens trahi et leurs conséquences modifiées, sans qu'aucun observateur puisse contempler de l'extérieur le mouvement d'ensemble.

Subrepticement, tous les fondements des morales instituées ont été minés. « Si Dieu n'existait pas, disait Dostoïevski, tout serait permis. » C'est de là que part Sartre, pour se demander : Dieu mort, que faire de cette liberté ? Si tout est permis, nous reste-t-il encore une valeur, qui serait la liberté elle-même ? Y a-t-il seulement une morale possible ? Aucune des boussoles anciennes n'est plus, ici, en état de fonctionner. Ni Platon ni le *Décalogue*, ni Épictète ni Spinoza, dès lors que s'effondre l'ordre divin du monde qui, sous diverses formes, était leur commun fondement. Mais pas plus d'Holbach, Rousseau ou Stuart Mill, aucune nature ne constituant l'essence de l'homme. Hors jeu également le formalisme de Kant : si mon action doit se régler sur une maxime universelle, l'histoire est oubliée, et ma liberté devient pure abstraction. « Il n'y a de morale qu'en situation. »

À quoi donc nous raccrocher ? Précisément à ce rien — rien de défini, rien de conditionné — qu'est la liberté. Formule étrange, au premier regard. Pour l'éclairer, il faut analyser comment peuvent se placer l'une par rapport à l'autre ma liberté et celle de l'autre. Sartre décrit leurs rendez-vous manqués en quelques cas de figure. Ou bien ma liberté est infinie et celle de l'autre réduite à zéro : c'est la violence pure, où le monde et les autres sont à frapper et à détruire. Ou bien, symétrie inversée, ma liberté est quasi nulle et celle de l'autre infinie : la prière marque mon impuissance (envers Dieu, envers le souverain). Tout en souhaitant l'infléchir, j'accepte par avance de me soumettre à sa loi absolue. Je ne peux rien exiger. Car l'exigence suppose une autre position, où le maître qui ordonne reconnaît en l'esclave une liberté qui va accepter l'ordre. Mais cette relative connivence au sein même de l'oppression implique toujours que l'une des libertés se transforme en loi figée sur laquelle l'autre se règle et s'aliène.

Y a-t-il une issue possible ? Elle se trouve dans ce que Sartre nomme l'« appel ». Si je propose à l'autre d'entreprendre avec moi une action précise (empêcher cette guerre qui menace), je reconnais implicitement notre contingence, notre fragilité et notre finitude communes. Je prends le risque de son refus, et l'action éventuelle sera nôtre et non mienne, dans une réciprocité concrète. Ici s'amorce cette « conversion » à laquelle Sartre consacre la fin des *Cahiers*, qui répond aux dernières pages de *L'Être et le Néant*, et définit sa morale de l'époque. Il s'agit somme toute de vouloir le monde, et non les valeurs. Si je subordonne mon acte à un but nécessaire (faire le bien, ne pas mentir, être courageux), je me réduis à n'être que le moyen qui réalise un ordre préexistant, et je suis déjà dans l'aliénation. La liberté au contraire n'existe qu'en se faisant, se découvrant à elle-même à travers ses œuvres, et en assumant le monde, même (et surtout) quand il lui échappe sans cesse. Je fais tout pour éviter la guerre, mais « si elle éclate je dois la vivre comme si c'était moi qui l'avais décidée », et la considérer (même si je continue à lutter contre, même au risque de ma mort) comme « une chance de dévoilement du monde ».

Ainsi cette conversion est-elle traversée par la joie, comme toute pensée d'envergure. Cette acceptation totale est aux antipodes de la résignation, puisque c'est par moi que le monde vient à l'être, et, « dans l'humilité de la finitude », je retrouve « l'extase de la création divine ». L'absence de Dieu, au terme du parcours, se révèle donc plus grande et plus divine que son règne. En me perdant sans réserve dans l'action et dans les autres, en aimant ce don, j'ai quelque chance d'en recevoir, plus encore que mon identité rétrospective, un point de vue singulier me découvrant l'absolu.

Cette vision mystique (tu ne te serais pas trouvé si tu ne t'étais déjà perdu), Sartre la jugera plus tard « mystifiée ». Il est certain, en tout cas, qu'elle s'articule difficilement à la question de l'histoire, et que Sartre échoue à les penser ensemble. On découvre dans ces *Cahiers pour une morale* un Sartre fort critique envers le marxisme, mettant carrément en cause le postulat du déterminisme économique ou le primat de la lutte des classes, et affirmant sereinement : « Il convient que l'histoire ait sa crise comme la physique et se dégage de l'absolu hégélien et marxiste. » Les œuvres postérieures marquent une régression par rapport à ce programme. L'élan de Sartre va se cogner au mur du marxisme, « philosophie indépassable de notre temps ». Morale et histoire ne se trouveront plus jamais directement confrontées — sauf peut-être dans des notes inédites de 1965 sur « une autre morale », dont parle le philosophe dans le film *Sartre par lui-même* tourné en 1972 par Alexandre Astruc et Michel Contat.

Quoi qu'on pense de leur aboutissement, ces manuscrits peuvent et doivent se lire aussi comme une très grande leçon de philosophie. Le terme de « génie » eût agacé l'homme. Tant pis.

## *Dialectique et oursins*

Une des rares photos connues de Maurice Merleau-Ponty le montre en train d'allumer une cigarette, juste à l'instant où la flamme de l'allumette s'agrandit avant de retomber. La main est précise, l'œil attentif. En un sens, l'image est banale : le sens du geste est immédiat. Elle a pourtant quelque chose d'insolite. Serait-ce parce qu'une attitude familière, arrêtée dans son déroulement fugitif, est donnée à voir dans son épaisseur, sa densité inhabituelle ? Pas seulement. L'étrangeté vient d'un halo de lumière qui blanchit une partie du visage. Le visible, ici, est comme tout entier organisé en direction de ce qui ne se donne pas à voir. À la seconde suivante, ce ne sera plus qu'un fumeur. Au moment où le sens est encore à l'état naissant, on peut presque se demander qui observe l'autre, de l'œil ou du feu. Ambiguïté.

Le « goût de l'évidence » et le « sens de l'ambiguïté »,

c'est ainsi que Maurice Merleau-Ponty définissait la philosophie, dans la leçon inaugurale de son cours au Collège de France, le 15 janvier 1953. Ces deux formules, en fait, peuvent décrire sa propre pensée. Ancrer les analyses dans le vécu apparemment le plus simple et le plus immédiat (conscience, perception, comportement), c'était la démarche de Husserl. Merleau-Ponty a compris la leçon dès les années 1930, comme Sartre. L'un et l'autre furent parmi les premiers lecteurs, en France, des travaux du philosophe allemand, avant de fonder ensemble la revue *Les Temps modernes*, que Merleau-Ponty quitta en 1953, en désaccord avec Sartre qui soutenait le marxisme soviétique. « Est-ce donc tricher de demander qu'on vérifie les dés ? », demandait-il dans *Les Aventures de la dialectique*.

Merleau-Ponty s'était distingué par son attention au corps, à la conscience située et concrète, à ce mélange de clair et d'obscur dont la vie est faite, dans sa double face physiologique et psychologique. On le constate déjà en 1942, dans sa thèse sur *La Structure du comportement*, puis, en 1945, avec *La Phénoménologie de la perception*. À la différence de Sartre, il n'a jamais cru à une transparence de la conscience à elle-même. Il s'intéressait, au contraire, à l'inclusion de l'homme dans la nature, à l'incarnation de l'esprit, à la chair de la pensée. Son intention n'était pas de dissoudre la vie mentale dans un jeu de mécanismes physico-chimiques. Mais il se refusait à dissocier l'âme du corps. L'effort de Merleau-Ponty, jusqu'à sa mort soudaine en 1961, à cinquante-trois ans, fut d'explorer l'appartenance paradoxale de l'être humain, parlant et pensant, à ce sol terrestre dont il décolle sans se déprendre. La difficulté ? Parvenir à comprendre ceci : nous ne sommes pas simplement des choses parmi les choses, mais nous ne sommes pas non plus extérieurs à cette sphère où la matière seule règne. Il n'y a pas moyen d'être ce « spectateur impartial » dont Husserl rêvait. « C'est à l'intérieur du monde que je perçois le monde », écrit Merleau-Ponty.

Il a disparu brusquement alors qu'il travaillait, depuis plusieurs années, à une nouvelle analyse de cette ouverture interne du monde. « Ce n'est pas l'œil qui voit. Mais ce n'est pas l'âme. C'est le corps comme totalité ouverte », écrit-il, en 1959, dans le dossier préparatoire à l'un de ses derniers cours. Parmi les points les plus intéressants figure l'analyse des relations entre science et philosophie : ni opposition ni indifférence, mais critique et complémentarité. La critique va s'exercer d'abord sur ce qui, chez les physiciens ou les biologistes, signe un reste d'appartenance à l'univers du mythe. « Son concept de Nature, dit Merleau-Ponty, n'est souvent qu'une idole à laquelle le savant sacrifie plus en raison de motifs affectifs que de données scientifiques. » La critique du philosophe porte également sur cette « superstition des moyens qui réussissent » dont les scientifiques sont atteints, au point d'avoir parfois le regard trop court. Il faut donc tenter de « voir derrière le dos du physicien ». Mais ce souci de voir, plutôt que d'intervenir, ne garantit au philosophe aucun privilège. Il serait dangereux de lui « laisser toute liberté. Se fiant trop vite au langage, il serait victime de l'illusion d'un trésor inconditionné de sagesse absolue contenue dans le langage et qu'on ne posséderait qu'en le pratiquant. D'où les fausses étymologies de Heidegger, sa Gnose ». Soucieux de ne pas tomber dans ce piège, Merleau-Ponty s'est informé des travaux scientifiques avec une acuité et une rigueur rares. L'étendue et la variété de ses lectures étonnent. De la psychologie expérimentale à la biologie cellulaire, de la physique quantique à la cybernétique, il appuie sa réflexion sur de multiples références empruntées aux sciences exactes.

Son analyse ne se borne donc pas à commenter superbement les variations du concept de Nature, d'Aristote à Husserl et à Whitehead, en passant par Descartes, Kant, Schelling, Bergson et quelques autres. Elle s'intéresse aux taches des grenouilles comme aux tortues artificielles, au ver marin comme aux blastomères de l'œuf d'oursin. La démarche est toujours la même : ne jamais acquiescer à une seule possibilité — ce que Merleau-Ponty appelait la « claudication » du philosophe —, jouer les questions des sciences contre les réponses des philosophes, et inversement. Où cela conduit-il ? À l'idée que la nature est l'autre face du corps, à la fois dépassée par le langage et cependant toujours là, sous la forme de l'« être sauvage », présence invisible et constante, non pas commencement lointain dont nous serions séparés de longue date.

Toujours Merleau-Ponty tente de penser ensemble, et dans leur réciprocité, des éléments que l'on avait crus, à tort, séparables ou disjoints. Corps-âme, nature-langage, science-philosophie, chose-idée, neurone-pensée... ne furent jamais, pour Merleau-Ponty, des termes radicalement opposés. Voulant « décrire l'homme comme un chantier », il s'est efforcé de penser leur rencontre, leurs échanges, voire leur fusion instable.

## *N'oubliez pas Cassirer*

Parmi les grandes œuvres de la philosophie européenne, certaines ne semblent trouver en France qu'un écho tardif, affaibli ou nul. Pour rendre raison des motifs qui font de la France philosophique ici une grande puissance et là une petite province, il faudrait sans doute disposer d'une véritable archéologie de la pensée française. Elle fait défaut, à supposer qu'elle soit possible. On se contentera donc d'un exemple unique, mais privilégié, parmi nos méconnaissances obstinées : l'œuvre d'Ernst Cassirer. Voilà une des grandes figures de la pensée du XX^e^ siècle. Depuis vingt ans, bon nombre de ses ouvrages ont été traduits, grâce, en particulier, à l'intelligente lucidité de Pierre Bourdieu, et à la fidélité de quelques traducteurs, tels Pierre Quillet et Jean Lacoste. Malgré tout, si l'on se reporte aux quelque quatre cents titres des travaux qui lui ont été consacrés, on constatera que c'est en langue anglaise, allemande ou italienne que ce philosophe fait l'objet d'études et de commentaires, bien peu en français.

Cassirer est d'abord un extraordinaire encyclopédiste, un penseur aux savoirs inépuisables. Avec la même exactitude érudite, lumineuse, magistrale, il consacre des travaux à Descartes, à Rousseau, mais aussi à Goethe, à

Hölderlin, à Nicolas de Cues, aux platoniciens de Cambridge ou à l'idéalisme allemand. Loin de limiter sa réflexion à l'histoire de la philosophie, il s'intéresse aussi aux langues, dans une perspective héritée de Humboldt, brasse à propos du mythe une documentation anthropologique considérable, consacre aux travaux d'Einstein et de Niels Bohr des centaines de pages, n'ignore rien, en mathématiques, du formalisme de Hilbert... Entre autres et par exemple. Très rares sont les penseurs contemporains avertis de tant de savoirs divers et se mouvant avec une telle maîtrise dans tous les registres de la culture. Ces prouesses n'auraient qu'un intérêt anecdotique si elles n'étaient au service d'un grand dessein philosophique, où l'héritage de la pensée des Lumières — et avant tout de Kant — se trouve à la fois prolongé, élargi et remanié. Cassirer entend fonder une philosophie de la culture, destinée à comprendre comment l'homme, animal forgeant des symboles, bâtit cette demeure de signes, qui lui est partout commune. Le langage, le mythe, l'art, la connaissance scientifique lui apparaissent comme autant de formes symboliques à travers lesquelles l'esprit humain élabore son monde et son histoire, construisant du sens là où il n'y en avait pas.

Dans cette multiplicité apparemment infinie de phénomènes, et dans leurs variations sans nombre, l'idéalisme critique de Cassirer vise à dégager « une sorte de grammaire et de syntaxe de l'esprit humain, un relevé de ses diverses formes et fonctions, ainsi qu'un aperçu des règles générales qui les gouvernent ». Refusant la possibilité hégélienne d'accéder à la compréhension du dessein de l'histoire universelle, il maintient malgré tout fermement que l'univers des formes de la culture possède une unité réelle, accessible à la raison. On mesure sans doute combien l'étiquette de « néokantien » convient mal à Cassirer. En effet, aussi fidèle soit-il aux démarches du kantisme, il les transpose dans un horizon très différent : la critique de la raison pure laisse place à une critique de la culture dans sa diversité concrète, et le sujet transcendantal s'efface au profit de l'homme créateur de langues, de mythes, d'œuvres d'art, de concepts scientifiques.

Fidèle à l'esprit de l'*Aufklärung*, Cassirer pense que la philosophie trahit sa mission en prophétisant, avec Spengler, le déclin inéluctable de l'Occident ou en renonçant, avec Heidegger, à l'universalité de la raison. Dans l'une de ses dernières conférences, intitulée *Philosophie et Politique*, Cassirer, en 1944, juge très sévèrement Heidegger. Il est vrai que tout oppose ces deux figures issues de la même formation universitaire allemande. Leur affrontement philosophique, en 1929, au colloque de Davos, à propos du kantisme, constitue un moment crucial de l'histoire intellectuelle contemporaine. L'histoire et ses tourmentes finirent de creuser entre eux un abîme. Cassirer, qui publie *La Philosophie des Lumières* en 1932, quand les SA tiennent la rue, démissionne de sa chaire à l'Université de Hambourg dès que Hitler est chancelier. Il enseigne à Oxford, à Göttingen, à Yale, à Columbia. Durant ses derniers mois, sa fille Anne, membre du Jewish Committee de New York, le tient au courant de tout ce qu'on pouvait savoir alors sur le génocide. Il meurt en 1945, citoyen suédois.

# XXI

# LE CAÏMAN ET LE SPECTACLE

Que peuvent avoir en commun Louis Althusser,
théoricien du marxisme, et Guy Debord,
fondateur de l'Internationale situationniste ?

*Rien ne ressemble plus à la pensée mythique que l'idéologie politique.*

Claude Lévi-Strauss, *Anthropologie structurale*

En apparence, tout les oppose. Althusser est professeur, fonctionnaire de l'État, membre du parti communiste. Sa pensée s'appuie sur les concepts fondateurs des analyses de Marx, en s'efforçant de réinventer leur tranchant. Debord vit dans l'ombre, sans métier fixe, sans carte ni cotisation. Il tente de forger les outils pour comprendre les mutations intervenues après guerre dans le rapport de chacun à soi-même et aux autres. Il cherche à saisir les bouleversements silencieux survenus dans les définitions mêmes de la « réalité », de la « vie quotidienne » ou de la « vie politique ». Rapprocher ces deux penseurs n'est pourtant ni incongru ni dépourvu d'enseignement. L'un et l'autre sont pétris de culture classique, croient encore possible une théorie globale, exigent une révolution à préparer. Tous deux côtoient des abîmes et se tiennent, dans leur vie intime, comme au bord de l'existence. Pour le reste, ils ne se ressemblent guère.

## *L'École et la démence*

Un jour de 1986, dit-on, un homme de haute stature s'est présenté rue d'Ulm. Les habitués du lieu reconnurent la silhouette de Louis Althusser. Il demanda à plusieurs reprises où avaient lieu ses cours. Un silence gêné répondit à ce moment d'égarement. L'homme n'insista pas. Il finit par s'en aller, aussi brusquement qu'il était venu. On ne l'avait pas revu à l'École depuis six ans. Exactement depuis le matin du 16 novembre 1980, où il avait dit au docteur Pierre Étienne, le médecin résidant sur place : « Pierre, viens voir, je crois que j'ai tué Hélène. » Le médecin de l'École normale supérieure soignait Althusser depuis plus de trente ans. Il prit la décision de faire hospitaliser sur-le-champ le philosophe fou, assassin de sa femme. Certains mauvais esprits crurent à une sorte de traitement de faveur, destiné à soustraire un penseur célèbre — et marxiste — au verdict des assises. L'état de démence, qui conduit à déclarer irresponsable un meurtrier, aurait été un diagnostic opportun. La presse de droite accusa les réseaux de normaliens d'avoir agi dans l'ombre pour protéger l'homme et l'institution qu'il incarnait.

Il est vrai que l'École normale et Louis Althusser, au cours du dernier demi-siècle, étaient devenus comme inséparables. Pas à cause de la notoriété de l'auteur de *Pour Marx* et du collectif *Lire le Capital*. Pas même en raison de la présence physique du philosophe, qui habita l'École d'octobre 1945 à novembre 1980 — dormant, prenant ses repas, travaillant, vivant sur place. L'identification est plus profonde. La vie et la pensée d'Althusser ne peuvent se dissocier radicalement de ses fonctions de répétiteur — « caïman » dans l'argot de l'École —, chargé de préparer les élèves à l'agrégation de philosophie, auxquelles s'ajouta très tôt la charge, aux contours mal définis, de « secrétaire général » de l'École. Façonné par le style de l'institution, Althusser a largement contribué à entretenir en retour les réalités et les légendes de la rue d'Ulm. L'École est d'abord un apprentissage des formes. La netteté de l'écriture d'Althusser, à la fois sobre et dense, tient évidemment à sa complexion personnelle, à la difficulté qu'il éprouvait à publier, ne laissant finalement qu'une prose épurée de toute scorie. Toutefois, comment ne pas y trouver aussi le reflet de la clarté pédagogique dont le philosophe faisait preuve pour la préparation de l'agrégation ? Des dizaines de « promos » furent exercées par ses soins aux exposés limpides et aux analyses nettement articulées. On oublie trop qu'en ce domaine Althusser fit très bien son travail. Au milieu des épisodes dépressifs, des querelles politiques, des intrigues sentimentales, il ne cessa d'enseigner à plusieurs générations d'élèves, avec une attention ironique et sans défaut, ce que tout candidat à l'agrégation doit savoir faire : rédiger une dissertation aussi fortement charpentée que dépourvue d'idées nouvelles.

On pourrait se demander quelle influence exercèrent le microcosme clos et irréel de l'École, ses disputes et ses illusions, sur la façon qu'eut Althusser de transposer la lutte des classes dans la théorie, de transformer des affrontements politiques en controverses philosophiques, de croire que ses analyses pourraient modifier le parti communiste de l'intérieur. L'ineffable mélange de vide et d'absolu qui fait le charme de Normal Sup, avait, à sa manière, profondément marqué le philosophe. Lui, en retour, donnait à cette tradition une nouvelle jeunesse, en proposant la révolution prolétarienne comme horizon aux enfants studieux. Ceux qui voulurent tenter de la mettre en œuvre « réellement » firent évidemment fausse route. Contester le conformisme de l'Université ou celui de la direction du Parti est une chose. Mais il appartient aussi à ce jeu ancien et conventionnel de toujours savoir jusqu'où on peut aller. À l'École, nul ne franchit jamais les limites implicites séparant la provocation de bon goût de la rébellion excessive et vulgaire. Caïman parfait, Louis Althusser n'a pas fait exception à la règle. Il fut, et enseigna à être, raisonnablement subversif — ce qu'on peut demander de mieux à une élite.

Ce n'est pas le seul trait important de l'histoire de Louis Althusser. Peut-être n'est-ce pas le plus intéressant. Dans cette vie tragique s'inscrit aussi une très vieille lutte entre raison et démence. Aucune sans doute n'est plus ancienne dans l'histoire des cultures ni dans celle des individus. Pour prendre forme humaine, pour se mettre à parler, pour échapper au règne de la violence effrénée — ce qui est tout un, bien sûr —, chacun chemine longuement entre le sensé et l'insensé. Nous sommes tous anciens combattants de cette inévitable guerre. Nous portons des cicatrices qui s'ouvrent parfois, soudain, comme des sortes de commémorations muettes d'on ne sait quelle terrible lutte. Certains sombrent dans ces moments-là. On appelle « fous » ces noyés. Mais les philosophes peuvent-ils subir le même sort ? Ne sont-ils pas soldats de la raison, héros des lumières ? N'ont-ils pas définitivement surmonté ténèbres, franchi chaos et précipices, triomphé du désordre animal, accédé à la paix d'une parole en règle et d'une pensée en ordre ? On aimerait le croire. On admet qu'un peintre, un musicien, un poète, côtoie la folie ou s'y dissolve. On tolère plus difficilement qu'un fidèle du concept soit sujet à des éclipses de conscience et des retours d'enfance. Voilà ce qui trouble et intéresse dans les textes « autobiographiques » de Louis Althusser : ils conduisent à considérer le lien d'une œuvre théorique avec l'évolution psychique la plus secrète de son auteur.

Louis Althusser s'est lui-même efforcé de mettre en rapport le style de sa démarche théorique et le paysage de ses fantasmes. Dans cette optique, être philosophe répondrait au désir de sa mère qu'il soit un pur esprit. Être philosophe marxiste affirmerait son désir à lui d'être un corps autonome, en contact avec la « réalité nue ». Rompre avec l'orthodoxie stalinienne satisferait son rêve de transformer le monde tout en demeurant dans la solitude et l'abstraction, ainsi que son besoin de soumission et de provocation envers l'autorité paternelle. Il est vrai que la position très singulière d'Althusser dans la vie intellectuelle et politique de son temps s'ajuste à ce schéma : seul et influent, retiré à l'École normale comme Descartes en son poêle ou

Wittgenstein dans sa cabane de Norvège, il est à la fois à l'intérieur et à l'extérieur du Parti. Sa conception de l'histoire comme « procès sans sujet ni fin », son analyse des « appareils idéologiques d'État » (famille, école, etc.), son antihumanisme théorique, condition à ses yeux d'un humanisme réel, peuvent être mis en résonance avec la configuration de ses structures psychiques. Son fantasme central de disparition dans l'anonymat serait ainsi à rapprocher aussi bien du contenu de son œuvre que « du silence et de la mort publique » où son meurtre l'a enfermé.

Les récits d'Althusser constituent l'un des très rares cas où un philosophe s'interroge explicitement sur le lien qu'entretiennent ses constructions rationnelles et les enjeux obscurs de cette autre scène qui échappe à sa maîtrise consciente. Dans l'histoire de la pensée postérieure à Freud, c'est sans doute la seule fois où le problème est abordé avec une telle acuité. Mais il n'est pas résolu.

Ces échafaudages sont peut-être encore des leurres, de nouvelles et retorses manières, pour Althusser, de disparaître dans cet étrange anonymat qui fit tant de bruit autour de son nom. Peut-être est-ce cela, en fin de compte, qui fascine et retient : l'énigme. Face à cette vie en désarroi qui surgit de l'ombre, on a ce sentiment que le réel souvent fait naître : l'impression de ne pas parvenir à comprendre, de voir toujours se dérober une face des choses, et de rester à contempler cette étrangeté, simplement parce que c'est ainsi. La philosophie part toujours de là, à tous les sens : elle commence avec cet étonnement, elle tente d'échapper à son caractère inintelligible. Dans le cas Althusser, « tout se passe comme si » plus on en savait, moins on y voyait clair.

## *Vive la lutte des classes !*

On peut rappeler malgré tout quelques points du parcours. Louis Althusser fut d'abord une surprise. Dans la grisaille dogmatique des premières années 1960, un philosophe naissait. Pas n'importe lequel : un philosophe « marxiste ». Qui ne se contentait pas de citer les écritures pour se dispenser de tout travail théorique. Qui entreprenait de lire *Le Capital*, non pour trouver des slogans ou justifier des politiques, mais pour déceler l'émergence d'une « science », et mettre au jour sa logique. Le projet avait de l'allure et invitait à forger des concepts. Les normaliens qui entouraient le philosophe, rue d'Ulm, ne s'en sont pas privés. Grâce à Louis Althusser, une génération d'intellectuels a redécouvert ou réinventé Marx. Une dizaine d'années plus tard, sur un mur de l'université de Nanterre, une inscription suggérait : « althussérarien ». Les disciples étaient plus ou moins devenus des mandarins nouveau style. La machine conceptuelle semblait tourner à vide ou ne plus tourner du tout. La surprise s'était figée. Le maître, qui ne cessait de rectifier ses thèses, publiait son « autocritique » où il reconnaissait, pour l'essentiel, avoir été bon philosophe mais mauvais politique.

Ce mouvement de rectification de ses propres positions commence tôt chez le philosophe. En octobre 1967, dans la salle Dussane de l'École normale s'ouvre une série de conférences intitulée *Cours de philosophie pour scientifiques* qui se poursuit pendant plus d'un an. Non, précise Althusser, la philosophie n'est pas une science : les affirmations qu'elle avance, les catégories dont elle use ne sont redevables ni de démonstration ni de preuve au sens strictement scientifique de ces termes. Elle n'a pas d'« objet » réel, comme en ont les sciences. Elle a pourtant une fonction majeure à remplir dans la théorie : tracer des lignes de démarcation entre ce qui est « idéologique », ce qui est « faux », et ce qui est « scientifique ». Cela ne signifie pas que le philosophe puisse légiférer dans les sciences, intervenir dans les recherches. S'il a son mot à dire, c'est que les savants « font » de la philosophie sans même s'en rendre compte. Silencieuse en temps ordinaire, leur « philosophie spontanée » est mise en lumière — ou en déroute — par les crises du développement scientifique (telle la crise traversée par la physique à la fin du XIXe siècle).

Croyant découvrir des thèmes nouveaux ou des thèses inédites, les savants empruntent en fait de vieux chemins philosophiques. Matérialistes sont en effet les convictions des savants issues de leur activité « immédiate et quotidienne » : les hommes de science croient « spontanément » à l'existence matérielle des objets qu'ils étudient, à la justesse et à l'efficacité de leurs méthodes de connaissance. Pourtant, ils ont appris aussi à se méfier, si l'on peut dire, de telles convictions. Le spiritualisme et certaines philosophies de la science les ont convaincus, selon Althusser, que leur pratique n'était qu'une pure activité idéelle, sans rapport avec le concret. Au nom de cette fausse évidence culturelle, ils refuseraient ou « ignoreraient » leur matérialisme spontané. Le philosophe matérialiste peut donc les aider à se débarrasser de l'idéalisme qui les domine et qui a toujours voulu exploiter les sciences à son profit.

Dans *Éléments d'autocritique*, en 1974, Althusser souligne que « la lutte des classes était pratiquement absente » de ces analyses. Tout, ou presque, se jouait dans la théorie, dans les remaniements conceptuels et les batailles de mots. Le philosophe s'accuse alors d'avoir péché par « théoricisme ». Renie-t-il ses travaux antérieurs ? Pas du tout. Il entend maintenir, et fermement, leurs principaux acquis. Avant tout, la célèbre « coupure épistémologique » qu'il repère dans l'œuvre de Marx à partir de 1845 : par cette rupture radicale avec l'idéologie bourgeoise et avec toutes les configurations pseudo-théoriques passées, Marx aurait fait accéder l'histoire au rang de science. La coupure se serait opérée par le passage d'un système de concepts à un autre : *Les Manuscrits de 1844* reposent sur l'essence humaine, l'aliénation, le travail aliéné ; *L'Idéologie allemande* annonce déjà l'agencement d'autres concepts : modes de production, rapports de production, forces productrices.

L'*Autocritique* d'Althusser ajoute que Marx n'a pas produit cette « coupure » tout seul. S'il y a bien eu dans l'avènement du marxisme un « événement sans précédent », sa cause se situe « ailleurs » que dans le seul domaine de la théorie. Mais où ? Althusser, une fois cette rectification faite, demeure dans le flou. Comment, par exemple, Marx s'est-il « inspiré » de ces bien vagues « prémisses de l'idéologie prolétarienne » qu'Althusser mentionne seulement ? La deuxième précision apportée par cette autocritique embarrassée concerne les causes de la « déviation » d'Althusser. Si j'ai été théoriciste, dit-il en substance, c'est que j'ai interprété la « coupure » apparue chez Marx comme l'opposition de la science à l'idéologie, comme s'il avait été question de l'antagonisme de la vérité et de l'erreur en général. Ainsi, sous des « allures marxistes », la démarche, abstraite et réductrice, se situait sur la vieille « scène rationaliste », celle de la philosophie classique. Les termes de la réponse étaient truqués !

Au printemps 1972, John Lewis, philosophe communiste anglais, publie deux articles sur « le cas Althusser ». Son diagnostic ? Dogmatisme aigu. Dans sa réponse, Althusser revendique ce « dogmatisme », cette défense de la vieille « orthodoxie menacée », celle de Marx. Comme Lénine, dès les premières pages de *Que faire ?*, s'y employait déjà. Non pour sauvegarder une « vérité révélée », mais parce que le marxisme est, d'une certaine façon, toujours à recommencer, à redécouvrir, parce qu'il faut toujours retrouver et poursuivre ce qui fait la radicale spécificité de l'œuvre de Marx : la naissance d'une science de l'histoire. Mais la défendre contre quels dangers, quels obstacles ? Le retour, au sein d'une pensée qui se croit « marxiste », de l'idéologie bourgeoise. Retour de l'humanisme, d'abord. Qu'on entende bien, il ne s'agit ni des bons ni des grands sentiments, encore moins du « socialisme à visage humain », mais de tout discours systématique où la notion d'homme remplit une fonction théorique.

Pour Louis Althusser, John Lewis, humaniste, n'est pas marxiste. Car il n'y a pas, dans la théorie marxiste, de sujet de l'histoire, l'idée même de « sujet » étant précisément destinée à masquer la réalité de l'histoire comme processus, à savoir la lutte des classes et les rapports de production. Le philosophe français l'affirme en opposant point par point les « thèses » de John Lewis et celles du marxisme-léninisme. Cette réfutation de la lecture humaniste de Marx n'est pas neuve : elle reprend, au moins partiellement, certaines analyses antérieures de *Pour Marx* et de *Lire le Capital*. Les choses sont, malgré tout, différentes. Le ton, en premier lieu, n'est plus le même : concret, familier parfois, presque « vulgarisateur ». « J'essaierai de parler un langage simple, clair, accessible à tous nos camarades », écrit Althusser dans sa présentation. Ce changement de ton est un effet de l'« autocritique » par Althusser de son ancienne position « théoriciste ». Un autre effet est de considérer que la philosophie n'a ni l'objet ni l'histoire d'une science. Elle est, « en dernière instance, lutte des classes dans la théorie ». La philosophie ne « reflète » donc pas la lutte des classes : elle en est un terrain spécifique, où le combat politique peut trouver des armes, ou des obstacles. Que le discours philosophique soit, lui aussi, pris dans l'histoire, c'est ce que John Lewis, semble-t-il, oublie. Althusser entend montrer que cet humanisme « bloque » la théorie et le combat révolutionnaires.

## *Une subversion inoffensive ?*

« La question essentielle est celle de la philosophie marxiste. Je le pense toujours », dit encore Althusser en 1975. Jacques Rancière, à cette date, ne le pensait plus. Normalien, coauteur de *Lire le Capital,* il a voulu dresser le bilan politique de l'« althussérisme » et chercher à quoi sert, politiquement, le discours d'Althusser. Quelle fut sa fonction au sein de l'Université, du parti communiste ? Aux yeux de Rancière, il y a bien eu chez Althusser une volonté de retourner à Marx, d'élaborer une théorie juste pour que la politique des communistes puisse, « un jour », en être modifiée. En attendant, concrètement, les althussériens s'en tenaient à une « morale provisoire » : approbation discrète de la ligne officielle, tant que les « vraies questions » ne sont pas résolues. « On laisse le parti tranquille pour ce qui est de la politique et il nous laisse tranquilles pour ce qui est de l'épistémologie et autres pratiques théoriques » :

ainsi Rancière décrit-il cet étrange partage qu'il opéra lui-même. Aucun cynisme dans cette attitude. Le système althussérien était construit de telle sorte que les intellectuels, en « produisant du concept », participaient à la transformation du monde. Ils pouvaient se croire, sans bouger ni se renier, au cœur même des luttes.

Aussi l'Université n'a-t-elle pas tardé à leur ouvrir les bras. N'accordaient-ils pas à la philosophie le rôle primordial dans le concert théorique ? Et le parti communiste a vite compris leur utilité : une aile gauche frondeuse dans ses analyses abstraites, mais muette sur les luttes concrètes, n'est pas seulement inoffensive. Elle peut « récupérer » une certaine frange d'étudiants et d'intellectuels. Althusser, dit Jacques Rancière, « écrit pour ceux que ses collègues ne convainquent pas ». Pour jouer ce double jeu (gauchisme dans la théorie, conformisme dans la pratique), Althusser a forgé une « lutte des classes imaginaire » où s'affrontent, sous le regard du philosophe, des thèses séculaires. *Philosophie et Philosophie spontanée des savants* en est un exemple frappant. Les enjeux politiques réels de la recherche scientifique (mode de sélection des chercheurs, sources de financement, hiérarchie du savoir et des décisions, applications des découvertes...) se trouvaient réduits à une lutte intemporelle entre éléments matérialistes et éléments idéalistes. La science n'était pas exploitée par des « gouvernements ou des patrons », mais par la philosophie spiritualiste. Pour se défendre, les savants avaient donc besoin des « spécialistes » de la question : technocratie oblige. La philosophie était sauve. Le pouvoir aussi.

Rancière ne dénonce pas seulement le tour de passe-passe qui met des débats d'idées à la place des révoltes concrètes, mais aussi le rôle assigné aux intellectuels, « héros solitaires de la théorie », par la démarche d'Althusser : détenteurs de la vérité, ils auraient pour mission d'éclairer les « masses » sur leur destinée. Les opprimés ont-ils besoin de la science des philosophes pour dissiper leurs illusions ? Ne savent-ils pas ce qu'ils font, et comment il faut lutter ? On pourrait dire que ce sont eux qui transforment le monde, pas ceux qui l'interprètent... Ainsi la boucle est-elle bouclée : Althusser aurait voulu mettre entre parenthèses sa position d'universitaire et de membre du Parti pour tenir un discours universel, il s'est trouvé réduit à énoncer des thèses « subversives » qui ne provoquent aucun désordre. Il se pourrait bien que ce soit également le cas de Guy Debord.

## *Complot permanent contre la médiocrité mondiale*

« On vit et meurt au point de confluence d'un très grand nombre de mystères. » Guy Debord ne décrit pas le sort général de l'humanité. Cette existence opaque n'est pas non plus celle de l'écrivain lui-même, bien qu'il fût amateur de secret. C'est la « survie » de tout un chacun, en des temps où les images tiennent lieu de réalité et où les médias remplacent la mémoire. La société du spectacle, dont Guy Debord a entamé l'analyse dès les années 1960, est sans dehors : son être, c'est l'apparence, et sa vérité, le mensonge. Toutes les confusions s'y entretiennent : l'État ne s'y distingue plus de la mafia, la vie est confondue avec la marchandise, le passé est réécrit au gré du moment présent. La falsification étant générale, opposer encore le vrai au faux, ou bien le réel au semblant, serait d'ores et déjà une coutume ancienne, conservée çà et là, mais sans influence sur les marchés ni les états-majors. « Elle est devenue ingouvernable, cette terre gâtée où les nouvelles souffrances se déguisent sous le nom des anciens plaisirs ; et où les gens ont si peur... Ils se réveillent effarés et ils cherchent en tâtonnant la vie. »

Ce fut aussi son cas, semble-t-il. Sa biographie visible se réduit presque à ses textes et ses films. Né en 1931, Guy Debord fut l'un des fondateurs, et le principal animateur, de l'Internationale situationniste, groupe qui a rassemblé, de 1957 au début des années 1970, quelques dizaines de membres, répartis dans plusieurs pays d'Europe, en Amérique et en Afrique du Nord. Renouant avec la volonté de subversion radicale qui animait les surréalistes à leurs débuts, les membres de ce mouvement voulaient créer des « situations », indissociablement esthétiques et politiques, capables de perturber l'ordre présent — considéré à la fois d'un point de vue marchand, moral, intellectuel et social. Le régime capitaliste était visé, mais aussi les sociétés prétendument socialistes. Le groupe se réclamait de la dialectique de Hegel, des écrits du jeune Marx et des théoriciens anarchistes. Il éditait une revue, qui devint célèbre pour ses détournements de bandes dessinées (Zorro ou Mandrake, héros du concept) autant que par ses textes théoriques. Y collaborèrent notamment Raoul Vaneigem, Mustapha Khayati, René Viénet. Debord était directeur. Parmi les questions qui importaient aux situationnistes : « Qui est complice de la médiocrité présente, qui s'y oppose, qui tente une conciliation ? » (n° 8, janvier 1963). Dans ce « bulletin central » prirent forme les analyses de Guy Debord qui se prolongent dans *La Société du spectacle*, son premier livre, publié à la fin de 1967.

Cet ouvrage bref est parfait en son genre. Mais quel genre ? S'y combinent l'absence totale de concession et la volonté, devenue rarissime, de proposer une analyse globale. *La Société du spectacle* se présente en effet comme « une critique totale du monde existant, c'est-à-dire de tous les aspects du capitalisme moderne et de son système général d'illusions ». Ce ne fut pas un hasard si ce démontage de la société de consommation fit sentir quelques-uns de ses effets, au printemps 68, de l'Odéon à Berkeley. Les situationnistes étaient dans l'ensemble mieux armés pour comprendre ce qui se passait que les marxistes-léninistes. Ce livre est pourtant autre chose qu'un manuel éphémère de la contestation globale. Sa facture est celle d'un classique.

Sa perfection en son genre tient-elle au fait qu'il a vu un trait essentiel de son temps assez lucidement pour anticiper le développement de toute l'époque ? Debord a perçu, avec l'idée de spectacle, une dimension essentielle de notre civilisation. Devenue aujourd'hui massive, cette « déréalisation » du monde demeurait encore relativement discrète en 1967. Consommer des images, ne plus distinguer la copie du modèle, voire accorder à la reproduction plus de prix qu'à l'original étaient encore des comportements épars quand le livre est paru. Avec le temps, la théorie n'a pas été démentie par les faits. Au contraire : la tyrannie douce des images et l'asservissement volontaire ont progressé. Il est vrai, diront les méchantes langues, que de tels constats sont si généraux qu'aucune contradiction venue de l'expérience ne les menace. La rigueur affichée des affirmations de Debord ne serait-elle qu'un effet de surface ?

L'engouement pour ses thèses ne tient pas seulement à leur pertinence historique. Son écriture a largement contribué au sentiment de leur perfection. Debord était aussi, et peut-être avant tout, un styliste du pessimisme. L'ouvrage de 1967, son prolongement en 1988 *(Commentaires sur la société du spectacle)*, le fragment « autobiographique » intitulé *Panégyrique* (1989) ont en commun une prose au drapé classique, évoquant Pascal ou le cardinal de Retz. Ce fin poli de phrases froides évidemment séduit. Il peut aussi provoquer une trompeuse impression de clarté. Ainsi la phrase : « Toutes les révolutions entrent dans l'Histoire, et l'Histoire n'en regorge point ; les fleuves des révolutions retournent d'où ils étaient sortis, pour couler encore » est-elle parfaitement limpide dans sa syntaxe et son vocabulaire, mais il est douteux que son sens soit facilement établi.

En dénonçant le « désastreux naufrage » de notre monde, en incitant avec constance à la désillusion, Guy Debord, par ses livres comme par ses films, a tenté de maintenir le sens de la révolte dans cette fin de siècle. Il savait bien que c'était un geste à l'issue incertaine. Qu'on vît en lui un héros de guerres à venir ou un fat mystificateur n'avait à ses yeux guère d'importance. Un de ses films s'intitule *Réfutation de tous les jugements tant élogieux qu'hostiles*.

## *« Assez peu clair »*

Sans doute ne faut-il pas se laisser impressionner par ses imprécations et ne pas abandonner la partie face à ce refus systématique de tout jugement sur son œuvre qui est aussi, pour Debord, une fuite inutile. À son actif (ah ! l'affreux mot des bilans marchands !), on soulignera une nouvelle fois que le diagnostic qui a fait sa renommée et assuré son influence paraît largement confirmé par les faits : le spectacle a continué de se renforcer. « Spectacle » signifie pour Debord, le règne de l'économie marchande devenue à la fois absolument souveraine et totalement irresponsable. Les images tiennent lieu de vie, et les médias, de langage. Les corps ont disparu, et les paroles aussi. Le monde est falsifié : le spectacle a pris la place du réel, l'a tout entier reconstruit en en discourant à sa guise. Sur la planète plastique, les radio-télés émettent en continu leurs ordres solitaires. Elles gèrent l'imaginaire de gens qui ne se parlent plus, et n'agissent pas, puisqu'ils ne doivent être que spectateurs. Debord brosse ainsi le portrait d'une survie sans visage. Il dresse la carte d'un temps faussé, où le toc triomphe à tel point que la mémoire du vrai s'est perdue : mensonge et imposture régneraient sans partage. Ce ne serait d'ailleurs même plus vraiment ni un temps ni une époque : ce qu'on appelait autrefois l'histoire ne fait plus sens. Le présent perpétuel s'installe. Pendant que l'humanité est sous anesthésie, le nucléaire dévaste en silence, la couche d'ozone se désagrège : l'économie ne se contente plus d'exploiter la vie. Désormais, elle lui fait la guerre, elle hypothèque sa possibilité. La « science prostituée » cautionne cette destruction avec les derniers restes de son honneur perdu. L'État, l'économie, la mafia œuvrent en symbiose... Comme on voit, rien n'est rose.

Plus on parle de transparence, moins on sait qui dirige quoi, qui manipule qui, et dans quel but. Les « bien informés » sont généralement les mieux bernés. L'homme du refus a raison aussi de rappeler que cette pseudo-époque « ne veut plus être blâmée ». La société du spectacle a éduqué à ses façons la génération née depuis mai 68 : l'intégration domine et la domination intègre. « On en a fini avec cette inquiétante conception, qui avait dominé durant plus de deux cents ans, selon laquelle une société pouvait être critiquable et transformable, réformée ou révolutionnée. » Que cette société aseptisée soit foncièrement tyrannique, et radicalement mauvaise, Debord est presque le seul qui persiste à le dire. Il y met la violence qu'il faut, et cette morgue souveraine dont le goût s'est perdu.

Mais de quel côté est la sortie ? Debord ne le dit pas. Ce que peuvent désigner des expressions comme « la suite du conflit », « le retour de l'histoire », « l'aboutissement qu'on ne saurait exclure » demeure tout à fait imprécis. L'auteur a beau donner l'impression d'écrire systématiquement moins qu'il n'en sait, et d'en penser toujours plus qu'il n'en dit, le lecteur risque de juger que le spectacle ne comporte aucune issue de secours. Le diagnostic est si sombre qu'on se demande sur quoi s'appuie celui qui le dresse pour se dire encore révolutionnaire. La réponse manque. Il est vrai que l'auteur avertit d'emblée : « Certains éléments seront volontairement omis ; et le plan devra rester assez peu clair. » Le mystère, toujours. Il faudra « intercaler ici et là des pages », pour pouvoir s'y retrouver. Ces faux-fuyants et ces propos codés peuvent irriter ou faire rire. À force de voir des espions partout, serait-ce que Debord, au lieu de démonter la machine façon Kafka qui broie l'humain, a finalement sombré dans un brouillard façon John Le Carré ? Il semble. Cette grande force ne débouche sur aucune tactique et se perd dans la brume.

En fin de compte, il se pourrait qu'Althusser et Debord soient proches en cela qu'ils brassent de grandes espérances sans beaucoup de résultat, et produisent peu de changement dans l'histoire en en parlant beaucoup.

# XXII

# DEMAIN L'ASIE ?

Ignorer la Chine, manquer les inventions culturelles de l'Inde, ce ne devrait bientôt plus être possible.

*On fait croire aux jeunes (et à d'autres) qu'il existe des pêches et des pommes, des stars aux seins proéminents et des clairs de lune gratuits, de l'oxygène à volonté et de l'espace sans passeport, mais ce n'est pas vrai.*

Raymond QUENEAU, *Bâtons, Chiffres et Lettres*

On peut aller vers l'est de plusieurs manières. Certains voyageurs n'empruntent que des chemins d'idées, d'autres s'engagent tout entiers, corps et âme, sur des itinéraires spirituels. Tous, quel que soit le tracé de leur pérégrination, reviennent le regard changé. Les philosophes, demain, ne pourront faire comme si l'Asie n'existait pas, comme si elle appartenait seulement à un passé immémorial, au monde statique de la « tradition ». De même qu'il n'y a pas réellement d'unité de l'Orient, il ne saurait exister une identité intemporelle de l'esprit asiatique. La Chine et l'Inde sont multiples et mouvantes. Elles renferment des éléments essentiels de l'univers à venir.

## *Destruction indirecte*

On ne trouve pas en Chine ce que les Grecs, et l'Europe à leur suite, ont élaboré : spéculations métaphysiques, constructions de concepts, échafaudages de systèmes théoriques. Même les évidences qui sont les nôtres (les oppositions du statique au dynamique, de la fin au moyen, de la cause à l'effet) s'estompent ou s'absentent. Or c'est une civilisation lettrée. Elle abonde en réflexions diverses sur la stratégie, le pouvoir politique, l'esthétique, la sagesse, le cours de l'histoire ou le fonctionnement de la réalité. Comment de telles pensées s'agencent-elles, en dehors du cadre de nos repères ? Si l'on parvenait à restituer leurs intuitions centrales et leur cohérence interne, ne serait-il pas possible de relire notre philosophie du dehors, d'apercevoir par contraste les partis pris de la pensée occidentale ? Nous cesserions alors d'être évidents pour devenir étranges à nos propres yeux...

François Jullien se consacre à cette tâche philosophique, dont les enjeux dépassent la sinologie. Ce normalien, agrégé de lettres classiques, après des études à Pékin et à Shanghai, des séjours à Hong Kong et à Tokyo, enseigne la langue et la littérature de la Chine classique à l'université de Paris-VII et préside le Collège international de philosophie. En s'attachant à comprendre la mentalité chinoise pour mieux interroger la nôtre, il a un œil ailleurs, l'autre sur nous, ce qui donne plus à voir. Soit, par exemple, un terme chinois assez courant, presque banal : *che*, embarrassant par la diversité de ses sens. Ce mot peut en effet se traduire suivant les contextes par « position », « circonstances », « pouvoir » ou « potentiel ». La cohérence de cette notion polymorphe est en elle-même un problème. Le philosophe sinologue part de cette difficulté microscopique pour brosser, par touches successives, le tableau d'une intuition fondamentale qui sous-tend toute la pensée chinoise. Les sens et usages du *che* dans les traités de stratégie, les théories du despotisme, de la peinture, de la poésie, etc. tournent autour d'une conception centrale : un mouvement interne anime sans cesse les situations. En chacun des processus naturels et humains, une « tendance » opère spontanément. La réalité évolue donc d'elle-même, automatiquement, par le jeu du dispositif mobile qui la constitue, sans laisser de place à un choix libre ou à une action autonome. Du coup, la conception de l'efficacité, en tout domaine, est au plus loin de la nôtre. Nous jugeons efficace l'action qui atteint le but qu'elle s'était fixé, qui produit le résultat escompté en s'imposant à la réalité par des moyens adéquats. Être efficace, en Chine, ne consiste pas à imposer sa volonté aux choses mais à épouser leur propension, à se glisser dans leur cours continu, oscillant et fluide. L'essentiel n'est plus le projet et sa mise en œuvre, mais le discernement du moment propice, l'utilisation « passive » des processus inéluctables dont le déroulement fait le monde.

Soit la stratégie. S'il est un domaine où l'efficacité opère, c'est bien celui-là, mais elle n'a rien à voir, en Chine, avec la rencontre directe, frontale, brève, éclatante, décisive d'un seul coup, dont les Grecs avaient fait leur idéal tragique et guerrier. Le stratège chinois s'applique à éviter l'engagement armé. Il y préfère la destruction indirecte, précoce, où son intervention à la limite n'apparaîtra pas. Ni effort ni prouesse : plus tôt et plus exactement le stratège aura su discerner le *che*, le « potentiel né de la disposition des choses », mieux il sera en mesure, avec le moins possible d'actions, d'obtenir le plus possible de résultats. S'effacent l'individu et ses vertus héroïques : ce ne sont pas le courage et l'ardeur qui décident du sort des batailles. La dynamique interne et changeante des circonstances agit seule et produit même les vertus. La victoire revient à celui qui saisit avant tous les autres de telles fluctuations d'abord infimes, et qui passe souplement, comme sans volonté, d'une tactique à son contraire.

D'autres registres existent. Le *che*, dans l'analyse du pouvoir politique, désigne la position hiérarchique, à la fois place et puissance, qui engendre et maintient l'ordre social. Dans la calligraphie ou le poème, le terme évoque la finesse du jeu, des tensions internes, des oscillations par alternance qui forment la trame de l'esthétique. Les subtilités du *che* parmi les théoriciens de l'Histoire évoquent le rôle d'une tendance souterraine de longue durée, d'une forme de rationalité masquée par la surface des événements. Cette conception, qui pourrait rappeler celle de Hegel, en est cependant très éloignée. Car la Chine ne pense ni le progrès ni l'achèvement de l'histoire : la somme de civilisation et de barbarie est constante. Crises et transformations se succèdent, mais aucune révolution ne peut venir casser en deux l'histoire du monde.

Ce qu'on découvre en Chine, c'est finalement une pensée où la réalité se suffit à elle-même. On ne s'y inquiète ni des débuts ni du dénouement. Il n'est nul besoin de forger des mythes à leur propos. L'esprit chinois demeure étranger à l'opposition de la théorie et de la pratique, à la distinction entre le monde des idées et le monde sensible, à l'antagonisme du statique et du dynamique, à l'interrogation sans fin sur les causes, à la fascination de l'éternel et des au-delà immobiles. Ce qui fait la trame de notre histoire philosophique n'est pas son souci. Concevant la réalité comme un perpétuel devenir, une transformation continue, une incessante transition, il la voit sans drame. Car le mouvement des choses possède son ordre interne. Inutile d'aller le chercher ailleurs, de le construire par abstraction. L'ordre se donne naturellement, au sein de processus autorégulés, dans une immanence totale et sans reste. Tout ce qui est en puissance passe inéluctablement à l'acte, sans manque ni désir.

C'est pourquoi le sage en Chine n'a pas à être « maître de soi », mais feuille au gré du vent ou paille au fil de l'eau. Il appartient intégralement au cours des choses. Sa morale n'est autre que le réel. Son détachement n'est pas refus ni amoindrissement, mais comble de l'efficacité, ouverture inépuisable à toute disposition spontanée. Le même mot *(dan)* dit à la fois le détachement et la fadeur. Au centre de ce qui devient sans cesse, la Chine place ce qui ne peut éprouver ni engendrer la lassitude : l'insipide, le neutre sans saveur, où se conjuguent paradoxalement l'ici même et l'au-delà. Décidément, nous voilà loin de chez nous.

En Grèce, la guerre face à face n'oppose pas que les soldats. Elle sert de modèle aux joutes oratoires, aux débats politiques, aux dialogues philosophiques. À chaque fois, deux adversaires s'empoignent jusqu'à ce que l'un ou l'autre l'emporte. Au vainqueur appartient, selon les cas, la terre, le pouvoir ou la vérité. En Chine, pas de choc frontal. On privilégie au contraire le biais, l'esquive, l'indirect. La bataille ne décide de rien : quand elle a lieu, tout est déjà joué. La victoire ne dépend pas du combat, mais des stratégies développées antérieurement. Il en va de même dans l'ordre du discours : jeu de citations, allusions ténues, jugements à lire entre les lignes importent plus que l'explicitation d'arguments opposés. Au lieu de cerner au plus près une vérité, on cherche à multiplier les phrases autour d'un thème. La parole qui évite de dire est jugée préférable à celle qui désigne et délimite. La variation l'emporte sur le concept. La stratégie du subtil domine, très différente du modèle grec de la lutte entre rivaux égaux. L'opposition d'une Chine « indirecte », multipliant les distances, les détours, les sous-entendus, et d'une Grèce « frontale », aimant les chocs et les duels, n'est encore qu'une première approximation. Les Grecs, en effet, n'ignorent pas les démarches biaisées : Apollon s'appelle « l'oblique », les formes tortueuses de l'« intelligence de la ruse » sont présentes, par exemple, chez Ulysse, comme l'ont montré Jean-Pierre Vernant et Marcel Detienne. L'important n'est pas ce type de recensement, mais la compréhension des attitudes valorisées par chaque culture.

## *L'intellectuel et la pitié*

Au lieu d'opposer un « esprit grec » à un « esprit chinois », il s'agit de prendre la mesure du choix culturel présent dans ce que nous pensions universellement donné. Exemple : nous avons tendance à croire « naturelle » l'idée même de vérité. Il serait normal, pour la pensée comme pour l'expression, d'avoir spontanément l'exigence de serrer au plus près leur objet. Cette conviction confond nos habitudes mentales et la nature des choses. Dans l'habitude chinoise, le sens n'est pas à chercher de manière volontariste. On ne le traque pas. Une écriture « flottante » le laisse s'organiser, de lui-même, comme un processus autonome. Le discours n'est pas soumis, comme chez Platon, à la norme extérieure d'un monde des idées vraies. Il est, au contraire, perpétuellement exposé aux variations constantes des situations. Voilà qui n'est évidemment pas dépourvu de conséquences politiques. En dernier lieu, le pouvoir décide du sens.

Sans doute pourrait-on mettre en relation le modèle hérité de l'Antiquité grecque, la guerre des hommes et des discours, et la possibilité, dans l'Europe contemporaine, de l'existence de l'« intellectuel ». Sa dissidence envers le pouvoir est explicite, et fondée sur un recours à des idées qui sont en un sens éternelles : Zola écrit « J'accuse » au nom de la « vérité » et de la « justice ». La distance critique prise par le lettré chinois à l'égard de ceux qui gouvernent est, au contraire, si économe de clarté qu'il se trouve comme ligoté par un dispositif où ne règne que l'allusion. L'absence en Chine de figure équivalente à celle de l'intellectuel est liée à cette culture de l'indirect : « Parce qu'il ne peut s'adosser à un plan de l'idéal et des essences, précise François Jullien, le lettré chinois reste prisonnier des rapports de forces. Ne disposant pas d'un monde idéal extérieur au processus de la réalité, il ne peut se poser face au pouvoir de manière autonome. L'idéalisme occidental, qui n'est certes pas dépourvu d'incidences coûteuses, a rendu possible la liberté politique. »

Doit-on conclure qu'il n'y a rien d'universel, que tout porte la marque d'une culture qui le relativise ? La pitié n'est-elle pas un sentiment éprouvé par tout être humain, spontanément, indépendamment de tout cadre culturel ? L'un des plus célèbres traités de Mencius, disciple de Confucius, rédigé au IVe siècle avant J.-C., s'ouvre sur une scène exemplaire. Un enfant va tomber dans le puits. Vous ne le connaissez pas. Mais la terreur qui vous saisit n'a rien à voir avec un attachement particulier. Elle vous tire hors de vous-même, sans vous laisser temps ni choix. Vous vous précipitez au secours du petit. Sans calcul, sans délibération : voir l'enfant en danger suffit. Pas d'objectif secondaire : votre geste, évidemment, ne cherche pas à « faire plaisir » aux parents ou à vous-même. Savoir, globalement, que des humains souffrent et meurent constitue une connaissance pâle. Facile à endurer, elle ne porte pas à agir. Il faut qu'un regard, un cri, une parole rendent ces malheurs proches, aigus, insupportables. Le vrai ressort est là : une émotion soudaine, inévitable et singulière fait ressentir comme intolérable la souffrance des vivants, exige qu'on les secoure. Cela s'appelle la pitié. Cette connivence immédiate avec les existences menacées est d'abord une énigme. Constater son existence est une chose, comprendre son processus en est une autre. Pourquoi ressentons-nous comme intolérable une souffrance que nous n'éprouvons pas directement ? Comment s'opère cette subite sortie de soi, qui nous rend solidaires des autres ?

Dans la perspective chinoise, l'énigme de la pitié disparaît. Car l'individu n'est pas conçu comme un ensemble fermé, un moi clos. Il est pensé d'emblée comme partie prenante d'une relation, élément d'une interaction, pièce d'un processus. D'où vient l'impulsion nommée pitié ? De notre commune participation à la vie. Menacée en lui, elle réagit en moi. Cette donnée irréfléchie peut-elle fonder la morale ? Oui, si on la considère comme l'émergence, éphémère et occasionnelle, d'une logique qu'il convient d'étendre à la totalité de notre action. La pitié, du point de vue de Mencius, est un point de départ, une amorce de la vertu d'humanité. Nous avons, en quelque sorte, l'échantillon. Il est toujours à disposition. Mais il nous appartient de produire un tissu uniforme avec l'ensemble de notre activité. Toutefois, rien n'est plus étranger à la pensée chinoise qu'un sujet pourvu d'une volonté libre, écoutant la voix de sa conscience, agissant pour imposer sa décision aux choses, déplorant que sa mauvaise nature puisse l'emporter. La Chine ignore ces oppositions entre monde et conscience, ou désir et action, qui nous semblent naturelles.

Peut-on fonder la morale, quand on ne dispose pas des notions de liberté ou de conscience autonome ? L'exemple chinois le montre. La conscience morale, pour Mencius, n'est en aucune manière séparée du cours du monde et de ses régulations. On peut perdre l'humanité, tout comme est perdu un chemin envahi d'herbes et de ronces. Mais il n'y a aucune fatalité dans cette déchéance : nulle nature spécifiquement mauvaise de l'humain n'en est cause. C'est pourquoi il n'y a, en fait, aucune difficulté à être sage. Nous croyons que tout doit être ardu et laborieux. Erreur : la vraie conquête est de comprendre combien ce qu'il y a à faire est simple. La croissance végétale fournit ici le modèle : il ne sert à rien de tirer sur la plante pour qu'elle pousse plus vite. Il ne convient pas non plus de l'abandonner aux mauvaises herbes. Sarcler suffit — tâche modeste, qui se contente d'aérer la terre alentour.

### *Au pays des gourous*

1959. Après HEC et Langues O, un jeune homme de vingt-trois ans part de Paris en auto-stop. Destination : Delhi et la sérénité. Moyen : trouver en Inde un maître qui lui convienne. Ce n'était pas la mode, rien ne l'y préparait. Avec une adresse en poche, et en tête autant de témérité que de résolution, Daniel Roumanoff se retrouve donc dans un *ashram* et découvre que sagesse et imposture ne sont pas simples à discerner. Entre un homme ordinaire et un maître spirituel, comment faire la différence ? Aucune réponse ne s'impose d'emblée. Seule tranchera l'expérience personnelle. Ce Candide au pays des gourous se mue en cobaye attentif, pragmatique et prêt à tout. Il côtoie maîtres célèbres et guides obscurs, vrais mystiques et vrais mystificateurs, Européens détraqués et déracinés de tous les pays. Un coup de foudre le saisit à Bénarès : il est sûr d'avoir rencontré, en la personne d'une femme singulière, Mâ Ananda Mayee (1896-1982), la mystique indienne la plus célèbre du XX^e^ siècle, ce qu'il est venu chercher de si loin. C'est finalement auprès d'un sage qui lui fit d'abord plutôt mauvaise impression et qui, *a priori*, ne l'attirait guère, que Daniel Roumanoff fera son chemin. Il découvre Swâmi Prajnânpad à mesure que, grâce à ce vrai maître, il se découvre lui-même. Cette trajectoire confirme qu'une évolution véritable suit des sentiers escarpés et des voies inattendues.

L'existence de Swâmi Prajnânpad fait songer que le sage

n'est peut-être pas seulement un idéal, une figure de légende ou de rêve. Des êtres qui se sont défaits de la souffrance et des tourments, des limites du moi, des enclos du désir, cela existe-t-il ? Celui qui affirme vivre désormais dans un présent plein, sans attachement à l'homme qu'il fut, sans souci de l'heure d'après, on peut croire qu'il ment ou qu'il délire. Ce n'est peut-être pas le cas. La vie et l'enseignement de Swâmi Prajnânpad, né en 1891 non loin de Calcutta, mort en 1974, laissent en effet penser que l'impossible arrive encore en ce siècle qui n'y croit guère. Daniel Roumanoff a retracé ce qu'on peut savoir de l'existence de ce maître. Élevé dans une famille de brahmanes pauvres, celui qui s'appelait d'abord Yogeshvar Chatterjee se signale dès l'enfance par une extrême sensibilité et par l'exigence radicale qu'elle suscite en lui de tirer toutes les conséquences de ses expériences. Il aime le sel. Sa belle-sœur lui fait une blague : elle remplace un jour le sel par de la farine. Et il ne s'aperçoit de rien. Quand il voit sa méprise, il décide de ne plus jamais utiliser de sel. C'est devenu inutile : il l'a vu. Ceci n'est pas une anecdote. Voir, rien qu'une fois, mais entièrement, est en effet la clé de la vie de cet homme. Une seule expérience, aussi banale soit-elle, peut suffire à tout transformer dans une existence, si elle est vue et saisie dans son intégralité.

Il poursuit des études d'ingénieur, son frère aîné Sedja subvient à tous ses besoins, se sacrifie pour lui. Yogeshvar l'aime plus que tout. Quand son frère le convainc de se marier, malgré ses réticences, le jeune homme lui demande de choisir son épouse dans une famille pauvre. Et le père de la jeune fille les couvre de cadeaux, comme il se doit. Yogeshvar proteste : ce n'est pas ce qu'il voulait. Le frère protecteur s'irrite, va jusqu'à lui reprocher de mieux aimer son beau-père que lui-même. « Le monde entier est devenu vide et sombre : je ne peux plus croire en rien », écrit le jeune homme. La seule personne en qui il avait une absolue confiance n'a rien compris de son attitude ni de ses mobiles. Il va tenter de résoudre cette énigme des erreurs humaines, des malentendus et des désespoirs sans véritable objet. Pas en un jour. Marié en

1919, il s'engage presque aussitôt dans le mouvement de non-coopération et le travail social. Après avoir enseigné dans divers collèges, trouvé un maître spirituel, mené une existence de mortifications, fait subir par « folie » toutes sortes d'épreuves à son épouse, pris l'habit des renonçants, fait retour à la vie, il sut finalement combiner la lecture des *Upanishad* et du *Yoga-Vaisista* à celle de Freud, qui commence tout juste à être connu en Inde.

La grande originalité de Swâmi Prajnânpad est en effet d'insister, dans le cadre d'une mise en pratique de la doctrine de la non-dualité issue du *Vedânta*, sur l'expression individuelle des émotions et des scènes fondatrices de la personnalité de chacun. C'est pourquoi, installé à partir de 1930 à Chenna, dans un *ashram* rudimentaire, impraticable durant la saison des pluies, il a toujours refusé de donner des conférences publiques comme d'écrire des livres. C'est toujours à quelqu'un de particulier qu'il s'adresse, adaptant ses propos, comme faisait le Bouddha, à la situation singulière de celui ou de celle qui est là. À partir des années 1960, ce gourou sans rituel, qui dit n'avoir pas de méthode (il l'invente pour chacun, à chaque heure), voit venir à lui des disciples français. Parmi eux : Arnaud et Denise Desjardins, Frédérick Leboyer, Daniel et Colette Roumanoff.

## *Être indien, qu'est-ce ?*

Tenter de cerner une manière indienne d'être au monde, voilà qui peut paraître une gageure. Les positions dans la hiérarchie sociale, les dissemblances régionales, les différences religieuses, les variables individuelles ne forment-elles pas des ensembles si disparates que toute analyse globale est par avance vouée à l'échec, ou réduite à des généralités sans consistance ? Le travail de Sudhir Kakar sur l'enfance et la société en Inde montre qu'une analyse du paysage mental propre aux hindous est à la fois possible et instructive. Indien par toutes ses fibres, il ne veut rien renier de la culture à laquelle il appartient. Mais sa formation intellectuelle, qui l'a rompu aux techniques de la pensée occidentale, lui a donné envie de comprendre. Ayant d'abord suivi des études d'ingénieur en Inde, puis d'économie à Harvard, il obtient un doctorat de philosophie à Vienne en 1968, avant de suivre, à l'Institut Sigmund Freud de Francfort, une formation psychanalytique. Membre de l'Institute for Advanced Studies de Princeton, il est psychanalyste à New Delhi et professeur au Centre d'études des sociétés en développement.

« Ce qui m'intéresse, dit Sudhir Kakar, ce ne sont pas les grands textes philosophiques accessibles aux seuls érudits et inconnus de l'immense majorité de la population. C'est plutôt la compréhension populaire des mythes, et la représentation diffuse des rôles sociaux, de la destinée humaine, etc. qu'ils véhiculent sans qu'on en ait vraiment conscience. Les thèmes légendaires auxquels je me suis attaché sont présents à tous les détours de la vie quotidienne. Depuis sa plus tendre enfance, chaque hindou a entendu raconter une légende comme celle de Sîta, l'épouse modèle de Râma dans le *Râmayana*. Les fêtes laïques ou sacrées, les chansons, et même aujourd'hui les bandes dessinées, font que les principaux personnages de ce poème épique, tout comme ceux du *Mahâbhârata*, sont souvent plus familiers à l'imagination des individus que ceux de la Grèce ou de la chrétienté pour l'homme occidental. »

C'est autour de trois notions clés que s'ordonne, selon Sudhir Kakar, la conception hindoue du monde qui marque de son empreinte les gestes quotidiens de l'éducation, et par voie de conséquence le psychisme individuel. *Moksha* est à la fois la notion la plus importante et la plus difficile à saisir pour nous. Ce terme sanskrit signifie littéralement « affranchissement, libération » et désigne l'état de fusion, d'union du « soi » avec le monde auquel parvient l'ascète qui se délivre du cycle des renaissances. L'important ici, ce ne sont pas les innombrables spéculations intellectuelles et techniques psycho-corporelles yogiques qui ont gravité pendant des siècles autour de cette perspective. Beaucoup peuvent les ignorer — au moins dans leur détail et leur complexité. Il n'en reste pas moins une « atmosphère » où chacun baigne depuis toujours. Il en résulte que pour chaque hindou, le « monde intérieur » sera plus important que la réussite sociale visible. Gagner sa vie sera bien sûr le but de son travail — mais cette vie sociale est comme inséparable de sa doublure spirituelle. Son ultime aboutissement est cette dissolution et cette expansion du moi qui sont à l'opposé de l'idée occidentale d'autonomie et d'individu séparé.

*Dharma*, la loi, l'ordre — à la fois cosmique et social —, est la deuxième grande notion. Que chacun agisse à sa place, conformément à l'ordre des choses, qu'il fasse à bon escient ce qu'exige de lui chaque étape de la vie, qu'il tienne son rôle dans la famille, le groupe, la corporation dont il est membre... voilà, en très gros, ce que cristallise cette notion. Tout comme la précédente, elle va à l'encontre d'une personnalité autonome et créatrice de ses choix. Être coupé du réseau dont il est membre, être isolé, réduit à inventer sa conduite ou à assumer seul des décisions imprévues serait, selon Kakar, une situation plus angoissante pour l'homme hindou que pour l'Occidental. Enfin, la non moins célèbre notion de *karma* influe sur le monde psychologique indien. L'enfant est moins « à construire » que « déjà construit » par l'ordre de son destin. Il n'est pas une *tabula rasa*, mais un être déjà composé. « Il n'existe donc pas en Inde ce sens d'une urgence, d'une lutte à mener contre le monde extérieur, pas plus que la perspective ou l'espoir de soudaines métamorphoses ou de grandes réalisations, alors que ces considérations stimulent la vie de l'Occidental. »

Il ne faudrait pas réduire cette conception à un fatalisme plat. Le *karma*, c'est aussi une promesse d'espoir. Étant donné la tendance innée à cheminer vers la lumière que l'on attribue en Inde à l'« inconscient », à laquelle s'ajoutent les efforts de l'individu *(dharma)*, le *karma* certifie que l'on est sûr d'atteindre le but de l'existence *(moksha)* même si des échecs peuvent se produire au cours de ce processus, qui peut requérir un grand nombre de renaissances et de cycles de vie. « Pour l'hindou moyen, la question ne se pose pas de savoir si cette doctrine est un mythe nécessaire ou si elle est acceptable et compatible avec la connaissance scientifique. De telles idées ne sont pas fondées sur le raisonnement, mais sont intégrées dès le début de la vie, comme une sorte de rôle et d'orientation intuitive. »

L'originalité de la recherche de ce socio-psychanalyste est de montrer l'interaction entre cette vision du monde, héritée par mille voies de la tradition, et le mode de vie de la famille indienne. « Que la naissance d'une fille soit accordée n'importe où ailleurs, ici accordez-nous un fils... », telle est l'une des vieilles prières, malicieuse et sexiste, de l'Atharva-Véda. La fille, en règle générale, n'est ni attendue ni désirée. On fête son arrivée discrètement, tandis que celle d'un garçon donne lieu à une liesse bruyante. La fille est, presque par définition, destinée à partir. Elle est élevée dans l'idée de sa future et exclusive appartenance à son mari. Sîta, l'épouse exemplaire de Râma, exprime quel est son *dharma* : « Pour une femme, ce n'est pas son père, ni son fils, ni sa mère, ni ses amis, ni même elle-même, mais son mari qui, dans ce monde et dans l'autre, sera jamais son seul salut. En vérité, que ce soit dans un palais, dans un chariot ou dans le ciel, quel que soit l'endroit où se projette l'ombre de son mari, il faut la suivre. »

Très jeune, entre douze et dix-huit ans, même si elle continue à habiter chez ses parents, l'adolescente est promise à un homme qu'elle n'a évidemment pas choisi. Lorsqu'elle se marie, elle quitte les siens pour aller vivre, parfois fort loin, dans une nouvelle famille où elle est, avant tout, sous l'autorité de sa belle-mère. « La nature étrangère, souvent menaçante et parfois humiliante du cadre dans lequel une jeune Indienne se débat pour établir son identité et son statut d'adulte ne sera jamais assez soulignée. » Dès que la jeune femme est enceinte, tout change. Elle pourra retourner chez sa mère pour accoucher. Elle sera respectée, reconnue. En lui donnant son identité sociale, sa maternité justifie son existence à ses yeux et résout au moins partiellement les conflits émotionnels auxquels elle se trouvait confrontée. « Mieux vaut être boue que femme stérile », dit un vieux proverbe. Bref, la mère va percevoir son enfant comme un sauveur. Cela explique, pour Sudhir Kakar, sa capacité d'investissement émotionnel presque illimitée envers ses enfants. Câliné, caressé, choyé, l'enfant indien vit une longue relation affective et corporelle avec sa mère, une durable symbiose dont le père est quasiment absent. « Il arrive assez souvent qu'un enfant de cinq, six ans, relève de façon autoritaire le chemisier de sa mère pour boire, tandis que celle-ci est en train de discuter avec des amis, et personne alors n'y trouvera rien à redire. »

Élevé avec le sentiment que soutien et protection lui sont acquis, le petit garçon indien reportera plus tard cette attitude sur ses relations sociales. Cette intense relation avec la mère est, bien sûr, à mettre en rapport avec le *moksha*, l'idéal de fusion avec le cosmos, sans pour autant réduire mécaniquement l'un à l'autre. Mais l'image de la « bonne mère », protectrice et nourricière, a évidemment son revers. Elle côtoie, dans les fantasmes et dans les mythes, celle de la mère dévorante, séductrice, insatiable, et, par là, destructrice. Sudhir Kakar en montre la présence dans le *Mahâbhârata* et dans divers *pûrana*.

Vers cinq ans, le garçon est brusquement arraché aux soins quasi exclusifs de sa mère. Cette « seconde » naissance va le faire entrer sans transition dans le monde des hommes et des obligations sociales. Or le père ne joue pas, dans ce passage, un rôle de modèle et de guide. « Il est plus un spectateur qu'un allié. » Ces différents facteurs psychosociaux expliqueraient les traits marquants du psychisme indien. Le « moi » ne serait pas constitué sur un mode aussi séparé, aussi autonome que celui des Occidentaux, plus précocement détachés de leur mère, plus vite confrontés à ses limites et à son absence. Le « surmoi » indien ne serait pas aussi sévère ni surtout aussi intériorisé : le groupe — la famille élargie, où plusieurs générations vivent ensemble, puis la *jâti*, la caste et ses ramifications complexes — assurerait un contrôle plus extérieur. Est-ce encore une Inde trop traditionnelle ?

Aurait-on esquivé sa face moderne, industrialisée et mutante ? Sans doute l'éducation et l'enfance forment-elles de grandes strates souterraines et peu mobiles que la fumée des usines et les concentrations urbaines laissent pratiquement intactes. Mais on ne saurait oublier que l'Inde change, invente des métissages constants entre son héritage et les mutations modernes.

# XXIII

# FOUCAULT N'EST PAS LUI-MÊME

Sous un même nom, une multitude de propos, de recherches et de visages.

*À un visage, il y a lieu de poser deux sortes de questions suivant les circonstances : à quoi penses-tu ? Ou bien : qu'est-ce qui te prend, qu'est-ce que tu as, qu'est-ce que tu sens ou ressens ?*

Gilles DELEUZE, *L'Image-Mouvement*

« Mon nom est Personne », disait déjà Ulysse. Le héros voyageur est appelé par Homère *polutropos*. On traduit toujours, approximativement, cet adjectif purement grec par « habile », « riche en expédients », « aux mille ruses », etc. Ulysse possède « plus d'un tour dans son sac ». Son intelligence n'est pas théorique, contemplative, tournée vers l'éternel comme celle des géomètres et des philosophes. Elle est pragmatique, tactique, mobile, guerrière. Nomade et moqueur, Ulysse brouille les pistes en les multipliant. Jamais on ne l'attrape là où l'on croyait pouvoir le tenir. Il est libre, toujours. Libérateur aussi, et déconcertant. Michel Foucault aussi.

Voici un philosophe qui scrute le plan des pénitenciers au lieu de méditer sur l'oubli de l'Être. Qui préfère les rapports de la maréchaussée aux preuves de l'existence de Dieu. Penseur rusé, il ne cesse de changer, de défaire son identité, de multiplier les silhouettes en embuscade. Quand des références sont nécessaires, il choisit Arnauld, Linné, Quesnay, au lieu de Descartes, Spinoza, Leibniz. Est-il historien ? Il suffit de le lire : sa tâche ne se réduit pas à établir des faits, à restituer des mentalités, à mettre au jour des mutations inaperçues, mais bien à mettre en acte une autre façon de penser, où sont en jeu les statuts du langage et de la vérité, de la raison et de l'inconscient, de l'histoire et du sujet... Rien de moins.

Mais d'explications point. Ou si peu, et si denses, et par bribes, que s'y repérer n'est pas une mince affaire. Foucault avait plus de goût pour faire que pour dire ce qu'il faisait — à l'inverse de beaucoup. Sa mort prématurée, en 1984, a laissé en suspens bon nombre d'interrogations et de malentendus. Quel est le sens, ni vraiment caché ni tout à fait visible, de son entreprise ? Il s'agirait de comprendre comment se relient tous ses livres — en apparence disparates, situés en tout cas sur des registres différents. Cela permettrait de se défaire de quelques erreurs (des erreurs « tenaces, coordonnées et solidaires », comme disait Bachelard). Encore faut-il commencer par accepter cette multiplicité éclatée qui ne coïncide pas avec elle-même pour former un individu repérable, identifié, étiqueté une fois pour toutes.

« Ne me demandez pas qui je suis et ne me dites pas de rester le même. » Ainsi s'achève la première partie de *L'Archéologie du savoir*. Faut-il vraiment rattacher à une source unique, stable et homogène, « cet immense fourmillement de traces verbales qu'un individu laisse autour de lui au moment de mourir » ? Faut-il croire — ce n'est qu'une croyance — qu'une seule et même personne, de l'enfance à la mort, rassemble les actes, les secrets, les propos, les textes ? Ou bien faut-il laisser disjoints, simplement juxtaposés, ces visages disparates affublés d'un même nom ? En dresser seulement une première liste n'est pas une mince affaire. Ce n'est d'abord qu'une collection lacunaire, hétéroclite, apparemment saugrenue, comme ces images pour lanterne magique qui ne parviennent pas à former une histoire suivie.

Un enfant fragile s'ennuie entre deux guerres à Poitiers, dans la vie de notables aisés que mènent les siens, et notamment son père, chirurgien et professeur d'anatomie à l'école de médecine. Un lycéen très doué vient au lycée Henri-IV préparer l'École normale supérieure. En 1948, un normalien, homosexuel et membre du PCF, tente de se suicider et paraît côtoyer la folie. Un philosophe féru de psychologie quitte la Fondation Thiers pour l'université de Lille. En Suède, un attaché culturel roulant en Jaguar étonne la bonne ville d'Uppsala. Revenant de Hambourg, *via* Varsovie, un jeune docteur, dandy heureux et provocant, enseigne à Clermont-Ferrand. Un anticommuniste mène une guerre d'usure contre Roger Garaudy. Un membre du jury de l'ENA participe à l'élaboration de la réforme Fouchet.

Ils se font tous appeler Michel Foucault.

Ce ne sont pas les seuls. Le même nom désigne encore toutes sortes d'êtres successifs ou combinés : un structuraliste temporaire, rendu célèbre par *Les Mots et les Choses*, qui professe à Tunis en vivant à Sidi-Bou-Saïd, le premier responsable du département de philosophie du centre expérimental de Vincennes, le titulaire au Collège de France de la chaire d'histoire des systèmes de pensée, le militant actif du Groupe d'information sur les prisons, le signataire d'innombrables pétitions et le journaliste du *Corriere della sera* écrivant en 1977 : « Il y a plus d'idées sur la terre que ne l'imaginent les intellectuels. » Se nomment également Michel Foucault, parmi d'autres : un voyageur dans un temple zen, un conférencier à Berkeley, un expérimentateur d'hallucinogènes, un homme qui meurt du sida à La Salpêtrière, cet hôpital dont l'auteur de *L'Histoire de la folie* avait décrit la naissance.

Plusieurs biographies, dont la première fut celle rédigée par Didier Éribon, ont tenté de rassembler les éclats de cette vie fulgurante, d'évoquer les relations de Foucault avec ceux qui comptèrent pour lui. Temporairement : Louis Althusser, Jacques Lacan. Tardivement : Claude Mauriac, Paul Veyne. Continûment : Jean Hyppolite, son premier maître, auquel il succéda au Collège de France, Georges Canguilhem, et surtout Georges Dumézil, son grand aîné, qui lui prodigua amitié et soutien sa vie durant. À quoi il convient d'ajouter les polémiques avec Sartre, la complicité avec Deleuze, et cent autres rencontres où s'entrevoit la silhouette, déconcertante et fugace, d'un homme tour à tour fidèle ou cassant, affable ou difficile, redoutable ou fragile.

## *À chaque phrase un visage*

Ne faisons pas de psychologie. On ne saurait ramener la diversité de Foucault à une affaire de caractère, aux effets d'un tempérament. C'est de fonctions dans la parole qu'il s'agit, et elles sont nombreuses, pour entrevoir le fonctionnement d'une telle multiplicité. « Ce n'est pas le même rapport, lit-on par exemple dans *L'Archéologie du savoir*, qui existe entre le nom de Nietzsche d'une part et d'autre part les autobiographies de jeunesse, les dissertations scolaires, les articles philologiques, *Zarathoustra*, *Ecce Homo*, les lettres, les dernières cartes postales signées par "Dionysos" ou "Kaiser Nietzsche", les innombrables carnets où s'enchevêtrent les notes de blanchisserie et les projets d'aphorismes. » S'il fallait classer les visages de Foucault, en dresser l'inventaire pour un impossible catalogue, on pourrait les désigner par le millésime où le cliché a été pris.

Par exemple le visage 1961. Homme jeune, chauve, air réservé. Quelque chose, malgré tout, dans le sourire, de secrètement triomphant. Vient de publier son premier livre : *Folie et Déraison. Histoire de la folie à l'âge classique*. Thèse de doctorat pas comme les autres, l'ouvrage est salué notamment par Canguilhem, Braudel, Blanchot. « Nous assistons avec plaisir à ce heurt de l'Université et de la déraison », écrit Maurice Blanchot dans *La Nouvelle Revue française*. La préface de cette première édition (chez Plon, dans une collection dirigée par Philippe Ariès) disparaîtra des reprises postérieures. Ce texte-programme est pourtant l'un des plus beaux de Michel Foucault. Il n'y décrit pas une méthode. Il y exprime une intuition qui commande ses travaux futurs : « On pourrait faire une histoire des limites — de ces gestes obscurs, nécessairement oubliés dès qu'accomplis, par lesquels une culture rejette quelque chose qui sera pour elle l'Extérieur ; et, tout au long de son histoire, ce vide creusé, cet espace blanc par lequel elle s'isole, la désigne tout autant que ses valeurs. »

Le partage fait exister les éléments qu'il oppose. Ces opposés — qu'il appelle d'abord raison et folie, Occident et Orient, normalité et perversion sexuelles — ne préexistent pas à la partition qui les définit. Le mouvement même qui les distingue est celui qui les fait être. Ce processus est impersonnel. Il ne requiert ni sujet ni dessein volontaire. Il est toutefois générateur de luttes, traversé de tensions, scandé de ruptures. Le dernier Foucault soutient que ces rapports de forces engendrent le sujet lui-même.

Visage 1984. Service des soins intensifs de La Salpêtrière. Un agonisant reçoit le premier exemplaire de son dernier livre, *Le Souci de soi*, tome III de son *Histoire de la sexualité*. Cinq jours plus tard, il meurt du sida.

On pourrait aussi ordonner ces instantanés autrement que par leur année d'origine. Cette mise en ordre aurait la précision arbitraire et glacée des fichiers anthropométriques. On leur attribuerait par exemple, de 1 à 364, le numéro du texte des *Dits et Écrits* de Michel Foucault où ils sont entrevus. On regrouperait ensuite leurs profils par séries, classées chacune dans un dossier.

L'un d'eux s'intitulerait : un philosophe littéraire. C'est en effet autour de l'expérience de l'écriture, conçue comme une sorte de manifestation impersonnelle de l'activité autonome du langage, que s'organisent bon nombre de ses pensées. Le visage 21, par exemple, déclare dans la NRF, en 1964 : « Klossowski renoue avec une expérience perdue depuis longtemps » — celle de la similitude parfaite de Dieu et du diable. La figure de Klossowski, « en résonance énigmatique » avec celle de Deleuze, occupe alors une place centrale. Autour d'elle se disposent les visages de Foucault tournés vers des œuvres littéraires donnant à voir, plus ouvertement que d'autres, le travail du langage sur lui-même : Blanchot, Bataille, Artaud, mais aussi Roussel ou Brisset. Ces profils donnent l'impression que leurs traits appartiennent à une époque déjà lointaine. Quand ils parlent du vide, du blanc, de l'abîme, des va-et-vient incessants et hasardeux entre langage et pensée, il n'est pas sûr qu'ils soient encore tout à fait audibles. Guère plus que les voix militantes qui se multiplient lorsque Foucault, entrant au Collège de France (décembre 1970), affirme vouloir sortir de l'écriture. Le visage 132 affirme, à la télévision néerlandaise, en novembre 1971, dans un débat avec Noam Chomsky : « Quand le prolétariat prendra le pouvoir, il se peut qu'il exerce à l'égard des classes dont il vient de triompher un pouvoir violent, dictatorial et même sanglant. Je ne vois pas quelle objection on peut faire à cela. »

Regrouper par genre, classer sous les étiquettes « visages littéraires », « militants » (ou bien « historien », « philosophe », voire « journaliste », ou « professeur »), c'est encore se condamner à passer à côté du mouvement, ne pas accepter pleinement que Foucault ne cesse d'évoluer, de devenir autre, de dissocier son identité. Un texte d'octobre 1982, publié seulement en 1988, l'exprime simplement : « Ce qui fait l'intérêt principal de la vie et du travail est qu'ils vous permettent de devenir quelqu'un de différent de ce que vous étiez au départ. » Les visages de Foucault ne peuvent donc coïncider ni avec des années ni avec des textes. Un seul entretien peut engendrer plusieurs visages, ou faire passer de l'un à l'autre. Ils ne correspondent pas seulement aux facettes d'un caractère ou d'une époque. Ces visages expriment des rapports de forces. Ils résultent toujours d'une sorte de guerre, qui oppose les uns aux autres des énoncés, des formes de savoirs et de pouvoirs, des dispositifs de discours et d'action. La ligne de front n'est pas fixe. C'est pourquoi Foucault refuse d'être responsable à perpétuité d'un sens immobile de ses travaux : « Il faut souligner que je ne souscris pas sans restriction à ce que j'ai dit dans mes livres. » Le kaléidoscope constitué par ses œuvres, publiées ou non, permet de saisir sur le vif la diversité des registres où Foucault mène ses combats.

Il n'est pas toujours aisé de s'y retrouver vite. Est-il, par exemple, « pour » ou « contre » la défense d'un enseignement de la philosophie ? Le militant qui préfère l'action à l'écriture n'est pas tendre pour la philosophie telle qu'elle se pratique, effectivement, à l'Université : « Elle n'est plus qu'une vague petite discipline universitaire, dans laquelle des gens parlent de la totalité de l'entité, de l'"écriture", de la "matérialité du signifiant" et d'autres choses semblables. » Cette déclaration n'annule pas celles du professeur de philosophie à l'université de Vincennes, défendant la pratique de la philosophie comme exercice de la liberté, ou la définissant comme un « diagnostic du présent ». Les dernières années de sa vie, Foucault se rapproche de la conception antique de la philosophie comme « exercice spirituel », telle que Pierre Hadot, son collègue au Collège de France, en a reconstitué l'existence. Comme Nietzsche, il se situe à chaque fois dans une lutte déterminée, et non dans le ciel des vérités éternelles.

Le combattant a le sens de la formule. L'humanisme ? « La petite prostituée de toute la pensée, de toute la culture, de toute la morale, de toute la politique des vingt dernières années » (entretien paru en italien en 1967). Le structuralisme de Foucault, une invention de Piaget ? « Je ne le crois guère, il n'en est pas capable, le pauvre. Il n'a jamais rien inventé. » L'humour aussi — on ne l'a pas assez remarqué dans ses livres — fait partie de sa panoplie. Dans le n° 1 du journal homosexuel *Le Gai Pied*, le 1er avril 1979, l'ironiste avertit : « Il ne faut pas abandonner le suicide à des gens malheureux qui risquent de le gâcher et d'en faire une misère. » Cette voix parlant de la mort comme d'« un plaisir si simple » a la gravité des grands rires. En fin de compte, Foucault eut trop de visages. On devrait ajouter à ceux déjà entrevus : adversaire de la psychologie passant temporairement alliance avec les freudiens, ennemi de la psychanalyse, défenseur enthousiaste des premières heures de la république islamique de Khomeiny, défenseur des libertés, critique sarcastique de l'enseignement, grand professeur... Les malentendus étaient inévitables.

### *Vu par Deleuze*

Sur son œuvre, les contresens abondent. Anciens ou récents, de bonne ou mauvaise foi, ils portent principalement sur le problème de l'enfermement (asile, hôpitaux, prisons, etc.), sur le lien entre la « mort de l'homme » et l'action militante, sur le retour au sujet et à la morale quand sa recherche quitte l'Âge classique pour l'aurore grecque. Gilles Deleuze a donné à voir la pensée de Foucault dans sa cohérence et sa plus grande amplitude. Trois axes : le savoir, le pouvoir, le soi. Le savoir, ce n'est pas la science, ni l'ensemble des connaissances au sens usuel du terme. Par ce vieux mot, le philosophe désigne un « nouveau concept » : l'agencement de ce qu'une époque peut dire (ses énoncés) et voir (ses évidences). Foucault, souligne Deleuze, « n'a jamais eu de problème concernant les rapports de la science et de la littérature, ou de l'imaginaire et du scientifique, ou du su et du vécu, parce que la conception du savoir imprégnait et mobilisait tous les seuils ». Cette conception est purement positiviste ou pragmatique : il n'y a rien « avant » le savoir (par lui se distribue ce qu'on dit comme ce qu'on voit). Rien de virtuel, de latent, d'antérieur, d'enfoui. Pas de secret : « Chaque formation historique voit et fait voir tout ce qu'elle peut, en fonction de ces conditions de visibilité, comme elle dit tout ce qu'elle peut, en fonction de ces conditions d'énoncé. »

Si « il y a » du savoir, c'est à partir de deux éléments purs qui, bien sûr, ne sont jamais accessibles dans leur pureté : un « être-langage », grand murmure impersonnel où se découpent les énoncés, un « être-lumière » où se constituent des visibilités. Les énoncés ne sont pas des phrases, les visibilités ne sont pas des objets. Ce ne sont pas les « mots » et les « choses ». Il faut y voir plutôt les « conditions de possibilité » du discours et de la perception. « Cette recherche des conditions constitue une sorte de néokantisme propre à Foucault. » Mais Deleuze précise aussitôt que ces conditions sont toujours historiques, ce ne sont jamais celles « de toute expérience possible ». De la même manière, ces conditions ne concernent pas un sujet « universel ». Au contraire, elles lui assignent sa place. « Le sujet qui voit est lui-même une place de visibilité... (ainsi la place du roi dans la représentation classique, ou bien la place de l'observateur quelconque dans le régime des prisons). » Alors s'évanouit le contresens faisant de Foucault un penseur de l'enfermement. L'hôpital, la prison sont des lieux de distribution du visible avant d'être des dispositifs de claustration.

Ces découpages optiques sont doublés d'un discours (médical, psychiatrique, juridique...) inséparable d'eux mais qui n'est pas du même ordre. Parler et voir sont en effet différents de nature. L'objet du discours et celui du regard sont disjoints. Malgré leur dépendance réciproque, ils ne coïncident jamais. Là encore, *mutatis mutandis*, qu'on se souvienne de Kant : la spontanéité de l'entendement est autre que la réceptivité de l'intuition. Reste une énigme : si le visible et l'énonçable sont comme deux strates parallèles, comment s'adaptent-ils l'un à l'autre ? Quel est, chez Foucault, l'analogue du schème de l'imagination chez Kant ? C'est le pouvoir, dit Deleuze, qui en tient lieu.

Rompant avec les postulats habituels, Foucault montre que le pouvoir est exercé plutôt que détenu (on ne le détient qu'en l'exerçant). Il est créatif plutôt que répressif : il incite, suscite, autant qu'il interdit. Il est enfin coextensif au social : le pouvoir n'est pas localisé quelque part. Présent dans tout rapport de forces, il passe aussi bien par les dominés que par les dominants. Irréductibles l'un à l'autre, savoir et pouvoir sont indissolublement liés. Le jeu de forces du pouvoir — aléatoire, turbulent, flexible — engendre les mutations dans la distribution du dicible et du visible dont il régularise aussi l'articulation. Le pouvoir est comme un dehors, sans forme stable, une zone de tempêtes que seule une « microphysique » permet d'appréhender.

L'essentiel, dans la pensée de Foucault cartographiée par Deleuze, c'est le rapport au dehors. Un monde sans intériorité. Comment, dès lors, penser le sujet, l'existence d'un soi qui projette de se gouverner lui-même ? Un pli, et rien d'autre. L'intériorité ne serait qu'un pli du dehors : le thème a poursuivi Foucault tout au long de son œuvre. Il culmine dans ses deux derniers livres, *L'Usage des plaisirs* et *Le Souci de soi*. Qu'ont fait les Grecs, selon Foucault-Deleuze ? Révéler l'Être ? Non. Les Grecs firent beaucoup moins, ou beaucoup plus : en s'exerçant à gouverner les autres à condition de se gouverner soi-même, ils ont « plié la force ». Or « l'homme ne plie pas les forces qui le composent sans que le dehors se plie lui-même, et ne creuse un soi dans l'homme ». Les Grecs ont formé le premier pli. Mais ils n'ont rien d'universel. Le savoir, le pouvoir et le soi varient avec l'histoire.

Ces remarques permettent d'évacuer une inquiétude inutile. Certains se sont en effet alarmés, en se demandant : si l'homme est mort, comme Foucault l'entrevoit dans *Les Mots et les Choses*, sur quoi fonder les luttes ? Comment articuler l'antihumanisme et la résistance ? « Il n'y a nul besoin de se réclamer de l'homme pour résister », affirme Deleuze. En effet, que signifie la « mort de l'homme » ? Un changement dans la configuration savoir-pouvoir. L'horizon de l'Âge classique, c'est Dieu, l'indéfini, et non l'homme, lequel n'est conçu qu'à partir de ses limitations, de sa déchéance, etc. Le savoir du XVII^e^ siècle s'organise en « généralités » : des séries susceptibles, au moins en droit, d'un déploiement infini. Au XIX^e^ siècle surgissent des forces de finitude : la vie (soumise à la lutte incessante contre la mort, voyez Bichat), le travail (soumis à la peine et à la fatigue, aux limites de la production), le langage (soumis à la flexion). Quittant Dieu, le savoir s'organise autour de l'homme. Mais ce n'est pas là une prise de conscience du caractère fini de la condition humaine universelle. La figure de l'homme comme force du savoir naît de la rencontre avec les forces du dehors, celles du pouvoir.

Si cette figure de l'homme déjà s'efface, comme Dieu s'est effacé, c'est que l'humain se trouve dès à présent confronté et combiné à d'autres forces du dehors. La vie s'ouvre sur le code génétique, le travail sur l'informatique, le langage sur les agencements de la littérature moderne, partout, le fini produit de l'illimité. Du coup, cette mort de l'homme n'est pas triste. « Retenons nos larmes », disait Foucault. Et il n'y a pas de contradiction avec l'engagement politique : la mort de l'homme libère dans l'humain des forces de vie qui y étaient emprisonnées par la figure transitoire de l'homme. Nietzsche, en parlant du « surhomme », n'a jamais dit autre chose. Foucault non plus.

## *Le rire du penseur*

Trait essentiel : Foucault ne se départit pas d'un certain rire, et demeure sans complaisance pour la tristesse. Sa disparition a suscité à juste titre un sentiment d'injustice et d'absurdité, mais pas d'encouragement à la mélancolie. Parce que Foucault sait rire du tragique. Sa voix de papier demeure. Ses livres continuent à produire des effets imprévisibles, à trouver des lecteurs inattendus et multiples, à faire parler (y compris d'autre chose), à déjouer les classifications où on voudrait l'enfermer, à l'inclure dans des luttes auxquelles il n'avait pas songé. Un destin si peu prévisible n'étonne pas chez ce philosophe qui a toujours refusé la « monarchie de l'auteur » et ses « déclarations de tyrannie ». Michel Foucault a réussi à ne pas être le maître de ses propres livres, le gardien du sens unique de son œuvre, celui qui dicte sa loi aux lecteurs en leur disant : « Voici ce que j'ai voulu dire, vous n'avez pas le droit de comprendre autrement. » Il a conçu au contraire des livres désacralisés, indépendants de leur producteur, des « boîtes à outils » où chacun vient prendre, selon son besoin, une analyse ou un concept, pour lutter, penser, parler — ces trois actions, à ses yeux, n'en faisant qu'une.

Lui ne voulait occuper qu'un « espace blanc », devenir enfin sans identité. Il écrivait « pour n'avoir plus de visage ». Ce qui est aussi, en fin de compte, une façon de rire. On retrouve sous un autre angle la même phrase, déjà croisée : « Ne me demandez pas qui je suis et ne me dites pas de rester le même ; c'est une morale d'état civil ; elle régit nos papiers. Qu'elle nous laisse libre quand il s'agit d'écrire. » Cette volonté de n'être pas étiquetable l'a emporté : il n'est toujours pas aisé, des années après sa mort, de dire dans quelle catégorie il a joué. On pourrait croire, en lisant seulement les titres de ses œuvres, que l'on a affaire à un historien des mœurs d'une espèce particulière — un fils de Lucien Febvre, de Fernand Braudel, de l'école des Annales, ces historiens de la « longue durée » qui ont substitué à l'« histoire bousculée des gouvernements, des guerres et des famines » l'étude de phénomènes « à pente faible » (démographie, agriculture, transports, etc.)... Mais ce fils n'est pas discipliné. Dans l'histoire des idées, il découvre des ruptures, des mutations brusques, des renversements inaperçus. Pis : l'objectif de son travail n'est pas la reconstitution du passé. C'est pourquoi, l'ayant plus ou moins bien lu, certains historiens bougonnent ou se fâchent. Décidément, il n'est pas des leurs. « Je fais de l'histoire du présent », dit-il.

Est-ce si sûr ? Il traite de l'enfermement des « fous » inventé au seuil de l'Âge classique, du nouveau visage de l'homme qui apparaît à la fin du XVIII^e^ siècle, de l'émergence au XIX^e^ siècle d'un regard différent sur le corps du malade, ou de la constitution, dans la Grèce antique, de la morale sexuelle de l'Occident. Bref, du passé. Sans doute répliquera-t-on que ce sont nos évidences actuelles qui l'intéressent, et dont il s'emploie à retrouver les ancêtres et à retracer la généalogie. En reconstituant l'engendrement de nos idées présentes sur la folie, la maladie, l'homme ou le sexe, Foucault montre qu'elles n'ont rien d'évident, rien d'éternel. Il ne s'agit pas là d'une vulgaire critique de nos préjugés, qui laisserait intacte l'idée même de vérité.

La puissance de Foucault est de faire comprendre que même nos plus exacts savoirs sont transitoires et mortels. Ils résultent d'un agencement temporaire du discours, d'un système de représentations dont les enquêtes historiques ont révélé l'origine et la fin. La vérité n'est pas... — il n'y a que des discours historiquement repérables. Ils produisent, certes, des « effets de vérité », en délimitant pour une époque ce qui est pensable et ce qui ne l'est pas. Mais, en eux-mêmes, ils ne valent rien. Nous sommes face à un relativisme absolu. Voilà, non de l'histoire, mais de la philosophie — celle de Nietzsche. Foucault a tenté, de mille façons, de répondre à cette question : que faire après

Nietzsche ? C'est-à-dire après la destruction sans retour de l'idée même de vérité. Seule une perspective historique est encore praticable. Qu'on relise le chapitre VII du *Gai Savoir* : « Où donc a-t-on jamais entrepris, écrit Nietzsche, une histoire de l'amour, de la cupidité, de l'envie, de la conscience, de la piété, de la cruauté ? Même une histoire comparée du droit ou simplement des peines fait entièrement défaut... » Tout Foucault trouve là son impulsion. Si Nietzsche a tué la vérité, son lecteur a entamé l'interminable rédaction de l'acte de décès. En historien et en philosophe — ou bien en écrivant d'un lieu où la distinction n'a plus de sens.

Voilà qui fait songer à Marx : lui aussi a quitté le point de vue de la philosophie éternelle pour la perspective historique. Ce qui les distingue le mieux, ce n'est pas seulement que Marx croit encore au vrai et à la science, c'est surtout que Foucault invente une nouvelle conception du pouvoir. Le mode d'action de ce pouvoir ramifié, dispersé, se comprend mieux en scrutant le plan d'un pénitencier où l'emploi du temps d'un pensionnat qu'en lisant les débats parlementaires. Technologie majeure du dressage des corps, dispositif partout à l'œuvre, un tel pouvoir en réseau n'oppose pas deux classes (l'une qui le détiendrait, l'autre qui voudrait s'en emparer), mais exerce ces effets sur l'oppression comme sur la résistance, en des luttes multiples, locales, disséminées, où les discours sont aussi des enjeux et des armes. Il incite autant qu'il réprime. Bref, le pouvoir conçu par Foucault n'est plus cet objet énigmatique des luttes politiques, mais un dispositif complexe qui s'étend sur tout le corps social et sur ses productions.

Le tournant, sur ce point, est évidemment *Surveiller et Punir*, en 1975. Avant que ne s'« invente » le système pénitentiaire, on suppliciait avec application, suivant un code précis des tortures. On marquait, amputait, disloquait les corps. De bûcher en potence, de pilori en gibet, la souffrance physique était mise en scène avec un faste exemplaire. Afin que nul n'en ignore... Tout cela, montre Foucault, prit fin de manière assez brusque, dans la seconde moitié du XVIII^e siècle. Le bruit monotone des serrures et l'ombre des cellules ont pris la relève du grand cérémonial de la chair et du sang. Désormais, on n'exhibe plus le corps du condamné : on le cache. On ne veut plus le meurtrir : on le dresse. C'est l'« âme » qu'on rééduque.

Le changement s'est opéré en moins d'un siècle, dans l'ensemble de la culture occidentale. Certes, le Moyen Âge n'ignorait ni les cachots ni les geôles. Mais il demeurait étranger à ce système rigide de détention systématique, réglementée, minutieuse, qui se met en place entre 1780 et 1830, lorsque l'Europe et le Nouveau Monde se couvrent de pénitenciers... Suffit-il de dire, avec les « réformateurs » du XVIII^e^ siècle, que l'« humanisation » et les « progrès du genre humain » expliquent et justifient cette « naissance de la prison » qui a bouleversé le système punitif ? Derrière les alibis des idéologues, il faut traquer le jeu des pouvoirs. L'éclat des supplices et le silence de la réclusion ne s'opposent pas comme deux éléments isolés, deux phénomènes superficiels. Ils indiquent le passage d'une justice à une autre, un changement profond dans l'organisation même du pouvoir. Le criminel, sous la monarchie absolue, défie le pouvoir du roi, et ce pouvoir l'écrase en rappelant à tous avec éclat sa force infinie. Pour les théoriciens des Lumières, au contraire, l'homme qui commet un crime rompt le contrat qui le lie à tous ses semblables : la société le met à l'écart et le redresse, réglant avec précision chaque fait, chaque geste et chaque moment de la vie carcérale.

C'est pourquoi la prison est une réglementation de l'espace (le regard du surveillant peut et doit tout voir), une réglementation du temps (fixée heure par heure), une réglementation des gestes, des attitudes, des moindres mouvements du corps. Cette discipline, la prison ne l'a pas inventée. Foucault indique comment, au long de l'Âge classique, les techniques de dressage du corps se sont affinées, unifiées, systématisées. Elles existaient déjà, éparses, isolées. Elles ne formaient pas ce réseau de procédures perfectionnées qui, de l'école à l'armée, s'est mis à contrôler le corps et ses forces. La prison n'est donc pas unique : elle prend place dans l'ensemble de la société disciplinaire, cette société de surveillance généralisée qui est encore la nôtre. « Quoi d'étonnant, écrit Foucault, si la prison ressemble aux usines, aux écoles, aux casernes, aux hôpitaux, qui tous ressemblent aux prisons ? »

Cette conception neuve du pouvoir doit s'appliquer à Foucault lui-même. Cela vaut mieux que de tenter de lire son œuvre à travers une grille biographique déficiente. Quelques pauvres esprits, comme le biographe James Miller, s'attachent à interpréter le travail de Michel Foucault à partir de ses prétendus penchants morbides. De son enfance à son agonie, une même fascination pour la mort aurait habité l'auteur de *Surveiller et Punir*. Il n'aurait cessé d'être hanté par la proximité du plaisir et de l'anéantissement, aurait cultivé constamment la cruauté, aurait vécu déchiré entre l'attirance et la répulsion qu'elle lui inspirait. Une fatale complicité avec la destruction n'aurait cessé de l'entraîner, dans ses livres comme dans ses expériences personnelles, vers le pire. Bref, sa vie et son œuvre seraient placées sous le signe unique du sadisme. On entend rire Foucault, et n'importe quel lecteur sensé.

Pour y comprendre quelque chose, mieux vaut garder en tête l'itinéraire qui, de 1970 à 1984, conduisit Foucault du problème général de la « volonté de savoir » — que désigne au juste ce mécanisme moteur de l'Occident ? comment s'est-il agencé, modifié, plié à différents régimes ? — à la question de la constitution du sujet individuel, par le biais du « gouvernement de soi » et des exercices spirituels pratiqués par les philosophes grecs et latins. Le fil rouge de ce parcours, c'est finalement l'idée que la vérité n'est toujours que le produit d'un jeu de forces, le résultat d'un agencement — complexe, singulier, mobile — de pouvoirs en lutte, et non quelque réalité incorruptible ou éternelle. Ceci peut aider à saisir en quel sens, dans ses deux derniers livres, en s'interrogeant sur l'émergence du sujet sexuel, en revenant, sur les chemins de l'Antiquité et aussi de l'éthique, à une vision esthétique de l'existence, Foucault affirme chercher à « se déprendre de soi-même ».

Dans cette obstination à ne pas être soi-même, ce travail assidu pour s'échapper de sa propre personne, pour devenir, enfin, « personne », Foucault a cru voir la tâche de l'intellectuel. Être celui qui ne se répète pas, qui ne prophétise ni ne légifère, qui ne fait la morale à personne et ne siège pas au tribunal de l'histoire... « Je rêve de l'intellectuel destructeur des évidences et des universalités, celui qui repère dans les inerties et les contraintes du présent les points de faiblesse, les ouvertures, les lignes de force, celui qui, sans cesse, se déplace, ne sait pas au juste où il sera ni ce qu'il pensera demain, car il est trop attentif au présent... »

Le nom de Michel Foucault n'est donc pas simplement synonyme d'historien ni de philosophe. Il n'est pas même synonyme de « Michel Foucault ». Jamais identique à soi. Signe de contradiction, comme l'indique à sa manière cette citation de René Char qui tient lieu, à elle seule, de prière d'insérer aux tomes II et III de *L'Histoire de la sexualité* : « L'histoire des hommes est la longue succession des synonymes d'un même vocable. Y contredire est un devoir. » Penseur incitatif en des temps où l'intelligence, en France, ne fut pas une denrée excédentaire, Foucault n'a pas été un maître à penser, au sens usuel du terme, mais une sorte particulière de maître à vivre. Écoutez comment, à la page 28 de *L'Archéologie du savoir*, il le suggère lui-même : « ... Non, non... Je ne suis pas là où vous me guettez mais ici d'où je vous regarde en riant. »

# XXIV

# SAINT DELEUZE

« Voyage peu, n'a jamais adhéré au parti communiste,
n'a jamais été phénoménologue ni heideggérien,
n'a pas renoncé à Marx, n'a pas répudié Mai 68. »

*Je m'intéresse à ce que fait Deleuze.*
Michel FOUCAULT, *Entretien*, 1975

Rebelle aux classifications, mobile, multiple, Gilles Deleuze fut constamment hors des groupes et des écoles, entre les courants, en liberté perpétuelle. Penseur en cavale, il surgissait toujours ailleurs. À peine lui avait-on collé une étiquette qu'on l'entendait déjà rire autre part. Son œuvre insolite, déroutante, est-elle disparate ? Oui, mais pas dispersée. Deleuze s'est employé à devenir multiple en demeurant unique, toujours répété et toujours différent.

De masque en masque, de livre en livre, sa pensée n'a cessé de poursuivre, avec une endurance et une puissance peu communes, quelques questions clés : comment inventer les moyens de penser mouvements et événements ? Comment saisir ce qui bouge, génère, fuit, devient, invente, glisse, surgit... au lieu de chercher à contempler ce qu'on suppose être fixe, immuable, éternel, stable, immobile ? Comment comprendre que l'on parle d'un monde, d'un temps, d'une langue, d'un corps, d'un esprit, alors qu'il y a une infinité mouvante d'émotions, d'humeurs, de phrases, d'instants, d'innombrables postures évanescentes des organes et des mots, dont chacune, à soi seule, définit un univers ? Comment dire ce qui n'a lieu qu'une fois, et qui pourtant s'insère dans une série ?

Ces interrogations se rattachent toutes à une source commune : comment être philosophe après Nietzsche ? Gilles Deleuze fut l'un des très rares, avec Michel Foucault, à tenter de relever ce défi : inventer encore la philosophie, alors que vérité, sujet, souveraineté de la raison et autres armes jugées indispensables depuis Platon jusqu'à Hegel se trouvaient inutilisables, détraquées ou risibles. Beaucoup ont esquivé le problème. Deleuze s'est voulu philosophe malgré tout. Avec jubilation et avec génie. Ce ne fut pas sans tâtonnements ni sans risques. D'où trois portraits possibles, aussi arbitraires et trompeurs que n'importe quel cliché de la vie.

Premier visage : Deleuze en professeur. Apparence classique. L'auteur signe de savants ouvrages. Ils ressemblent à s'y méprendre à des travaux d'histoire de la philosophie. De son premier livre, consacré à Hume, en 1953, jusqu'à celui sur Leibniz, en 1988, il explore des systèmes, expose leur cohérence, fait saillir leurs lignes de force et leurs articulations. Qu'il s'agisse de Spinoza, de Nietzsche, de Bergson, ou même de Kant, à qui il a consacré un petit précis, l'essentiel est à chaque fois éclairé. Concepts majeurs, œuvres fondatrices, textes mineurs, gloses de spécialistes, tout se trouve ramassé en quelques centaines, parfois en quelques dizaines de pages. Deleuze, maître de lecture ? Évidemment. Historien de la philosophie, dans la meilleure tradition universitaire ? Ce n'est pas si simple.

Car jamais avec Deleuze une silhouette ne se donne sans arrière-plan. Dans l'histoire de la philosophie, il s'infiltre pour semer des désordres. Les œuvres qu'il étudie, le philosophe les fait tourner à sa manière. Le jeu de Deleuze consiste à les agencer de telle sorte qu'elles s'offrent sous une lumière inattendue, à la fois fidèle et monstrueuse. Avec des pièces authentiques il compose une machine inédite. Il expose ces philosophies à des aventures étranges, fabriquant à leur propos des Meccano qui les gauchissent avec minutie. Le choix des œuvres étudiées parle de lui. En dépit de leurs dissemblances, Hume, Spinoza, Nietzsche et Bergson ont en commun d'être d'inclassables gêneurs dans l'histoire de la métaphysique. À des titres divers, ils demeurent en porte-à-faux, hors normes.

Deuxième portrait : le philosophe en créateur. Inventer des concepts, fabriquer des notions, forger des idées, voilà la tâche qui le définit. Il s'agit toujours de tirer la leçon de Nietzsche. La vérité n'attend nulle part d'être découverte. Elle dépend de notre désir de l'inventer. Ce n'est pas une plénitude ou une totalité, mais le jeu imprévu permis par l'existence de cases vides, de manques, d'imperfections au sein de l'identité. N'allons pas imaginer un créateur de vérité décidant souverainement ce qu'il va faire. Ce sont des mouvements obscurs. Il s'agit de les accompagner, non de les faire exister, de les suivre, non de les représenter. Avec *Différence et Répétition* (1969), qui demeurera sans doute son livre majeur, Deleuze sape une large part de l'édifice de la tradition. Il tente en effet de liquider le principe d'identité, tout en élaborant une nouvelle conception du sujet et du temps, un « empirisme transcendantal » en rupture avec presque tout l'héritage philosophique. Résultat global : les notions d'objet et de sujet se trouvent décomposées. Il n'y a que des choses singulières, différenciées par leur position dans l'espace, même quand nous les déclarons identiques. Le sujet ne préexiste pas, il ne produit pas les représentations qui constituent le monde. Il est au contraire produit par les jeux multiples du réel et de l'immanence. Il est engendré par des séries de « synthèses passives » d'où il émerge comme une sorte de conglomérat. « Ce qui est ou revient n'a nulle identité préalable et constituée. » N'existent que des agencements, des processus et des altérations.

Reste à comprendre comment peuvent se produire les stabilités du langage, comment se mettent en place les univers de signification dans lesquels nous sommes immergés. Leur existence fait naître en effet de fortes objections à une pensée entièrement centrée sur la singularité des événements. Deleuze s'attaque à cette question avec *Logique du sens*, publié également en 1969. Il y développe une analyse des paradoxes, de leur relation aux événements et au corps, esquissant une topologie du sens et du non-sens. Complémentaires, ces deux livres s'opposent par leur style. *Différence et Répétition* est une thèse. La facture est classique, si le contenu ne l'est pas. *Logique du sens* se compose de trente-quatre séries et de cinq appendices, comme si la pensée ne progressait plus d'étape en étape sur une ligne unique mais s'offrait en réseau, par des trajectoires convergentes, ou par des coulées autonomes. Les références ne sont plus celles que la philosophie reconnaît habituellement pour siennes. À côté des stoïciens, Deleuze prend au sérieux Lewis Carroll. Petites filles et schizophrènes croisent Platon et Lucrèce. Entre théorie et fiction, ou entre philosophie et littérature, la ligne de démarcation est déplacée, estompée, voire annulée. Gombrowicz, Fitzgerald, Joyce, mais aussi Klossowski, Tournier, Zola sont considérés comme des expérimentateurs de pensée.

C'est à Proust déjà que Deleuze avait demandé une théorie du signe, à Sacher Masoch une théorie du contrat. Ce mouvement ira s'amplifiant. C'est en vain qu'on tenterait de distinguer nettement ce que Deleuze trouve ou emprunte chez un auteur et ce qu'il y apporte. Dans une œuvre, il s'embarque et semble se laisser porter. En fait, il est seul à pouvoir suivre les courants que son parcours y révèle. Chez le peintre Francis Bacon, il suit une *Logique de la sensation*, chez les cinéastes une pensée de l'image-mouvement, puis de l'image-temps. C'est en revanche chez le philosophe Michel Foucault qu'il fait l'expérience d'une théorie du visible et de l'invisible.

Deleuze expérimentateur. C'est ainsi qu'il pensait. Non pas en plaquant ses schémas, établis à l'avance, sur un matériau inerte, mais en se laissant altérer par les courants du dehors, en acceptant leur dérive. La pensée avec Deleuze est donc expérience de vie, plutôt que de raison. C'est une aventure charnelle et affective, une affaire de sensibilité avant d'être une opération intellectuelle. C'est pourquoi, tout en cultivant la solitude, il n'a jamais pensé seul, mais toujours à partir d'amis, de complices, de proches, vivants ou morts.

C'est pourquoi il s'est engagé, avec Félix Guattari, dans

cette expérience peu commune d'une pensée à deux, d'où sortirent l'*Anti-Œdipe* (1972), *Kafka. Pour une littérature mineure* (1975), *Rhizome* (1976), *Mille Plateaux* (1980) et *Qu'est-ce que la philosophie ?* (1991). Deleuze-Guattari essaient de nouvelles manières d'écrire, et de penser le politique, le hors-norme, l'espace, l'inconscient, le pouvoir, l'État, les langues et les peuples, les définitions de l'art, de la science et de la philosophie. Il ne s'agit plus de parler du multiple, mais de le pratiquer. Ils s'emploient à inventer des concepts indéterminés, aux utilisations aléatoires et proliférantes.

L'*Anti-Œdipe*, en dépit de son titre, n'est pas un livre contre la psychanalyse, une dénonciation de son caractère réducteur qui ramène l'intarissable inventivité de l'inconscient au scénario médiocre du huis-clos avec papa-maman. Mieux vaut le lire comme une défense et illustration de la positivité du désir, de la richesse créatrice de ses mécanismes productifs, de son ouverture aux événements politiques et aux mouvements sociaux. Le bruit que fit ce livre, les polémiques qu'il suscita, les effets de mode qui s'y greffèrent, certaines aussi de ses propres errances ont peut-être empêché qu'on en aperçoive toute la portée. *Mille Plateaux* ne connut pas le même sort. Deleuze et Guattari y tentent pourtant d'étonnantes expériences, en élaborant de nouveau une approche de l'événement plutôt que de l'être, des actes singuliers ou des processus concrets plutôt que de l'activité en général. *Qu'est-ce que la philosophie ?*, ouvrage tardif, rédigé « quand vient la vieillesse et l'heure de parler concrètement », restera sans doute un des classiques de cette fin de siècle.

Bien d'autres portraits de Deleuze sont possibles et souhaitables : en gauchiste, en rieur, en saint, en nuage, en ami fidèle, en énigme, en météore. Tous sont trompeurs et vraisemblables. Avec lui en effet les lignes de partage sont des lieux d'échange autant que des tracés de démarcation, il n'a cessé de revenir de chez les morts pour ouvrir, en écrivant, un peu de vie en plus.

Dernière silhouette : Deleuze en sage. Sans marbre ni toge, pas à l'antique. Sage pour temps futurs : mystique athée, magicien de l'immanence, essayeur de vies, frayeur de libertés, grand incitateur, foule solitaire. Sur sa tombe, deux phrases de Nietzsche, détournées. L'une parle de Leibniz : « Téméraire et en soi mystérieux jusqu'à l'extrême. » L'autre parle des Grecs : « Superficiels... par profondeur. »

## *D'abord la littérature*

Kafka : le désespoir, l'absurde, l'obsession. Et aussi : la loi implacable, la culpabilité omniprésente, la terreur... Et encore : l'impuissance, la névrose, le refuge dans l'écriture. La tour d'ivoire... Son nom fait surgir ces clichés qu'un adjectif résume : « kafkaïen ». Deleuze et Guattari disent non : « Jamais il n'y a eu d'auteur plus comique et joyeux du point de vue du désir ; jamais d'auteur plus politique et social du point de vue de l'énoncé. Tout est rire, à commencer par *Le Procès*. Tout est politique, à commencer par les *Lettres à Felice*. » Il y a de quoi sursauter. Mais aussi prêter l'oreille. Cette provocation n'est pas gratuite. C'est l'aboutissement d'une grande « promenade ». L'air est vif. La route...

Il n'y a pas de route. Pas de schéma tracé, de plan descriptible, de porte principale pour pénétrer dans l'œuvre de Kafka. Au contraire, des accès aussi innombrables que ceux de l'hôtel d'Amérique. Ces entrées multiples visent à court-circuiter d'emblée une lecture psychanalytique. Elles supposent que l'œuvre et le désir ne sont pas soumis à une structure fixe, régis par un signifiant maître, modelés par une forme que le travail d'interprétation pourrait mettre au jour. Deleuze et Guattari énoncent clairement ce qu'ils rejettent : toute recherche des archétypes qui constitueraient l'imaginaire de Kafka, toute démarche aboutissant à proclamer que « ceci veut dire cela ».

Que font-ils donc ? Ils se reconstruisent une politique de Kafka en faisant apparaître son œuvre comme une immense machine d'écriture, avec ses ramifications, ses connexions, ses lignes de fuite : un rhizome, un gigantesque terrier. Cette machine expérimentale serait une arme de guerre directement branchée sur l'économie, l'histoire, les totalitarismes...

Il y a pourtant quelques difficultés. Par exemple, la fameuse *Lettre au père* de novembre 1919, où Kafka rend celui-ci responsable de ses troubles sexuels, ses échecs, sa difficulté à écrire, son monde désertique. N'est-ce pas la meilleure caution des interprétations psychanalytiques ? Pas du tout, répondent Deleuze et Guattari : Kafka « en remet ». Par un grossissement démesuré, un « effet comique », il fait éclater le schéma œdipien : « Les juges, commissaires, bureaucrates, etc. ne sont pas des substituts du père, c'est plutôt le père qui est un substitut de toutes ces forces. »

Pour comprendre cet enchevêtrement de la famille, de la politique et du monde, il faut donc aller voir ailleurs. Du côté de cette « machine d'expression » où s'intercalent lettres, nouvelles et romans. La correspondance est en effet la première pièce essentielle du dispositif — tout au moins le volumineux ensemble des *Lettres à Felice*, seul pris en compte par Deleuze et Guattari. Il est vrai que le « fiancé » submerge d'un flot de textes presque ininterrompu cette jeune femme qu'il a si rarement rencontrée. De 1912 à 1917, il ne cesse de lui écrire, démentant au besoin les lignes qu'il vient d'expédier, lui imposant même de répondre deux fois par jour. Au contrat conjugal, il substituerait un pacte diabolique : un « vampirisme épistolaire » dont il a besoin pour travailler. De sa chambre, immobile, Kafka-Dracula et ses missives-chauves-souris sucent le sang de Felice. Une seule crainte : que le piège ne se retourne contre lui, que toutes ces issues n'aboutissent à des impasses.

Aussi, en même temps, écrit-il des nouvelles dominées par le « devenir-animal ». Ces métamorphoses sont des échappatoires absolues. Il n'y a là, précisent Deleuze et Guattari, ni allégorie ni métaphore. Ce « devenir-animal » dessine une ligne de fuite, le passage vers un monde de la pure intensité, un monde a-signifiant. Mais ce passage est encore menacé : la mort est au bout, la rechute dans l'humain, la famille. Pour leur échapper définitivement, Kafka doit recourir à des agencements plus complexes permettant d'obtenir des « effets inhumains » à partir de rouages humains. Une prolifération de personnages, de lieux contigus ou lointains constitue l'armature des grands romans *(L'Amérique, Le Procès, Le Château)*. Le processus qu'ils décrivent est, cette fois, interminable. La seule issue au procès, c'est pour K... l'« atermoiement illimité » : tout se passe toujours dans le bureau d'à côté.

Car la justice fonctionne indéfiniment, sans loi extérieure, sans culpabilité interne. Il n'y a que les désirs (des juges, des accusés, des témoins...), qui s'agencent, se déplacent, se combinent en un jeu incessant de pouvoirs. Kafka ne trouve pas la « liberté », mais il désigne, enfin, une issue qui ne peut plus s'abolir. C'est en ce sens qu'il est « politique ». Certes, il n'a jamais milité ni ouvertement pris parti. Mais il décrit, dans leur forme, les « puissances diaboliques » qui émergent : technocratie américaine, bureaucratie soviétique, dictatures fascistes. Il les démonte, pièce à pièce. Et ce travail se mène à travers la langue. À force de pauvreté voulue, de sécheresse extrême, Kafka imperceptiblement arrache la langue au sens, à la représentation — au pouvoir.

Ce langage « mineur », cet allemand désertique, répond bien à une situation historique. Pour les juifs de Prague du début du siècle, il était à la fois « impossible de ne pas écrire, impossible d'écrire en allemand, impossible d'écrire autrement », comme le dit Kafka à Max Brod dans une lettre de juin 1921. Et Deleuze et Guattari soulignent combien, dans la littérature d'une minorité, tout est d'emblée politique. Tout énoncé prend valeur collective. Même si aucune communauté n'existe concrètement, l'œuvre forge en elle-même une communauté potentielle. La littérature devient le relais d'une révolution à venir : une forme qui anticipe sur le contenu.

## « *Pas de ligne droite dans le langage* »

Deleuze combat les empêchements. Par exemple, la tristesse, ou la transcendance — ce qui encombre et obstrue les développements de la vie. Il ne songe pas à les détruire, ni même à les écarter définitivement. Il souligne les contours de ces blocs qui entravent les flux du corps, de la perception et de la pensée. Les cartes qu'il dessine permettent de se faufiler entre les idées toutes faites. Ou de passer sous les phrases convenues. Ou encore d'éprouver d'autres états que ceux que l'on dit possibles, parce que simplement ordinaires. Cela suppose des dérives et des dérèglements systématiques. Des expérimentations aussi, qui sont autant de créations. Des façons chaque fois différentes de transformer les carapaces — pouvoirs, phrases, concepts, arguments... — en de nouveaux agencements, capables de ramifications imprévues. « Il n'y a pas de ligne droite, ni dans les choses ni dans le langage. »

Selon Deleuze, les écrivains sont ceux qui, dans la langue de tous, inventent des détours. Rien à voir avec le drapé du beau style ou le métier de faiseur de livres. Rarissimes, ces aventuriers sont des solitaires œuvrant aux limites. Aux limites d'eux-mêmes, de la grammaire et du monde. Ils larguent en même temps les monotonies de la syntaxe et cet enclos de petites affaires qu'on dénomme le moi. « Écrire n'est pas raconter ses souvenirs, ses voyages, ses amours et ses deuils, ses rêves et ses fantasmes. [...] On n'écrit pas avec ses névroses. » La littérature crée seulement en quittant le ressassement du « moi-je ». Elle « ne se pose qu'en découvrant sous les apparentes personnes la puissance d'un impersonnel ». Cet impersonnel n'est pas une généralité. Car le plus singulier, le plus concret, est dépourvu des caractéristiques attribuées habituellement à une personne. La fascination envers ce qui est « personnel » est une fiction qui éloigne et fige toute forme de devenir — une vie grippée. S'approcher des choses, se mêler à leur jeu de forces, revient au contraire à se débarrasser de soi, à entrer dans de nouvelles combinaisons avec le dehors.

Un tel devenir suppose des combats internes et des affrontements multiples : « La part inaliénable de l'âme, c'est quand on a cessé d'être un moi : il faut conquérir cette part éminemment fluente, vibrante, luttante. » C'est pourquoi l'écrivain se bat, au sein de la langue, contre la langue elle-même. Celle-ci n'est pas faite pour dire ce qui est singulier. Les mots, leurs significations usuelles, l'enchaînement régulier de leurs relations n'ont trait, par essence, qu'à des généralités. Pour y dire, par bribes, autre chose, il faut mettre la grammaire en déséquilibre. L'enrayer, la faire bégayer. Dérégler ses mécanismes communs. Tailler dans la langue, par des procédés divers, une langue nouvelle — proprement inouïe, et d'abord inaudible. « Un grand écrivain est toujours comme un étranger dans la langue où il s'exprime, même si c'est sa langue natale. » Ce qu'il tente de dire n'est pas au programme de l'exprimable.

Car les visions et les auditions les plus particulières adviennent hors les mots. Ces perceptions-limites ne sont pas, malgré tout, étrangères à l'horizon des êtres parlants. Elles n'ont pas lieu dans un monde mutique. Leur existence est, au contraire, rendue possible par celle du langage. Elles adviennent dans ce dehors constitué par le fait même qu'il y a du langage. La tâche de l'écrivain est alors de forer au-dedans des phrases, d'y produire des fissures et des failles, par lesquelles se donnent finalement à voir et à entendre quelques-unes des teintes ou des mélodies du dehors. Dans cette échappée sur place, à chacun sa tactique. Selon sa singularité, sa manière de se défaire de son moi, son devenir individuel, ses lignes de force et de fuite. Deleuze suit des œuvres très diverses, mais les écrivains qu'il accompagne acquièrent, sous leurs disparités visibles, comme une ressemblance souterraine. Beckett, Wolfson, Carroll, Melville, Whitman, Kafka, les deux Lawrence (D.H. et T.E.), Artaud, Jarry, Masoch, Roussel, Brisset : quoi de commun ? Peu de choses, au premier regard. Sauf, à chaque fois, des textes agencés selon « un langage affectif, intensif, et non plus une affection de celui qui parle » : « Les beaux livres, dit Proust dans *Contre Sainte-Beuve*, sont écrits dans une sorte de langue étrangère. »

S'agit-il des écrivains seulement ? Non, des philosophes aussi. Ceci en deux sens : les explorateurs du dehors sont, en tant que tels, des penseurs — gens d'idées, pas seulement gens de lettres. Par ailleurs, pour Deleuze, la philosophie est aussi affaire de style, la création des concepts est liée aux expériences singulières, les systèmes à leur manière mettent en relation le dehors et le dedans. Il n'a jamais cessé d'annuler ces frontières artificielles.

## *Les plis de Leibniz*

« Leibniz est dangereux en bon Allemand qui a besoin de façades et de philosophies de façade, mais téméraire et en soi mystérieux jusqu'à l'extrême. » Ainsi parlait Nietzsche. Il est vrai que, derrière les façades du maître de Hanovre — perruques de cour, missions diplomatiques, habileté de polémiste, curiosité encyclopédique —, le système du philosophe demeure pour une part énigmatique. La dispersion de l'œuvre en opuscules, correspondances, écrits de circonstance n'en est pas vraiment la cause — pas plus que son usage constant des modèles mathématiques ou sa fonction d'avocat de Dieu.

Leibniz parvient, plus qu'aucun autre sans doute, à penser ensemble l'unité du monde et son infinie diversité, l'harmonie du tout et la singularité des individus, l'unicité du réel et la multiplicité innombrable des points de vue. La clé de sa philosophie, s'il fallait le dire vite, pourrait être : tout est toujours la même chose, tout diffère cependant par la manière. Cette clarté n'est sans doute qu'un trompe-l'œil. Le mystère réside ailleurs.

Derrière la façade, une chambre noire, close, hermétique peut-être. « Les monades n'ont point de fenêtres par lesquelles quelque chose y puisse entrer ou sortir », écrit Leibniz. Elles n'ont « pas de trous ni de portes », dit-il ailleurs. Les monades ne sont pas des âmes ni des esprits tels qu'on pouvait les concevoir avant lui. Elles tirent tout de leur propre fond, qui est sombre. Chacune exprime le monde entier mais n'en exprime clairement qu'une partie. C'est dans ce clair-obscur leibnizien que Deleuze a installé sa lanterne. Le philosophe des mouvements, des trajectoires, des inflexions, s'attache à celui qui pense par différentielle et intégrale. En même temps, son Leibniz est comme toujours inattendu. Au bout du compte, c'est bien Leibniz, tout y est : les monades et les petites perceptions, l'harmonie préétablie et le meilleur des mondes possibles, les deux branches du calcul infinitésimal. Le système entier se trouve disséqué. En même temps, il est mis en mouvement, investi, accentué, plié et déplié de telle façon que... c'est bien Deleuze. Tout y est : les séries et les événements, les machines et les régimes de lumière, les seuils d'intensité et les lignes de fuite. Pour y voir clair, on doit donc considérer la démarche de plusieurs manières. Au moins quatre.

Comme une analyse du système leibnizien, évidemment, et de son fonctionnement. De rouage en rouage, Deleuze insiste sur les points de rupture avec le classicisme — celui d'Aristote aussi bien que celui de Descartes. Il montre comment le sujet, l'objet, le concept, le prédicat, la substance changent profondément de statut chez Leibniz. Il prolonge ou contrecarre au passage tel aspect des commentaires célèbres de Louis Couturat, Bertrand Russell, Martial Gueroult, Yvon Belaval, Michel Serres ou André Robinet. Il offre des solutions originales à d'épineux problèmes « techniques ».

Il se pourrait aussi que ce soit avant tout un travail sur le baroque, dont Leibniz serait le philosophe par excellence. Étrange charnière, le baroque : les assurances du classicisme s'effondrent. Le monde n'a plus ni centre ni figure. Les principes, en philosophie, s'effritent ou se grippent. Dieu n'est plus ce qu'il était : l'idéal théologique vacille. Mais le temps n'est pas encore au nihilisme, à l'absence de tout principe, à la mort de Dieu ni à l'éclatement du monde. L'âge baroque sauve ce qui peut l'être encore. Il s'y prend d'une curieuse façon : à partir du manque, il produit l'abondance. Faute de centre, des perspectives innombrables et mobiles. Faute de Bien absolu, la richesse de ce qui est relativement meilleur. Les principes sont traités comme des façades ou des trompe-l'œil : Leibniz le baroque joue à les multiplier. Il fête les divergences et les combine à l'infini. Avec des dissonances accrues, il invente une nouvelle harmonie.

Reste à savoir comment il s'y prend. Troisième lecture. Le véritable objet de cette réflexion, ce pourrait être le pli. Le monde de Leibniz est fait d'une infinité de plis. La matière inerte est pliée sous la pression de forces extérieures. L'organisme est formé d'un pli endogène et plie ses propres parties à l'infini. Les idées sont pliées dans les âmes et le fond très obscur des monades est comme une draperie noire striée de myriades de pliures, que parcourent les petites perceptions. Bref, le baroque plie tout : les lignes, les corps, les costumes, mais surtout l'extérieur sur l'intérieur, les monades sur la nature. Ce pli allant à l'infini, pas question d'y échapper. Déplier, « ex-pli-quer », ce n'est pas effacer les plis, c'est les parcourir, voire en former de nouveaux.

Du coup, nous sommes au-delà de Leibniz aussi bien que du baroque. Il faut alors un quatrième point de vue, comme l'esquisse d'une théorie générale du pli. Deleuze l'amorçait déjà dans le dernier chapitre de son *Foucault*. Il est vrai que la notion de pli est assez souple pour avoir mille applications. On peut la voir contourner, ou englober, la question de l'être. On peut lui faire traverser en diagonale l'héritage contemporain de Leibniz, depuis les travaux de mathématiciens comme Thom ou Mandelbrot jusqu'aux recherches des biologistes sur l'épigenèse. On la verrait enfin triompher dans les créations néobaroques d'aujourd'hui : les pliures de Hantai, la musique de Boulez *(Pli selon pli)*, l'écriture de Borges, ou celle de Michaux *(Vivre dans les plis)*. Entre autres.

## « *Qu'est-ce que la philosophie ?* »

Deleuze rectifie : la philosophie n'est ni contemplation, ni réflexion, ni communication. Elle est création de concepts — toujours nouveaux, toujours à construire, toujours enracinés dans l'obscur —, sources de lumières mobiles, détournées du chaos, et le survolant. Art et science ont de tout autres gestes. Ils peuvent croiser ceux des philosophes, non les remplacer. Art et science plongent différemment dans l'inconnaissable. Leurs embarcations, leurs filets, leurs pêches ne sont pas ceux de la philosophie — même si l'océan les porte tous, indifférent.

Qu'est-ce donc, la philosophie ? Une création. Une manière de tracer une face de l'univers, pour y fabriquer un monde possible et y déployer des possibilités de vie nouvelles. La philosophie n'a donc pas affaire à des vérités éternelles. Aucun donné déjà là n'est à contempler. On le croit uniquement après avoir, comme Platon, créé le concept d'une vérité... incréée. Le philosophe fabrique, agence, ajuste des concepts. Il emprunte au chaos de la vie, aux mouvements impensables qui traversent son corps, de quoi façonner un espace inédit. Un concept tente de donner consistance à un mouvement infini, sans pour autant le perdre.

Paradoxes des concepts. Multiples, ils survolent leurs composantes. Construits, ils se posent eux-mêmes, menant, si l'on ose dire, une existence singulière. Absolus, ils ne peuvent être solitaires, mais toujours solidaires d'autres concepts, évoluant de concert. Générateurs de problèmes, ils ont l'air d'en être les solutions. Émergeant absolument de la nuit, ils paraissent éternellement lumineux. Aérolithes, ils sont pris pour des étoiles fixes. On confond ces « centres de vibrations » avec des formes universelles, des phrases bien faites, ou des vérités closes. Autant de méprises sur ce qu'est la philosophie.

La définir comme création de concepts conduit à écarter

ces illusions antiques et modernes. La philosophie combat indéfiniment — d'abord en elle-même — la transcendance, sous toutes ses formes. C'est son ennemie intime, son piège multiforme, la force aussi de son déploiement. Deleuze fait joyeusement la guerre à presque tout le présent. La « mort de la métaphysique » ou le « dépassement de la philosophie » ? « D'inutiles, de pénibles radotages. » Ou encore, entre cent autres formules : « Ce ne sont pas des philosophes, les fonctionnaires qui ne renouvellent pas l'image de la pensée, et n'ont même pas conscience de ce problème, dans la béatitude d'une pensée toute faite qui ignore jusqu'au labeur de ceux qu'elle prétend prendre pour modèles. »

Faire ce qu'ont fait les grands : créer des concepts, encore et toujours. Et non répéter leur discours, ou pire : le conserver pieusement sans y rien entendre. Telle est la leçon. Ce n'est pas la seule, et de loin. La pensée est un mode d'existence, et la vérité son intensification : « Un mode d'existence est bon ou mauvais, noble ou vulgaire, plein ou vide, indépendamment du Bien et du Mal, et de toute valeur transcendante : il n'y a jamais d'autre critère que la teneur d'existence, l'intensification de la vie. » Il est question du risque, et des postures du penseur : « Si la pensée cherche, c'est moins à la manière d'un homme qui disposerait d'une méthode que d'un chien dont on dirait qu'il fait des bonds désordonnés... » Des personnages animent les concepts, habitent la vie des philosophes et parlent sous leur signature : « Nous, philosophes, c'est par nos personnages que nous devenons toujours autre chose, et que nous renaissons jardin public ou zoo. » Un « goût philosophique » règle les relations entre le tracé d'un univers sous-jacent aux concepts, l'invention des personnages qui y vivent, la coexistence des concepts positifs ou répulsifs qui le peuplent. Des plans distinguent philosophie, science et art et permettent que leurs éléments respectifs se discernent : forme du concept, fonctionnement de la connaissance, force de la sensation. Et des façons dont ils se recoupent. Et de leurs rapports au chaos. Et de la jonction qu'opère le cerveau entre ses trois styles de quête distincts au sein de l'impensable primordial, au-delà du sage et du fou.

## *Guerre contre soi*

Gilles Deleuze a participé activement à « la guerre des joies contre les tristesses ». Il a rappelé que les discours ne se limitent pas à des objets purement théoriques, qu'ils sont tout entiers traversés d'expérimentations, d'événements, d'aventures du corps, de flux multiples. Comme des retours de voyages impossibles qui pourtant ont lieu ou comme d'étranges véhicules pour de nouveaux mouvements de cerveau. Voilà comment il convient de le lire : en acrobate, en danseur, en gymnaste. Se dire : cette posture de pensée-là, l'ai-je déjà prise ? Puis-je la trouver, la tenir ? Quels circuits emprunte-t-elle ? Est-ce une entrave, ou une aide ?

Deleuze parle souvent de respiration. Idée folle : une sorte de yoga ? Dans ses derniers textes (ceux de *Pourparlers*, mais aussi *Foucault* ou *Le Pli*, dans *L'Épuisé*, aussi) revient la question de l'irrespirable, du vide où l'on ne respire plus. Peut-être demandait-il à la pensée des voies nouvelles pour le souffle, écartant celles qui le coupent ou l'étouffent, privilégiant celles qui peuvent le ramifier, le faire circuler, l'aider à emprunter des circuits encore à frayer. Sans doute est-ce une interprétation inhabituelle. Mais elle ne paraît pas lui être tout à fait infidèle.

Derrière tout, des mouvements. Peu importe, finalement, les contextes. Ils multiplieront indéfiniment les cas de figure. Sa démarche consistait à permettre toujours des mouvements, à tenter de les penser, en prenant le risque d'accompagner leur cours. Démarche politique : « Si les oppressions sont si terribles, c'est parce qu'elles empêchent les mouvements et non parce qu'elles offensent l'éternel. » Démarche théorique : à un antique amour de la vérité, essence immuable et figée, Deleuze a voulu substituer l'attention multiple aux métamorphoses inouïes des langues, des corps, des peuples. En cela évidemment il fut fidèle à Nietzsche qui le premier déchira la « déplorable croyance en la vérité ». Mais sans doute Deleuze fut-il plus net que Nietzsche, éclairant ce qu'il avait seulement suggéré. Par exemple ceci : l'histoire n'est pas le lieu des mutations décisives. Mieux : l'histoire serait seulement le nom des obstacles qu'il convient d'écarter pour qu'advienne quelque nouveauté effective. « L'histoire désigne seulement l'ensemble des conditions, si récentes soient-elles, dont on se détourne pour "devenir", c'est-à-dire pour créer quelque chose de nouveau. » Cette nouveauté est celle des expériences de pensée. L'histoire en est comme le lieu d'émergence, ou la condition d'apparition. Elle n'en est ni moteur ni cause : « L'expérimentation n'est pas historique, elle est philosophique. » En cela Deleuze fut fidèle à Nietzsche, mais aussi à Bergson.

Ce serait une erreur de croire que les mouvements deleuziens nécessitent un déplacement, une agitation ou même quelque transport spatial. Au contraire, les plus bouleversants ont lieu sans que rien, apparemment, ne bouge. Ainsi procèdent les inventions de souffle, les créations de syntaxe et les révolutions de la pensée. Et en un sens la philosophie, qui se tient entre guerre et paix et « ne se sépare pas d'une colère contre l'époque, mais aussi d'une sérénité qu'elle nous assure ». La philosophie ne peut livrer bataille contre ces puissances que sont « les religions, les États, le capitalisme, la science, le droit, l'opinion, la télévision ». Elle ne peut que les harceler en menant « une guerre sans bataille, une guérilla contre elles ». Mais de tels mouvements de résistance ne mobilisent pas des groupes. La « guérilla » que mène la philosophie n'oppose pas les penseurs aux pouvoirs, les marginaux aux tenants de l'ordre ou les créateurs aux gardiens de tous les *statu quo*. « Comme les puissances ne se contentent pas d'être extérieures, mais passent aussi en chacun de nous, c'est chacun de nous qui se trouve sans cesse en pourparlers et en guérilla avec lui-même, grâce à la philosophie. »

Guerre de chacun contre soi : belle définition. Les formes de cette guerre : le style (« les grands philosophes sont aussi de grands stylistes »). Ses armes : des concepts qui ne diraient pas l'essence, mais l'événement. Son but : la vie, c'est-à-dire une vie plus grande (« dans l'acte d'écrire, il y a la tentative de faire de la vie quelque chose de plus que personnel, de libérer la vie de ce qui l'emprisonne »). Ses ennemis : les puissances ? Oui, mais sous les formes qu'elles prennent au sein de nous-mêmes. Exemple : les pesanteurs de la langue, qui engendrent les lourdeurs de la bêtise et le faux sérieux des conformismes. Parmi de tels ennemis, ne pas oublier le moi (« on n'écrit pas avec son moi, sa mémoire et ses maladies ») ni les évidences trompeuses de ce qu'on croit comprendre (« on parle du fond de ce qu'on ne sait pas »).

Il faut remercier Deleuze, pour avoir dit si bien que la philosophie est affaire de création plutôt que d'histoire des textes, pour avoir rappelé son rôle : construire des systèmes, forger toujours de nouveaux concepts, pour avoir souligné que ce travail a lieu sur fond d'obscurité (« la pensée n'est pas affaire de théorie »). Dans une époque sèche, réactive, manipulatrice, où l'inflation des discours préfabriqués lamine les cerveaux, Deleuze a incité chacun à oser suivre ses voies secrètes. Ses livres ont montré la force des solitudes. L'Université fit semblant de ne pas savoir qu'il était l'un des plus grands. Les pouvoirs feignent toujours de l'ignorer. C'est bien : on le verrait mal encombré d'honneurs. Il suffit qu'à le lire on se sente moins craintif. Avec Deleuze le rire du philosophe éclata encore. Il faut célébrer ces joies.

# UN MOT ENCORE

Chacun refera comme il voudra. Libre de revenir sur ses pas, de suivre une piste à peine indiquée, d'être d'un avis opposé à celui indiqué au détour de telle ou telle page. Le parcours suivi ne prétend, évidemment, ni tout savoir ni tout faire voir. Une incitation à rencontrer les textes, c'est tout ce qu'on a voulu proposer. Si le passant a éprouvé quelque curiosité nouvelle, s'il s'est convaincu que tout n'est pas si austère ni si ennuyeux qu'on le dit chez les philosophes, s'il a ressenti l'envie d'aller par lui-même fréquenter des œuvres, des séminaires, simplement des idées, alors ce ne fut pas peine perdue.

Reste à savoir ce que sont les philosophes, et ce que pourrait être la philosophie, si l'on résume les indications glanées en leur compagnie. Un philosophe ne se définit pas seulement comme un individu à qui il serait « arrivé quelque chose » — illumination, extase, deuil, intuition, possession et autres crises que connaissent aussi bien poètes et mystiques. Ce n'est pas non plus une âme ébranlée qui prendrait pour objet de réflexion la secousse qui l'a bouleversée, pour la comprendre du dehors en la maîtrisant par la raison. C'est plutôt un esprit qui décide de transformer son existence par l'intelligence continuée et vécue de ce qui lui arrive, compréhension qu'il doit conquérir en ne comptant que sur ses propres forces. Une définition plus conventionnelle délimiterait le philosophe au moyen du seul travail de polissage des concepts, sans se soucier de la provenance du matériau ni de l'étrange désir de le façonner, ni des conséquences de cette singulière activité.

Bien que distinctes, ces définitions ne s'excluent pas nécessairement. Peut-être approchons-nous d'un temps où elles apparaîtront complémentaires et inséparables, où l'on cessera d'opposer moralistes et logiciens, temps des sagesses antiques et temps des systèmes théoriques modernes, pour comprendre que tout philosophe chemine sur les deux registres. Toujours une morale sous les concepts, toujours une logique à l'œuvre dans l'éthique. Une multitude d'accentuations différentes produit évidemment des contrastes. Mais ce ne sont pas des différences radicales. Il n'y a qu'un seul travail de la pensée. S'agirait-il là d'une nouveauté ? D'un événement extraordinaire ? Ne serait-ce pas au contraire l'idée la plus banale qui soit, la plus courante, la plus anciennement reçue ? Tout le monde l'a toujours su, probablement.

Il faut redire le caractère inséparable des deux faces de la philosophie : mode de vie et construction de discours. C'est grande erreur, sous prétexte de retrouver le sens de la philosophie vécue, de se débarrasser du travail des concepts, des démonstrations et des arguments. Il convient au contraire de comprendre que discours et mode de vie sont intimement liés, renvoient l'un à l'autre, ne cessent de se soutenir réciproquement. Les philosophes sont les seuls à se demander, obstinément, depuis toujours, comment vivre sans faire appel à d'autre croyance que la confiance en la raison. Les jeux d'idées des philosophes intriguent : on ne sait jamais s'ils font tout cela pour rire ou bien s'ils ont un secret. Voilà ce secret bien connu : les philosophes sont les gardiens obstinés de l'ignorance. Ils soulignent indéfiniment les limites des savoirs. Cela les amuse et les inquiète à la fois. Si leurs jeux infinis n'intéressaient plus personne, le monde ne serait qu'un fonctionnement.

# REMERCIEMENTS

Ma gratitude s'adresse d'abord aux philosophes, cités ou non dans ce volume, pour les joies partagées.

Elle s'adresse aussi aux maîtres qui me firent découvrir la philosophie, en particulier Michel Pêcheux, Jean Deprun, Camille Pernot, Bernard Besnier, Martial Gueroult, et d'une autre façon à ceux de ces maîtres qui devinrent mes amis, comme Michel Hulin, comme Jean-Toussaint Desanti, à qui je dois tant.

J'exprime également ma reconnaissance à ceux qui furent, au fil des ans, les destinataires de ces textes : mes élèves de terminale, pour leurs questions directes et leur avidité ; les lecteurs du *Monde*, pour leur courrier attentif, chaleureux, exigeant.

J'adresse mes vifs remerciements à Jean-Marie Colombani, directeur du *Monde*, pour m'avoir autorisé à utiliser librement les articles que j'ai signés dans ce journal, à Jacqueline Piatier pour m'avoir appris le métier, à François Bott pour m'avoir confié une chronique, à Josyane Savigneau pour sa complicité de toujours, et à toute l'équipe du *Monde des Livres* pour les années de travail que nous avons en commun.

Je remercie pour son efficacité Didier Rioux, chef de la

documentation du *Monde*, qui m'a aidé à rassembler les articles qui ont fourni le matériau de ce livre.

Murielle Ohnona-Weizman m'a apporté également une aide précieuse pour réunir et classer la documentation.

Ce volume n'aurait pu être mené à bien sans le concours d'Yvette Gogue, qui a pris en charge avec une grande compétence bien des aspects techniques du manuscrit.

Merci à Joëlle Proust pour son hospitalité au cours de l'été 1997, aux bergères pour leur joyeuse compagnie et à N. F., ma compagne, pour tout.

# SOURCES ET RÉFÉRENCES

Les ouvrages utilisés sont indiqués ici, chapitre par chapitre. La plupart étant cités dans le texte, au moins par une mention du nom de l'auteur, ils figurent ici dans leur ordre d'apparition. De brefs commentaires les accompagnent pour que cette bibliographie puisse servir de premier guide de lecture. Quelques suggestions complémentaires sont indiquées ensuite. Ces indications n'ont pas d'autre prétention que de faciliter la recherche des lecteurs qui désireraient se reporter aux textes d'où provient ce livre. Sauf exception signalée, le lieu d'édition est Paris.

## PREMIÈRE PARTIE

## Ceux qui croyaient au vrai, ceux qui n'y croyaient pas

### I — FAÇON DE PARLER, MANIÈRE DE VIVRE

JANICAUD, Dominique, *À nouveau la philosophie*, Albin Michel, « Bibliothèque du Collège international de philosophie », 1991, 236 pages.

*Recueil d'études sur la situation contemporaine de la philosophie, et sur sa place possible dans la société et la culture de demain.*

HADOT, Pierre, *Exercices spirituels et Philosophie antique*, Études augustiniennes, 2e édition revue et augmentée, 1987, 254 pages.

*Un travail à la fois fondamental et accessible, dont la lecture a contri-*

*bué à modifier la trajectoire de Michel Foucault, et qui a surtout renouvelé l'image de la philosophie dans l'Antiquité.*

Domanski, Juliusz, *La Philosophie, théorie ou manière de vivre ? Les controverses de l'Antiquité à la Renaissance*, préface de Pierre Hadot, Éditions du Cerf et Éditions universitaires de Fribourg, « Pensée antique et médiévale », 128 pages.

*Utile complément aux travaux de Pierre Hadot, pour ceux qui ont déjà lu les ouvrages de base.*

Hadot, Pierre, *La Citadelle intérieure. Introduction aux « Pensées » de Marc Aurèle*, Fayard, 1992, 386 pages.

*L'une des meilleures introductions à la lecture de Marc Aurèle, et à la compréhension du stoïcisme en général.*

Jamblique, *Vie de Pythagore*, introduction, traduction du grec et notes de Luc Brisson et Alain Philippe Segonds. Les Belles Lettres, « La roue à livres », 1996, 244 pages.

*Rédigé près de huit siècles après le temps où vécut Pythagore, une biographie largement légendaire.*

Lucien, *Philosophes à vendre*, suivi du *Pécheur ou Les Ressuscités*, traduit du grec, présenté et annoté par Odile Zink, Le Livre de poche, « Les classiques d'aujourd'hui », 1996, 128 pages.

*Un des pamphlets les plus drôles de l'Antiquité.*

Voir également, sur les thèmes abordés :

Hadot, Pierre, *Qu'est-ce que la philosophie antique ?*, Gallimard, « Folio Essais », 1995, 464 pages.

*Tout simplement lumineux.*

Conche, Marcel, *Vivre et Philosopher. Réponses aux questions de Lucile Laveggi*, PUF, 1992, 232 pages.

*Une tentative pour cheminer vers une sagesse contemporaine.*

Goulet, Richard, éd., *Dictionnaire des philosophes antiques*, Éditions du Centre national de la recherche scientifique, en cours depuis 1990.

*Toutes les références relatives à des centaines de philosophes à peine connus. Outil de travail indispensable pour toute recherche savante.*

Goulet-Cazé, Marie-Odile, *L'Ascèse cynique : un commentaire de Diogène Laërce*, Vrin, « Histoire des doctrines de l'Antiquité classique », 1986, 292 pages.

*Pour découvrir ce que pensèrent les cyniques et le sens de leurs provocations.*

## II — DES GRECS TOUJOURS RECOMMENCÉS

DUMONT, Jean-Paul, *Les Présocratiques*, édition établie par Jean-Paul Dumont, avec la collaboration de Daniel Delattre et de Jean-Louis Poirier, Gallimard, « La Pléiade », 1988, 1626 pages.

*Le recueil le plus accessible et le plus complet en langue française.*

CONCHE, Marcel, *Héraclite. Fragments*, texte établi, traduit et commenté par Marcel Conche, PUF, « Épiméthée », 1986, 496 pages.

*Édition savante avec texte grec, traduction française et commentaires.*

SALEM, Jean, *Démocrite. Grains de poussière dans un rayon de soleil*. 1996, Vrin, « Histoire de la philosophie », 1996, 416 pages.

SALEM, Jean, *La Légende de Démocrite*, Kimé, 1996, 160 pages.

*Deux ouvrages complémentaires qui s'emploient à faire le tour de la pensée de Démocrite et de l'évolution de son image.*

DETIENNE, Marcel et SISSA, Giulia, *La Vie quotidienne des dieux grecs*, Hachette Littérature, « La vie quotidienne », 1989.

*Sous l'angle des faits et gestes, une analyse de l'univers divin des Grecs.*

VERNANT, Jean-Pierre, *L'Individu, l'Amour, la Mort. Soi-même et l'autre en Grèce ancienne*, Gallimard, 1989, 234 pages.

*Un livre de référence sur les paradoxes de l'homme antique et son absence d'intériorité.*

VERNANT, Jean-Pierre, *Mythe et Religion en Grèce ancienne*, Seuil, 1990, 124 pages.

*Un article d'encyclopédie devenu la plus exacte des introductions à la religion des Grecs.*

FINLEY, Moses, *Démocratie antique et Démocratie moderne*, traduit de l'anglais par Monique Alexandre, précédé de « Tradition de la démocratie grecque » par Pierre Vidal-Naquet, Petite Bibliothèque Payot, 1976, 192 pages.

*Un des classiques de la réflexion contemporaine sur les Grecs.*

ROMILLY, Jacqueline de, *Problèmes de la démocratie grecque*, Hermann, 1976, 216 pages.

*L'ouvrage rassemble de nombreux extraits de textes ordonnés par thèmes.*

Voir également sur les thèmes abordés :

NIETZSCHE, Friedrich, *Sur Démocrite. Fragments inédits*, traduit de l'allemand et présenté par Philippe Ducat, postface de Jean-Luc Nancy, Métaillé, 1990, 150 pages.

*Comment un philosophe décide de « réinventer » une figure de l'Antiquité.*

TERRAY, Emmanuel, *La Politique dans la caverne*, Seuil, « La librairie du XXe siècle », 1990, 437 pages.

*La démocratie comme régime fondé sur l'incertitude et la décision collective.*

BRUNSCHWIG, Jacques et LLOYD, Geoffrey, *Le Savoir grec*, dictionnaire critique sous la direction de Jacques Brunschwig et Geoffrey Lloyd, avec la collaboration de Pierre Pellegrin, préface de Michel Serres, Flammarion, 1996, 1096 pages.

*Une belle mise en perspective de la réflexion caractéristique des Grecs sur leurs propres savoirs.*

## III — SILENCES ET COMMENTAIRES

MAZEL, Jacques, *Socrate*, Fayard, 1987, 570 pages.

*Biographie agréable et exacte du plus singulier personnage de l'histoire philosophique.*

PLATON, *Lettres*, traduction inédite, introduction et notes de Luc Brisson, « GF »-Flammarion, 1987, 314 pages.

PLATON, *Gorgias*, traduction inédite, introduction et notes de Monique Canto, « GF »-Flammarion, 1987, 382 pages.

*On se reportera, outre ces deux titres, à toutes les nouvelles traductions de Platon en livre de poche « GF »-Flammarion, excellemment faites.*

RICHARD, Marie-Dominique, *L'Enseignement oral de Platon*, préface de Pierre Hadot, Éditions du Cerf, 1986, 414 pages.

*Le point sur les travaux de l'école de Tübingen, pour lecteurs déjà informés de Platon.*

DIXSAUT, Monique, éd., *Contre Platon. Renverser le platonisme*, Vrin, « Tradition de la pensée classique », 1995, 322 pages.

*Ouvrage collectif sur les adversaires de la pensée de Platon à travers les siècles.*

THOM, René, *Apologie du logos*, préface de Jean Largeault, Hachette Littératures, 1990, 672 pages.

*Les analyses relatives à la métaphysique d'Aristote du mathématicien créateur de la « théorie des catastrophes ».*

SINACEUR, Mohammed Allal, éd., *Aristote aujourd'hui*, Éditions Erès-Unesco, 1988, 356 pages.

SINACEUR, Mohammed Allal, éd., *Penser avec Aristote*, préface de Federico Mayor, Éditions Erès, 1992, 890 pages.

*Les multiples facettes de l'héritage d'Aristote, éclairées par une série de spécialistes.*

HEIDEGGER, Martin, *Interprétations phénoménologiques d'Aristote*, traduit de l'allemand par J.-F. Courtine, préface de H.-G. Gadamer, édition bilingue, Éditions TER, 1992, 60 pages.

*Document sur la démarche de Heidegger et sur son débat avec le fondateur de la métaphysique.*

BRAGUE, Rémi, *Aristote et la Question du monde*, PUF, « Épiméthée », 1988, 560 pages.

*Aristote relu dans une perspective heideggérienne.*

COURTINE, Jean-François, *Suarez et le Système de la métaphysique*, PUF, « Épiméthée », 1991, 560 pages.

*La chaîne des commentaires du texte de* La Métaphysique *d'Aristote et son évolution.*

PLOTIN, *Œuvres*, introduction, commentaires et notes de Pierre Hadot, Éditions du Cerf, 1988, 428 pages.

*Nouvelle traduction des textes d'un philosophe incomparable.*

PÉPIN, Jean, *La Tradition de l'allégorie de Philon d'Alexandrie à Dante*, Études augustiniennes, 1988, 382 pages.

*La reprise par les penseurs chrétiens de l'héritage philosophique grec passe notamment par la question de l'allégorie.*

DAMASCIUS, *Des premiers principes*, introduction, notes et traduction du grec de Marie-Claire Galpérine, Verdier, 1988, 814 pages.

*Peut-être le dernier des Grecs, en tout cas l'un des plus vertigineux et déconcertants.*

## IV — NE PAS OUBLIER L'INDE

BUGAULT, Guy, *L'Inde pense-t-elle ?*, PUF, « Sciences, modernités, philosophies », 1995, 350 pages.

*Par un philosophe qui connaît le sanskrit, l'introduction la plus claire aux questions soulevées par l'existence de la philosophie en Inde.*

VALLIN, Georges, *La Perspective métaphysique*, PUF, Dervy-Livres, 1959, rééd. 1977.

VALLIN, Georges, *Lumières du non-dualisme*, avant-propos de Jean Borella, Presses universitaires de Nancy, 1987, 166 pages.

*Un livre et un recueil de l'un des rares philosophes à s'être vraiment préoccupé de philosophie comparée dans la France des années 1950 et 1960.*

KAPANI, Lakshmi, *La Notion de samskâra dans l'Inde brahmanique et bouddhique*, Publications de l'Institut de civilisation indienne du Collège de France, diffusion de Boccard, vol. I, 1992, 314 p., vol. II, 1993, 280 pages.

*Travail fondamental sur une notion carrefour, pour un public déjà informé.*

CHENET, François, éd., *Nirvâna*, Cahiers de l'Herne, 1993, 372 pages.

*Ensemble d'études et de traductions inédites relatives à une notion aux sens divers et parfois difficiles à saisir.*

BAREAU, André, *La Voix de Bouddha*, Philippe Lebaud, « Les intemporels », 1996, 160 pages.

*Une des introductions les plus simples, par un spécialiste éminent.*

## V — ÉTOILES FILANTES

RANSON, Patrick, éd., *Saint Augustin. Les Dossiers H.*, L'Âge d'Homme, 1988, 494 pages.

*La plupart des facettes du philosophe et de l'apologétiste sont étudiées au fil de ce volumineux dossier.*

BOULNOIS, Olivier, éd., *La Puissance et son ombre. De Pierre Lombard à Luther*, textes traduits et présentés sous la direction d'Olivier Boulnois, Aubier, « Bibliothèque philosophique », 1994, 416 pages.

*Série d'articles de philosophie médiévale centrés sur la question de la puissance de Dieu et sur ses paradoxes.*

LIBERA, Alain de, *La Philosophie médiévale*, PUF, « Que Sais-je ? », 1992, 128 pages.

LIBERA, Alain de, *La Philosophie médiévale*, PUF, « Premier cycle », 1993, 512 pages.

*Les meilleurs guides aujourd'hui, par un spécialiste pédagogue.*

OCKHAM, Guillaume d', *Somme de logique*, première partie, traduction, introduction et notes de Joël Biard, Trans-Europ-Repress, 1989, 244 pages.

*Le texte principal, remarquablement édité.*

ALFIÉRI, Pierre, *Guillaume d'Ockham, le singulier*, Minuit, « Philosophie », 1989, 482 pages.

*Étude de l'apport d'Ockham à la réflexion logique et de son actualité.*

CONCHE, Marcel, *Montaigne et la philosophie*, PUF, « Perspectives critiques », 1996, 176 pages.

*Une des plus cohérentes approches philosophiques de Montaigne.*

MIRANDOLE, Pic de La, *De la dignité de l'homme (Oratio de hominis dignitate)*, traduit du latin et préfacé par Yves Hersant, Éditions de l'Éclat, « Philosophie imaginaire », 1993, 136 pages.

MIRANDOLE, Pic de La, *Œuvres philosophiques*, texte latin, traduction et notes par Olivier Boulnois et Giuseppe Tognon, PUF, « Épiméthée », 1993, 314 pages.

*À découvrir.*

BRUNO, Giordano, *Œuvres complètes*, texte et traduction sous la

direction d'Yves Hersant et Nucio Ordine, en cours de publication depuis 1993, Les Belles Lettres, 421 pages.
*L'édition bilingue de référence.*

## VI — RAISON CLASSIQUE

MARION, Jean-Luc, *Sur le prisme métaphysique de Descartes*, PUF, « Épiméthée », 1986, 388 pages.

MARION, Jean-Luc, *Sur l'ontologie grise de Descartes. Science cartésienne et savoir aristotélicien dans les Regulæ*, Vrin, « Bibliothèque d'histoire de la philosophie », 1993, 220 pages.

MARION, Jean-Luc, *Sur la théologie blanche de Descartes*, PUF, « Quadrige », 1991, 496 pages.
*Travaux d'érudition et d'analyse phénoménologique.*

RODIS-LEWIS, Geneviève, *Descartes. Biographie*. Calmann-Lévy, 1995, 372 pages.
*La vie du philosophe avec quelques erreurs rectifiées et les lacunes de notre connaissance comblées.*

KAMBOUCHNER, Denis, *L'Homme des passions. Commentaires sur Descartes*, t. I, « Analytique », t. II, « Canonique », Albin Michel, « Bibliothèque du Collège international de philosophie », 1996, chaque volume 504 pages.
*La morale de Descartes et son éthique de la générosité analysées magistralement par un spécialiste, au fil d'un ouvrage ardu et qui fait date.*

SPINOZA, *L'Éthique*, introduction, traduction, notes et commentaires, index de Robert Misrahi, PUF, « Philosophie d'aujourd'hui », 1990, 500 pages.

SPINOZA, *Éthique*, texte original et traduction nouvelle du latin par Bernard Pautrat, Seuil, 1988, 542 pages.
*Ces deux nouvelles traductions sont à comparer à celles déjà anciennes de Charles Appuhn, publiée en 1906 et révisée en 1934 (GF-Flammarion), et de Roger Caillois, 1954, Gallimard (Bibliothèque de la Pléiade).*

MOREAU, Pierre François, *Spinoza. L'expérience et l'éternité*, PUF, « Épiméthée », 1994, 612 pages.
*Travail d'envergure sur une notion généralement négligée chez Spinoza.*

Voir également, sur les thèmes abordés :

DELEUZE, Gilles, *Spinoza. Philosophie pratique*, Minuit, 1981, 180 pages.
*Première lecture indispensable.*

DELEUZE, Gilles, *Spinoza et le problème de l'expression*, Minuit, 1969, 336 pages.
*Une étude devenue classique.*

## VII — EXERCICE DE DÉSILLUSION

ZARKA, Yves Charles, *La Décision métaphysique de Hobbes. Conditions de la politique*, Vrin, « Bibliothèque d'histoire de la philosophie », 1988, 405 pages.
*(Les* Œuvres complètes *de Thomas Hobbes sont en cours de publication sous la direction de Yves Charles Zarka à la librairie philosophique J. Vrin.)*

BERNIER, François, *Abrégé de la philosophie de Gassendi*, texte revu par Sylvia Murr et Geneviève Stefani, corpus des œuvres de philosophie en langue française, Fayard, 1992, sept tomes.
*L'œuvre « abrégée » en sept volumes d'un disciple qui fit connaître Gassendi.*

ESPRIT, Jacques, *La Fausseté des vertus humaines*, précédé de *Traité sur Esprit*, de Pascal Quignard, Aubier, 1996, 564 pages.
*Une prose noire et par endroits superbe.*

POPKIN, Richard H., *Histoire du scepticisme d'Érasme à Spinoza (The History of Scepticism from Erasmus to Spinoza)*, traduit de l'anglais par Christine Hivet, présentation de Catherine Larrère, PUF, « Léviathan », 1995, 342 pages.
*Bel exemple d'histoire des idées intelligemment conduite.*

## VIII — PARADOXALES LUMIÈRES

STERNE, Laurence, *Vie et opinions de Tristram Shandy*, traduit de l'anglais par Charles Mauron, UGE, 1975, 2 vol., 448 pages.
*Vous vous demanderez ensuite comment vous pouviez vivre sans.*

BRYKMAN, Geneviève, éd., *Berkeley. Œuvres*, PUF, « Épiméthée », quatre volumes parus à partir de 1985.
*Une édition française excellente de cet Anglais trop méconnu.*

SALA-MOLINS, Louis, *Le Code noir, ou le calvaire de Canaan*, PUF, « Pratiques théoriques », 1987, 294 pages.
*Un document sur la face cachée des Lumières.*

CHÂTELET, Madame du, *Discours sur le bonheur*, présentation par Élisabeth Badinter, Rivages-Poche, « Petite bibliothèque », 1997, 74 pages.
*Des pensées pour soi-même d'une femme intelligente et fine, vers la quarantaine, en pleines Lumières. Merveille.*

ROBINET, André, *Dom Deschamps, Le maître des maîtres du soupçon*, Seghers, « Philosophie », 1974, 360 pages.

D'HONDT, Jacques, éd., *Dom Deschamps et sa métaphysique*, PUF, « Bibliothèque de philosophie contemporaine », 1974, 256 pages.

DELHAUME, Bernard, *Œuvres philosophiques de Léger-Marie Deschamps*, introduction, édition critique et annotation de Bernard Delhaume, avant-propos d'André Robinet, Vrin, « Bibliothèque des textes philosophiques », 1994, 692 p. en 2 volumes.

*Trois livres pour aborder l'un des plus singuliers et des plus méconnus penseurs du XVIIIe siècle.*

DIDIER, Béatrice, *Sade*, Denoël-Gonthier, « Médiations », 1976, 208 pages.

ROGER, Philippe, *Sade, la philosophie dans le pressoir*, Grasset, « Théoriciens », 1976, 232 pages.

*Deux regards contemporains sur le divin marquis.*

## DEUXIÈME PARTIE

## Quelques morts : Dieu, roi, vérité...

### IX — L'OPÉRATION DE LA CATARACTE

GOULYGA, Arsenij, *Emmanuel Kant, une vie*, traduit du russe par Jean-Marie Vaysse, Aubier, 1985, 352 pages.

*Une des rares biographies de celui que Nietzsche dénommait le « Chinois de Königsberg ».*

PUECH, Michel, *Kant et la causalité*, Vrin, « Bibliothèque d'histoire de la philosophie », 1990, 526 pages.

*Reconstitution minutieuse des lectures de Kant et de son environnement historique.*

KANT, Emmanuel, *Critique de la raison pure*, traduit de l'allemand et présenté par Alain Renaut, index analytique établi par Patrick Savidan, Aubier, 1997, 750 pages.

*L'un des textes clés de toute l'histoire de la philosophie.*

KANT, Emmanuel, *Correspondance*, Gallimard, « Bibliothèque de philosophie », 1991, 910 pages.

*Certaines lettres éclairent la genèse et l'évolution de la pensée kantienne.*

AZOUVI, François et BOUREL, Dominique, *De Königsberg à Paris.*

*La réception de Kant en France (1788-1804)*, Vrin, « Bibliothèque d'histoire de la philosophie », 1991, 290 pages.

*Les premières années de la diffusion de Kant en France.*

VOLNEY, *Œuvres*, textes réunis et revus par Anne et Henry Deneys, Fayard, « Corpus des œuvres de philosophie en langue française », 1990, t. I : 1788-1795, 694 p. ; t. II : 1796-1820, 504 pages.

*Réflexions encyclopédiques d'un philosophe au temps de la Révolution française.*

## X — LA MALLE-POSTE ET LES MARIONNETTES

BOURGEOIS, Bernard, *Études hégéliennes. Raison et décision*, PUF, « Questions », 1992, 404 pages.

*Par l'un des meilleurs spécialistes de Hegel en France.*

HEGEL, Georg Wilhelm Friedrich, *Phénoménologie de l'esprit* (édition de 1807), traduction et avant-propos de Jean-Pierre Lefebvre, Aubier, 1991, 570 pages.

HEGEL, Georg Wilhelm Friedrich, *Phénoménologie de l'esprit*, éd. et trad. de l'allemand par Gwendoline Jarczyk et Pierre-Jean Labarrière, Gallimard, « Bibliothèque de philosophie », 1993, 928 pages.

*Deux traductions récentes. Sont à comparer avec la première traduction française par Jean Hyppolite.*

HEGEL, Georg Wilhelm Friedrich, *Phénoménologie de l'esprit*, éd. et trad. de l'allemand par Jean Hyppolite, Aubier, « Bibliothèque philosophique », 1992 rééd., 2 vol. (720 p.).

SAFRANSKI, Rüdiger, *Schopenhauer et les années folles de la philosophie*, PUF, « Perspectives critiques », 1990, 456 pages.

*Plus qu'une biographie, un panorama détaillé de la société où Schopenhauer a grandi et travaillé.*

SCHOPENHAUER, Arthur, *Correspondance complète*, édition critique d'Arthur Hübscher, traduit de l'allemand par Christian Jaedicke, préface de Frédéric Pagès. Éditions Alive, 1996, 886 pages.

*Cinq cents lettres de toutes sortes.*

Voir également sur les thèmes abordés les travaux éclairants et précis de Gwendoline Jarczyk et Pierre-Jean Labarrière, notamment : *Hegeliana*, PUF, « Philosophie d'aujourd'hui », 1987, 368 pages et *Les Premiers Combats de la reconnaissance. Maîtrise et servitude dans la « Phénoménologie de l'esprit » de Hegel*, Aubier, « Bibliothèque du Collège international de philosophie », 1987, 148 pages.

BIARD, Jean, BUVAT D., KERVEGAN J.-F., KLING J.-F., LACROIX, LÉCRI-

VAIN A., *Introduction à la lecture de la « Science de la logique » de Hegel (t. 3). La doctrine du concept*, Aubier, « Philosophie de l'Esprit », 1987, 550 pages.

## XI — CHERCHEURS D'ABSOLU

FRANK, Manfred, *Le Dieu à venir*, traduit de l'allemand par Florence Vatan et Veronika von Schenck, sept volumes en cours de publication depuis 1989, Actes Sud, Arles, « Le génie du philosophe », 90 pages.

*Une des meilleures études contemporaines sur les liens de l'idéalisme allemand à l'expérance religieuse.*

SCHELLING, F.W.J., *Philosophie de la Révélation*, traduction collective du groupe de recherche Schellingiana du CNRS, sous la direction de Jean-François Marquet et de Jean-François Courtine, PUF, « Épiméthée », 1989, vol. 1, 206 p. ; 1991, vol. 2, 400 p. ; 1994, vol. 3, 384 pages.

*Une œuvre longtemps ignorée, aujourd'hui redécouverte.*

TILLIETTE, Xavier, *L'Intuition intellectuelle de Kant à Hegel*, Vrin, « Histoire de la philosophie », 1995, 296 pages.

*Une étude originale et très précisément documentée.*

TILLIETTE, Xavier, *Schelling, une philosophie en devenir*, Vrin, 1960, 2 vol., réédition 1992.

*La somme indispensable pour tout travail sérieux sur Schelling.*

QUILLIEN, Jean, *L'Anthropologie philosophique de Guillaume de Humboldt*, Presses universitaires de Lille, 1992, 644 pages.

*Pour découvrir un penseur injustement méconnu.*

FEUERBACH, Ludwig, *Pensées sur la mort et l'immortalité*, présentation, traduction et annotations de Christian Berner, préface d'Alexis Philonenko, Éditions du Cerf, « Passages », 1991, 254 pages.

*Des aphorismes pas tous réussis, mais souvent agréables.*

## XII — SCIENCE, AMOUR ET CHOU-FLEUR

DAGOGNET, François, *Trois philosophies revisitées : Saint-Simon, Proudhon, Fourier*, Georges Olms Verlag, « Europæa Memoria », 1997, 172 pages.

*Pour réhabiliter des philosophes qui ne sont plus considérés comme tels.*

COMTE, Auguste, *Cours de philosophie positive*, vol. I : « Philosophie première » (leçons 1 à 45), présentation et notes par Michel Serres, François Dagognet et Mohammed Allal Sinaceur, 896 p. ;

vol. II : « Physique sociale » (leçons 46 à 60), présentation et notes par Jean-Paul Enthoven, Hermann, 1975, 808 pages.

*Le monument fondateur de la doctrine positiviste.*

GRANGE, Juliette, *La Philosophie d'Auguste Comte. Science, politique, religion*, PUF, « Philosophie d'aujourd'hui », 1996, 448 pages.

*Auguste Comte revisité et considéré comme philosophe à part entière.*

BRUCKNER, Pascal, *Charles Fourier*, Seuil, « Microcosme : Écrivains de toujours », 1975, 192 pages.

*Joyeuse présentation d'un penseur hors norme.*

DEBOUT, Simone, *Griffe au nez ou donner have ou art*, Anthropos, 1974, 176 pages.

*Parmi les bizarreries de Fourier, le jeu systématique sur les mots.*

FERRARI, Joseph, *Histoire de la raison d'État*, Kimé, « Le sens de l'histoire », 1992, 440 pages.

*Une analyse curieuse de l'histoire mondiale.*

HAUBTMANN, Pierre, *Pierre-Joseph Proudhon, sa vie et son œuvre 1809-1849*, Beauchesne, « Bibliothèque des archives de la philosophie », 1982, 1104 pages.

*La biographie qui fait autorité.*

PROUDHON, *De la justice dans la Révolution et dans l'Église : 1860*, Fayard, « Corpus des œuvres de philosophie en langue française », 1990, vol. IV.

*L'œuvre principale de Proudhon.*

## XIII — LES MARX ET LA PLÈBE

BENSAÏD, Daniel, *Marx l'intempestif. Grandeurs et misères d'une aventure critique (XIXe-XXe siècles)*, Fayard, 1995, 415 pages.

*Une tentative originale pour réactualiser Marx.*

PAPAIOANNOU, Kostas, *De Marx et du marxisme*, Gallimard, 1983, 560 pages.

*Un des principaux travaux de critique philosophique et politique.*

RANCIÈRE, Jacques, *Le Philosophe et ses Pauvres*, Fayard, 1983, 320 pages.

*L'invention de la hiérarchie intellectuelle et de l'exclusion du peuple, et la transmission de cet héritage chez les philosophes.*

ABENSOUR, Miguel, *La Démocratie contre l'État. Marx et le moment machiavélien*, PUF, 1997, 128 pages.

*Une réflexion intéressante, entre l'histoire des idées de Marx et l'actualité politique des démocraties.*

GAUNY, Louis-Gabriel, *Le Philosophe plébéien*, textes réunis par

Jacques Rancière, Maspero et Presses universitaires de Vincennes, 1983, 208 pages.

*Écrivain et penseur ouvrier d'un* XIX^e^ *siècle oublié, conjuguant quête spirituelle et lutte sociale.*

Voir également, sur les thèmes abordés :

CASTORIADIS, Cornelius, *L'Institution imaginaire de la société*, Seuil, « Esprit », 1975, 512 pages.

CASTORIADIS, Cornelius, *La Société bureaucratique*, Bourgois, 1990, 491 pages.

*Fondateur du groupe « Socialisme ou barbarie », philosophe, psychanalyste, Castoriadis fut l'un des premiers et des plus vigoureux critiques des déformations du marxisme avant de devenir le théoricien d'une conception de la société qui n'est plus directement liée aux théories de Marx.*

## XIV — RENAISSANCE ORIENTALE

CTESIAS, *Histoires de l'Orient*, traduit et commenté par Janick Auberger, préface de Charles Malamoud, Les Belles Lettres, 1991.

*L'Inde vue comme terre de prodiges où vivent des êtres extraordinaires.*

DELEURY, Guy, *Les Indes florissantes. Anthologie des voyageurs français (1750-1820)*, préface de S. E. Idris Hasan Latif, Robert Laffont, « Bouquins », 1991, 700 pages.

*Observations sur les coutumes et les mœurs, au temps où le français s'écrivait bien.*

DUMÉZIL, Georges, *Le Mahabarat et le Bhagavat du colonel de Polier*, Gallimard, « Blanche », 1986, 334 pages.

*Réhabilitation d'un pionnier oublié.*

GUIMET, Émile et LE BON, Gustave, *Mirages indiens. De Ceylan au Népal (1876-1886)*, Phébus, 1992, 320 pages.

*Carnets de voyages en Orient à la fin du* XIX^e^ *siècle.*

BARRET, Philippe, *Ernest Renan. Tout est possible, même Dieu !* François Bourin, 1992, 188 pages.

*Une biographie alerte et facile.*

SCHWAB, Raymond, *La Renaissance orientale*, Payot, 1950.

## XV — UN MAUVAIS GARÇON

PINTO, Louis, *Les Neveux de Zarathoustra. La réception de Nietzsche en France*, Seuil, 1995, 208 pages.

*Tentative de lecture sociologique sans grande importance.*

LIÉBERT, Georges, *Nietzsche et la Musique*, PUF, « Perspectives germaniques », 1995, 266 pages.

*Une belle étude, comme on le dit au piano.*

KOFMAN, Sarah, *Explosion I et II de l'« Ecce Homo » de Nietzsche*, Galilée, 1993 et 1996, 390 pages.

*Lecture attentive de l'autobiographie intellectuelle de Nietzsche considérée comme une rupture radicale dans l'histoire de la pensée.*

HAAR, Michel, *Nietzsche et le dépassement de la métaphysique*, Gallimard, « Tel », 1993, 294 pages.

*Une des plus pertinentes introductions à la lecture de Nietzsche.*

BOYER, Alain, COMTE-SPONVILLE, André, DESCOMBES, Vincent, FERRY, Luc, LEGROS, Robert, RAYNAUD, Philippe, RENAUT, Alain, TAGUIEFF, Pierre-André, *Pourquoi nous ne sommes pas nietzschéens*, Grasset, « Le collège de philosophie », 1991, 308 pages.

*Un manifeste raté.*

Voir également, sur les thèmes abordés :

NIETZSCHE, Friedrich, *Œuvres philosophiques complètes*, Gallimard, une vingtaine de volumes.

NIETZSCHE, Friedrich, *Œuvres*, Laffont, « Bouquins », 1993, vol. 1, 1552 pages ; vol. 2, 1792 pages.

## XVI — ENTRE DEUX

BERGSON, Henri, *Cours*, édité par Henri Hude, avant-propos d'Henri Gouhier, PUF, « Épiméthée », trois volumes parus depuis 1990.

*Les notes des élèves de Bergson, dont il avait formellement interdit la publication.*

BLONDEL, Maurice. *Œuvres complètes*, tome I, texte établi et présenté par Claude Trois-Fontaines, PUF, 1995, 760 pages (Œuvres complètes en cours de publication aux PUF depuis 1995).

*La philosophie catholique française fin de siècle.*

MICHELSTAEDTER, Carlo, *La Persuasion et la Rhétorique*, présenté par Sergio Campailla, traduit de l'italien par Marilène Raiola, Éditions de l'Éclat, « Philosophie imaginaire », 1989, 206 pages.

*Une rareté, une expérience, un chef-d'œuvre.*

JAURÈS, Jean, *De la réalité du monde sensible*, introduction de Jacques Cheminade, Alcuin, 1994, 304 pages.

*Curiosité historique et philosophique.*

PALANTE, Georges, *Combat pour l'individu*, préface et notes de Michel Onfray, Éditions Folle Avoine, 1989, 284 pages.

*Un esprit singulier et sans concession.*

Voir également, sur les thèmes abordés :

Cariou, Marie, *Bergson et le Fait mystique*, Aubier, 1976.

Onfray, Michel, *Georges Palante. Essai sur un nietzschéen de gauche*, Éditions Folle Avoine, 1989, 176 pages.

## TROISIÈME PARTIE

# Après les guerres

## XVII — L'IDIOT DE LA TRIBU

Wittgenstein, Ludwig, *Le Cahier bleu et le Cahier brun*, trad. de l'anglais par Marc Goldberg et Jérôme Sackur, préface de Claude Imbert, Gallimard, « Bibliothèque de philosophie », 1996, 314 pages.

Wittgenstein, Ludwig, *Le Cahier bleu et le Cahier brun : études préliminaires aux investigations philosophiques*, trad. de l'anglais par Guy Durand, préface de Jean Wahl, Gallimard, 1988, 434 pages.

*Nouvelle traduction française de deux documents fondateurs.*

Wittgenstein, Ludwig, *Le Cours de Cambridge : 1930-1932*, Éditions Desmond Lee, trad. de l'anglais par Élisabeth Rigal, TER bilingue, 1988.

Wittgenstein, Ludwig, *Les Cours de Cambridge : 1932-1935*, établis par Alice Ambrose à partir de notes d'Alice Ambrose et de Margaret Mac Donald, trad. de l'anglais par Élisabeth Rigal, TER bilingue, 1992, 268 pages.

*Pour quelques étudiants qui le suivent, le philosophe explique à l'aide de nombreux exemples comment se démontent les « faux problèmes » philosophiques.*

Wittgenstein, Ludwig, *Remarques sur les fondements des mathématiques*, Gallimard, « Bibliothèque de la philosophie », 1983, 360 pages.

*À la fois difficile et lumineux, comme presque tous les propos de Wittgenstein.*

## XVIII — NAZI MALGRÉ LUI ?

Farias, Victor, *Heidegger et le nazisme*, trad. de l'espagnol et de l'allemand par Jean-Baptiste Grasset et Myriam Benarroch, Verdier, 1987, 366 pages.

*L'enquête qui a déclenché une longue polémique.*

LACOUE-LABARTHE, Philippe, *La Fiction du politique. Heidegger, l'art et la politique*, Christian Bourgois, « Détroits », 1988, 176 pages.

*Le nazisme comme « national-esthétisme », et la place de Heidegger dans ce contexte.*

SAFRANSKI, Rüdiger, *Heidegger et son temps*, trad. de l'allemand par Isabelle Kalinowski, Grasset, 1996, 480 pages.

*Une biographie sans informations vraiment neuves, mais bien construite.*

HEIDEGGER, Martin, JASPERS, Karl, BLOCHMANN, Élisabeth, *Correspondance avec Karl Jaspers, 1920-1963*, suivi de *Correspondance avec Elisabeth Blochmann, 1918-1969*, Gallimard, « Bibliothèque de philosophie », 1997, 477 pages.

*Figurera peut-être parmi les correspondances les plus importantes du siècle.*

## XIX — COMBAT

CAVAILLÈS, Jean, *Œuvres complètes de philosophie des sciences*, éd. par Bruno Huisman, Hermann, 1944, 686 pages.

*Fac-similé de tous les textes publiés.*

SINACEUR, Hourya, *Jean Cavaillès. Philosophie mathématique*, PUF, « Philosophies », 1994, 128 pages.

*La meilleure introduction à l'œuvre scientifique de Cavaillès.*

JANKÉLÉVITCH, Vladimir, *Une vie en toutes lettres*, Liana Lévi, 1995, 352 pages.

*Une vie de correspondance avec Louis Beauduc.*

VILDÉ, Boris, *Journal et lettres de prison*, présentation par François Bedarida et Dominique Veillon, Allia, 1997, 176 pages.

*Recherche de la sagesse au milieu de la tourmente.*

LEVINAS, Emmanuel, *Entre nous. Essais sur le penser-à-l'autre*, Grasset, « Figures », 1991, 268 pages.

*L'infini est présent dès que deux hommes sont face à face.*

ARENDT, Hannah, *Le Concept d'amour chez Augustin*, trad. de l'allemand par Anne-Sophie Astrup, avant-propos de Guy Petitdemange, Rivages, « Bibliothèques Rivages », 1996, 128 pages.

*Le premier travail de la philosophe, alors étudiante de Heidegger.*

ARENDT, Hannah, *Eichmann à Jérusalem : rapport sur la banalité du mal*, trad. de l'anglais par Anne Guérin, préface de Michelle-Irène Brudny de Launay, Gallimard, « Folio », 1991, 484 pages.

*Un « reportage philosophique » qui est devenu un des textes importants du XX^e siècle.*

## XX — LA PLACE VIDE

GROETHUYSEN, Bernard, *Philosophie et Histoire*, Albin Michel, « Bibliothèque Albin Michel des idées », 1995, 359 pages.

*Recueil d'articles du philosophe, qui permet une première découverte de son apport.*

HORKHEIMER, Max, *Notes critiques pour le temps présent : 1950-1969*, traduit de l'allemand par Sabine Cornille et Philippe Ivernel, « Critique de la politique », 1993, 264 pages.

*Au fil de ces courtes esquisses, tout se passe comme si le temps, la réalité, le sens s'étaient enfuis.*

SARTRE, Jean-Paul, *Cahiers pour une morale*, Gallimard, 1983, 612 pages.

*Le principal manuscrit philosophique inédit du vivant de Sartre.*

MERLEAU-PONTY, Maurice, *La Nature : notes, cours du Collège de France*, suivi de *Résumés de cours*, correspondants de Merleau-Ponty, Seuil, « Traces écrites », 1995, 380 pages.

*Un cours qui éclaire et prolonge les dernières œuvres publiées par le philosophe.*

CASSIRER, Ernst, *La Philosophie des Lumières*, trad. de l'allemand et présentation par Pierre Quillet, Fayard, 1990, 350 pages.

*Une belle leçon d'histoire et d'intelligence.*

## XXI — LE CAÏMAN ET LE SPECTACLE

ALTHUSSER, Louis, *Philosophie et Philosophie spontanée des savants*, Maspero, « Théorie », 1975, 160 pages.

ALTHUSSER, Louis, *Éléments d'autocritique*, Hachette-Littérature, « Analyses », 1975, 128 pages.

ALTHUSSER, Louis, *Réponse à John Lewis*, Maspéro, « Théorie », 1973, 102 pages.

*Le retour du philosophe sur les thèses élaborées dans* Pour Marx *(1962) et* Lire le Capital *(1965).*

ALTHUSSER, Louis, *L'avenir dure longtemps*, Stock, 1992, rééd. Éditions Louis Corpet, Yann Moulier Boutang, nouvelle édition augmentée en 1994, LGF, « Le Livre de poche », 573 pages.

*L'autobiographie posthume d'un philosophe tentant de raconter sa folie.*

DEBORD, Guy, *La Société du spectacle*, Gallimard, « Folio », 1996, 224 pages.

*Un classique de la fin du siècle.*

DEBORD, Guy, *Commentaires sur la société du spectacle*, Gallimard, « Blanche », 1992, 120 pages.

*Suite du précédent, moins inspirée.*

DEBORD, Guy, *Panégyrique*, Gallimard, « Blanche », 1993, vol. 1, 85 p. ; Fayard, 1997, vol. 2, 80 pages.

*Autoglorification, comme son nom l'indique.*

## XXII — DEMAIN L'ASIE ?

JULLIEN, François, *La Propension des choses. Pour une histoire de l'efficacité en Chine*, Seuil, « Des travaux », 1992, 290 pages.

JULLIEN, François, *Le Détour et l'Accès. Stratégies du sens en Chine, en Grèce*, Grasset, « Collège de philosophie », 1995, 460 pages.

JULLIEN, François, *Éloge de la fadeur. À partir de la pensée et de l'esthétique de la Chine*, LGF, « Le Livre de poche. Biblio essais », 1993, 160 pages.

JULLIEN, François, *Fonder la morale. Dialogue de Mencius avec un philosophe des Lumières*, Grasset, 1996, 220 pages.

*Les allers-retours Chine-Grèce d'un philosophe qui tente de comprendre par le jeu des différences la logique propre à chaque culture.*

ROUMANOFF, Daniel, *Candide au pays des gourous. Journal de voyage d'un explorateur de l'Inde spirituelle*, Dervy, 1990, 404 pages.

ROUMANOFF, Daniel, *Swâmi Prajnânpad. Biographie*, La Table ronde, « Les chemins de la sagesse », 1993, 380 pages.

*La vie d'un sage au XX<sup>e</sup> siècle.*

KAKAR, Suddhir, *Moksha, Le monde intérieur. Enfance et société en Inde*, trad. de l'anglais par Claude Davenet, préface de Catherine Clément, Les Belles Lettres, « Confluents psychanalytiques », 1985, 310 pages.

*Quel genre de personnalité la culture indienne façonne-t-elle ?*

BÎRUNÎ, Muhammad Ibn Ahmad, *Le Livre de l'Inde*, éd. et trad. de l'arabe par Vincent-Mansour Monteil, Sindbad Unesco, 1996, 400 pages.

*Un regard arabe savant et attentif sur l'Inde au Xe siècle.*

## XXIII — FOUCAULT N'EST PAS LUI-MÊME

*Les livres de Michel Foucault ont principalement été publiés par les Presses universitaires de France, puis par Gallimard.*

FOUCAULT, Michel, *Dits et Écrits : 1954-1988*, éd. par Daniel Defert,

François Ewald, avec la collaboration de Jacques Lagrange, Gallimard, « Bibliothèque des sciences humaines », quatre volumes.
*Tous les entretiens, articles, interventions de Foucault, disséminés au fil des ans, sont ici regroupés, traduits et indexés.*

DELEUZE, Gilles, *Foucault*, Minuit, « Critique », 1986, 142 pages.
*Foucault réinventé par son plus créatif lecteur.*

## XXIV — SAINT DELEUZE

*La plupart des livres de Gilles Deleuze ont été publiés aux Presses universitaires de France, puis aux Éditions de Minuit.*

DELEUZE, Gilles, *Pourparlers : 1972-1990*, Minuit, 1990, 249 pages.
*Entretiens, préfaces, brefs articles. La meilleure approche de Deleuze par lui-même.*

# INDEX

## A

## B



## C

**D**

E



F



G

## H

## I



## J



## K



## L

## M

N



O



P

## Q



## R



## S

## T

## TABLE

Deuxième partie
QUELQUES MORTS : DIEU, ROI, VÉRITÉ...



Troisième partie
APRÈS LES GUERRES

## Dans la collection « Poches Odile Jacob »

N° 1 : Aldo Naouri, *Les Filles et leurs mères*
N° 2 : Boris Cyrulnik, *Les Nourritures affectives*
N° 3 : Jean-Didier Vincent, *La Chair et le Diable*
N° 4 : Jean François Deniau, *Le Bureau des secrets perdus*
N° 5 : Stephen Hawking, *Trous noirs et bébés univers*
N° 6 : Claude Hagège, *Le Souffle de la langue*
N° 7 : Claude Olievenstein, *Naissance de la vieillesse*
N° 8 : Édouard Zarifian, *Les Jardiniers de la folie*
N° 9 : Caroline Eliacheff, *À corps et à cris*
N° 10 : François Lelord, Christophe André, *Comment gérer les personnalités difficiles*
N° 11 : Jean-Pierre Changeux, Alain Connes, *Matière à pensée*
N° 12 : Yves Coppens, *Le Genou de Lucy*
N° 13 : Jacques Ruffié, *Le Sexe et la Mort*
N° 14 : François Roustang, *Comment faire rire un paranoïaque ?*
N° 15 : Jean-Claude Duplessy, Pierre Morel, *Gros Temps sur la planète*
N° 16 : François Jacob, *La Souris, la Mouche et l'Homme*
N° 17 : Marie-Frédérique Bacqué, *Le Deuil à vivre*
N° 18 : Gerald M. Edelman, *Biologie de la conscience*
N° 19 : Samuel P. Huntington, *Le Choc des civilisations*
N° 20 : Dan Kiley, *Le Syndrome de Peter Pan*
N° 21 : Willy Pasini, *À quoi sert le couple ?*
N° 22 : Françoise Héritier, Boris Cyrulnik, Aldo Naouri, *De l'inceste*
N° 23 : Tobie Nathan, *Psychanalyse païenne*
N° 24 : Raymond Aubrac, *Où la mémoire s'attarde*
N° 25 : Georges Charpak, Richard L. Garwin, *Feux follets et champignons nucléaires*
N° 26 : Henry de Lumley, *L'Homme premier*
N° 27 : Alain Ehrenberg, *La Fatigue d'être soi*
N° 28 : Jean-Pierre Changeux, Paul Ricœur, *Ce qui nous fait penser*
N° 29 : André Brahic, *Enfants du Soleil*
N° 30 : David Ruelle, *Hasard et Chaos*
N° 31 : Claude Olievenstein, *Le Non-dit des émotions*
N° 32 : Édouard Zarifian, *Des paradis plein la tête*
N° 33 : Michel Jouvet, *Le Sommeil et le Rêve*
N° 34 : Jean-Baptiste de Foucauld, Denis Piveteau, *Une société en quête de sens*
N° 35 : Jean-Marie Bourre, *La Diététique du cerveau*
N° 36 : François Lelord, *Les Contes d'un psychiatre ordinaire*
N° 37 : Alain Braconnier, *Le Sexe des émotions*
N° 38 : Temple Grandin, *Ma vie d'autiste*
N° 39 : Philippe Taquet, *L'Empreinte des dinosaures*
N° 40 : Antonio Damasio, *L'Erreur de Descartes*
N° 41 : Édouard Zarifian, *La Force de guérir*
N° 42 : Yves Coppens, *Pré-ambules*
N° 43 : Claude Fischler, *L'Homnivore*

Nº 44 : Brigitte Thévenot, Aldo Naouri, *Questions d'enfants*
Nº 45 : Geneviève Delaisi de Parseval, Suzanne Lallemand, *L'Art d'accommoder les bébés*
Nº 46 : François Mitterrand, Elie Wiesel, *Mémoire à deux voix*
Nº 47 : François Mitterrand, *Mémoires interrompus*
Nº 48 : François Mitterrand, *De l'Allemagne, de la France*
Nº 49 : Caroline Eliacheff, *Vies privées*
Nº 50 : Tobie Nathan, *L'Influence qui guérit*
Nº 51 : Éric Albert, Alain Braconnier, *Tout est dans la tête*
Nº 52 : Judith Rapoport, *Le Garçon qui n'arrêtait pas de se laver*
Nº 53 : Michel Cassé, *Du vide et de la création*
Nº 54 : Ilya Prigogine, *La Fin des certitudes*
Nº 55 : Ginette Raimbault, Caroline Eliacheff, *Les Indomptables*
Nº 56 : Marc Abélès, *Un ethnologue à l'Assemblée*
Nº 57 : Alicia Lieberman, *La Vie émotionnelle du tout-petit*
Nº 58 : Robert Dantzer, *L'Illusion psychosomatique*
Nº 59 : Marie-Jo Bonnet, *Les Relations amoureuses entre les femmes*
Nº 60 : Irène Théry, *Le Démariage*
Nº 61 : Claude Lévi-Strauss, Didier Éribon, *De près et de loin*
Nº 62 : François Roustang, *La Fin de la plainte*
Nº 63 : Luc Ferry, Jean-Didier Vincent, *Qu'est-ce que l'homme ?*
Nº 64 : Aldo Naouri, *Parier sur l'enfant*
Nº 65 : Robert Rochefort, *La Société des consommateurs*
Nº 66 : John Cleese, Robin Skynner, *Comment être un névrosé heureux*
Nº 67 : Boris Cyrulnik, *L'Ensorcellement du monde*
Nº 68 : Darian Leader, *À quoi penses-tu ?*
Nº 69 : Georges Duby, *L'Histoire continue*
Nº 70 : David Lepoutre, *Cœur de banlieue*
Nº 71 : Université de tous les savoirs 1, *La Géographie et la Démographie*
Nº 72 : Université de tous les savoirs 2, *L'Histoire, la Sociologie et l'Anthropologie*
Nº 73 : Université de tous les savoirs 3, *L'Économie, le Travail, l'Entreprise*
Nº 74 : Christophe André, François Lelord, *L'Estime de soi*
Nº 75 : Université de tous les savoirs 4, *La Vie*
Nº 76 : Université de tous les savoirs 5, *Le Cerveau, le Langage, le Sens*
Nº 77 : Université de tous les savoirs 6, *La Nature et les Risques*
Nº 78 : Boris Cyrulnik, *Un merveilleux malheur*
Nº 79 : Université de tous les savoirs 7, *Les Technologies*
Nº 80 : Université de tous les savoirs 8, *L'Individu dans la société d'aujourd'hui*
Nº 81 : Université de tous les savoirs 9, *Le Pouvoir, l'État, la Politique*
Nº 82 : Jean-Didier Vincent, *Biologie des passions*
Nº 83 : Université de tous les savoirs 10, *Les Maladies et la Médecine*

Nº 84 : Université de tous les savoirs 11, *La Philosophie et l'Éthique*
Nº 85 : Université de tous les savoirs 12, *La Société et les Relations sociales*
Nº 86 : Roger-Pol Droit, *La Compagnie des philosophes*

*Imprimé en France sur Presse Offset par*

BRODARD & TAUPIN

GROUPE CPI

La Flèche (Sarthe) - le 20-03-2002

N° d'impression : 11834
N° d'édition : 7381-1089-X
Dépôt légal : avril 2002